从声音到文学，分华人卷帙浩

# CRUCIBLE OF HELL

地狱的熔炉

# 冲绳岛战役

［英］索尔·大卫→著

张帆→译

The Heroism and
Tragedy of Okinawa,

# 1945

Saul David

天 地 出 版 社 | TIANDI PRESS

图书在版编目（CIP）数据

地狱的熔炉：冲绳岛战役 /（英）索尔·大卫著；
张帆译. —成都：天地出版社，2023.6
书名原文：Crucible of Hell
ISBN 978-7-5455-7646-7

Ⅰ.①地… Ⅱ.①索… ②张… Ⅲ.①美军冲绳岛登
陆作战（1945）—史料　Ⅳ.①E195.2

中国版本图书馆CIP数据核字（2023）第048952号

For the Work entitled Crucible of Hell: The Heroism and Tragedy of Okinawa, 1945
Copyright © Saul David 2020
Translation copyright © 2023, by Tiandi Press

著作权登记号：图进字 21-2020-101
审图号：GS（2023）1402号

DIYU DE RONGLU: CHONGSHENGDAO ZHANYI

# 地狱的熔炉：冲绳岛战役

| | |
|---|---|
| 出 品 人 | 陈小雨　杨　政 |
| 著　者 | ［英］索尔·大卫 |
| 译　者 | 张　帆 |
| 责任编辑 | 孙　裕 |
| 责任校对 | 马志侠 |
| 封面设计 | 水玉银文化 |
| 责任印制 | 王学锋 |

出版发行　天地出版社
　　　　　（成都市锦江区三色路238号　邮政编码：610023）
　　　　　（北京市方庄芳群园3区3号　邮政编码：100078）
网　　址　http://www.tiandiph.com
电子邮箱　tianditg@163.com
经　　销　新华文轩出版传媒股份有限公司

| | |
|---|---|
| 印　　刷 | 北京文昌阁彩色印刷有限责任公司 |
| 版　　次 | 2023年6月第1版 |
| 印　　次 | 2023年6月第1次印刷 |
| 开　　本 | 880mm×1230mm　1/32 |
| 印　　张 | 18 |
| 字　　数 | 418千字 |
| 定　　价 | 98.00元 |
| 书　　号 | ISBN 978-7-5455-7646-7 |

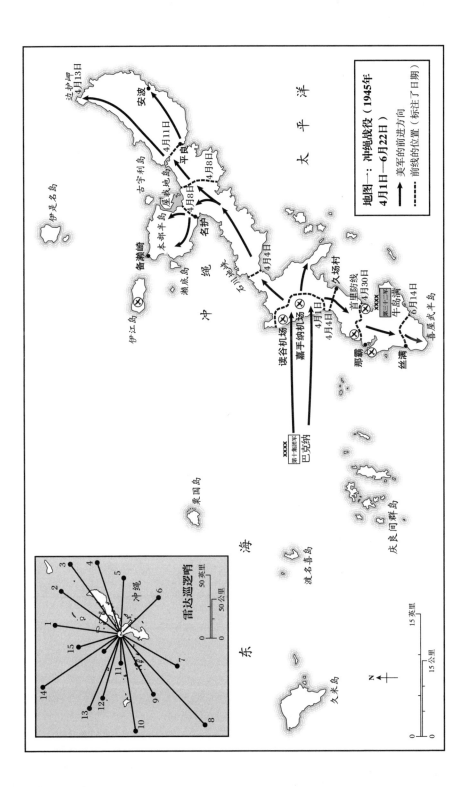

地图一：冲绳战役（1945年
4月1日—6月22日）

→ 美军的前进方向

‑‑‑‑ 前线的位置（标注丁日期）

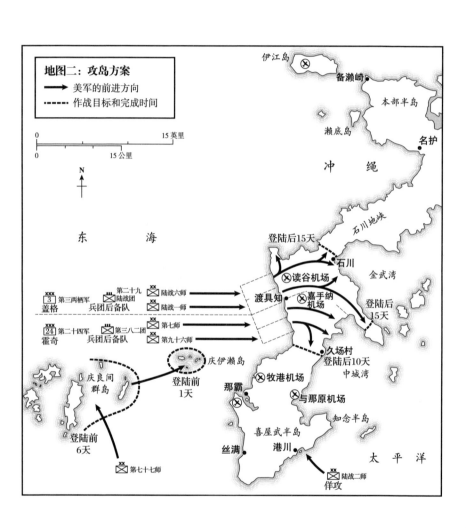

地图二：攻岛方案

→ 美军的前进方向
--→ 作战目标和完成时间

伊江岛 ⊗
备濑崎
本部半岛
濑底岛
名护

冲 绳

东 海

石川地峡
登陆后15天
读谷机场 ⊗
石川
金武湾

第三两栖军
盖格
第二十九
陆战团
兵团后备队
陆战六师
陆战一师

嘉手纳机场 ⊗
登陆后15天

第二十四军
霍奇
第三八二团
兵团后备队
第七师
第九十六师

久场村
登陆后10天
中城湾

庆伊濑岛

庆良间群岛

登陆前1天
牧港机场 ⊗
那霸
与那原机场 ⊗
知念半岛

登陆前6天
第七十七师

喜屋武半岛
丝满
港川

太 平 洋

陆战二师
伴攻

0 ——— 15英里
0 ——— 15公里

N

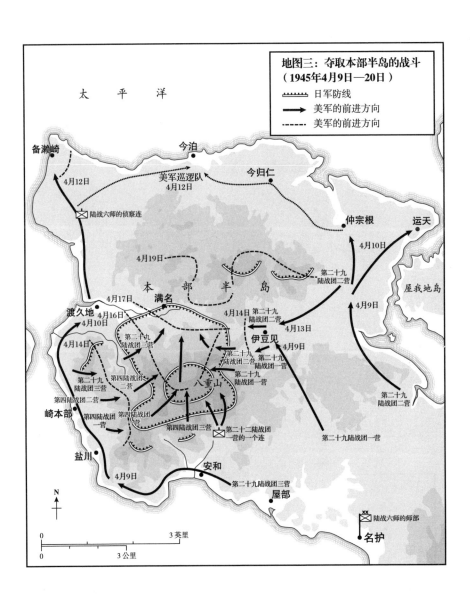

地图三：夺取本部半岛的战斗
（1945年4月9日—20日）

〰〰〰 日军防线
——▶ 美军的前进方向
-----▶ 美军的前进方向

太　平　洋

备濑崎

今泊

今归仁

4月12日

美军巡逻队
4月12日

仲宗根

运天

陆战六师的侦察连

4月10日

4月19日

本　部　半　岛

屋我地岛

满名

4月17日

4月16日

渡久地

4月10日

4月14日 第二十九
陆战团二营

4月14日

第二十九
陆战团三营

第二十九
陆战团二营

伊豆见

4月13日

4月9日

4月9日

第二十九
陆战团二营

第二十九
陆战团二营

第二十九
陆战团二营

第二十九
陆战团一营

第二十九
陆战团一营

第二十九
陆战团二营

第四陆战团
二营

八重山

第二十九
陆战团一营

第四陆战团
一营

崎本部

第四陆战团
一营

第二十九
陆战团三营

第四陆战团
二营

第四陆战团
三营

第二十九
陆战团一营

盐川

第四陆战团三营

第二十二陆战团
一营的一个连

4月9日

安和

第二十九陆战团三营

屋部

N

0　　　　　　　3英里

0　　　　　　　3公里

陆战六师的师部

名护

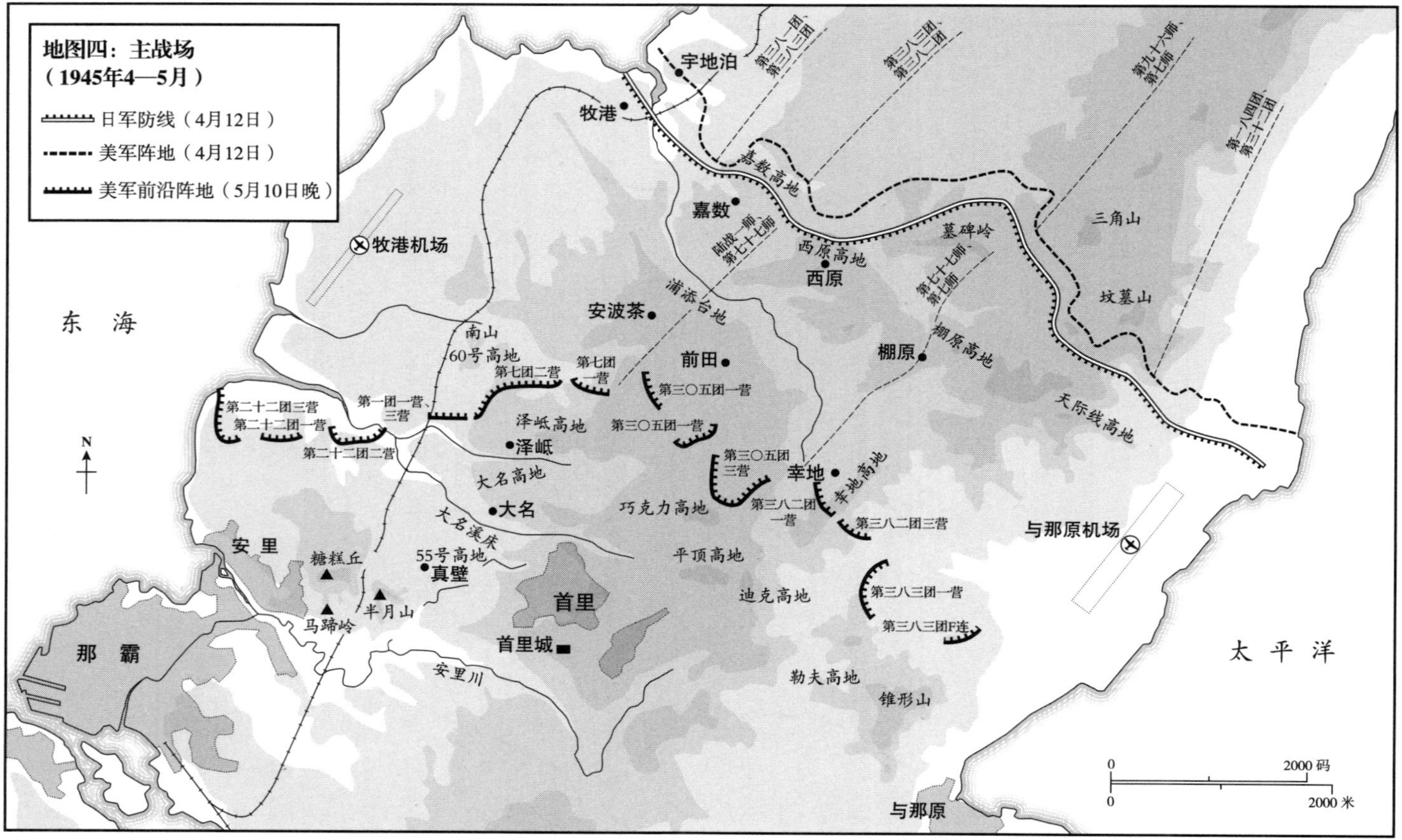
地图四：主战场
（1945年4—5月）
日军防线（4月12日）
美军阵地（4月12日）
美军前沿阵地（5月10日晚）
东 海
太 平 洋
宇地泊
牧港
牧港机场
嘉数
嘉数高地
陆战一师、第七十七师
第三八一团、第三八三团
第三八三团、第三八二团
第九十六师、第七师
第一八四团、第三十二团
三角山
坟墓山
墓碑岭
西原高地
西原
第七十七师、第七师
棚原
棚原高地
天际线高地
与那原机场
安波茶
浦添台地
前田
南山
60号高地
第七团二营
第七团一营
第三〇五团一营
第三〇五团一营
第三〇五团三营
幸地
幸地高地
第三八二团一营
第三八二团三营
第三八三团一营
第三八三团F连
第一团一营、三营
第二十二团三营
第二十二团一营
第二十二团二营
泽岻高地
泽岻
大名高地
大名
巧克力高地
平顶高地
迪克高地
大名溪床
55号高地
真壁
安里
糖糕丘
马蹄岭
半月山
首里
首里城
那 霸
安里川
勒夫高地
锥形山
与那原
0
2000码
0
2000米
N

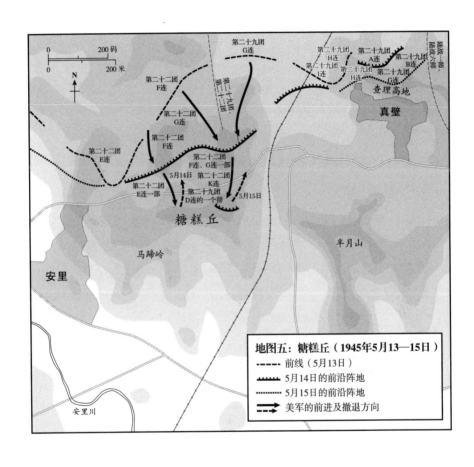

地图五：糖糕丘（1945年5月13—15日）

----- 前线（5月13日）

┴┴┴ 5月14日的前沿阵地

········ 5月15日的前沿阵地

➡ 美军的前进及撤退方向

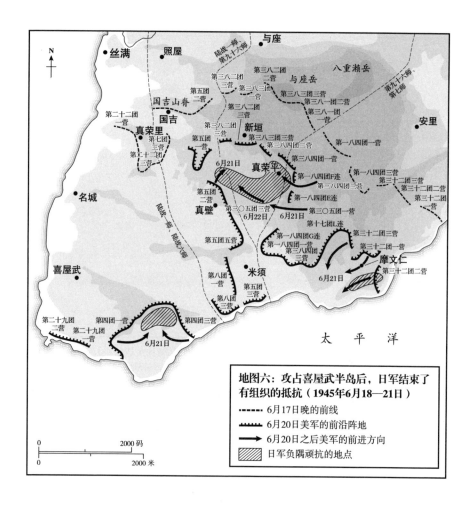

本书插图系原书插附地图，绘图人马丁·布朗（Martin Brown）

# 导　言

陈静静*

　　琉球群岛是日本在太平洋战争中唯一发生地面战争的地方，冲绳岛**战役是第二次世界大战太平洋战场的最后一次战役。对日本来说，冲绳岛战役是其利用琉球保全本土的一个血腥计划；对美国来说，这是太平洋战争中最惨烈的一次战役；对岛上居民来说，这是一次毁灭性的梦魇，也是一场赤裸裸的欺骗与操控。

　　关于冲绳岛战役开始和结束的时间，学术界没有达成完全一致，但是分歧也不大。整体来说，冲绳岛战役开始的时间是1945年3月下旬到4月初，有观点认为从3月18日美军航母袭击九州岛开始，有观点认为从3月26日美军登陆庆良间群岛开始，有观点认为自1945年4月1日美军大部队登陆冲绳岛开始。6月22日，日军指挥官牛岛满司令官、长勇参谋长自杀，日军有组织的战斗结束，但是牛岛自杀前下令"战斗到最后一人"，因此冲绳岛战役成了没

---

\*　作者陈静静，中国社会科学院日本研究所副研究员，主要从事日本外交研究。

\*\*　关于"琉球"和"冲绳"的使用。琉球（英文为 Ryukyu）是中国人用来指琉球王国的版图、文化圈时的用语。冲绳（英文为 Okinawa）是日本对琉球群岛的称呼，1879 年日本武力占领琉球王国，在琉球群岛设置冲绳县。"冲绳岛战役"主要发生在冲绳主岛上，有鉴于此，本文使用"冲绳岛战役"一词；而在指整个群岛时使用"琉球"一词，文中引用部分按照原文处理。

有终点的战斗。最终，9月7日，冲绳的日军在嘉手纳机场正式签订投降条约，这是8月15日日本宣布投降之后的第23天，是9月2日日本签订投降书之后的第5天。鉴于此，关于冲绳岛战役的结束时间，学术界看法也不一。一种看法认为6月22日牛岛满和长勇自杀标志着冲绳岛战役结束[*]，另一种看法认为7月2日尼米兹正式宣布冲绳岛战役结束标志着该战役结束，还有一种看法认为9月7日日军在嘉手纳机场正式签订投降书标志着冲绳岛战役结束。无论是日本还是美国，通常都认为冲绳岛战役自1945年4月1日开始，到6月22日结束，历时83天。也有学者认为，冲绳岛战役从1945年3月18日开始，至1945年6月22日基本结束，共历时96天，其中在冲绳岛上的激烈战斗达83天。日本政府将6月23日定为"战争结束日"，但是很多学者和琉球民众并不认同。

## 一、美日双方关于冲绳岛战役作战计划及准备工作

琉球群岛和硫黄岛是守卫日本的南方屏障，占领这些岛屿并建立军事基地，不仅可以打开日本的南大门，而且可以控制附近海域的制空权与制海权，加强对日本海空力量的封锁，为进攻日本本土做好准备。因此，琉球群岛和硫黄岛是美军进攻日本本土的必经之地，也成为双方争夺的焦点。1945年3月16日，美军在付出惨重的代价之后攻克硫黄岛，冲绳岛战役迫在眉睫。

---

[*] 大田昌秀认为，写作战时的记录，时间稍微有出入的情况很多。关于第三十二军首脑自杀、有组织抵抗终止的时间，他认为是6月22日，但在许多记录中是23日，现在冲绳县的慰灵祭也是在23日。岩波书店编，陈言等译：《记录·冲绳"集体自杀"审判》，上海译文出版社2017年版，第153页。

（一）美军作战计划及准备工作

　　1944年初，美军第五舰队攻下马绍尔群岛，接着第五舰队和第三舰队向马里亚纳群岛进发。1944年5月，美军开始着手准备冲绳岛战役。在马里亚纳群岛登陆作战之前的间歇之余，时任海军作战部长、美国舰队总司令欧内斯特·金上将在旧金山会见了美国太平洋舰队总司令切斯特·威廉·尼米兹上将和第三舰队司令威廉·弗雷德里克哈尔西海军上将，共同探讨太平洋战区的未来作战计划。[1] 1944年下半年，夺回马里亚纳群岛和菲律宾群岛后，盟军参谋长联席会议的战争主题确定为促使日本无条件投降，对日本实行军事占领。[2] 9月29日，尼米兹和金在旧金山会面讨论下一步如何对日作战，并初步确定了"冰山行动"。[3] 10月25日，尼米兹命令联合参谋部着手制订冲绳岛战役计划，代号为"冰山行动"。美军意欲通过该行动占领琉球群岛，然后建立军事基地，从而向日本本土进攻，迫使其投降。

　　1945年1月6日，美军第十集团军制订"冰山行动"初步作战计划1—45，3月11日，第十集团军开始实施1—45作战计划，3月21日至27日，执行"冰山行动"的特混编队及其下辖的特遣大队向冲绳进发。[4] 雷蒙德·斯普鲁恩斯上将作为第五十特混编队、第五舰队和中太平洋特混编队的指挥官，是冲绳岛战役的总指挥，成功指挥了战争史上最大一次两栖作战。马克·米彻尔任第五十八特混编队司令官，负责海上机动作战。里奇蒙德·特纳指挥第三舰队和第五舰队的所有两栖部队在冲绳岛登陆。小西蒙·巴克纳作为远征军和第十集团军（第五十六特混编队）的指挥官，带领军队开赴冲绳岛，指挥第十集团军等登陆部队17万余人以及后勤保障部队11.5万人负责冲绳的地面作战。巴克纳在战役结束前的6月18日视察前沿防御工事时，不幸被敌人的炮弹击中阵亡。他是二战时期美军在太平洋战场牺牲的最高军衔和最高职务的军官。美军在菲律宾战役中领教了日本"神风特攻队"自杀式飞机带来的危害，为此尼米兹命令第五十八特混编队自1945年3月18日起对九州岛各机场连续进行大规模空袭，7天轰炸严重破坏了这些机场的设施，使日本在九州地区的航空部队几乎瘫痪，为美军登陆做好了准备。

3月26日清晨，美军在冲绳本岛西端的庆良间群岛登陆，29日美军占领该岛。4月1日，美军第十集团军的4个师在冲绳岛北部西海岸的北谷村和读谷村登陆。登陆后，美军迅速占领了北部与中部机场，在读谷村设置美国海军军政府，并发布以尼米兹的名字命名的《美国海军军政府第一号公告》\*，宣布在有必要与日本继续进行战争的判断下，停止日本帝国主义政府所有事务行政权。[5]

（二）日军作战计划及准备工作

1943年，盟军取得瓜达尔卡纳尔岛战役的胜利，美军在太平洋战场开始彰显势如破竹的态势。1944年春，日本军部认为，美军将会进攻琉球群岛并以此为跳板进攻本土。如果琉球群岛被占领，日本将丧失东北亚和东南亚地区的制海权和制空权，通往东南亚的海上交通线也将被切断，因此冲绳岛战役的结果决定着日本在太平洋

---

\*　该公告也被称为尼米兹公告。此外，公告、法令是由美国军政府、民政府等制定、公布的法令。其中公告规定的是更为重要、基本的事项。

地区战略地位以及本土的安全。因此，日本加强了台湾岛*和冲绳岛的防御，并于1944年3月22日在冲绳岛组建了第三十二军，第一任司令官是渡边正夫中将。

面对即将来临的美军攻势，从1944年7月到9月，日军将大量军队调集到琉球群岛。8月，渡边司令官被调到参谋本部，离开冲绳岛；8月8日，牛岛满中将成为日本陆军第三十二军司令官。此后，美军进攻莱特岛，日军为弥补莱特岛兵力不足，从台湾岛调取兵力前往支援，第十方面军又将第九师团从冲绳岛调往台湾岛。此时冲绳岛上只有不超过8.64万名驻守日军和来自本土的1万名海军，此外，在冲绳招募的军事和准军事人员约2.5万人（分为现役兵、召集兵、防卫队、学徒队、义勇队等）[6]，在岛上招募的当地居民和中学生仅受过短暂训练、配备最原始的武器[7]。所有军事力量加在一起，也只有12万人左右。作为第三十二军司令官，牛岛满是冲绳岛战役的总指挥，他挑选长勇中将作为其参谋长。长勇是冲绳岛地下防御体系的主要鼓吹者，也是后来1945年5月陆上总反攻的策划者。此外，第三十二军参谋部的高级作战参谋八原博通大佐的地位也非常重要。

防御冲绳岛的"天号作战"计划经过反复修改后最终确定下来。1945年3月20日，日本大本营发出训令：冲绳岛是为了防守日本本土而进行决战的焦点。日军大本营主张采用决战策略"歼敌于滩头"，短兵相接，猛烈攻击敌人，保护岛上的机场。

---

\* 台湾岛为中国第一大岛，是我国神圣领土的一部分。晚清时期，清政府于甲午中日战争中战败，于1895年被迫签订丧权辱国的《马关条约》，把台湾岛及附属岛屿、澎湖列岛割让给日本。此后50年，台湾岛一直处于日本控制下。1945年8月，日本在第二次世界大战中战败，宣布无条件投降。10月25日，同盟国中国战区台湾省受降仪式于台北举行。至此，台湾岛及附属岛屿、澎湖列岛重归中国主权管辖之下。

但是第三十二军提出，"歼敌于滩头"不现实，他们决定打一场"消耗战"。[8]牛岛满认为经过多次空袭，日军飞机损失惨重，已无力组织大规模作战，无法为第三十二军提供空中保护。长勇也认为，之前的战事也证明在海滩边消灭敌人是不可能的，很难守住机场，日军防御也会暴露，其结果只会导致第三十二军早早灭亡。放任美军在其选择的地方登陆，其一旦上岸，又几乎没有机动空间，这样美军将会遭遇遍及海岸山脊线的防御工事，防守的日军可以随时准备，在决战中出其不意攻击敌人。此外，美军进攻菲律宾后，日军大本营将冲绳岛守备部队中最具战斗力的第九师团调往台湾岛，引起了牛岛满极大不满，他随即以兵力不足为由，放弃决战计划，决定利用岛上的地形和山洞形成的纵深防御阵地与美军决战。第十方面军为了安抚牛岛满，没有再反对其行动方案。

为了生存下来并在最大程度上拖延美军，日军第三十二军精心制订了一个旨在进行消耗防御战的整体策略，充分利用岛上的自然特征和其他要素，包括岩洞、森林、坟墓和台风，将冲绳岛打造成一个不易攻破的防御阵地。[9]日军第三十二军在美军的打压下不得不向南撤退，鉴于此，一直到战争结束，第三十二军都在不断建设和完善这些层叠交错的防线，日军在防空洞和洞穴里也保存了大量补给品和军需品。

## 二、冲绳岛战役过程

1945年3月26日，美军在庆良间群岛登陆，登陆后在岛上建立停泊场和补给地。日本海军联合舰队司令丰田副武大将下令实施

"天号作战"计划。4月1日，美军在强大炮火的掩护下在冲绳主岛的西海岸登陆，4月2日，美军一部开始向东推进，以切断日军防线。由于日本放弃了"歼敌于滩头"的登陆作战，希望保存实力进行持久战，因此美军毫无损失地登陆，日本人称之为"无血上陆"。同时，日本将其保留的攻击力量集中在2000架自杀式飞机上，从台湾岛和九州岛基地起飞的"神风特攻队"开始攻击美国军舰。[10]

（一）海上作战

美国共计动用了1400至1500艘军舰，以及大约54.8万名士兵，包括18.3万名陆军和其他供给护航人员。相比之下，日本只拥有一支大约10万人的军队（估计陆军为6.9万至8.64万人，海军为0.8万至1万人）[11]。加上在冲绳招募的军事和准军事人员超过2.5万人，所有军事力量加在一起，也只有12万人左右。美军不仅士兵数目超过日军，而且也拥有具备压倒性优势的武器装备。此外，美军几乎完全控制了制海权和制空权。

在这种情况下，日军决定使用"天号作战"计划的秘密武器——"神风特攻队"*。太平洋战争末期，日军空中力量损失严重，飞行员伤亡也十分严重，此时已经来不及培养成熟的飞行员，因此神风特攻队成为日军可行的选择。特攻队飞行员大都是紧急招募而来，只经过短暂训练就奔赴战场，他们驾驶装满炸弹的飞机

---

\* 神风特攻队，全名是"神风特别攻击队"，"神风特攻"是一种实施自杀性肉弹攻击的作战方法，即在机上装上大量的烈性炸药，置于飞行员座舱之前，一旦发现目标，就连人带机撞下去，其机头触及坚硬之物立即发生剧烈爆炸。"神风特攻"多次投入战斗，发挥了极其重要的作用。冲绳岛战役中神风特攻作战规模之大，来势之猛，攻击之疯狂，破坏之惨烈，在整个二战中绝无仅有，达到了无所不用其极的程度。

冲向美军战舰，希望与美军同归于尽，其口号是"一机换一舰，名传千秋"。日本人将冲绳岛之战航空兵的敢死队攻击定名为"菊水特攻"*，这是"天号作战"计划的补充。从4月6日到6月22日，日军共发动10次"菊水特攻"。

10次"菊水特攻"作战，加上其他小规模的行动，日军总计损失习机约1 900架。在神风特攻队的自杀袭击中，美军总共有26艘舰艇被击沉，225艘受损。此外，在常规的空袭中，还有2艘舰艇被击沉，61艘受损。这种自杀攻击造成了美国海军在整个战争中最高的伤亡率。[12] 美国海军956人死于神风特攻队的袭击，另有2 650人受伤，897人失踪。特攻队队员驾驶自杀机装载这种威力极大的炸弹冲向美军舰艇，给美军造成了很大损失。

## （二）陆上战斗

当美军在海空遭遇日军"神风特攻队"的猛烈进攻时，双方的陆上战斗也在激烈进行。4月4日，美军陆战一师和陆战六师攻占中部地区、将日军分割为南北两部分后，美军就兵分两路。海军陆战队第三军向东北和北部推进，陆军第二十四军向南部推进。[13] 北进的美军进展较为顺利，4月16日美军攻下八重岳，冲绳岛北部的战斗大体结束，但双方在南部争夺异常激烈。作为战略持久战的一环，日军第三十二军设置了坚固的嘉数—首里防线，企图消耗美军战斗力。大部分日军（6万至7万人）藏在山洞里，双方激战数天，

---

\* 菊水就是水中的菊花，这是日本14世纪著名武士楠木正成的纹章图案。楠木在众寡悬殊的战斗中立下"七生报国"的誓言，意为即使死去七次也要转生尽忠，他也因在战斗中与敌同归于尽的壮举为后世所推崇。从这一代号可以看出日军的攻击显然以自杀性的特攻作战为主。

毫无进展。为了对日本的防御体系发动致命攻击，4月19日，美军对首里的防守日军阵地进行地毯式炮轰，并在坦克的掩护下发动进攻，但是进展仍然非常缓慢。此时，许多日军指挥官对旷日持久的防御战感到沮丧，渴望发起大反攻以阻止美军进攻，参谋长长勇中将也持该立场。高级作战参谋八原博通大佐警告说，这种做法是愚蠢的，但是长勇的意见占了上风。5月3日夜晚，日军发起反攻，由第二十四师团在中央和东线战区发起主攻。虽然日军在部分地区获得了短暂突破，但反攻还是很快被美军粉碎，参加反攻的7.6万人中，超过7000人阵亡，这使日军雪上加霜，阵地的防御兵力更加匮乏。美军伤亡不足700人，他们得以继续向南推进。这次反攻对日军来说，无异于自寻死路。[14]

5月13日，美军向首里发起全面进攻，日军损失了近6万名官兵，最终放弃首里防线。5月27日，第三十二军军部从首里城下的隧道指挥所撤离，次日在津嘉山建立了临时指挥所，接着在第三天继续撤离到南海岸摩文仁附近的一个小山丘（第89号高地）。[15]截至5月末，第三十二军已经损失了70%的兵力。牛岛满中将计划在那里召集余下的3万人继续战斗。[16]6月11日，日军残部被驱赶到冲绳岛南端的喜屋武半岛。接下来，美军第七步兵师在摩文仁南部的海岸山脉上包围了由日军第二十四师团残部守卫的第三十二军军部。6月21日，这些小股残敌大多被消灭，美军宣布冲绳群岛被完全占领。个别地区的零星抵抗仍然存在，美军扫尾工作仍然持续了数天。6月23日牛岛司令、长勇参谋长自杀，日军有组织的战斗结束。但牛岛下令"战斗到最后一人"，因此冲绳岛战役成了没有终点的战斗。[17]

## 三、冲绳岛战役的重大伤亡

冲绳岛战役期间，美军伤亡巨大。为了尽量减少自身伤亡并促使日军尽快投降，美军在太平洋战场实施了大规模轰炸战术，其目标主要是机场及与飞机相关的工业设施。在冲绳岛战役期间，美军向冲绳岛发射51万发舰炮、177万发火炮和重炮弹，因此冲绳岛战役也被称为"钢铁风暴"。大规模轰炸摧毁了日本军事经济，打击了日军抵抗信心，保证了"冰山行动"的顺利完成。然而，"钢铁风暴"几乎将冲绳岛夷为平地，岛民居无定所，四处逃亡，很多人在炮火或是逃亡中丧生。

冲绳岛战役激烈战斗83天之久。牛岛满自杀之后，日军有组织的斗争结束，但是小规模战斗一直存在，因此仍然发生大量伤亡。这场恶战不仅造成了美日双方大规模的伤亡，而且将琉球40万居民卷入，并造成当地人口四分之一到三分之一死亡。据统计，美军伤亡49 151人，其中12 520人阵亡或失踪，36 631人受伤；36艘舰艇被击沉，368艘损坏，763架飞机被毁。日军约110 000人阵亡，7 400多人投降，损失7 800架飞机，16艘舰艇被击沉，4艘被损坏。[18]

日军的战斗损失大于美军，这是太平洋战场非常常见的情况。根据美军第十集团军统计，日军在整个冲绳岛战役期间死亡107 539人，估计另有23 764人被封死在山洞里，绝无生路。另外，合计有10 755人被俘。美军统计的日军伤亡总数达142 058人，大大超过日军在冲绳岛及其周围岛屿的军事人员总数，第十集团军情报部门坦言，其中大约42 000人是由于美军在炮击和空袭日军及日军设施期间，不幸误杀或者误伤的冲绳平民。那么，扣除美军推定的平民伤亡人数，美军在冲绳歼灭的日军人数在 10 万以上。美国海军宣称，日军在这场战事期间，包括自杀式飞机在内，合计损失飞机 7 830 架，包括"大和"战列舰在内 16 艘军舰被击沉，另有 4 艘损坏。根据日军方面的资料，日军战死者约有 65 000 名。战后冲绳县生活福祉部援护科于 1980 年发表的数字得到了日本厚生劳动省的承认，是唯一的官方数字。这组数字显示，日军方面的战死情况为：

本土出生兵 65 908 人；

冲绳县出生军人军属（含防卫队员）28 238 人；

战斗参加者（战斗协力者）55 246 人；

一船平民 38 754 人；

合计 188 146 人。

## 四、冲绳岛战役对当地的伤害和影响

没有哪个地方像琉球一样对战争的策划与实行全无责任，也没有哪个地方遭受过如此广泛的痛苦，当地人的生命和财产损失惨重，并最终屈服于军事占领。[19]牛岛满和长勇自杀后，日军有组织的军事活动终止了。然而，牛岛自杀前下令战斗到最后，因此此后仍有许多士兵和平民丧生。琉球平民的悲惨程度在很多方面超过了广岛，很多人在轰炸中被灼伤或炸死，岛民有几周的时间眼睁睁地看着自己的孩子经历"钢铁风暴"的蹂躏。如果无辜能被量化，琉球人比广岛人更加无辜，他们在这场战争中毫无责任，却不得不遭受被屠杀的后果。[20]

## （一）冲绳成为弃子

对于日本来说，冲绳将作为一个"防浪堤"以保全本土，容许日本本土争取时间并尝试就准许保留天皇制度的和平协议进行谈判。[21]琉球很多知名人士认为，冲绳岛战役表明该岛成为日本保护本土的"弃子"，这一看法以大田昌秀[*]和外间守善[**]为代表。作为战役的亲历者以及原冲绳县知事，大田昌秀认为："从本质上和战略意义上来讲，冲绳岛战役其实就是一场为了本土防卫不得不作出的一个'丢车保帅'的战略而已"。[22]外间守善也是该战役的亲历者和幸存者，战后成为日本法政大学名誉教授，冲绳文化研究家。他认为，冲绳岛战役开始的时候，日本已经把冲绳抛弃了。日军大本营在1944年应该已经预测到美军会进攻冲绳，并以此为跳板攻打日本本土。冲绳岛战役开始之前，大本营将驻守冲绳岛的精锐部队第九师团调到台湾岛，本来答应再从其他地方调兵支援冲绳岛，但是一直到战役结束也没有实现增兵支援计划。这样，冲绳被当成了日本本土的"替死鬼"，尽量拖住美军，延迟本土决战时间。"日军大概从一开始就没有拯救冲绳的意识。"[23]而且，即使在冲绳岛成为战场之后，5月28日放弃首里司令部的时候，日军也应当停止作战。如果那时停战，在南部避难的10万多住民就不会被卷入战争。但是，第三十二军断定哪怕拖延一天也关系到本土决战的准备工作，所以还是执意向南部撤退。[24]此外，外间认为，牛岛满中将也被日军丢弃了。

太平洋战争末期，对于日本帝国政府来说，保全国体是首要关

---

[*]  1945年，19岁的大田作为冲绳师范学校的学生被召集加入铁学勤皇队，1990—1998年，大田担任冲绳县知事。

[**]  1945年，19岁的外间被征召参加铁血勤皇兵（学生兵）亲历了冲绳岛战役，并幸存下来。

切，因此争取时间准备本土的最后决战以及议和谈判成为关键。此时，天皇已经知道战争要失败了，为了争取时间并在谈判时获得较为有利的条件，他所命令的最后一场战争不是在日本本土。1945年2月14日，原首相近卫文麿谏言，恐日本战败已成定势，从保全国体的角度考虑，应予以和平决断，天皇以"如不能再次树立战果，恐难决断"为由，驳回其建议。冲绳岛战役是日本在已经预估失败的前提下，为本土作战争取时间的关键一战，其目的也不是保护本土的人民而是保全国体。[25] 这个战略起作用了，但是琉球人付出了20万人的代价，包括许多被日本士兵杀害的平民。昭和天皇一直没有访问过冲绳，这一点毫不奇怪，他不会受欢迎。[26]

日军第三十二集团军两任司令官都公开宣称"军官民共生共死一体化"以及"一草一木皆为战斗力量"，并动员男女老少参加战争。当时，岛上没有民事政府，由日军司令官行使所有的权力，住民的立法权、行政权和审判权都在军事控制之下，他们的所有行动都被日军司令部控制。[27] 1944年，第三十二军第一任司令官渡边正夫公开宣称：美军一旦登陆，冲绳只有玉碎。1944年8月，牛岛满上任后对下属部队发布了到任后的第一次训辞。关于与住民的关系，他强调："应指导地方官民愉快地为军队作战作贡献，主动进行地方防御。为达此目的，应诚恳地指导地方官民，使其配合军队进行作战准备的同时，在敌军进攻的时候不仅不妨碍军队作战，并主动为增强战斗力作贡献，进行地方防御。应严密注意防备间谍。"进而，牛岛满司令官堂而皇之地发出了实现官民同生共死一体化的指示。[28] 此外，第三十二军参谋长长勇在1944年10月10日美军大空袭之后指出："美军最大的弱点在于惜命。抓住这个弱点给予打击，日本胜利是不言自明的……县民也要下定这样的决心，把冲绳变成美军的吸血泵！"[29]

冲绳岛战役开始后，美日陷入拉锯战，为了尽量拖住美军、为本土作战争取时间，1945年4月20日，日本帝国军部发表了一份《决定性卫国战役的训令》："即便是当敌人用当地居民和妇女作为他们的盾牌而前进，并试图削弱我们的斗志时，我们也要毫不犹豫地歼灭敌人。"[30]美军登陆冲绳的时候，日本本土防卫体制只完成了大约60%，因此他们企图把美军拖在冲绳，认为即使拖一天，日本本土的防卫体制也能更加完备一些。[31]这样从东京的大本营、到驻守冲绳的第三十二军、再到驻守各个小岛的日军，都在不断强化这种理念，即"美军登陆后，岛民唯一的选择就是与日军玉碎"。就这样，琉球作为日本的一枚"棋子"成为本土防卫的"弃子"。岛民与其说实现了牛岛指示的军、官、民"同生共死"，不如说是走上了与军队"共死"一条路。

## （二）琉球平民伤亡严重

冲绳岛战役爆发时，整个琉球群岛有40多万人口，不到100天的战役导致12万琉球人死于非命，占当时人口的近1/3。更为重要的是，冲绳非战斗人员的伤亡人数（约9.4万人）远远超过日本参战部队中的冲绳成员（28 228人）。[32]其中包括11 483名14岁以下的孩子，他们中的10 101名是被日军从躲避的地方驱逐出来之后杀害的，866名在为日军干杂活的时候（做饭、搬运武器等）被杀害，其他的则是因日军抢走食物之后饿死，或是被日军直接杀死。除此之外，大约10 000名朝鲜劳工和慰安妇也失去生命。[33]大部分儿童的死亡是因为日军不保护他们，甚至是对其直接使用暴力。在日军的宣传和命令下，一些家庭成员为了让自己的孩子免于被敌人所害，在"强制集体自杀"的命令下，被迫将300名儿童杀害。另有14人被日本军队集体射杀。在这11 483名有记录的死亡儿童中，有5 296人（超过50%）是5岁以下的幼儿。[34]战争中死去的这些琉球人，其中一部分被美军杀害或是在日美交战中伤亡，一部分被日军杀害，一部分被迫集体自杀。

（三）日本对琉球的歧视、欺骗和利用

在被日本武力占领并以"皇民化"的名义强行同化后，琉球人为了变成"日本人"被迫走上了自我否定的不归路，他们必须放弃自己的语言和文化，必须为天皇"效忠"，从而成为天皇的"国民"。很多琉球人为了被同等对待、摆脱歧视，设法比日本人更强、更像日本人，为了证明自己是合格的"日本人"，他们积极参加战斗，勇于为天皇献身。日军为了强化当地居民的意志使其与日军一同进行抵抗，在战役开始前就对琉球居民进行了充分的极端思想宣传。这种"皇民化"教育和军国主义宣传及欺骗是自上而下进行的，从天皇到日军再到驻守琉球的第三十二军最后到琉球民众，这种严密的组织机构保证了全民总动员在琉球的顺利展开、各种命令的上传下达及其有效执行。日本的皇民化教育使住民相信，为天皇而死是国民道德的最高境界，冲绳国际大学名誉教授安仁屋政昭认为，日军的强制和诱导导致了住民集体死亡。[35]

但是本土对于琉球的歧视一直存在，整个战役显示出，日本将这个群岛当作防御的关键，而不是当作其民族共同体的重要组成部分。冲绳岛战役从一开始就是毫无希望的，仅仅是一个用于延迟美军登陆日本本土的血腥计划而已。由于琉球没有被真正当作日本的一部分，所以日本很少耗费精力保护琉球民众。琉球人关于冲绳岛战役的记忆更多是被忽视、被虐待、被剥夺，甚至遭到日本军队屠杀的人数比由美军进攻所引起的平民伤亡还要多。这种经历如此多，而更多的创伤是由于他们被教导成为日本人与对天皇忠诚的臣民。[36]此外，日本在最后关头"极有远见"地驱散了琉球独立的最后象征——王宫自卫队，王宫首里城在战火中被夷为平地，琉球立国以来所有王家典籍文献档案被烧光，琉球七百五十年的文化积累因此几乎丧失殆尽。这段沉痛的历史成了当地人心里无法散去的阴霾。[37]

冲绳岛战役交战双方严重伤害了当地住民，它不仅造成了当地近 1/3 人口的死亡，而且对战后琉球人的心理和琉球社会造成了严重的创伤。特别是，日本为了保全本土和天皇制将琉球视为"弃子"，琉球人民经历了被动员、被操纵、被欺骗，然后被抛弃的悲惨命运。冲绳岛战役是战后琉球历史的起点，战争对于岛民来说，远不能被界定为记忆，在当代琉球的表面之下，其恐怖的往事历历在目，构成了琉球思考现在和未来的源泉。

# 目　录

# 序言 爱日

在黎明前的黑暗中，美国海军两栖指挥舰艾多拉多号（*Eldorado*）降低航速，缓缓地靠近冲绳岛西海岸。一位美国海军陆战队上校在回忆录中写道："向正前方望去，军舰炮口的火焰直冲天际，炮弹划过夜空，留下一道道明亮的火弧，在很远之外模糊不清的海岸线上化作片片火光。我方负责掩护登陆的战列舰、巡洋舰、驱逐舰、火箭艇加大了对目标海岸的轰炸力度，炮声和回音就好似人造的雷声，声音虽然不大，但仍然时不时盖过艾多拉多号嗡嗡作响的循环换风机。"[1]

艾多拉多号被设计成了一艘指挥舰，船上配有大量先进的通信设备，剩余的空间只容得下两门 5 英寸*的防空炮。然而，舰上搭载的两位乘客可大有来头。一位是美国海军中将里奇蒙德·凯利·特纳（Richmond K.［'Kelly'］Turne）。他刚过 60 岁生日，是一位说话直来直去的老兵，指挥着庞大的两栖登陆特混舰队，正在向冲绳岛方向靠近，那里是日本 47 个行政区中位置最靠南的县。整支舰队由 1 300 艘舰艇组成，下辖 18.3 万名作战人员。另一位是美国陆军

---

* 1 英寸为 2.54 厘米。——编者注

中将小西蒙·玻利瓦尔·巴克纳（Simon Bolivar Buckner, Jr.），负责
指挥地面部队。他那年58岁，已经满头白发；他的父亲曾是美国内
战时期南方邦联的名将。那天是1945年4月1日，是登陆作战发起
日，代号为"爱日"*。在巴克纳看来，这一天同样也是个吉日。他在
日记中写道："今天是复活节，既是父亲的生日，也是我第一次上战
场的日子。"之后，他补充道："我已经按捺不住急迫的心情。但愿
战斗结束后，到了回顾往昔的时候，我也能以同样的激情追忆这场
战斗。"[2]

　　巴克纳恨不得马上就投入战斗。他凌晨4:30就离开狭小的舱室，
早餐匆匆吃了点儿薄烤饼，在5:30分秒不差地登上舰桥，跟特纳中
将一起用双筒望远镜观察渡具知（Hagushi）海滩。登陆前，海军舰
艇已经开始轰炸那里。冲绳岛南北长约70英里**，渡具知海滩距离该
岛最南端约23英里，此时正遭受由10艘战列舰、9艘巡洋舰、33艘
驱逐舰、177艘炮艇组成的炮火支援力量的轰炸。在之后三个小时
内，负责炮火支援的舰艇总共发射了44 825枚口径5英寸以上的炮
弹、33 000发火箭弹、22 500枚迫击炮炮弹。这是"有史以来海军
舰艇为支援登陆作战所做的最猛烈的炮火准备"。[3]

　　快到早上6:00。在隆隆的炮声中，太阳照亮海面，冲绳岛迎来
了阳光明媚的一天。海上只有几团零星的轻雾，能见度高达10英里。
微风吹拂着平静的海面，目标海滩上没有浪花。天气完全符合预期，
极其适合登陆作战。巴克纳喜悦地写道："东升的旭日发出金色的光

---

* 盟军把冲绳岛登陆作战开始的日期称作"爱日"（Love Day），为的是把这一天与硫黄岛登陆
　作战的日期"狗日"（Dog Day）区分开来。——原注
** 1英里约等于1.6千米。冲绳岛南北长约106.6千米。——译注

芒，但照亮的却不是日本的国运。"[4]

　　早上7:45，航母舰载机趁着炮火准备暂停的间歇对目标海滩进行低空轰炸，投下了大量的炸弹和凝固汽油弹。著名战地记者恩尼·派尔（Ernie Pyle）站在第五陆战团[*]的指挥舰上，一边远望海滩遭到轰炸的景象，一边奋笔疾书："海岸上掀起了高达数百米的烟尘，直到目标海滩变得暗无天日。炸弹的爆炸声、机枪扫射的嗒嗒声、飞机引擎的轰鸣声与舰炮的怒吼声交织在一起，似乎湮没了世间的一切。爆炸的冲击波在空气中引起了震动。那种颤振就好像是一只看不见的鼓槌敲打着耳膜，让人疼痛难忍。与此同时，一波又一波的登陆艇在指挥舰的后方摆好阵势，随时准备向海滩发起冲击。"[5]

　　早上8:20，也就是H时刻[**]前的十分钟，登陆控制艇降下了三角旗，由两栖坦克组成的第一波登陆力量一字排开，形成了一条绵延不绝的长达8英里的阵线，从距离海滩4 000码[***]的海面出发，以4节[****]的航速向海岸进发。负责提供炮火掩护的炮艇在前方为坦克开路，不断用火箭弹、迫击炮、40毫米口径的舰炮轰击海岸，确保在从海岸开始向内陆延伸1 000码的范围内每一个预先确定的、100码见方的目标区域都至少被25枚炮弹击中，从而达到饱和轰击的目的。在艾多拉多号上观战的巴克纳写道："轰击渐入高潮，火箭炮齐射成了高潮的最强音。场面蔚为壮观。"[6]

　　两栖坦克出发一分钟后，第一波登陆士兵乘坐两栖履带登陆车，

---

[*]　下文涉及部队番号时，海军陆战队统一简称为"陆战"。——译注
[**]　美军术语，是指重大行动开始的时间，而重大行动开始的日期则用"D日"来指代。——译注
[***]　1码约等于0.9144米。——编者注
[****]　节为速度单位。1节为1海里／时，也就是大约1.852千米／时。——编者注

也开始向海岸进发。用恩尼·派尔的话说，履带登陆车就好像"拖拉机轮胎上安装着杯形大卡车"；它可以在水中为登陆车提供推动力，"一旦触碰到水底，便可以像拖拉机那样缓慢前行"。之后，每十分钟都会有一波登陆士兵向海岸进发；按照预定计划，第六波士兵将在第一波士兵抢滩登陆前出发。派尔目送奔赴战场的士兵，顿觉"心情极其沉重"。他写道："一想到一个小时后，自己也许会战死沙场，任何人都不会觉得战争有丝毫浪漫之处。"[7]

由4个步兵师组成的先头部队正在向海岸进发，兵力总计1.2万人。士兵的内心忐忑不安，不知等待他们的将会是什么。在这4个师中，经验最丰富的是陆战一师。1942年8月，该师出征所罗门群岛，在被日本占领的瓜达尔卡纳尔岛（Guadalcanal）登陆，是第一个经历过战火洗礼的美军步兵作战单位。瓜达尔卡纳尔岛战役极其血腥，海军陆战队足足耗费五个月才终于击溃负隅顽抗的日军。1944年，陆战一师先后转战格洛斯特角（Cape Gloucester）、佩莱利乌岛（Peleliu），经历了更为残酷的战斗。尤其在佩莱利乌岛战役中，日本守军的疯狂抵抗使得陆战一师伤亡近6 500人。[8]

经历了瓜达尔卡纳尔岛战役的许多老兵回国轮休，陆战一师补充了8 000名新兵。尽管如此，仍有许多老兵留在前线，他们回想起佩莱利乌岛海滩上那场暴风骤雨般的炮火攻击仍然心有余悸；不难理解，他们担心惨剧再次上演。其中一位老兵是比尔·卢尼（Bill Looney）中尉，时年29岁，毕业于芝加哥洛约拉大学（Loyola University）这所天主教大学的经济学专业。他曾经作为第五陆战团一营C连的排长参加了最近的两场战役，经历了九死一生。如今，他已经升任连级军官，也就是副连长。两周前，他与C连的全体官兵一起，离开设在拉塞尔群岛（Russell Islands）的大本营，登上能够容纳217名士兵的平底坦克登陆舰。他们预计本次的目标将是台湾岛。然而，他们在西加罗林群岛（Western Caroline Islands）的乌利西环礁（Ulithi）停留了六天，在此目睹了"极度悲惨"的富兰克林号航空母舰"船体倾斜"时"令人恐惧"的样子，该舰在3月19日遭到一架孤军深入的日军飞机的轰炸*。终于，他们在驶向冲绳岛的途中得知，那才是本次作战的真正目标。

4月1日清晨早些时候，C连官兵享受了一顿有牛排和鸡蛋的"丰盛早餐"，之后在甲板上，他们看到一架日本神风特攻队**的飞机在躲过港内"所有其他舰船"的防空炮火后最终被一艘战列舰击落。那艘战列舰就好像要先"看一看那些外行能不能解决敌人"。虚惊一场后，卢尼一行人接到命令，登上履带登陆车，随车一起进入坦克登陆舰拥挤的船舱，在舱内汽油的恶臭和引擎的噪声中晕头转向。最后，登陆舰的前舱门打开了，登陆车鱼贯而出，在海面上激起巨大的水花，车内士兵的耳边回响着舰上扬声器发出的最后祝福："陆战队的小伙子，祝你们好运！"卢尼本来以为自己乘坐的登陆车会"直接沉底"，但登陆车仍然浮在水面，向海岸缓缓驶去。

卢尼还记得，登陆车内十分拥挤，"每个人都神情紧张，沉默不

---

\* 富兰克林号是一艘全长872英尺（1英尺为30.48厘米）埃塞克斯级的航空母舰，虽然被两颗重达550磅（1磅为0.4536千克）的炸弹击中，遭到毁灭性打击，舰上2 600名官兵有将近一半的人非死即伤，但还是在其他舰船的协助下，被一路拖行，先是在乌利西环礁停留，之后又穿过巴拿马运河，抵达布鲁克林造船厂接受维修。——原注

\*\* "神风特攻"是一种自杀式袭击，飞行员会把自己驾驶的飞机当作炸弹，撞击敌军的舰艇。1942年10月，一名日军飞行员在自己驾驶的鱼雷轰炸机被击伤后，抱着自杀效忠的决心，撞上了美国海军史密斯号（Smith）驱逐舰，导致舰上28人死亡、23人受伤，完成了日军第一次成功的神风特攻。然而，直到1944年秋，日军高层才终于在菲律宾成立了"大日本帝国海军特别攻击队"。冲绳岛战役期间，神风特攻队总共发起了2万余次自杀式袭击。——原注

语，心里忐忑不安，不断地思考着同样的问题：日本人会在岸上迎击我们吗？岸上的那些沙丘该怎么通过？情况会像登陆佩莱利乌岛时一样糟糕吗？我这次还能大难不死吗？"[9]

吉姆·约翰斯顿（Jim Johnston）下士也在不断地思考着相同的问题。他曾是高中优秀毕业生代表[*]，1942年从内布拉斯加大学林肯分校（University of Nebraska–Lincoln）退学，成为海军陆战队的一员，原因是他认为参军入伍是一件"光荣的事情"。他是第五陆战团二营E连的战士，虽然只有22岁，但已经担任机枪小队[**]的代理指挥官；他深感自己肩负着确保手下士兵安全完成此战的重任。约翰斯顿写道："小队曾经的前辈要么战死，要么调离。我谁也指望不上。无论我看向谁，都会发现他们也在眼巴巴地指望着我。"

听取作战指示后，约翰斯顿几乎陷入绝望。E连负责进攻的那段海岸线，大部分都设有高高的海堤；海堤只有一个缺口，宽度仅40码，缺口前方虽然是一片空地，但完全暴露在日军机枪阵地的火力范围内。他写道："缺口前方的空地便是E连的作战目标。我们必须设法夺取空地的控制权，让坦克及补给物资能够在此登陆。这40码的缺口极具战略意义，敌军必将集中所有的防守火力，用大炮、迫击炮、机枪消灭向这里发起冲击的登陆部队。进攻缺口不就等于是送死吗？"长官们直率得残忍，所有人都觉得E连"肯定是有去无回了"。[10]

抵达冲绳岛西岸珊瑚礁密布的浅水区后，在前方开路的炮艇纷

---

[*]　指在毕业典礼上致词的学生，担任者通常是成绩最为优秀的毕业生。——译注
[**]　按照美军的规定，小队是大于班而小于排的作战单位。——译注

纷向两边闪开，让两栖坦克和履带登陆车通过，接着穿过暗礁区，继续向海滩进发。两栖坦克的75毫米榴弹炮不断开火，轰击所有可能存在日军碉堡及工事的地点。坦克逼近海岸后，负责掩护的海军舰炮调高炮口，开始轰击距离海岸更远的目标，"烟尘笼罩近岸的山脊，遮蔽了日军观察哨的视野"，而数十架舰载机低空掠过海滩，机枪火力全开，猛烈扫射目标海滩。

两栖坦克最先登陆，履带登陆车紧随其后。就在登陆车距海岸仅有数米、即将登陆的那几秒钟，约翰斯顿回想起了佩莱利乌岛战役，阵亡的海军陆战队员有的漂浮在水中，有的倒在岸上。于是他不禁"开始想象后续几波登陆部队看到我们陈尸岸边时会做何感想"。[11]然而，对于卢尼来说，他既没有听到"敌军炮火"，又没有看到"熊熊燃烧的履带登陆车"，这是一个"极好的兆头"。他们扛着长长的折叠梯，从登陆车中一涌而出，径直奔向沙丘，准备翻越前方高耸的海堤。卢尼写道："敌军还是没有动静。我们就像是在跑龙套一样。简直太棒了。"[12]

约翰斯顿缓缓接近位于黄色一号海滩上的一座碉堡，随时准备迎接"子弹穿身而过"的时刻，但日军却并"没有开火"。看清碉堡空无一人后，约翰斯顿率领机枪小队继续向内陆前进。不到一小时，滩头阵地就已经"拥有数百米远的纵深，并且每分钟都在继续深入"。E连的官兵"欣喜若狂，喜悦之情难以言表"，好像他们"被赦免了死刑"。然而，对于E连的许多官兵来说，这"只是缓刑而已"。[13]

前方用无线电发回消息，通知指挥部，"第一、第二波登陆部队已经顺利上岸，日军既没有做太多的抵抗，也没有在海滩上埋设地雷"。此时，恩尼·派尔仍然没有离开第五陆战团的指挥舰。他拿起望远镜，看到"坦克横穿登陆场，而第二波登陆的士兵正在直着身子向内陆走去"。零星的轻武器和迫击炮炮弹偶尔在靠近海滩的水面上激起诡异的水花，但没有任何迹象显示"有来自海岸的炮火"。尽管这些迹象尚不能完全确定，但派尔仍然放下了悬着的心。他写道："不知为何，我放松了下来，而且越来越坚定地认为，我们也许躲过了一场腥风血雨。我开始与水兵谈笑风生。"[14]

在艾多拉多号的甲板上，"很难看清楚目标海滩上的具体情况，"那位海军陆战队上校写道，"但让我们颇感意外的却是，日军似乎没有抵抗；登陆部队发回报告称，士兵完全不需要注意隐蔽，可以'直着身子'，横穿登陆场狭长的珊瑚沙海滩。"不知出于何种原因，日军决定不在海滩设防。他又写道："我军的登陆艇一波又一波抵达海滩，待到士兵下船后，马上又返回母船，开始运送下一批士兵。我军士兵涌上海滩，陆军士兵和海军陆战队员全都混在一起，一窝蜂地冲上位于岛屿中部的山脊，并在高地上停下来，开始一边巩固阵地，一边重新评估局势。在他们身后，海滩上仍然拥挤不堪，聚集了大量的人员、装备，但敌军却一直都没有采取行动阻止我们的登陆行动。无论是在佩莱利乌岛还是在硫黄岛，登陆部队都没有如此轻而易举地占领滩头。"[15]

那天早上，所有的美军官兵都在暗自庆幸。也许，只有巴克纳中将"因冲绳岛守军没有奋力抵抗而有些担忧"。第一集团军海军陆战队的副参谋长奥利弗·P.史密斯（Oliver P. Smith）准将认为，巴克纳感到忧虑完全是因为在阿留申群岛（Aleutians）战役期间，1943年8月攻打基斯卡岛（Kiska）的行动给他留下了糟糕的记忆：

"当时负责夺岛的美军登陆后发现，岛上没有一个日本兵*……登陆行动沦为笑柄。"根据史密斯的说法，巴克纳"不想再有类似基斯卡岛登陆的经历"。[16]

巴克纳当然想与日军决一死战。由于他还没怎么上过战场，再加上冲绳岛战役开始前的数个月间，他不断地听人讲述日军的暴行，经常看到美军士兵遭到残害的照片——他们被日军"当成牲口一样屠宰并吃掉"，这些因素都让巴克纳求战心切。[17]情报部门的报告估计，冲绳岛上至少有6.5万守军。那么，这一大群日本兵都跑哪儿去了？是夜，巴克纳在给妻子的信中写道："我们没有遇到像样的抵抗，日军明显认为我们会在岛的其他地方登陆……我认为今天的行动大获成功。我军有将近6万名士兵登岛，明天还会有更多的士兵登陆。"[18]

巴克纳深信，登陆开始后，命令陆战二师同时向冲绳岛东南海岸发起佯攻的作战计划起到了预想的效果，令日军误判局势，把大部分兵力集结到了错误的地点。然而，实际情况与之相去甚远。在冲绳岛南端，距离美军登陆地点12英里的首里城（Shuri Castle），守岛日军的指挥官牛岛满（Mitsuru Ushijima）中将正冷静地站在瞭望台上，拿着双筒望远镜，与手下的高级军官一起观察美军的登陆行动。时年57岁的牛岛是一个"高大魁梧、面色红润"的人，去年8月接替生病的渡边正夫（Watanabe）中将，成为负责守备冲绳岛的第三十二军司令官。他曾经在中国和缅甸战场担任旅团长、师团长，有一定的实战经验；但自1941年起，牛岛就奉调返回日本，之后一

---

*　日军发起了代号为"奇迹作战"的行动，在美军登陆前撤走了岛上所有守军，而美军则在登岛后疑神疑鬼，经常胡乱开枪，造成了不少友军伤亡。——译注

直都在行政岗位工作，先是担任陆军士官学院（Non-commissioned
Officers Academy）院长，然后升任颇具盛名的日本帝国陆军士官学
校（Imperial Japanese Army Academy）的校长。与脾气火爆、喜欢
亲自指挥战斗的渡边不同，他更倾向于"让下属全盘负责具体的作
战计划"，而自己则运筹帷幄，掌控大局——考虑到他过往的经历，
这或许并不奇怪。牛岛的某位下属评价道："就这一点而论，他延续
了日本军队长久以来的传统，这个传统可以追溯到1868年明治维新
的伟大领导者之一：西乡隆盛（Takamori Saigo）。"[19]

　　在瞭望台上，紧跟在牛岛身边那个"身材矮胖、两腿跨立"的
军官是他的左膀右臂，第三十二军参谋长长勇（Isamu Chō）中将*。
长勇是一名极端民族主义者，在20世纪30年代曾是青年军官团体**
的活跃成员，极力要求日本政府实施对外扩张政策。时年50岁的长
勇可谓劣迹斑斑，他曾经在1937—1938年参与了南京大屠杀***，之前
还因为发动反文官政府的政变****而吃过几天牢饭。他是一个冷酷无
情、侵略好战的战争狂，认为进攻就是最好的防守。如果长勇拥有
指挥权，冲绳岛的日军就一定会据守滩头阵地，与登陆的美军决一
死战。然而，牛岛并没有采纳长勇的建议，而是听取了时年42岁、
极具军事天赋的高级参谋八原博通（Hiromichi Yahara）大佐的意见。

---

\*　此处英文原文为"少将"（Major General），但经查证长勇于1945年3月晋升为陆军中
　　将。——译注
\*\*　长勇加入的青年军官组织是"樱会"。——译注
\*\*\*　他以朝香宫鸠彦王（"上海派遣军"指挥官）的名义向所属部队下达了杀害全部战俘的命
　　令。——译注
\*\*\*\*　此处指"樱会"1931年发动的"十月事件"，又称"锦旗革命事件"。政变失败后，陆军大臣
　　南次郎宣称起者因爱国主义情绪太过强烈才会采取军事政变的手段，故原谅所有参与者，长
　　勇仅被判处10天软禁。——译注

八原坚信，攻守双方在兵力和火力上极度不对等，如果日军想要守住冲绳岛，唯一可行的办法就是放弃滩头阵地，集中兵力在岛屿的南端防守。[20]

　　远在东京的大本营[*]（IGHQ）制订了最新的守岛计划。他们提出，冲绳岛战役将会在海上、空中取得胜利，而守岛的陆军只需"打扫战场，清理敌军那些侥幸登陆的残兵败将"。八原当然知道这完全是痴人说梦，所以根据实际情况自行制订了作战计划。戴着眼镜、文质彬彬的八原出生于一户中等家境的农民家庭，位于日本本州岛的西南地区[**]，那里人口稀疏。他毕业于日本陆军大学校[***]（War College），后来在军队中不断晋升。他曾经担任联队指挥官，之后在东南亚从事情报工作，再后来又在牛岛担任校长的陆军士官学校任教。然而，与上述经历相比，对冲绳岛战役期间的八原帮助最大的，却是他作为交换军官访问美国的两年经历。其间，八原曾在美国第八步兵师服役六个月。两年以后，他对美国的军事思想有了深刻的了解。[21]

　　1944年3月刚刚抵达冲绳岛时，八原就认识到，随着美军逐渐逼近日本本土，位于本土以南、距离仅400英里的冲绳岛肯定会成为美军下一步的攻击对象。因此，他提出应当大量增兵，加强冲绳岛的防守力量。八原回忆道："在我看来至关重要的是，我方必须确定哪些岛屿可能遭到敌军攻击，之后在岛上部署能够对战局

---

[*]　大本营是太平洋战争期间日本陆海军的最高统帅机关，能够以大本营命令的形式发布天皇敕命，是直属于天皇的最高司令部。——译注

[**]　八原博通的故乡是鸟取县。——译注

[***]　日本陆军大学校是比日本陆军士官学校高一级的军事院校，任务是培养参谋人员和军阶在大佐及以上的高级军官。只有从陆军士官学校毕业，在部队中有两年以上经验，并且年龄不超过30岁的中尉、大尉军官才有资格报考。——译注

产生决定性影响的兵力。趁着还有时间，做好充足的战前准备。"最终，八原的建议得到了充分的重视。日军高层向冲绳岛紧急调派了大量作战单位；到1944年夏末，守岛兵力已经扩充到了10.5万；此外，还有由冲绳岛本地居民组成但缺乏训练的2万"防卫队"（即民兵武装）。[22]

此时，八原的作战策略是，"向敌军登陆的地点派兵，发动进攻，并在沿海地区歼灭来犯之敌"。然而，大本营在1944年11月决定调遣第三十二军最精锐的部队——兵力2.5万的第九师团——驻守台湾岛，后又将其派往菲律宾驻扎。于是，八原不得不改变原有作战计划。他认为，失去第九师团后，守岛兵力严重不足，肯定无法阻止美军的大规模登陆行动，所以守军必须集中大部分兵力，扼守冲绳岛南端三分之一的土地，"在司令部所在地首里城以北的地区层层设防，构筑坚固的防御工事"。守军可以将地道及洞穴作为掩护，无论敌军有多少炸弹和炮弹，都能安然无恙。用八原的话来说就是："美国有强大的工业能力，可以锻造战场上的钢铁洪流，那守岛将士和冲绳岛居民就要不畏辛劳，用泥土和着汗水，构筑起牢不可摧的防御工事。"[23]

尽管修订后的作战计划以"消耗战"为主，与日本陆军寻求"决战"的军事理念相左，引起了不小的争议，但牛岛仍然批准了计划，命令守岛士兵和当地居民在之后的五个月不分昼夜地挖掘工事，在冲绳岛南部的狭长地带修建了一整套防御体系，将司令部所在地首里山以北"曲折的山脊、陡峭的岩壁"变成了"碉堡密布、火力点不计其数的杀戮场"。所有的防御工事"被山体内部开凿出的、由洞穴和地道组成的交通网络连为一体"，使守军可以安全抵达遭受敌军攻击的地点。[24]

4月1日，防御工事已经大功告成，牛岛和手下的军官"满怀信心"，眺望渡具知海滩上"敌军手忙脚乱的登陆部署"。一些人开起了玩笑，还有几个人抽起了烟。所有人都"精神亢奋，像即将与强敌一较高下的武士那样，难以按捺内心的兴奋"。

八原目睹了美军轰炸滩头时"扬起的烟尘和碎石"遮天蔽日的景象，对美军轰炸的规模大为惊奇。穿过重重烟雾，映入他眼帘的是准备执行轰炸任务的美军飞机，好似"上百粒巨大的豆子"。轰炸终于结束后，"千余辆登陆车冲上海滩"，车上的美军士兵一涌而出。八原后来这样写道："那景象仿佛发生了海啸，大海狂吼着向岸边扑来。"

一想到美军指挥官及其身边的参谋人员当时的心情，八原就暗自好笑。他写道："登陆行动易如反掌，想来敌军指挥官一定会沾沾自喜，觉得自己找到了日军防守的缺口。但是，他们很快就会发现自己大错特错……美军奋不顾身向几乎不设防的海岸线发起冲锋的样子真是太好笑了，就好像丢了拐棍的瞎子——他们为了越过前方的壕沟，只好手脚并用，边摸边爬。"

然而，八原同时也感受到了"一股令人痛苦的强烈不安"。大本营原本的作战计划是让航空兵挑大梁，"拒敌于冲绳岛之外"，甚至还"公开宣称，消灭敌军的最佳时机就是趁着他们还没有下船时用飞机轰炸，根本就不给他们登陆的机会"。之前的一周，日军的飞机不断升空作战，"利用夜色的掩护，借着月光和黎明前的微光轰炸敌军舰队"。八原不禁问道，既然航空兵不惜冒险夜间作战，他们为何不趁着"敌军登陆舰艇把（渡具知）海滩围得水泄不通、完全暴露在空袭威胁下的当口，克服一切困难，利用这千载难逢的机会，出动所有的作战力量发起进攻呢？"[25]

负责冲绳岛防空作战的海军中将宇垣缠（Matome Ugaki）在日记中写道："3月31日，航空兵的确对美军第五舰队发起了全面进攻。"然而，由于遭到美军防空炮火的轰击和战斗机的拦截，到第二天，只有极少数神风特攻队的飞机突破了防线。其中一架击中了西弗吉尼亚号（West Virginia）战列舰的船楼，机上携带的炸弹更是穿透到下甲板的位置。幸亏这枚炸弹是个哑弹，否则该舰绝不可能仅有4人阵亡、23人负伤。此外，还有3架自杀式飞机同样也命中了目标，分别撞上了运送陆战二师士兵、在冲绳岛东南海岸伴装登陆的欣斯代尔号（Hinsdale）运输舰及2艘坦克登陆舰。[26]

来自得克萨斯州圣马科斯市的21岁少尉奥萨·格里沙姆（Otha L. Grisham），在七二四号坦克登陆舰的军官起居室吃早餐时，听到了飞机的引擎声和防空炮的炮声。舰员让他"待在原地别动"，"别碍手碍脚的"，所以他继续低头吃饭。格里沙姆后来回忆道："突然间，登陆舰遭到了猛烈的撞击，船体结构嘎嘎作响，但并没有发生爆炸。日军自杀式飞机的残骸撞上了左舷中部。我们全都冲到舱外，发现过道上有日军飞机引擎的碎片，碎片周围还散落着飞行员的碎尸。要不是我们的高炮手击落了飞机，登陆舰肯定会受到严重的损伤。"

另外两艘军舰可就没有这么幸运了。格里沙姆向后方望去，看到了熊熊燃烧的八八四号坦克登陆舰和欣斯代尔号运输舰。这两艘军舰运送的士兵跟七二四号坦克登陆舰属于相同的海军陆战队作战单位。所以，格里沙姆和战友们"要求登陆舰降低航速（还有人要求直接停船），搭救落水的同伴"，但舰长拒绝了，因此他们束手无策，只能眼睁睁地看着幸存者跳入海中，躲避烈焰的炙烤。救援人员花了好几个小时才完成救援，那两架自杀式飞机共造成41人死亡，伤亡人数反倒高于渡具知海滩上的正式登陆行动。格里沙姆后来评论道："到底是谁胡说八道，宣称预备队要比登陆部队'更安全'？"[27]

攻占冲绳岛的两栖登陆作战代号"冰山行动"，不仅是太平洋战场上规模最大的两栖作战，更是历史上规模最大的海陆空协同作战。诚然，无论是1943年西西里岛战役的D日（18万人登陆），还是1944年诺曼底登陆的D日（10万人登陆），登陆士兵都要多于冲绳岛战役的登陆日（6万人登陆）。[28]但由于"冰山行动"的参战海军在舰艇数量和舰队航行距离上都更胜一筹，所以我们仍有理由认为，与西西里岛战役、诺曼底登陆相比，冲绳岛战役规模更大。一位冲绳岛战役的亲历者惊叹不已，写下了下面这段话：

> 这是有史以来规模最大的远洋舰队，包括太平洋舰队的所有舰艇，共计运送7个师的兵力。舰艇总数达到了1 457艘，兵力更是多达50万。光看这些数字，我们就知道有多了不起：所有的船只、人员都必须从美国出发，横跨数千英里的大洋，在预定时间同时抵达预定地点。后勤保障真是了不起。参与战斗的7个师全都来自不同的驻地，都必须乘船抵达目的地。那景象真是无比壮观。各类战舰同样也不得不提：航空母舰、战列

舰、巡洋舰、上百艘驱逐舰。此外，已经有大约40艘潜艇执行
了任务，把水下工作人员*运送到冲绳岛，让他们拆除（海滩上
的）障碍物。我敢肯定，公众没有意识到冲绳岛行动的规模到
底有多大。从某些方面讲，其规模甚至超过了诺曼底登陆。[29]

　　无论怎样，冲绳岛战役后勤保障的成就都令人赞叹不已。从西
雅图到菲律宾群岛的莱特岛，有11个远近不一的港口是登陆舰队的
出发地，总计430艘运输舰和登陆船在这11个港口停靠，船上运输
了至少18.3万名士兵和74.7万吨的军需物资，这还仅仅是攻击梯队
的规模。美国海军距离冲绳岛最近的太平洋基地设在乌利西环礁，
补给船以每小时10海里**的航速航行，也要用上整整5天时间才能抵
达目的地。更有甚者，大多数补给船都必须从美国西海岸出发，要
航行6 250海里，用上26天时间才能抵达冲绳岛。[30]

　　包括海军、陆军和航空部队***在内共有54万盟军士兵参加了
冲绳岛战役，其中绝大多数都是美国士兵。参战的美军除了陆军
士兵，还有隶属于海军上将雷蒙德·A.斯普鲁恩斯（Raymond A.
Spruance）统领的美国第五舰队的海军士兵。第五舰队下辖20余艘
快速航空母舰、10艘战列舰，共有1 200架作战飞机，是人类历史
上最强大的作战舰队。此外，由英国及英联邦国家的海军力量组成
的第五十七特混编队，也就是英国太平洋舰队，下辖2艘战列舰、

---

* 　即美国海军水下爆破队。——译注
** 　1海里约等于1.852千米。——编者注
*** 　二战期间，日本和美国都没有独立的空军，只有海军航空部队和陆军航空部队。现在的美国空
　　军是美国陆军航空部队在1947年从陆军独立出来后成立的。——译注

4艘舰队航母\*、5艘巡洋舰（其中1艘属于新西兰海军）、11艘驱逐舰（其中2艘属于澳大利亚海军），共有22架作战飞机；虽然规模不大，但作用却不可忽视，同样也是第五舰队的重要组成部分。第五十七特混编队是英国皇家海军在二战期间组建的最强大的海上攻击力量。[31]

　　冲绳岛战役持续了83天。这是血雨腥风的83天，战斗之惨烈渐渐地达到无以复加的程度，即使跟德军与苏军在东线战场上的殊死搏杀相比也毫不逊色。这是一段血腥残酷、令人心碎的历史。唯有考虑到人性的光辉，这段历史才稍稍变得勉强让人可以承受。要想最为透彻地讲述这段历史，就必须采取多视角的方法——从那些在自杀式飞机狭小机舱内驾机赴死的日军飞行员的角度，从那些在遭到袭击的战舰上令人窒息的炮塔内坚守岗位的水兵的角度，从那些在糖糕丘（Sugar Loaf Hill）上污水没半的散兵坑内躲避敌军炮火、身旁全是污秽和战争残骸的士兵的角度——去描述当时的情形。在下文的叙述中，主要人物有时是将军、总统——讲述他们如何居高临下把控大局，有时是普通士兵及其家人，以及夹在交战双方中间处境极其悲惨的冲绳岛平民——讲述他们作为普通人如何经受战争的磨难。当然，在此之前，我们必须从头说起，把日历翻回到1944年7月26日，美国总统在夏威夷岛珍珠港与太平洋地区高级指挥官会面，看看他们如何敲定击败日本的最佳战略方案。

---

\*　舰队航母是指跟随主力舰队作战的航母，不同于诸如护航航母之类航速较慢、作战能力较弱的航母。——译注

## 01　道格拉斯在哪儿？

1944年7月26日，星期三，下午3∶00，美国海军重型巡洋舰巴尔的摩号（*Baltimore*）在珍珠港停靠，受到夏威夷一大群民众山呼海啸般的欢迎。舰上载有一位贵客，是美国总统富兰克林·D.罗斯福（Franklin D. Roosevelt）。他虽然刚刚大病一场，还要启动选举活动，为第三次连任做准备，但仍然抽出时间，带着少数内参顾问来到美国海军太平洋舰队司令部驻地，与美军高级将领商讨未来的战略。[1]

第一个走上前迎接这位坐着轮椅的总统*的人是时年59岁、担任美军太平洋战区最高指挥官的海军上将、得克萨斯人切斯特·W.尼米兹（Chester W. Nimitz）。美国向日本宣战后，尼米兹凭借处变不惊、刚毅坚定的领导力，扭转了战争初期的颓势，取得了一系列海战、陆战的胜利，为美军一雪前耻。他率领一队高级军官，大步走上登船跳板，与罗斯福总统热情地握手。总统没有寒暄，开口就问："道格拉斯在哪儿？"

---

\* 1921年时，39岁的罗斯福患上了脊髓灰质炎，双腿失去了正常功能，此后不得不时常用轮椅代步。在公共场合，他不愿以乘坐轮椅的形象示人，会装上腿部支架，装作仍然能够正常行走的样子。——原注

罗斯福口中的道格拉斯是时年64岁的陆军上将道格拉斯·麦克阿瑟（Douglas MacArthur），时任西南太平洋战区盟军最高指挥官，也就是那位性格有些离经叛道的美国将军。他以固执己见闻名，在1942年初没能抵挡住日军的进攻而丢掉菲律宾，却因"卓越的战场指挥"而获得以国会名义颁发的"荣誉勋章"（即美国最高军事荣誉），引发极大争议。有些人甚至指责麦克阿瑟临阵脱逃：1944年5月，扼守着马尼拉湾入口的要塞科雷希多岛（Corregidor）失陷，美国和菲律宾共1.1万守岛士兵沦为日军战俘，而在此之前，麦克阿瑟就已经离岛而去。实际上，麦克阿瑟离开科雷希多岛，完全是因为接到了罗斯福的命令。自此之后，他就一直不知疲倦地工作以图挽回名誉。在稳固了澳大利亚的防守之后，他转守为攻，占领了新几内亚（New Guinea）和阿德默勒尔蒂群岛（Admiralty Islands）的大片地区。麦克阿瑟之所以会来到夏威夷，是因为他想要说服罗斯福总统同意将菲律宾列为美军下一步进攻的主要目标，那是他立誓要"解放"的国家。

飞机降落后，麦克阿瑟发现自己快要迟到了，于是不停催促那些驾驶摩托车护卫敞篷车的警察，让他们以最快的速度把自己护送到港口。麦克阿瑟的车队拉着警笛，总算在总统一行人下船时赶到了港口。"嗨，道格，"罗斯福说道，"这大热天的，你怎么穿着皮夹克啊？"

"唉，"麦克阿瑟答道，"我刚从澳大利亚飞过来，那地方可冷了。"[2]

接下来的战略研讨会在一个大房间内举行，墙壁上到处都贴着太平洋战区的地图。尼米兹第一个发言，将他的上司、美国舰

队总司令、美军参谋长联席会议的成员、海军上将欧内斯特·J.金
（Ernest J. King）制订的方案公布于众；该方案主张绕过菲律宾，把
台湾岛定为大规模进攻的下一个目标，在拿下台湾岛后便可直接进
攻日本本土。实际上，这同样也是美国参谋长联席会议另外两位成
员的观点。陆军上将乔治·C.马歇尔（George C. Marshall，隶属于
美国陆军）、陆军上将亨利·H.阿诺德（Henry H. ['Hap'] Arnold，
绰号"哈普"，隶属于美国陆军航空部队），他们全都认为，绕开菲
律宾是一条捷径，能够以最快的速度击败日本。其实，在召开会议
时，尼米兹本人并不觉得这是一套行得通的方案，他认为美军应当
首先占领西加罗林群岛，然后再进攻菲律宾中部和硫黄岛。只不过，
尼米兹过分注重上下级关系，在会上极力为金制订的方案辩护，就
好像他才是方案真正的制订者。

　　麦克阿瑟应对自如，没有借助任何笔记资料，就对局势做出了
透彻的分析；他指出，与台湾岛相比，菲律宾群岛的主岛吕宋岛
（Luzon）具有更为重要的战略意义：只要占领该岛，就可以切断连
接日本与其南方海外占领区的海上交通线。然而，如果绕过吕宋岛，
那么，驻扎在该岛的日军就会不断出动轰炸机，无论是占领台湾岛
的美军，还是驻扎在其他地方的美军，都会因此遭受毁灭性的打击。
尼米兹同意麦克阿瑟对吕宋岛战略意义的分析，但在罗斯福提问时
答道，他认为这两套方案都行得通，可以二选一。会议最终敲定了
一套折中方案：用部署在西太平洋的现有兵力收复菲律宾群岛，而
进攻台湾岛的计划则延期执行。麦克阿瑟大喜过望，他认为总统自
始至终都保持着"完全中立"，而尼米兹则不偏不倚，展现出"无可
挑剔的公正性"。[3]

在夏威夷期间，罗斯福接到邀请，计划前往尼米兹位于马卡拉帕山（Makalapa Hill）的官邸共进午餐。然而，由于特勤局认为官邸不符合安保标准，美国海蜂工兵队*的500名士兵奉命对其大修，不仅重新粉刷了墙面、翻新了洗手间，甚至还在官邸后边新修了一条路，让罗斯福总统的勤务人员能够悄悄地把总统从专车上抬下来搬到轮椅上。除了总统和尼米兹将军，还有许多陆军和海军的将官参加午餐会，如果把他们肩章上的将星加起来，足足有136颗。但是，当他们坐在餐桌前，喝着马提尼鸡尾酒，享受着当地特产美味的鲯鳅时，所有人对总统糟糕透顶的健康状况都一无所知。[4]

小西蒙·巴克纳中将坐在罗斯福的右手边。他刚刚获得任命，成为美军第十集团军指挥官，准备率部攻打台湾岛，是午餐会的贵宾。他在日记中写道："总统谈吐幽默，在场所有人都放松下来，就像在自己家里一样。"他还写道，总统"看起来气色不错，只是在举起鸡尾酒杯时，手有些微微颤抖"。[5] 比起巴克纳，早已返回澳大利亚的麦克阿瑟对总统健康状况的评估可就要显得更加悲观了。"总统虚弱得只剩下了一副躯壳，"他对妻子琼说道，"估计过不了六个月，他就要撒手人寰了。"[6]

罗斯福珍珠港之行的实际作用是，让陆军和海军执行看似统一却又并不一致的战略：麦克阿瑟将会继续沿着菲律宾群岛及荷属东印度北上，而尼米兹则会取道中太平洋，步步为营逼近台湾岛，而第一步就是占领帕劳群岛的佩莱利乌岛。陆战一师、陆军第八十一师先后登岛，经历两个月的苦战，克服日军利用洞穴和地下通道构

---

* 海蜂工兵队的英文名称是 Construction Battalion，首字母 C、B 与海蜂的英文 SeaBee 同音，所以得到了海蜂工兵队这样一个绰号。——译注

筑防御体系所制造的巨大困难*，最终于1944年11月末占领佩莱利乌岛。

此时，局势已经发生了很大变化。1944年9月11日到16日，罗斯福总统和英国首相温斯顿·丘吉尔（Winston Churchill），以及英法两国的联合总参谋部人员前往魁北克（Quebec），召开"八角会议"**；会上就许多问题达成一致，其中包括击败德国后让英国成为对日作战全面合作伙伴的决定。丘吉尔倾向于派兵横渡孟加拉湾，收复新加坡和马来半岛，一雪英军在1942年初溃不成军输掉马来亚战役的耻辱***。罗斯福提出了不同意见，指出美军的"跳岛战术"已经在太平洋战区取得了很大的成功，能够绕开类似新加坡这类日军重兵防守的据点，待到胜局已定后再回过头来消灭这部分残敌。然而，与此同时，罗斯福压制住了金上将对英国为分配胜利果实"在即将取得胜利的最后时刻加入对日作战"的不满，准备接受丘吉尔提出的让英国海军在中太平洋支援美国海军作战的提议。[7]

获得这一让步后，丘吉尔及其参谋人员都很满意，决定让美国独自确定盟军在太平洋战区的最佳进攻路线。9月15日，八角会议还没有结束，美军参谋长联席会议便授权麦克阿瑟提前执行占领菲律宾莱特岛的作战计划，把开始时间从原定的12月20日调整为10月20日。此时，美军内部仍然有这样一个共识，即一旦麦克阿瑟占领了菲律宾，那么尼米兹就会执行进攻台湾岛的"河堤作战计划"。

---

\* 守岛日军共有1.07万人，只有少数人缴枪投降，其他人全都战斗到了最后。美军的伤亡数字为1 800人阵亡，7 000人受伤。——原注
\*\* 即第二次魁北克会议。——译注
\*\*\* 在这场战役中，驻守马来半岛的英联邦的军队全军覆没，有10余万人被日军俘虏。丘吉尔称其为"英国历史上最严重的军事灾难"。——译注

然而，这一观点很快就会发生变化。

尼米兹发现了更好的战机。他认为应当放弃攻台计划，直接以菲律宾为基地，北上进占琉球群岛（Ryukyu）、小笠原群岛（Bonin），继而攻打日本本土；并在9月16日把该想法汇报给上级指挥官，征求他们的意见。美国陆军太平洋战区的指挥官小罗伯特·C.理查森（Robert C. Richardson Jr.）中将十分赞同尼米兹的看法，认为攻台计划不仅偏离主要的战略目标，还会造成大量人员伤亡，应当立即叫停，转而采用兵分两路的方案，分别从吕宋岛、马里亚纳群岛出发，攻占琉球群岛、小笠原群岛。只要美军最高指挥部决定采用这套方案，麦克阿瑟就可以在攻占莱特岛后出兵吕宋岛，使其成为美军设在菲律宾群岛的航空兵及海军基地；这样不仅可以切断日本的航运路线，还能消除驻台日军带来的威胁。然而，只有完成了下一步作战计划，也就是攻占位于日本本土以南700英里的琉球群岛和位于琉球以东的小笠原群岛，美军才能对九州岛和本州岛进行大规模的空袭，而大规模空袭则是在日本本土进行两栖登陆作战的必要前提。

美国陆军航空部队指挥官米勒德·F.哈蒙（Millard F. Harmon）中将认为理查森的观点很有道理。他指出，比起攻打台湾岛，攻占琉球群岛能够大幅减少人员伤亡和物资损耗，还能起到相同的战略效果，让航空兵获得基地用以轰炸日本本土。巴克纳指出，他指挥的第十集团军缺少后勤支援力量，无法执行攻打台湾岛这样规模巨大的两栖登陆行动，而这成为"河堤作战计划"遭到弃用的最后一根稻草。[8]

9月29日，尼米兹在旧金山与金上将会面，重申了上述观点。

尼米兹指出，"河堤作战计划"的替代方案是，依次占领吕宋岛、硫黄岛、冲绳岛，不断向日本人施压。与此同时，只要命令航空母舰舰载机持续轰炸台湾岛，就可以消除驻台日军带来的威胁。金上将问为什么必须占领硫黄岛，尼米兹的解释是，硫黄岛与日本本土的距离在战斗机的作战半径之内，占领该岛之后，战斗机就可以为计划1945年轰炸日本本土的B-29巨型轰炸机护航了。[9]

金接受了尼米兹的意见，并在10月2日向参谋长联席会议的同僚提出：考虑到太平洋战区的人力、物力并不充足，再加上在击败德国前陆军部不愿向太平洋调拨额外的资源，所以太平洋战区应当暂缓攻台计划，优先占领吕宋岛、硫黄岛、冲绳岛。参谋长联席会议同意了金的提案，于次日下达命令，要求尼米兹占领琉球群岛的"一个或多个岛屿"，把作战计划的开始时间定在1945年3月1日。占领琉球群岛的目的是：第一，建立航空兵及海军基地，袭击"日本本土以及通往本土的航运路线"；第二，为在临近中国东海的海域开展进一步的军事行动提供支持；第三，切断连接日本本土与日本以南和以西的海外占领区的空中及海上交通线。只不过，这一切都是后话，美军必须首先"攻占冲绳岛，击退日军有可能发起的反扑，在岛上建设必要的军事设施"。[10]

## 02 接到命令

"接到命令,攻台计划延期。"小西蒙·玻利瓦尔·巴克纳中将在1944年10月4日的日记中写道。接着,他又写道:"做完体检。血压120/76。医生说我的身体没有问题,只需提防日军就好了。"[1]

巴克纳故作幽默,是为了掩饰自己战前紧张的心情,而这也的确可以理解:他从来都没有担任过战地指挥官,甚至都没有参加过任何像样的战斗。他的父亲是南方邦联的名将西蒙·玻利瓦尔·巴克纳*,与委内瑞拉的军事家和政治家、南美"解放者"、当时声望如日中天的西蒙·玻利瓦尔同名。老巴克纳在内战期间虽然出师不利,之后却在佩里维尔之战**(Perryville)和奇卡莫加之战***(Chickamauga)中立下了赫赫战功;对于巴克纳来说,有这样一位父亲作榜样可并不是一件轻松的事情。老巴克纳碰巧既是第一位,又是最后一位向

---

\* 父子两人同名,为区别,后文将父亲称为"老巴克纳"。——编者注

\*\* 1862年10月8日,南军将领布雷格率军入侵肯塔基州,在佩里维尔与联邦军队遭遇并发生激战。南军虽获胜,但在夜间东撤。这是南方邦联以武力迫使肯塔基脱离联邦的最后一次战斗。——编者注

\*\*\* 奇卡莫加之战是美国南北战争的重要战役之一,发生在1863年9月19日至20日。这次战役是联邦在西部战区最重要的胜利,伤亡人数在南北战争中居于第二位(34 000人),仅次于葛底斯堡战役(51 000人)。——编者注

北军投降的南军将领\*。1886年，小西蒙·玻利瓦尔·巴克纳在肯塔基州曼福德维尔市出生，当时老巴克纳已经63岁高龄。一年后，老巴克纳作为民主党候选人参加州长选举，当选肯塔基州第30任州长。

　　尽管1896年老巴克纳作为"金本位民主党"\*\*（Gold Democrats）的副总统候选人参加大选并遭遇惨败，但对于巴克纳来说，他仍然是一位令人敬仰、难以效仿的父亲。1908年，年仅22岁的巴克纳毕业于西点军校，为人生道路开了个好头。然而，他接下来的军旅生涯基本上波澜不惊，先是完成了两次驻扎菲律宾的任务，在一战中也没有经历真正的战斗，在两次大战期间更是一直都从事军事教育工作——要么在各大军校学习，要么担任军校的教官，最终成了西点军校学员训练队的指挥官\*\*\*。在担任训练队指挥官期间，巴克纳以要求严格著称，几乎不会给学员任何享受生活的机会。曾有一位志向高远的军官，其父母对巴克纳的做法颇有微词："巴克纳似乎忘记了，军校的学员也是爹娘生养的，不是从石头缝里钻出来的。"[2]

　　巴克纳缺乏实战经验，把美国陆军注重炮兵的理念视为金科玉律，认为炮兵是影响战斗结果的决定性因素。他认为虽然步兵有着不可或缺的作用，能够发现并顶住敌军，但唯有依靠炮兵才能消灭敌军。1941年12月，美国再次被卷入世界大战，巴克纳跃跃欲试，

---

\*　1862年2月，巴克纳率领的南军在多纳尔森要塞被北军包围，被迫投降，成为第一位向北军投降的南军将领。1865年5月，巴克纳率领南军残部，在新奥尔良投降，又成为最后一位投降的南军将领。——译注

\*\*　1896年，民主党总统候选人威廉·詹宁斯·布莱恩提出了废除金本位，放开银币铸造的竞选纲领。一部分民主党人反对布莱恩的纲领，成立了"金本位民主党"（又称"全国民主党"），结果他们推出的候选人在大选中惨败，只获得了1%的选票。——译注

\*\*\*　西点军校学员训练队指挥官是高级军官，不仅是军校战术策略的部长，还要在校长的领导下，负责包括行政管理、军纪、学员训练等在内的工作。——译注

想要把这套理论付诸实践。然而，美国刚加入战争时，巴克纳担任陆军阿拉斯加防御司令部的指挥官，辖区相对平静，只有规模十分有限的军事行动。比如1943年，美军出兵阿留申群岛，发动两栖登陆行动，收复被日本人占领的阿图岛（Attu）、基斯卡岛，而当时行动的指挥权完全由海军掌控。巴克纳郁郁不得志，不断地与负责北太平洋的海军指挥官发生冲突，也因他经常违反法律猎杀海象而与阿拉斯加州地方政府摩擦不断。[3]

1944年夏，巴克纳终于时来运转，被任命为第十集团军指挥官。这支队伍刚刚在夏威夷成立，由陆军和海军陆战队共同组成。按照计划，他将会率军执行攻打台湾岛的任务。巴克纳原本担心后勤补给无法跟上第十集团军的需求，但得知进攻目标被改为冲绳岛后，他心里长舒了一口气。当然，这也意味着第十集团军必须从头开始，制订全新的作战计划。幸运的是，巴克纳手下有一班能力极强的参谋人员参与制订作战计划，而参谋长更是早在西点军校时期就一直在他手下工作的E. D.波斯特（E. D. Post）准将。第十集团军指挥部的一位同僚回忆道，巴克纳与波斯特"关系密切，就好像父子一般"。波斯特"性格招人喜欢，脾气格外温和"，想要"和他闹矛盾可不是件容易的事情"。这对第十集团军指挥层的顺畅运转大有裨益。[4]

波斯特手下有两位副参谋长，分别是美国陆军的劳伦斯·E.希克（Lawrence E. Schick）准将、美国海军陆战队的奥利弗·P.史密斯（Oliver P. Smith）准将。希克在巴克纳担任阿拉斯加防御司令部指挥官时就在他手下工作，与波斯特一样也是巴克纳的老部下。史密斯是个生面孔，1944年11月前往夏威夷赴任，刚刚成为第十集团军副参谋长，而在此之前，他一直都跟随陆战一师在前线作战，先后参加了夺取格洛斯特角（时任第五陆战团团长）和佩莱利乌岛（时任陆战一师副师长）的战斗。集团军副参谋长并不是史密斯向往的新职位。他写道："结束行动，从前线回来，重新开始漫长乏味的训练过程，为新的行动做准备，这可不是件容易的事情。我们需要的是新鲜血液。"[5]

史密斯在北加利福尼亚长大，毕业于加州大学伯克利分校，之后在1917年也就是一战期间，加入了海军陆战队，获得少尉军衔。此后，他又得到了法国高级军事学院的入学资格[*]，是第一个获此殊荣的美国海军陆战队军官。回国后，他进入海军陆战队设在弗吉尼亚州匡提科（Quantico）基地的培训学校任教，获得了"教授"的绰号，是众所周知的两栖作战专家。他足智多谋、为人随和，还积累了宝贵的战斗经验，是在巴克纳手下担任海军陆战队副参谋长的不二人选。考虑到此时陆军与海军陆战队之间的紧张关系，任用史密斯显得尤其明智。在塞班岛战役（Saipan）期间，陆军第二十七师师长、陆军少将拉尔夫·史密斯（Ralph Smith）在1944年7月被其上级、"咆哮的疯子"霍兰·M.史密斯（Holland M. Smith）中将免除职务，引爆了所谓的"史密斯对史密斯"危机，使得陆军与海军陆战队的关系一度跌落到冰点。事发那天，已经主观认定第二十七师在上一场战斗中表现消极、缺乏进攻性的霍兰·M.史密斯公然指责该师没有按时发起进攻，致使海军陆战队遭受无谓的伤亡，

---

[*]  1934年1月，史密斯成为美国驻巴黎大使馆的驻外武官，此后获得了高级军事学院的入学资格。法国高级军事学院于1876年成立，于1993年并入法国联合国防大学，在此期间一直都是法国地位最高的军事院校。——译注

于是当场免去了拉尔夫·史密斯的职务，命令他即刻离开塞班岛。拉尔夫·史密斯的遭遇被陆军视为奇耻大辱，包括美国陆军参谋长乔治·C.马歇尔在内的陆军高级将领全都对此事耿耿于怀。

陆军与海军的这次不和，多半断送了霍兰·M.史密斯出任第十集团军指挥官的机会。奥利弗·史密斯写道："我后来才知道，海军的斯普鲁恩斯将军和特纳将军全都推荐霍兰·M.史密斯中将，认为应当由他负责指挥攻占冲绳岛的战斗，但他们的提议却遭到了尼米兹将军的否决。"[6]美军高层不仅跳过霍兰·M.史密斯，把攻打冲绳岛的指挥权交给了没有经历过战场考验的巴克纳，还在他的伤口上撒盐，把巴克纳任命为全军联合调查委员会的主席，命令他调查拉尔夫·史密斯被解职一事。尽管不出所料，委员会最终给出了对拉尔夫·史密斯有利的裁决，但他再也没能获得在前线指挥部队的机会。巴克纳在1944年8月末写道："我在尼米兹将军召开的会议上碰到了霍兰·M.史密斯，他和我打招呼的态度非常冷淡。（他大概已经看到了我主持的委员会的调查报告，结论是他解除拉尔夫·史密斯职务的做法不甚合理*。）"[7]

11月7日，奥利弗·史密斯抵达夏威夷赴任，发现第十集团军内部的气氛仍然十分紧张，其下辖的陆军和海军陆战队仍然有关系恶化的可能。幸运的是，一个月前，尼米兹打探了巴克纳对"史密斯对史密斯"争议的看法，在某种程度上起到了消除误会的作用。巴克纳事后写道："我认为整件事无比荒唐，并且作为陆军的一员，我并不记恨海军陆战队。"尼米兹"得知我的想法后，宣布由我指挥

---

\* 调查委员会的报告认为，霍兰·M.史密斯有权解除拉尔夫·史密斯的职务，但又提出，由于他不了解第二十七师在战场上遇到的实际困难，所以他的决定"缺乏事实依据"。——译注

'新的联合作战计划'"。8

11月8日，在第十集团军设在斯科菲尔德兵营（Schofield Barracks）的司令部，史密斯与巴克纳会面了；总的来说，他对新上司的第一印象还不错。史密斯写道："巴克纳的身体状况无可挑剔：他面色红润，虽然体格魁梧，看起来有些笨拙，但走起路来却精神抖擞，显得很灵活。他满头白发，湛蓝的眼睛目光锐利，仿佛能把人刺穿。"尽管巴克纳"带兵打仗的经历少得可怜"，两栖登陆作战的经验也"十分有限"，但他却一点儿都不缺少"指挥官的品质"，所以史密斯"没有理由认为，他会在（与海军）联合作战的过程中出现问题"。史密斯还写道，尽管巴克纳"有些固执己见，不会轻易改变做事的方式，但这也不是没有好处——他手下的人永远都知道自己的职责所在"。

史密斯对巴克纳的得力助手、陆军军官波斯特和希克评价极高。他写道，"希克是个精瘦结实的小个子，说话快言快语，做事雷厉风行"，并声称，"迄今为止在我有幸共事的参谋人员中，还没见过比他更优秀的人"。斯科菲尔德兵营坐落在一块海拔900英尺的红土高地上，史密斯虽然总体上对新生活十分满意，但并不意味着所有事情都顺心如意。他尤其厌恶巴克纳"走火入魔"般痴迷于体能训练的做法，更难以理解巴克纳硬要所有人员都必须参加训练的决定，全然不顾许多军部参谋已经年过半百。史密斯写道："对于那些年长的军官来说，巴克纳的体能训练课程意味着锁骨骨折、胳膊摔断、脚踝扭伤、大腿抽筋。按照巴克纳的规定，体能训练的必修科目包括模拟战场情况的负重奔袭（巴克纳中将本人是该科目的纪录保持者）、使用所有的步兵手持及肩扛式武器进行射击训练、垒球、徒步行军。"在巴克纳划定的行军路线中，有一条路线长达8.5英里，全程海拔落差高达2 000英尺。史密斯刚刚经历过佩莱利乌岛的枪林弹雨，便缺席了如此高强度的体能训练。

"我现在最需要的是吃上几顿好饭，好好地放松一下。"史密斯说。

然而，史密斯认为，对于士兵来说，即便是放松也应当有所节制；所以，在他看来，斯科菲尔德兵营活跃的社交生活"不合时宜，正在战前准备的士兵驻扎在这里，却没有一座兵营该有的样子"。史密斯接着写道："兵营里虽然没有随军家属，但每周的周三和周六仍然会举办舞会。这些舞会可不是什么简单的男士聚会，还有一大帮女子陆军团的成员、护士、红十字会的工作人员会参加。除了舞会，兵营还会举办宴会、沙滩派对、鸡尾酒会。有些时候……参会的女士甚至会身着晚礼服。这一切不禁让人恍若隔世，时而觉得仍然身处战争中，时而感到战争已经宣告结束了。"9

巴克纳的日记充分地证明，史密斯并不是在杞人忧天。几乎每篇日记，巴克纳都会提到当天参加了宴会或者舞会，身边通常还会有年轻貌美的女子相伴。巴克纳笔下的凯莱赫小姐是某位在太平洋执行任务的海军军官的妻子，同时也是他日记里的常客。一段挺有代表性的日记（11月21日）是这样写的："请凯莱赫小姐……去中餐馆吃饭。凯莱赫小姐非要我给她一张我的照片，还要我在上面签名，并留下恰当的赠言。我不得不从命，在照片上写道：'献给凯莱赫小姐，巴克纳敬献。'"

另一天晚上，也就是在巴克纳离开夏威夷奔赴前线前夕，他邀请凯莱赫小姐到惠勒基地军官俱乐部唱歌跳舞，之后又跑到同僚那里小酌了两杯，直到凌晨两点才返回住所。"经验教训就是，如果不想彻夜不眠，就别带着住得太远的女孩参加派对。"巴克纳肯定是因为受到这位小姐的青睐，才会经常与她出入社交场合，而相关证据表明，他可能自始至终都没有任何不当行为。然而，要是让他的妻子阿黛尔·巴克纳（Adele Buckner）知道，他一到晚上就跟这位小姐或其他女性出入社交场所，还经常邀请她们享受浪漫的双人晚餐，那她肯定不会善罢甘休。阿黛尔已经和巴克纳结婚三十年，和他生下两儿一女。[10]

　　除了放松娱乐的时候，巴克纳倒也的确恪尽职守，会抓紧时间与手下的参谋人员一起，为攻打冲绳岛的"冰山行动"制订计划。他们的首要任务是，查阅已方缴获的日军文书，审问日本战俘，询问曾经在冲绳岛居住的人，翻阅老旧的日文出版物，尽可能地收集冲绳岛所有的地理和气象信息，以及所有与冲绳岛居民相关的人口信息。大部分情报资料来源都是航拍照片，拍摄飞机起飞自距离冲绳岛1 200英里的基地，得到的照片要么比例尺过小，要么影像残缺不全。尽管如此，航拍照片还是提供了大量真实可靠的基本信息。琉球群岛东北端临近九州岛，而西南端则临近台湾岛，是一个长度接近800英里的弧形岛链，形成了分隔中国东海和太平洋的界线，其中最大的岛屿是冲绳岛。琉球群岛共有140座岛屿；1945年，只有30座岛屿有人居住。群岛为亚热带气候，冬季平均气温为60华氏度*，夏季平均气温为85华氏度，每年5月至11月潮湿多雨，还会遭受台风的猛烈袭击。

　　冲绳岛大致位于琉球群岛中部，南北走向，长度70英里，最窄

---

* 华氏度（F）与摄氏度（C）的换算比例为 F=32+1.8×C。即，琉球群岛冬季平均气温约为15.5摄氏度，夏季平均气温约为29.4摄氏度。——编者注

处仅2英里，最宽处18英里，面积为485平方英里。冲绳岛的主体为多孔的珊瑚岩，周围环绕着暗礁，西岸的暗礁宽度极少超过1英里，而东岸的暗礁宽度要大得多，风浪也要比西岸小得多。

1853年，美国海军的佩里（Perry）准将率领黑船舰队，首次抵达位于冲绳岛西岸的那霸港（Naha）。当时，琉球王国*仍然是一个半独立的国家，要同时向中国和日本进贡。早在15世纪初，琉球王国的国王就已经把国都设在位于那霸以东的首里城，是周围众多岛屿的统治者。1879年，日本完全吞并了琉球群岛，废除了琉球王国的君主制，把琉球人彻底纳入了日本的政府、经济、文化体系。

琉球人在家族观念和文化上受到中国人的强烈影响。1945年，冲绳人讲琉球语（Luchan）而非日语，而他们的主要宗教是一种泛灵论崇拜，特点为崇拜火焰、灶神以及祖先。

冲绳岛共有43.5万居民，其中大多数十分贫穷，主要靠小规模的农业生产和捕鱼艰难为生。石川地峡（Ishikawa Isthmus）将冲绳岛一分为二，地峡以南的长度为岛屿总长的三分之一，集中了岛上所有的可耕地，其中大部分都被分成了小块的田地，用于种植甘蔗、红薯、大米、黄豆；地峡以北是地形复杂的山地，长度为岛屿总长的三分之二，正中央是一条由北至南的山脊，贯穿地峡以北的所有地区，海拔1 000余英尺。山脊两侧一路向下，是层叠的台地，台地中间是弯弯曲曲的沟壑和山涧，而靠近海岸的地方则是陡峭的悬崖。位于冲绳岛西侧的本部半岛（Motobu Peninsula）突入海中，上面有两块山地，中间隔着一道中央峡谷，地形与北部山区十分相似。

---

\* 原文为冲绳。冲绳本名琉球，在被日本强占之后才改名冲绳，所以此处译作"琉球"。——译注

1945年，包括本部半岛在内的北部山区被松林和茂密的灌木丛覆盖，只有紧邻西海岸的地方修建有少数几条路况极差的山路。

石川地峡以南的地形与北部山地十分不同，以绵延起伏的丘陵为主，就连沟壑和崖壁也更为平缓。南部丘陵集中了全岛四分之三的人口，拥有4座机场，还有那霸、首里、丝满（Itoman）、与那原（Yonabaru）这4座大城镇。丘陵大致为东西走向，形成了一道道天然的屏障。虽然与北部山区相比，南部丘陵地带铺设有更多的道路，但大多数都是机动车无法通行的乡间小道。道路的排水性能很差，一旦遇到暴雨天气，路面厚厚的黏土很快就会变成一片难以通行的泥沼。

登陆的首选地点名为渡具知海滩，这是一段位于冲绳岛西岸的海岸线，距离石川地峡以南不远，长度9 000码。渡具知海滩被比谢川\*（Bishi River）一分为二，由许多大小不一的沙滩组成，长度为100—900码、退潮时宽度有10—45码。这些沙滩全都是珊瑚沙沙滩，大都有至少一条道路可以通往内陆；海滩侧面是一片地势低矮的滨海平原，而平原旁边则是绵延起伏的丘陵。在冲绳岛的4座主要机场中，有2座位于这块平原上，分别是比谢川以北的读谷（Yontan）机场，以及比谢川以南的嘉手纳（Kadena）机场。

美军情报部门估计，冲绳岛守军的兵力有少许增强，从1944年10月的4.86万人增长到1945年3月的6.5万人。除了侦察出守岛部队拥有1个坦克联队以及大量的重炮、反坦克炮以外，情报部门还准确识别出了日军主要步兵作战单位的番号——第二十四师团、第

---

\*　比谢川是冲绳岛上流域面积最大的河流。——译注

六十二师团和第四十四独立混成旅团。航拍照片显示，守岛部队至少在3个主要防区驻防，分别是那霸防区、渡具知海滩防区以及位于东南海岸的与那原—中城村海湾防区。情报部门预测，一旦登陆行动取得成功，日军主力就会撤退至渡具知海滩以南蜂腰一般的狭窄地带，利用地形抵抗美军的进攻。[11]

"冰山行动"的登陆计划最初名为"狐狸计划"，具体就是在冲绳岛西海岸的渡具知海滩登陆。奥利弗·史密斯解释了该计划的优点：占领海滩后，"我军只需向前攻击，只需有限的推进，就可以占领读谷机场和嘉手纳机场"。计划还提出，应当在"爱日"之前占领紧邻冲绳岛西海岸的庆伊濑岛（Keise Shima），在岛上部署重炮，为登陆行动提供炮火掩护。登陆任务由8个步兵师\*承担，分别是隶属于美国陆军第二十四军的第七、第二十七、第九十六师，隶属于海军陆战队第三两栖军的第一、第二、第六师，以及作为后备力量在海岸附近登陆艇上待命的陆军第七十七、第八十一师。如果把承担掩护任务的作战单位也计算在内，那么登陆作战投入的总兵力就达到了18.3万。巴克纳希望指挥部另外调派7万人的后勤部队支援登陆作战，但遭到拒绝，原因是太平洋地区没有多余的兵力，再加上即便兵力问题能够解决，登陆舰的运输能力和登陆海滩的容纳能力也会成为大问题。[12]

1944年11月1日，"狐狸计划"和在冲绳岛东南海岸登陆的"备选计划"摆到了海军中将凯利·特纳的面前，也就是巴克纳的顶头

---

\* 陆军和海军陆战队的师均采用"三三制"的编制方式，每个师下辖3个团，每个团下辖3个营（共9个营），每个营下辖3个连（共27个连），每个连下辖3个排（共81个排），每个排下辖3个班（共243个班）。此外，各师还都下辖包括炮兵、工程兵、装甲兵、尖兵、后勤兵在内的辅助作战单位。陆战师的兵力为2.6万人左右，要比陆军师多出大约2 000人。——原注

上司、两栖登陆特混舰队的指挥官。特纳在同僚眼中是个"顽固且坚定"的人，虽然是一位极具军事天赋的海军将领，但并不好相处。他生于1885年，故乡是俄勒冈州的波特兰市，而他的父亲是个农场主，还曾做过一段时间的印刷商。特纳是美国海军学院1908届毕业生，毕业成绩优异，全校排名第五。此后，他开始了经历丰富的海军生涯，一战时在战列舰上任职，20世纪20年代曾在海军航空部队任职；自1940年到1941年12月担任海军作战计划处处长，曾在任上提出：日本下一步对外扩张"很有可能"把美国拖入战争（罗斯福总统照搬了特纳的预测，只是把"很有可能"改成了"有可能"*）。之后，特纳没有把情报部门截获的日本外交电文传达给太平洋舰队指挥官海军上将金梅尔**（Kimmel），导致后者没能获得电文中日军即将对太平洋舰队驻地珍珠港发动突袭的重要情报，这在特纳的履历上留下了巨大的污点。珍珠港事件发生后，金梅尔宣称，如果得到了情报，那他肯定就会提高警戒等级，太平洋舰队也就不会在1941年12月7日那天被日军的偷袭搞得措手不及。[13]

　　此后，特纳在太平洋成功指挥了一系列两栖登陆作战，占领了瓜达尔卡纳尔岛、拉塞尔群岛、塔拉瓦环礁和马金岛（Tarawa & Makin）、马绍尔群岛（Marshall Islands）、天宁岛（Tinian）、关岛、塞班岛。他在尼米兹眼中是指挥冲绳岛登陆的最佳人选。特纳工作起来废寝忘食，眼里不揉沙子，对军中属下是出了名的严格，这也正是为什么1944年11月1日巴克纳手下的参谋人员在递交作战方案

---

* 1941年11月25日，特纳递交了一份报告，预测美日开战的可能性。报告原定由美国海军的作战部部长发表，但罗斯福总统在对个别字句稍作调整后，以自己的名义发表了报告。——译注
** 珍珠港事件发生后，金梅尔被免去舰队指挥官的职务，军衔也被降为少将。——译注

时表示，他们对备选计划没有信心：提出备选计划的原因仅是出于任何作战方案都必须有一个备选方案，结果却遭到了特纳将军的大声呵斥。从海军的角度来看，备选计划直接从开阔的外海发起登陆行动，比起"狐狸计划"要求登陆舰队首先穿靠紧靠冲绳岛西海岸的庆良间群岛（Kerama Islands）更具可实施性。特纳指出，就算美军已经占领了庆良间群岛，海军穿越海岛的航行也肯定会更困难，更不要提还得应对更加难以预测的天气。他以此为依据，要求参谋人员重新考虑在东岸登陆并把渡具知海滩当作佯攻方向的可能性。尽管特纳提出了修改登陆计划的要求，但是奥利弗·史密斯写道，"参谋人员还是在11月5日那天，把'狐狸计划'的评估报告分发到所有相关人员的手中。"[14]

　　在之后的一个月内，"爱日"的日期连续两次延后，先是从3月1日调整到了3月15日，后又从15日调整到了4月1日，也就是最终的行动日期。指挥部之所以会接连延后行动日期，既考虑到天气因素的影响，也是由于一直都没能调集到执行登陆任务所需的舰船。与此同时，特纳中将要求第十集团军的参谋人员撰写一份深度研究报告，论证渡具知海滩的确是冲绳岛南部的"最佳登陆场"，他在阅读报告后转而支持"狐狸计划"。只不过，特纳提出了一项附加条件：除事先占领庆伊濑岛以外，还要在"爱日"前七八天攻占庆良间群岛，"从而为舰队提供必不可少的安全锚地，让承担支援作战任务的舰船补充燃料和弹药，保证登陆部队获得不间断的海上炮火支援"。[15]这当然意味着登陆部队必须分出1个步兵师的一部分兵力去占领庆良间群岛，这个任务落到了第七十七师的头上。巴克纳极其反对这样的做法，认为这会分散兵力，但无能为力。巴克纳在日记中写道，"（特纳）太过分散兵力。我更倾向于集中更多的兵力，完成最主要的作战任务。"[16]

登陆行动开始后，巴克纳就会成为远征军即第五十六特遣部队总司令。他的顶头上司、海军中将特纳是第五十一联合远征舰队指挥官，而特纳的上司则是美国第五舰队（第五十特混编队）指挥官海军上将雷蒙德·A.斯普鲁恩斯。他曾指挥美国海军先后在中途岛和菲律宾击败日本海军，赢得了二战期间意义最为重大的两场海战的胜利，还因其处变不惊的优良品质得到了"电子大脑"（Electric Brain）的绰号。斯普鲁恩斯身材矮小，身上无一点儿赘肉，虽然战功卓著，但格外谦逊，是一个朴素的人。他喜欢听古典音乐，早上爱喝杯热咖啡。他经常说自己的战功没什么了不起，"很大程度上是因为我知人善任。我懒得很，要是能叫他人代劳，就从来不会自己出马。"[17]

在明确指挥体系的上下级关系并敲定进攻方案后，巴克纳以惯常的方式迎来了1945年的新年，与某位年轻貌美的女子一起参加了她姨妈举办的新年聚会。聚会的举办者同时也是位艺术家，住所位于横穿山谷的道路的一侧，"下方有个池塘，能够看见10英尺高的一帘瀑布汇入池塘的美景"。聚会上展出的画作水平参差不齐，巴克纳在日记中评价道："许多画作的确不错，但有些画作实在是够糟糕的。"[18]

巴克纳的副参谋长奥利弗·史密斯要操心的事情可就要麻烦多了。他在佩莱利乌岛战役中表现突出而获得了军功勋章*，却为颁奖嘉宾的人选而头疼不已，不想因此疏远了巴克纳。勋章由第十集团军代为颁发，请军长巴克纳出面授勋是再自然不过的事情了，但史

---

\* 军功勋章（Legion of Merit）是颁发给作战时表现尤其优异、出色完成作战任务的军人的勋章，接受者通常都必须拥有上校或上校以上的军衔。——译注

密斯却认为，嘉奖令的签发者、巴克纳的死对头霍兰·史密斯中将是更为合适的人选。幸亏希克准将极力支持史密斯的观点，授勋仪式才在1月19日那天，由霍兰中将担任授勋人，在舰队陆战队<sup>*</sup>的司令部准时举行。[19]

同样也是在新年，史密斯得知，巴克纳作出了看似平常但后果极其严重的决定——他要求第十集团军的所有将官上战场时必须佩戴饰有金属将星的头盔。史密斯是从弗兰克·哈伯德（Frank Hubbard）少校口中得到的这个消息，哈伯德刚刚获得任命成为巴克纳的副官，因而到他这里报到。史密斯写道："我当时就告诉他，以往的教训表明，在太平洋战场的战斗中，如果将官要想保命，就必须隐藏自己的指挥官身份……到处都有日本人的狙击手，他们藏在暗处，专挑那些拿着望远镜或者其他在装备上暴露军官身份的人开枪。"

根据史密斯的意见，"集团军指挥部终于就头盔问题达成妥协，规定将官的头盔可以不做改动，但是盔套上的小白星则要被涂掉，而做出该决定的依据是，军官只有在后方才会只戴内盔，不戴盔套。"然而，这一规定仅适用于巴克纳手下的将官，而他本人则依旧固执己见，坚持不使用盔套，自始至终都戴着有3颗闪亮将星的头盔上战场。[20]

---

\* 美国海军陆战队的作战力量由3部分组成，分别是舰队陆战队（承担进攻性的两栖登陆、远征作战任务以及防御性的沿海部署任务）、海军陆战队守备团（负责守卫容易遭到袭击的海军设施）、海军陆战队卫兵营（负责美国驻外大使馆、领事馆、美国政府驻外机构的安保工作）。——译注

## 03　大家快回家！

　　1944 年 10 月 10 日，"那天天气晴好，和煦的阳光普照大地，"当时 13 岁的作本好子（Yoshiko Sakumoto）后来回忆道，"我做梦都没想到，那霸这样一座田园般的城镇会没有任何预警就遭到空袭。"当时她正与弟弟一起，走在上学的路上，刚刚走到泊桥（Tomari Bridge），就看到大约 20 个人正朝着那霸港的方向望去，其中还有好几名日本士兵。他们看到三四架低空飞行的飞机不断地向那霸港靠近，在飞到港口上方后，投下了一些黑色的物体。"爆炸声震耳欲聋，"好子写道，"黑烟和火光直冲云霄，那霸港的汽油储罐一个接一个，全都发生了爆炸。"

　　一些围观群众认为这肯定是防空演习，同时又有点儿迷惑不解。"这简直难以置信，"一个围观的人说道，"竟然会有人用真炸弹来演习。"然而，在场的士兵马上就意识到事态的严重性，大喊道："大家快回家！"好子不敢逗留，按照士兵的命令，拉着弟弟向家里跑去。

　　作本好子出生在那霸的泊港\*，父亲是造船工人，母亲靠编巴拿

---

\*　泊港位于冲绳县那霸市，前身为琉球国的泊村。琉球国王英祖（1260—1299 年在位）在泊村建立公馆，用来收贮诸岛贡物，令其成为冲绳岛的重要港口（地位与那霸港、安谢港等同）。日本吞并琉球后，泊港划归那霸市管辖。1945 年，美军占领冲绳后，那霸港、泊港全都成了美军的军港。——译注

马帽*补贴家用，家境平常。好子的童年平淡无奇，与其他冲绳儿童没有任何区别，会庆祝多到数不清的节日，在节日那天吃甜甜的团子；会把印有花朵、扔出去以后蹦个不停的橡胶球当玩具；会在8岁时，按照当地习俗在手背上刺文身。然而，在那时，好子就已经历了失去亲人的悲痛：她的妹妹死于脑炎，弟弟则在海中溺亡。

五年后，好子的母亲又给她生了个弟弟，取名幸吉，加上她和另一个弟弟，家里一共有3个小孩，而她的父母也终于摆脱了丧子丧女的阴影。"那一年我11岁，"好子写道，"弟弟兴膳6岁。加上小弟弟幸吉，我们三个人茁壮成长，一直都很健康。"作本家的主食是大米、红薯、鲜鱼，遇到特别的日子则会用鱼饼、其他肉食、鸡蛋来庆祝。"我家吃得很简单，但从来都没有人吃不饱……邻居都很体贴，全都慷慨大方，都是从不记仇的热心肠。别看冲绳岛地方不大，我们冲绳人的心胸可是十分宽广的。"

早在战争开始前，日本文化就已经开始侵入冲绳人的生活。所有的冲绳儿童在学校都必须说日语，要是有人不小心说了方言，就必须佩戴写有"此人说了方言"的卡片，以作为惩罚。无论是好子的母亲，还是她家的邻居，都想要阻止日本文化入侵的趋势。他们会身着传统的琉球装，用琉球语交谈。但小孩们的心态可就大不一样了，会忍不住为日本军队在战场上取得胜利而欣喜若狂。当得知日本海军偷袭珍珠港成功的消息后，好子感到"十分骄傲"，"对日本士兵极其钦佩"。那时候，好子写道："日本军队从来没吃过败仗，我们全都觉得自己高人一等……大家被胜利冲昏了头脑，仿佛在过

---

* 一种草帽，是冲绳岛当时主要的外销产品。——译注

节一样。"1942年初，她的"爱国之情好似烈火一般熊熊燃烧"，发誓自己会"为祖国献出一切"。

然而，到1942年5月，日本海军在中途岛（Midway）打了败仗（这只是日军初尝败绩，之后日军还会在美军的攻势下节节败退），战争形势开始反转。当局开始实施物资配给制后，好子的爱国热情渐渐消退。1944年夏，前线不断向冲绳岛逼近，岛上的家庭主妇全都被迫加入了"大日本帝国妇女防卫协会"，而所有的岛民，除了太过年幼的儿童和太过年长的老人，都必须参加强制劳动，要么挖掘地道，要么修建防御工事。好子当时是中学生，与同学一起被安排到距离那霸不远的小禄、浦添，加入了修建空袭掩体和炮位的队伍。好子写道："士兵挥舞鹤嘴锄挖土，把挖出来的泥土装到小篮子里。我们女学生站成一排，排头的那个人从士兵手中接过篮子，一个人接一个人，不断地传递，把泥土运到坑道外边。"这项工作令人筋疲力尽，少女的纤手很快就"变得像建筑工人的手那样粗糙"。当兵的刚一说可以休息，女学生就围坐在松树下，开始"吸吮小块海菜和方块红糖"。[1]

为了减少冲绳岛居民的数量以缓解人口过多对"珍贵的粮食物资"造成的压力，当局鼓励岛上的平民乘船疏散到本土。至少8万冲绳人被疏散到九州岛，其中大多数人都是在1944年离开故乡，而他们乘坐的则是"运送军火的补给船，因为如果不用来疏散冲绳岛的居民，补给船就会空舱返回日本，白白浪费运力"。疏散的人群中就包括18岁的上里鹤（Tsuru Uezato），她是作本家的邻居上里家的女儿，就像好子的姐姐一样。出发前两天的下午，鹤请好子到家里做客。两人并排躺在地铺上聊着天，好子突然觉得门口似乎站着一个人，头发还在不停地滴水。她写道："我害怕极了，觉得自己快要晕过去了，想都没想就扯着嗓子大叫……上里一家人把房子翻了个遍，爬到地板下面，还打开后门，查看了后院，结果连个人影都没看到。"

两天后，1944年8月21日，鹤登上了对马丸号运输船，准备前往日本本土开始新生活，去一家生产降落伞的工厂工作。但她永远也没能抵达目的地。对马丸号在途中遭到美国海军潜艇弓鳍鱼号（Bowfin）袭击，被鱼雷击中后沉入海底，导致至少1 500人丧生。船上载有834名冲绳岛的学生，其中包括鹤在内共有765人丧生。13岁的宫城恒子（Tsuneko Miyagi）是少数幸存者之一；8月22日晚上10点，当对马丸号被3枚鱼雷击中时，她正站在甲板上，结果被爆炸的气浪掀到了海里。她发现自己身边有25名幸存者，所有人都抱着对马丸号的残骸，漂浮在海上。时间一小时一小时地过去，许多幸存者都放弃了挣扎，一个个沉入海底，不见了踪影。要不是一位士兵打了恒子几巴掌，她很可能也会葬身鱼腹。士兵对她说："别睡，睡着你就死定了。"之后的四天，恒子奋力求生，不仅赶走了鲨鱼，还救了一个漂到她身边的4岁小男孩。最后，她和小男孩终于被日军巡逻艇救起，随船前往日本本土。恒子说："我生气极了，简直气炸了。我要杀10个美国兵才能解心头之恨。"[2]

六周后，好子望着美军的炸弹像雨点一样落到那霸城内爆炸，心情几乎与恒子一模一样。她刚一跑回家，就看到母亲正在翻箱倒柜，往屋外搬家具和衣物。好子的父亲按照政府的命令，早已前往宫古岛（Miyako），在那里造船；母亲以前从来都没有因父亲不在身边而感到"如此无助"。好子与母亲一起，牵着大弟弟、背着小弟弟，还尽可能地搬着家里值钱的物件，向附近指定为避难所的山洞跑去。好子和两个弟弟安顿下来后，母亲又连续两次跑回家里，不仅带回来了不少口粮，甚至还把家里的神龛搬到了避难所。

那霸城的房屋大都是木质结构；于是，没过多久，城里就化为一片火海，火焰不断地向泊港逼近。好子站在洞口，眺望火势蔓延的景象，眼睁睁地看着"泊桥附近比嘉家开的理发店陷入火海"。"理发店着火后，火势迅速蔓延，借着风势扑向沿岸的房屋。房子着火后，一间接着一间全都倒塌，声音震耳欲聋。我家的房子也终究没能逃过此劫。我和母亲望着熊熊燃烧的火焰，眼泪止不住地往下流。包括家具在内，家里所有没能搬走的物件全都变成了灰烬。"

火势"越来越猛烈"，好子在火光中发现，有不少居民想要沿着海岸线逃生。"逃生的人有好几百，也许有上千。他们拼命奔跑，但许多人都没能逃出生天……区区几架敌军的飞机，就把那霸市变成了一片废墟。"[3]

实际上，美军在10月10日黎明对那霸及冲绳岛上其他目标发起的轰炸是在二战中到当时为止美军航母特遣舰队发动的规模最大的轰炸行动之一。特遣舰队总共发起1 356架次攻击，不仅发射了652枚火箭弹、21枚鱼雷，还投下了541吨炸弹，用来打击机场、港口设施、船舶以及其他战略目标。轰炸引发大火，烧毁了那霸市五分之四的城区。一份美军战报认为，日军的损失如下：21架战斗机被击落、88架战斗机在起飞前被摧毁；22艘货船、45艘小型船只、4艘微型潜艇、1艘护航驱逐舰、1艘潜水母舰[*]、1艘扫雷艇被击沉。

---

[*]　潜水艇的水面补给舰，任务是为潜水艇提供弹药、燃料、淡水等补给品。——译注

日军资料列出的损失更严重，除上述所有损失以外，还包括1艘驱逐舰、1艘扫雷艇、500万发机枪子弹和30万袋糙米。一个日本士兵写道："敌军明目张胆，企图击沉我军所有的船只，完全切断我们的补给线，然后再发起总攻。"[4]

轰炸那霸的行动给冲绳岛守军带来了两大直接后果：其一，岛上大部分汽油储备付之一炬，守军不得不节省汽油，尽量不用机械化手段运输兵员和物资；其二，牛岛中将决定把指挥部搬离津嘉山（Tsukazan），把首里城地下洞穴及坑道体系选为指挥部的新址，命令部队拓宽洞穴，在洞穴内摆放床铺和办公设施，铺设通信系统。

然而，迫使第三十二军指挥官牛岛满中将和作战参谋八原博通大佐调整防御计划、改变作战理念的原因并不是美军的轰炸，而是大本营决定，命令身经百战的精锐部队第九师团离开冲绳前往菲律宾。失去第九师团后，守岛日军可以调动的有效战斗人员大减，八原决定放弃冲绳岛石川地峡以北的三分之二土地，固守地峡以南战略意义极其重要的那三分之一土地。他制订了这样的兵力部署：第二十四师团负责防守冲绳岛最南端，防区包括丝满、港川（Minatoga）；第六十二师团负责守卫南端以那霸—与那原村一线为界、北端以北谷村—渡口一线为界的中央地峡，这里地位至关重要，是多条主要防线所在；第四十四独立混成旅团部署在中央地峡以北，负责防守读谷机场和嘉手纳机场。由2个大队组成的国头村支队（Kunigami Detachment）是部署在石川地峡以北唯一一支规模较大的守军，任务为驻守本部半岛。

在这一阶段，守军的计划已经转变为"以战略延迟行动遏制"敌军前进的步伐，而不是主动进攻与敌军"决战"。然而，八原也必须考虑到大本营施加的压力，至少要在表面上满足其要求，让守军摆出全力守卫冲绳岛上所有机场的样子。在纸面上，第四十四独立混成旅团的任务是，一旦美军在渡具知海滩登陆，就必须尽可能地守卫读谷机场和嘉手纳机场，不到万不得已不得撤退；如果出现战机，还必须发起反击。实际上，八原的方案只是要求第四十四旅团袭扰来犯之敌，之后就向南撤退，与守卫中央地峡多道防线的第六十二师团会合。

与此同时，第六十二师团的任务是要做好两手准备：如果美军在渡具知海滩登陆，那就应当固守防线阻挡南下之敌；如果美军在丝满、港川附近登陆，那就应当南下与第二十四师团会合。此外，如果美军在那霸以北牧港（Machinato）机场附近的海滩登陆，那么第六十二师团就必须击退登陆部队。第二十四师团的任务如出一辙：如果美军在冲绳岛南端登陆，就应当守卫滩头阵地，而如果美军在北边登陆，就应当北上支援第六十二师团。所以，八原制订的计划清晰明了：如果美军在冲绳岛南部登陆，那么无论登陆地点是崎岖多岩的中央地峡，还是南端相对开阔的地区，守军都必须立即发起反击；而如果美军在中央地峡以北，尤其是在开阔的渡具知海滩登陆，那就无须多做抵抗，可任由美军上岸。无论何种情况，美军"最终都必须攻击首里防线，所以首里防线一定会成为决战的战场"。[5]

1945年1月，牛岛派第三十二军参谋长，也就是那位又矮又壮的长勇少将前往东京，参加大本营的会议，讨论冲绳岛总体防御策略。令人难以置信的是，日军高层仍然执迷不悟地认为，仅凭自杀式攻击就可以阻止美军的登陆计划。长勇的文职秘书岛田叡*（Akira Shimada）给出的证词显示，有高级将领在会上对长勇说，"就算美军想要登陆冲绳岛，第三十二军也不用向（美军）船只开炮"，因为只需派出"神风特攻队的自杀式飞机和其他类似的武器"，就可以摧毁"（美军）大部分的海军力量，岸炮过早开火反倒会暴露位置"。[6]

八原当然不会把如此一厢情愿的想法当回事，仍然按照既定计划视察部署情况，结果发现前线兵力太过分散，根本无法阻挡敌军集中兵力发起的全力进攻。日本陆军的理论认为，在防御作战时，师团级作战单位的最佳前线宽度应当是6英里，而只有2个半师团兵力的第三十二军防线长度却达到了36英里，其中有24英里必须采用积极防御。因此，为了达到缩短师团防线长度的目的，八原不仅提出第四十四独立混成旅团应当从渡具知海滩后撤，接管第六十二师团的部分防区，还指出位于那霸以南、原本由第二十四师团防守的小禄半岛（Oroku Peninsula），应当交给一支兵力3 000人、由海军少将大田实（Minoru Ōta）率领的海军基地驻防部队防守。做出上述兵力调整后，负责守卫读谷机场和嘉手纳机场的部队只剩下1个战斗力低下的"防卫队"（地方民兵武装）联队。[7]

一份从日军的角度研究冲绳岛战役的资料指出："在大本营看来，这是一场由多个战场组成并运用大量先进技术的战争，而冲绳岛只是其中一个战场；第三十二军的特殊作用也十分明确，即守住读谷机场和嘉手纳机场。第三十二军参谋人员对局势的理解可就要简单得多了：第三十二军即将遭到进攻，必须找好防御阵地才能避

---

\* 冲绳县的知事也叫岛田叡，他那年43岁，比长勇的文职秘书大8岁，所以各位读者要注意，不要把这两个人搞混了。——原注

免灭顶之灾。参谋人员根本就不认为航空兵有能力阻止美军的登陆行动……即便如此，参谋人员最终敲定的作战计划也没有什么特别的地方，不过就是寸土必争，阻挡敌军的地面攻势。"[8]

1945年1月末，援军似乎曾经一度近在眼前。大本营发来电报，宣布第八十四师团将会前往冲绳岛，接替此前调走的第九师团；然而，又在同一天收回命令，原因是大本营再三考虑，认为不久之后本土可能也会遭到攻击，削弱本土的防御并不明智。为了鼓舞士气，八原写了一本题为《通向必胜之路》的小册子，命人分发到各部，指出只要利用防御工事，就可以抵消美国人"明显的兵力及火力优势"。

冲绳岛的守军和平民似乎真的相信了八原的说辞，以极大的热情继续修建防御工事，不仅拓宽了原有的洞穴，还新建了由坑道和混凝土机枪堡组成的防御网络。冲绳岛的军民没有专门的隧道挖掘设备，只能拿着挖壕沟的工具如鹤嘴锄、铁铲，用蛮力敲碎坚硬的珊瑚岩。好在只要挖透地表的珊瑚岩，就会看到土质较软的红黏土，挖掘难度就相对容易些。此外，由于岛上既缺乏水泥，又没有足够的钢筋，所以只能用木梁作为替代物支撑刚挖好的坑道，修筑工事的各单位还必须派人到冲绳岛北部山势险峻的松林，砍伐可以用作木梁的松树，之后再用当地一种名为鳞舟（sabenis）的小船，把木梁运回岛屿南部。运送木梁的工作通常都要趁着夜色进行，目的是躲避美军空袭。到3月末，岛上军民除了布设反坦克雷区、修筑炮台，还挖掘了总长不少于60英里的地下防御工事，修建了许多地下指挥所。[9]

长勇的文职秘书岛田叡回忆：

自1月起，守军除了修筑防御工事以外，还开始动员岛上几乎所有的人力，让平民组建起辅助部队。守军开展了第二次民兵征兵工作，目的是为1944年秋季征募的民兵武装补充兵力。各中学、各职业学校以及首里师范学校几乎所有的学生都被编入了游击队，其中最为著名的是所谓的"铁血勤皇队"（Blood-and-Iron-for-the-Emperor Duty Unit, Tekketsu Kinno Tai）。广濑（Hirose）大尉是大本营的游击战专家，负责训练学生，让他们掌握渗透战术。他奉命加入第三十二军，目的就是协调游击队和其他类似的非正规武装力量开展渗透作战行动。[10]

冲绳县一共有2 000个年龄14—18岁的学生加入了铁血勤皇队。冲绳县立第一中学四年级的学生、家住首里敷山的比嘉重友（Shigetomo Higa）就是他们其中的一员。1941年，重友刚刚入学时，学校的氛围还"相当自由放松"，但一年后，来了一位名叫藤野贤（Norio Fujino）的新校长，学校的军事化色彩就此变得越来越浓厚。1944年，重友加入了紧急学生动员计划，原本为期五年的学业缩短了一年：学校取消了大部分课程，重友跟与他年龄相仿的女生作本好子一样，每天几乎全都在干活，要么修建机场，要么修筑炮位。

1944年夏，塞班岛失陷后，重友听了一场由在牛岛之前担任第三十二军指挥官的渡边中将主讲的讲座。泪流满面的渡边一边慷慨陈词，一边敲着桌子："毫无疑问，敌军会在冲绳岛登陆。到那时，岛上的每个平民都必须与我们的守岛士兵共存亡，所以我也就只能要求你们做好战死的准备，光荣地为天皇陛下献出生命。"无论是渡边将军泪如雨下的样子，还是他说的话，都震惊了重友。他一直都认为，日本一定会取得战争的胜利，但如今，军队的一位高级将领却当着自己的面承认，战败几乎是不可避免的结局。

1945年2月末，重友的父亲应征加入防卫队，将会跟随第二十四师团作战。一个月后，也就是1945年3月27日，重友中学毕业。当天晚上，学校在学生宿舍的花园里举行仪式，重友与同届毕业的253个学生一起，一排排地整齐列队，面向校长藤野贤、学校的全体教师，以及两位贵宾——冲绳县知事岛田叡、第五炮兵指挥所\*的一位大佐，在远处美军隆隆炮声的陪伴下，宣誓加入铁血勤皇队。

突然，一枚炮弹落在了离在场师生不远的地方，发出巨大的"闷响"。重友和同学们出于本能，全都想跑得越远越好。守军的驻校教官篠原康（Yashushi Shinohara）中尉大声命令，拦下了四散而逃的学生。"不许动！"篠原大吼道，"所有人都不许动！"

命令的效果"出乎意料"地好，重友回忆道。在场的所有官员和学生全都"瑟瑟发抖"，但"没有一个人敢动弹，就连岛田知事也僵在那里一动不动"。仪式结束前，又有两三枚炮弹落在附近，"几乎就在我们头顶爆炸"，"但在场的人全都纹丝不动"。仪式快要结束时，篠原介绍了那位炮兵大佐，说从此往后所有人都归他指挥。

第二天，重友和同学们分到了军服，每件军服都缝缝补补，胸口还都别着一枚菊花徽章\*\*。之后又有人对他们说，他们已经成为铁血勤皇队第一中学分队的成员。重友被分配到了第二小队。没过多久，他们就对自己二等兵卑微的身份有了充分的认识——正规军的

---

\*    除隶属于第二十四师团的1个野战炮联队外，冲绳岛所有的炮兵均归第五炮兵指挥所指挥。——译注
\*\*   菊花徽章是铁血勤皇队的标志，但之后又取消，不再要求队员佩戴。——原注

普通士兵张口就叫他们"小毛孩"，还动手打他们，说他们没有向上级敬礼。重友回忆道："不久前我们还在一起挖掩体，结果还没等我们回过神来，他们就看我们军衔低，瞧不起我们。"

得知要给父母写诀别信后，重友写道：

> 敬爱的爸妈：你们养育了我十六年，现在已经到了我离开的时候。就算听到我战死的消息，也请不要伤心。作为你们的独子，我无法回报养育之恩，心里感到很愧疚……我对你们的感激之情难以言表，打心底里感谢你们为我所做的一切。

重友没有像许多同学那样按照上级的期望在信中喊口号。他的一个同学对父母说，自己想要"为祖国光荣战死"，如果他们听到了他阵亡的消息，就应当高兴得"喜笑颜开"。只不过，重友也理解同学为什么要留下这样的诀别信。他说道："虽然我们只有16岁，但军国主义教育已经在我们内心深处留下了无法磨灭的烙印。"[11]

## 04　长官，这项任务非我莫属

　　"规模庞大、设施繁多的马巴拉卡特（Mabalacat）机场是克拉克航空兵基地（Clark Base）的一部分，该基地位于马尼拉（Manila）西北方向大约50英里处。"猪口力平（Rikihei Inoguchi）大佐回忆道，"那天傍晚，夕阳映红了机场西侧的群山。身着日本海军航空队工作服的地勤人员，像蚂蚁一样四处奔走；一些人正忙着在黄昏前把飞机牵引到机堡内，而另一些人则正在为次日清晨的攻击行动做准备。"

　　这一天是1944年10月19日；猪口当时正坐在一顶充当机场指挥所的破帐篷里，与第二〇一航空队副队长玉井浅一（Asaichi Tamai）中佐交谈。猪口是第一航空队高级参谋，他离开马尼拉，前往克拉克航空兵基地的目的是与玉井商讨第二〇一航空队次日的攻击计划。两天前，一支规模庞大的美国舰队出现在了莱特湾（Leyte Gulf）外边，在扼守海湾东侧入口的苏卢安岛（Suluan Island）附近游弋。明眼人一看便知，美军即将对菲律宾发动大规模进攻*。"然而，"猪口指出，"就算把驻扎在菲律宾的所有日本航空兵作战力量

---

*　在攻下莱特湾内的3座小岛、做好准备工作后，麦克阿瑟将军于1944年10月20日率领美军主力在莱特岛登陆。——原注

都集中在一起，也凑不够100架还能升空作战的战机，去填补莱特湾的防御漏洞。我们到底该怎么办啊？"

早在海军学校期间，猪口和玉井就是好友。所以，他们可以"打开天窗说亮话"，讨论日军承担防守任务时面临的困难，但即便如此，也是"一筹莫展，不知道如何应对才能扭转这似乎无可挽回的败局"。二人正说着，突然发现一辆黑色的豪华轿车在指挥所前面停下，车头飘扬的黄色三角旗表明乘客是一位海军将领。车上下来了一名身形壮硕的将军，身边只有一名副官随同。此人便是猪口的新上司、海军中将大西泷治郎（Takijiro Ohnishi）；他从东京出发，在两天前抵达马尼拉，开始担任第一航空队指挥官。

两位佐官连忙起身立正敬礼，让出一把椅子，请大西就座。大西坐下后一言不发，盯着"地勤人员在渐渐昏暗的暮光下忙碌"。几分钟后，他终于转头对二人说道，"我来这里的目的，是要与你们讨论一件重要的事情。我们能去司令部详谈吗？"

二人搭着大西的轿车返回马巴拉卡特镇，穿过尘土飞扬的街道，来到第二〇一航空队司令部的大门前。司令部是一幢浅黄色的建筑，还装点着一抹绿色，"能让人感受到家的温馨"。然而，只要跨进大门就会发现，一楼的大部分日常家具已经不见踪影，取而代之的是帆布折叠床。30名飞行员已经把司令部当成了宿舍。房间内杂乱地堆放着飞行服、毛巾、洗漱用品和私人物品。

大西中将接了个电话，然后召集猪口、玉井和另一名参谋，以及两位中队指挥官，在三楼的一个房间召开会议。在第二〇一航空队的主要军官中，只有指挥官山本荣（Sakae Yamamoto）大佐缺席了会议，原因是他奉命前往马尼拉与大西会面，结果阴差阳错在路上错过了乘车前往克拉克航空兵基地的大西。六名军官围着一张小桌子就座后，大西开始讲明此行的目的。他轻声说道："想必你们都知道，战局对我们十分不利。已经证实，美军在莱特湾集结了重兵。大本营已经下令启动'捷号作战'*，准备一举击溃进攻菲律宾的敌军，帝国的命运在此一举。栗田健男（Kurita）中将率领的第二舰队集结我军主力，将会挺进莱特湾，歼灭来犯之敌。第一航空队的任务是为栗田中将提供陆基空中掩护，以确保敌军无法阻止第二舰队顺利抵达莱特湾。为达成此目标，我们必须痛击美军航母，让它们失去至少一周的战斗力。"

猪口完全不知道该怎么办才能达到这一目标。近几天来，美军频繁利用航母发动空袭，重创了日军部署在菲律宾的航空兵力量，第二〇一航空队只剩下30架能够执行任务的战机。然而，猪口也意识到，既然大西亲自前来马巴拉卡特，那他肯定是有备而来。所以他默不作声，等待大西"给出答案"。然而，大西提出的作战计划完全出乎猪口的意料。

大西说道："在我看来，我们的航空兵势单力薄，要想最大限度地取得战果，就只有一个办法。那就是，我们要建立由零式战斗机组成的自杀式攻击小队，命令飞行员携带250千克的炸弹，1架飞机就可以撞沉1艘航母。"言罢，他等待片刻，然后问道："你们怎么看？"

大西的提案看似骇人听闻，却并没有让猪口和他的同僚惊慌失措。相反，猪口后来回忆起此事时清楚地记得，他们非但没有惊慌，

---

* "捷号作战"又名"胜利作战"，是塞班岛失陷后，大本营遵循以攻为守的宗旨制订的作战计划，规定日军应当把美军的下一个主要攻击目标当作"决战战场"，集中所有可用的作战力量，一举击败来犯之敌。大本营启动"捷号作战"的时间为10月18日。见猪口力平、中岛正所著《神风特攻队》（The Divine Wind），第6页脚注。——原注

反倒"全都醍醐灌顶"。这种"舍身一击"（tai-atari*）的战术并不新鲜，海军航空兵的飞行员早已在空对空作战中使用过了。此外，猪口心里也很清楚："许多战斗机飞行员都迫切地要求采用同样的方法袭击美军航母。"日军的飞行员在1944年末那段黑暗的日子里，很容易会这么想。猪口指出，"无论使用何种攻击手段，驾机袭击美军航母都是九死一生。既然飞行员本就难逃一死，那么他们想要死得其所，让敌人付出最大的代价，难道不是再自然不过的事情吗？"

因此，大西讲话过后，会议室内鸦雀无声，但这并不是因为在场军官"被吓破了胆"，而是因为他们全都在冷静地思考计划的可行性。玉井中佐最先发言，向在场的那位参谋提问："吉冈（Yoshioka），用载有250千克炸弹的飞机撞击航母的飞行甲板行得通吗？"

吉冈答道："比起正常的投弹轰炸，驾机撞击的成功率要高得多。一旦击中航母，美国人可能就得用上好几天才能修复飞行甲板。"

玉井点了点头，转身对大西说道："我只是第二〇一航空队的副队长，没有权力做出如此重大的决定，必须请示航空队的队长山本荣大佐。"

大西说，这没必要。"刚才那个电话就是山本大佐从马尼拉打给我的。他因飞机坠毁而腿部骨折，正在医院接受治疗。他告诉我，可以把你的意见当作他本人的意见，所有的事情都由你全权定夺。"

玉井稍作停顿，然后向大西请示，能不能用几分钟时间与手下的一位中队长商议。大西同意后，二人前往玉井的房间，讨论飞行员们在得知即将发动自杀式攻击的消息后可能会做何反应。没过多

---

* tai-atari 为日语"体当たり"的罗马音。——译注

久，他们就返回会场。玉井说："既然已经获得航空队队长的全权委托，那么我就可以毫无保留地表示，我完全赞同将军阁下的意见。第二〇一航空队将会执行阁下的提案。阁下能把组建自杀式攻击部队的具体事宜交给我们处理吗？"

大西点头同意，但脸上的表情十分复杂，"像是松了一口气，同时又透着一股淡淡的忧伤"。然后，他离开会场去休息。于是，一次意义非同寻常的会议就这样结束了。

玉井现在的任务是考虑让哪些飞行员加入自杀部队。玉井手下的大部分飞行员都只完成了一半的战斗训练课程*，就被派往马里亚纳群岛执行实战任务。从那时起，他们就"一直都在不断地战斗，每时每刻都要面对优势巨大的敌人"。8月初，幸存者奉命前往菲律宾南部，加入第二〇一航空队，这支部队当时的飞行员人数已经大概只相当于满编时的三分之一。猪口回忆道："玉井手下的飞行员已经成为意志坚定的老兵，个个斗志昂扬，玉井中佐就是他们接受训练时的榜样，之后更会与他们共同面对艰难的战斗……玉井就像父亲关爱孩子那样，同手下的每名飞行员都很有感情。"

玉井征求了各中队队长的意见，然后检阅了仅剩的23名飞行士官，借此机会传达了大西中将的提议。猪口写道："在场的飞行员群情激昂，喜形于色。他们齐刷刷地举起手臂，表示完全同意。"

接着，玉井和猪口挑中了时年23岁、毕业于海军学校的关行男（Yukio Seki）大尉。他的"品格和能力无可挑剔"，最适合领导新成立的自杀部队。关行男是航母轰炸机飞行员出身，一个月前刚刚加

---

\* 玉井手下的飞行员大都是海军航空兵预科训练班第十期的学员，而玉井本人则是该期训练班的教官。——译注

入第二〇一航空队，但就在这短短的一个月内，他赢得了玉井的尊重。玉井把熟睡中的关大尉叫了起来，告诉他上级正考虑让他担任新成立的自杀部队的队长。关愣了一下，先是闭上双眼，然后双手抱头，足足过了五秒钟，才终于答道："长官，这项任务非我莫属。"

"太谢谢你了，"玉井几乎忍不住眼里噙着的泪花，"你还是单身，没错吧？"

"不，我已经娶妻了，长官。"

这的确十分可惜，但并不足以成为跳过关大尉另寻他人的理由。既然队长的人选已经确定，那么下一步就必须给部队取个名字。猪口说："这支部队的任务极其特殊，必须有个响亮的名字。你觉得神风特攻队\*怎么样？"

玉井觉得这名字棒极了。他十分清楚这个典故的由来："神风"是指13世纪摧毁忽必烈的东征舰队、保护日本免遭入侵的强台风。他回答道："这名字真不错。毕竟，我们的飞行员必须驾着飞机掀起一股新的神风。"[1]

此时，关行男已经回到房间，开始给刚结婚5个月的妻子真理子（Mariko）和父母写诀别信。他在给妻子的信中写道："我真的很对不起你，还没有尽到丈夫的义务，就必须'像樱花那样凋零'（日本武士喜欢用飘散的樱花来比喻战死沙场），但我也很清楚，你既然嫁给了军人，就早已做好准备，知道这只是迟早的事情。"

---

\* 新成立的自杀式攻击队的正式名称是"神风特别攻击队"（しんぷうとくべつこうげきたい），通常简称为"神风特攻队"。其中的"しんぷう"是汉字"神风"的音读（日语汉字的一种发音方式，保留了汉字最初传入日本时的汉语发音）。神风特别攻击队的另一种日语读法是"かみかぜとくべつこうげきたい"，其中的"かみかぜ"是汉字"神风"的训读（日语汉字的另一种发音方式，是使用汉字的日本固有同义语汇的读音）。这种读法在二战结束后出现，是只出现在日语新闻稿中的非通用读法。——原注

关大尉写给父母的信措辞明显更加直白。"帝国已经在失败的悬崖上摇摇欲坠，我们每个人都必须不惜性命报效皇恩，才能化解危机。"所以，他必须"驾驶飞机撞击美国人的航母"。最后，他又加上一句："我别无选择，只能执行命令。"

然而，随着赴死的日期逐渐迫近，关大尉似乎开始质疑神风特攻队的合理性。他在受访时对记者说："日本的未来黯淡无光，要不国家怎么会让我去送死呢？我可以算得上全国最优秀的那一批飞行员；就我的飞行技术而论，把500千克的炸弹扔到敌军航母的飞行甲板上，然后安全返航，也并不是多难的事情！"然而，关行男心里也很清楚，事到如今，打退堂鼓已经太晚了。只不过，他仍然想把事情讲清楚，表达了与写给父母的诀别信截然相反的观点，指出促使自己下决心参加特攻队的真实原因"既不是报答皇恩，也不是为帝国尽忠"，而是为了"爱妻"，也是因为他得"奉命行事"。他补充道："要是日本输掉了战争，天知道敌人会怎样对待我的爱妻。大丈夫为自己深爱的女子献出生命，这才是最光荣的事情。"[2]

许多盟军士兵认为，包括关行男在内的许多日本军人毫不惜命地发动自杀式攻击的做法骇人听闻。只不过，研究神风特攻队的学者指出，日语对"自杀"一词的理解与英语不同，并没有"不道德的含义"。在日语中，"自决"（jiketsu）和"自裁"（jisai）既是"自杀"的同义词，又分别有"自己做决定""自我评判"的含义，这"表明日本人认为，自杀可以理解为为公共利益做出牺牲的光荣行为，是值得称赞的。"此外，按照日本传统观念，自杀既不会遭到道德谴责，也不会触犯禁忌。更有甚者，日本武士认为，武士必须为天皇、为国家战斗到最后一刻。反过来讲，投降是可耻的行径，而这也正是日本人蔑视战俘的根本原因。正因为如此，神风特攻队的队员在赴死前，大都会留下这样的诀别语："九段坂见*！"[3]

1944年10月25日，在莱特湾战役期间，神风特攻队执行了第一次作战任务。5架各自携带250千克炸弹的零式战斗机，在关行男大尉的率领下冲向了一支由护航航母**组成的美军舰队。其中2架飞机被防空炮火击落，剩余的3架则突破了防空火力网，导致2艘航母受损，而第3艘航母圣罗号（*St. Lo*）则燃起熊熊大火，因弹药库爆炸而沉没。日本军方认为，击沉圣罗号的飞机正是关行男驾驶的战斗机。此后，神风特攻队连续发动自杀式攻击，到了第二天晚上，总共击中了7艘航空母舰以及40余艘其他各类舰艇（击沉5艘，重创23艘，轻伤12艘）。

在得知第一波自杀式攻击的消息后，自1926年一直统治日本、时年43岁的裕仁天皇问道："有必要采取这么极端的方式吗？"但随后又说道："他们干得漂亮。"[4]

初战告捷后，军方立即着手扩大神风特攻作战计划的规模，把包括战斗机、轰炸机甚至教练机在内的各类飞机——其中很多都是由没有经验的飞行员驾驶——全都列为可以用于特攻作战的机种，还设计出名为"樱花特别攻击机"***的飞行炸弹、装满炸药的"震洋"

---

* "九段坂见"的意思类似于"黄泉路上见"，通常被用作日军出征前或在战况不妙时的诀别语。——编者注
** 二战期间的一种航速慢、舰载机数量少的小型航空母舰，主要用于执行护航任务。——译注
*** 樱花特别攻击机是一种单座木质结构飞机，可以装载4 000磅的炸药，由双发轰炸机（日军使用的是一式陆上攻击机）携带，在距离目标13英里处释放，实施自杀式攻击。1945年3月21日，日军发动了规模最大的樱花自杀攻击，共派出16架轰炸机携带樱花攻击机，袭击美军航母舰队。作战以失败告终，所有的轰炸机和樱花特别攻击机不是被美军击落，就是在途中坠毁。——原注

自杀式摩托艇以及被命名为"回天"的人工驾驶鱼雷。神津直次（Naoji Kōzu）是第一批加入"回天"鱼雷部队的志愿者。在加入日本海军之前，神津是东京帝国大学的学生。与其他神风特攻队的早期队员不同，他在加入之前并不知道"自己会有去无回"。直到被分配到位于本州岛南端光市（Hikari）的"回天"鱼雷部队基地，亲眼见到"回天"鱼雷后，他才知道事情真相。

神津回忆道："潜艇的艇身涂着亚黑色的油漆，让人觉得无比压抑。艇身正中央有一个个头不大的帆罩，还有一个潜望镜，显得与整个艇身格格不入。艇身的后三分之一是一枚93式鱼雷。负责维护潜艇的军官面无表情，向我们介绍潜艇的各项参数。'总长14.5米，直径1米，艇员1人，装药量1.6吨，最大航程7 800米，最大航速30节。'"

就算不知道具体的技术参数，只要看一眼位于"回天"中部的狭小驾驶舱，神津也马上意识到，这种型号的鱼雷是自杀式武器，驾驶员绝无生还的机会。他百感交集，一句话也说不出来。他写道："我觉得，自己已经失去了做人的资格。"虽然神津很快就发现，只要在试航的时候装作无法正确操纵鱼雷，就可以名正言顺地退出"回天"鱼雷部队，但他从来都没有认真地考虑过要不要这样做，因为这样就等于找别人来当替死鬼。"我不敢想象，怎么会有人故意退出，让别人去送死。要是我自己这样做了，肯定会后悔一辈子。"[5]

大本营制订了代号为"天号作战"的计划，准备挫败美军在太平洋下一步的进攻计划，他们认为美军的目标很有可能是冲绳岛。1945年1月，神风特攻队已经变成了该计划的核心组成部分。军令部第一部第一科*的科长富冈定俊（Sadatoshi Tomioka）少将说："我坚信，只有冲绳才能成为具有决定性意义的战场，可以让我们扭转战局。"海军的策略是，痛击来犯之敌，令美军遭受重大损失，迫使美国人请求和谈。然而，此时的日本海军正面临着一个严峻的问题。按照计划，无论在海上还是在空中，海军都必须承担大部分的作战任务，但海军的水面舰艇却已经寥寥无几，航母早已全部沉没，只剩下几艘战列舰，而海军航空兵，尤其是那些承担特攻任务的部队则更是既缺飞机，又缺飞行员；因此，必须首先补充战力，才能执行大规模的空中作战任务。要做到这一点，至少也要等到1945年5月。[6]

但是，大本营根本就没把海军的警告当回事，并于1945年2月6日发布了"天号航空作战令"，要求海军、陆军分别派出2 000架和1 350架作战飞机向来犯的美国舰队发起总攻。在这3 350架作战飞机中，有740架是执行特攻任务的。开弓没有回头箭，既然大本营下达了命令，海军也就只能加快战前准备的速度。军令部作战计划班的班长寺井义守（Yoshimori Terai）中佐回忆道："就算无法完成作战训练，我们也准备强行执行计划，用特攻战术来完成作战任务。"[7]

日本海军计划于1945年3月11日发动所谓的"第二次丹作战计划"（Operation Tan No. 2），派出神风特攻队，袭击美国第五舰队在加罗林群岛乌利西环礁停靠的航母，从而减缓美军的前进步伐。日军一共派出了24架携带800千克炸弹的双发轰炸机**，但只有两架抵达目的地——乌利西环礁：其中一架撞上了伦道夫号（Randolph）航

---

* 军令部是日本海军的参谋部，其第一部第一科负责制订作战计划。——译注
** 均为银河轰炸机（用来接替一式陆上攻击机的型号）。——译注

空母舰船尾稍稍低于飞行甲板的位置，造成27人死亡、105人受伤，而另一架则误把信号塔当作舰桥，撞向一座名叫索伦岛（Sorlen）的小岛，坠毁在小岛的道路上。"第二次丹作战计划"几乎完全失败，寺井中佐指出，日本海军"措手不及，不得不在毫无准备的情况下，应对冲绳岛战役"。[8]

## 05 军心涣散，甚至都不知道能否上得了战场

1945年1月18日，星期四，早上8：10，一架C-54"空中霸王"四发运输机从珍珠港附近的希卡姆机场（Hickam Field）起飞，向吉尔伯特群岛（Gilbert Islands）的塔拉瓦环礁飞去。这架飞机承担着运输重要人物的任务；经过特殊改装，飞机上不仅软垫座椅、洗手间、小型餐具室一应俱全，还配备了"电热器——可以加热咖啡和餐点"；机上甚至还有一位空运指挥官，确保4位重要乘客的应用之物一切齐全。这4位乘客分别是小西蒙·玻利瓦尔·巴克纳中将以及他的3名参谋人员——奥利弗·P.史密斯准将、路易斯·B.埃利（Louis B. Ely）上校（情报主官）、弗兰克·哈伯德少校（副官）。[1]

之前的几个月，巴克纳一直都在制订作战计划，不停地在纸面上调遣第十集团军（该集团军总兵力多达37.5万人，其中有17.5万人将参加攻打冲绳岛的战斗），而如今他想要亲眼看一看集团军各部的实际情况。所以，到1月中旬行动计划的终稿分发下去之后，巴克纳终于可以抽身"视察主要作战单位，评估士兵状况，当面与各部指挥官商讨作战计划"。

从珍珠港起飞，巴克纳和随行人员飞行了十一个小时，在穿越国际日期变更线之后抵达塔拉瓦环礁。1943年11月，塔拉瓦环礁

经历了一场血腥的战斗：陆战二师与守岛日军鏖战72小时，付出了3 000余人伤亡的代价，才终于占领该岛。岛上的日本军人和朝鲜劳工共有4 800人*，仅有136人成了美军俘虏（其中仅有1名日本军官、16名日本士兵）。巴克纳一行计划在塔拉瓦环礁过夜，次日再继续前往圣埃斯皮里图岛（Espiritu Santo）。由于飞机降落时天色尚早，他们决定在岛上走走看看，结果发现"到处都是激战的痕迹，日军掩体、碉堡的废墟随处可见，废弃的履带登陆车、坦克比比皆是。当然，岛上同样也少不了阵亡士兵的墓地"。[2]

圣埃斯皮里图岛属于新赫布里底群岛（New Hebrides），同时也是此行正式视察的首个目的地。1月20日（星期六）下午，飞机抵达圣埃斯皮里图岛，巴克纳一行在机场见到了第二十七师师长小乔治·W.格里纳（George W. Griner Jr.）少将。第二十七师在塞班岛的表现糟糕透顶，巴克纳和他的参谋对该师引发的争议一清二楚，尤其是那场"史密斯对史密斯"闹剧。他们都希望格里纳已经让一切重回正轨。然而，奥利弗跟格里纳手下的炮兵指挥官费林（Ferrin）准将聊了两句，便得知第二十七师"军心涣散，甚至都不知道能否上得了战场"。因此他们意识到，情况似乎并没有好转。格里纳和他手下的高级军官尽力想让"第二十七师官兵燃起斗志，以证明他们是一支精锐部队"，但就目前的情况来看，一切似乎还是未知数。[3]

次日，在视察部队期间，巴克纳抽出时间与几个看着"状态还不错"的士兵聊天，问他们现在"最想干什么"。他本希望士兵会表示最想上阵杀敌，结果却大失所望。用巴克纳在日记中留下的评

---

* 在这4 800人中，有2 600人是日本守军，剩余的2 200人则是建筑工人（其中1 200人是朝鲜人，1 000人是日本人）。——译注

价就是，大部分士兵"只想着休假，不想上战场"。圣埃斯皮里图岛天气炎热，第二十七师士兵似乎将大把的时间用在了游泳、钓鱼和玩帆船上面；除了一处"步枪打靶场"以外，史密斯没有找到其他任何军事训练的迹象。总的来说，圣埃斯皮里图岛之行"削弱了"巴克纳对第二十七师的信心。史密斯写道："他没有明说，但我能感觉到。我本人对该师也没有什么好印象，不单是因为它是一个陆军师。与我们后来视察的其他陆军师相比，第二十七师的差距显而易见。"[4]

视察的下一站是"崎岖多岩、风景如画"的新喀里多尼亚岛（New Caledonia），第一支可参照的部队第八十一师就驻扎在这里。按照巴克纳的作战计划，该师将担任预备队，在冲绳岛海岸附近待命。史密斯视察了该师的训练场。这个训练场设在起伏的丘陵上，可以俯瞰大海。这是迄今为止他在太平洋战场参观过的最好的训练场。史密斯回忆道："不久前，我与第八十一师的一部（第三二一团级战斗队\*）在佩莱利乌岛并肩战斗。当时，我并没有觉得这个师有多厉害，但见过第二十七师后，第八十一师看上去棒极了。"[5]

几天后，巴克纳一行抵达瓜达尔卡纳尔岛，也就是第三两栖军指挥官罗伊·S.盖格（Roy S. Geiger）少将的司令部所在地。盖格是佛罗里达人，生于1885年，比巴克纳年长一岁，将会在视察期间庆祝60岁生日。他的经历有些与众不同。盖格在获得法学学士学位后，于22岁时参军，成为美国海军陆战队的三等兵。他在一战期间晋升

---

\* 团级战斗队是一种能够独立作战的临时步兵作战单位，主体为一个步兵团，辅助力量包括小规模的坦克部队、炮兵部队、工程部队、侦察部队、防空部队、后勤部队、军事警察部队、医疗部队以及其他各类辅助部队。——译注

为军官，当时已成为海军陆战队的第五号航空兵*，率领轰炸机编队屡立战功，获得了海军十字勋章。此后，除了在莱文沃思堡（Fort Leavenworth）的美国陆军指挥与参谋学院（Command and General Staff College）以及美国陆军军事学院（US Army War College）进修以外，盖格的大部分从军生涯都奉献给了海军陆战队航空部队。比如，在瓜达尔卡纳尔岛战役初期，他率领传奇的仙人掌航空队**立下战功，获得了第二枚海军十字勋章，为勋表增添了一枚金色的五角星***。1943年，他率领第二两栖军在布干维尔岛（Bougainville）登陆；一年后，他又率领第三两栖军转战关岛、帕劳。他出色的领导力使其获得了3枚海军杰出服役勋章。

盖格担得起临危不乱的称号，是一位遭遇危机时靠得住的指挥官。显然，巴克纳对他评价很高。在瓜达尔卡纳尔岛视察之行结束后不久，他便建议尼米兹把盖格任命为第十集团军的候补指挥官——如果巴克纳在冲绳岛阵亡，就由盖格继续指挥战斗。巴克纳的推荐信必须由他的顶头上司理查森中将转交，但理查森却并不赞同巴克纳的意见，不仅退回了推荐信，而且还附上了一纸批示——

---

\* 美国海军部会按照获得航空兵资格的日期，给航空兵编号。盖格获得航空兵资格的日期是1917年6月9日，是美国海军的第四十九号航空兵，海军陆战队的第五号航空兵。——译注

\*\* 仙人掌航空队是指自1942年8月到1942年12月在瓜达尔卡纳尔岛作战的所有盟军航空兵力量，因瓜达尔卡纳尔岛的代号"仙人掌"而得名。该航空队共击沉17艘日军大型舰船，重创18艘。——译注

\*\*\* 按照美军的规定，军人获得同类勋章后不再颁发勋章，而是颁发可以佩戴在勋表上的五角星（直径为9.7毫米），一颗金色的五角星代表一枚同类勋章，一颗银色的五角星代表五枚同类勋章。每一种勋章都有对应的勋表（比如，海军十字勋章的勋表以海军蓝为底色，正中央有一道白色的条纹；而海军杰出服役勋章的勋表是以海军蓝为底色，正中央有一道黄色的条纹），获得嘉奖的军人可以在不方便佩戴勋章的时候只佩戴勋表。盖格共获得了2枚海军十字勋章、3枚海军杰出服役勋章，所以他可以佩戴上面有1颗金色五角星的海军十字勋章勋表（没有五角星的勋表代表一枚勋章）和有2颗金色五角星的海军杰出服役勋章勋表。——译注

只有战争部才有权做出如此重大的决定，此后"第十集团军的任何参谋人员"都不得对尼米兹提起此事。巴克纳"气得够呛，但也无可奈何，而心里却盘算着，等到部队登陆冲绳岛、第十集团军不再受理查森将军管辖后，再宣布盖格的任命"。[6]

莱缪尔·C.谢泼德（Lemuel C. Shepherd）少将率领的陆战六师是第一支接受巴克纳视察的第三两栖军所属部队。1918年，谢泼德作为第五陆战团的军官，参加了贝洛森林战役（Belleau Wood），其间两次负伤，获得了3枚军功章（包括美国海军十字勋章和法国英勇十字勋章）。近年来，他先是担任陆战一师副师长，参加了格洛斯特角战役；之后又率领陆战第一临时旅——陆战六师的前身，参加了关岛战役。

为了迎接巴克纳的视察，谢泼德派出全副武装的仪仗队，每位队员都身着全套作战服，背着作战装备，就连头盔也套上了盔套。奥利弗·史密斯写道："仪仗队军容整齐，看起来都是精兵强将。"检阅仪仗队后，巴克纳先是检查了第二十九陆战团的兵营，接着又观摩了第四陆战团的射击演练。史密斯回忆道："演练科目是攻占山头，参与士兵使用了步兵能用得上的所有家伙什儿，包括坦克、迫击炮、机枪、喷火器、手榴弹、爆破装置、步枪和卡宾枪。整套演练毫无保留，连一发空包弹都没用。演练展现了（第四陆战团的）训练水平，令人甚是佩服……这帮士兵打起仗来的确是行家里手。"[7]

接着，巴克纳一行又来到海滩上，观摩第十五陆战团（该团是炮兵团）的训练。他们以一处洞穴的入口为目标，用155毫米榴弹炮直接瞄准射击。这是陆战队在佩莱利乌岛上形成的炮兵实战技术，可以在步兵推进前削弱固定阵地的防御。巴克纳在莱文沃思堡的陆军指挥参谋学院和陆军军事学院学习过炮兵技术，是科班出身的炮兵指挥官；他认为陆战队的炮手应当用夹叉法*试射，直至击中目标。当他发现炮手没有使用夹叉法，而是采用由远及近的试射法（沿着一个方向缩小炸点与目标的距离），便责备炮手"动作迟缓，无法迅速击中目标"。听到这样的评价后，史密斯大为恼火，他认为，巴克纳无论在直接瞄准射击还是间接瞄准射击方面均没有实战经验，不应该对炮手的表现说三道四。史密斯写道："我给他解释了直接瞄准射击在佩莱利乌岛战役中表现出的战术价值，但并不确定他到底有没有听进去。"[8]

午饭后，巴克纳一行观摩了第二十九陆战团一个步枪排的实弹演习，他们连续攻击了3处洞穴。步枪排的士兵首先在机枪和步枪的掩护下靠近洞口，之后用巴祖卡火箭筒和白磷手雷攻击躲在洞内的敌人，最后再用火焰喷射器和炸药包结束战斗。史密斯评价道："演习十分符合真实的战况，能够让参演士兵切身体验到在消灭据守洞穴的日军时会遇到哪些困难。"视察结束后，史密斯认为，巴克纳及其参谋人员"肯定对陆战六师评价极高"。

对照巴克纳的日记来看，史密斯只是猜对了一半。巴克纳写道："第二十九陆战团的兵营乱七八糟，军纪似乎差劲得很。但论起使用不同的武器协同进攻，他们的确是一把好手。"比起第二十九陆战团，第四陆战团那个营的表现可就要糟糕得多了，"场面完全彻底失控"，坦克和步兵"根本就不知道找掩护，完全暴露在敌军

---

* 夹叉法只要判定炸点的远近即可实施，具体方法为：发射一发炮弹，观察炸点位置（炸点位于目标远端为远弹，位于近端为近弹），之后交替发射远弹、近弹，逐渐修正炸点的位置，直至击中目标。——译注

火力之下"。[9]

　　次日，巴克纳开始视察由佩德罗·戴尔·瓦莱（Pedro Del Valle）少将率领的身经百战的陆战一师。戴尔·瓦莱的父亲是西班牙统治时期*的波多黎各总督，而他本人直到1917年才成为美国公民**。他是海军陆战队的炮兵军官，先是在瓜达尔卡纳尔岛战役中指挥第十一陆战团，后又在关岛战役中担任海军陆战队第三两栖军的炮兵指挥官；最终在佩莱利乌岛战役结束后，接替威廉·H.鲁普图斯（William H. Rupertus）少将成为陆战一师师长。陆战一师驻地所在的拉塞尔群岛帕武武岛（Pavavu）面积较小，戴尔·瓦莱会定期率领该师所辖的第一、第五、第七陆战团乘船前往面积更大的瓜达尔卡纳尔岛训练***。巴克纳观摩了陆战一师的一个团与炮兵、坦克兵一起演习，结果再次认为参演坦克"太过暴露"。[10]

　　巴克纳一行继续视察，在经停新几内亚岛北边的比亚克岛（Biak）后，抵达菲律宾莱特岛，与第二十四军军长约翰·R.霍奇（John R. Hodge）少将会面。霍奇曾经在密西西比州立大学任教，这时正率领部队消灭莱特岛上最后一批仍在负隅顽抗的日军。巴克纳一行前往岛上的各处军营，与第七（"沙漏师"）、第七十七（"自由女神师"）、第九十六（"神枪手师"）步兵师的师长们会面。奥利弗·史密斯发现岛上没有多少"激战"的迹象，便写道："岛上既没有洞穴掩体，也没有碉堡，甚至看不到遍地弹坑。的确有不少村

---

\* 波多黎各曾经是西班牙的殖民地，在西班牙输掉了1898年的美西战争后被割让给了美国。——译注

\*\* 1917年的《琼斯—沙弗罗斯法案》（*Jones-Shafroth Act*）规定，所有出生地是波多黎各的波多黎各人都是美国公民，可以享受有限的公民权。——原注

\*\*\* 帕武武岛面积为130平方千米，瓜达尔卡纳尔岛面积为5 300平方千米。——译注

子要么被大火烧毁，要么被夷为平地，但村中的房屋大都是木质结构，并不能成为坚固的据点而进行有力的防守。"比起战况，令史密斯更加担忧的是第二十四军官兵的现状。他写道："这3个师的确是很棒的部队，但已经在莱特岛上连续作战了三个月，其中的两个师……仍然在执行作战任务。每个师都兵员不足，不知何时才能补充新兵。不少士兵不是患了痢疾就是皮肤感染了。岛上的生存条件糟糕透顶。"[11]

巴克纳同样在日记中忧心忡忡地指出，第二十四军官兵在参加冲绳岛战役前可能"无法得到真正的休整"，并且军械也"急需维护保养"。巴克纳认为他们全都是"优秀的战士"，并对"自己指挥的两个军信心满满"。直到1月29日那天，西南太平洋战区的指挥官麦克阿瑟的参谋人员向他明确表示，目前"比任何事情都重要的"是让第二十四军在下一场战役开始前得到充分的休整，巴克纳这才放下心来。[12]

霍奇拿出照片，展示战死美军士兵的残骸，并提到他们"像牲畜一样被日军屠宰并被当作军粮"。这可算是整个视察期间最让人揪心的时刻之一。霍奇说，他手下的士兵发现日军军官的"饭盒"里有人肉。此外，他手头还有照片，上面记录了菲律宾的平民，不分男女老幼都被日军关进教堂，并"用机枪屠杀"的惨状。巴克纳对日军的暴行表示了极大的愤慨。[13]

2月1日，巴克纳一行乘飞机抵达马里亚纳群岛的关岛，并于次日前往尼米兹上将新设在天上山（Mount Tenjo）半山腰的司令部，参加尼米兹召开的作战会议。巴克纳记录道："会议讨论了第二十四军的现状，并做出决定：鉴于西南太平洋战区司令部做出的承诺，现阶段不会开展任何新的作战行动，但同时也应当密切关注司令部的态度变化……做好准备，如果承诺没有兑现，就立即开始行动。我表达了自己的意见，提出与其延后D日的日期让日军获得更多加强防御的时间，还不如按时发起登陆战役，即便没有做好万全准备也不要紧。换言之，拖得越久，就对日军越有利，我们必须抓紧时间。"[14]

当天下午，巴克纳一行乘飞机前往距离关岛只有半小时飞行距离的塞班岛，视察托马斯·E.沃森（Thomas E. Watson）少将率领的陆战二师。途中，巴克纳命令飞行员绕道飞往仍然有日军驻守的罗塔岛*（Rota）。巴克纳进入驾驶舱，想要仔细观察岛上的情况，结果被吓了一跳。原来飞机"正在低空飞行，直冲着罗塔岛的中部飞去"。

"那个岛上有5 000名日本兵，"巴克纳说，"肯定配备了高射炮，你难道不知道吗？"

"不知道，长官。"飞行员脸色煞白地回答道。他改变了航向，巴克纳记录道："真是千钧一发。"[15]

2月3日，安全抵达塞班岛的巴克纳用了一天的时间视察陆战二师。该师在一块"相对平整"的阅兵场上举行了全师阅兵，这是当天最大的亮点。沃森命令全师官兵"反复清洗军服、子弹带、水壶套、背包，直到所有装备都一尘不染。参阅士兵手中的步枪全都锃光瓦亮"。首先接受检阅的是第八陆战团一营A连。部队行进至阅兵场的第一个标志物后，连指挥官弗雷德·哈利（Fred Haley）上尉喊

---

* 罗塔岛的日本守军由947名陆军士兵、1 853名海军士兵组成，直到1945年9月2日最终向美国海军陆战队的一支部队投降。——原注

错了口令，把"向左转——齐步走"喊成了"左转弯——齐步走"，阅兵场顿时乱成一锅粥。到最后，多亏一营营长理查德·海沃德（Richard Hayward）中校出面，命令"全营士兵停止前进，向后转，原路返回离开阅兵场"，局面才得到控制。海沃德骂了几句脏话，命令一营重新接受检阅。这一次，哈利上尉没有掉链子，下达了正确的命令。事后，他从站在临时阅兵台上与巴克纳一起检阅部队的陆战队军官口中得知，巴克纳看着受阅部队手忙脚乱的样子，脸上露出了"一丝微微的笑意"。哈利当时只注意到巴克纳颇有"大将风度"，头盔上的3颗将星在阳光下闪闪发光。[16]

尽管哈利出了糗，但巴克纳却仍然对陆战二师十分满意。他在日记中写道："在沃森将军的陪同下，用了一整天时间视察陆战二师。该师看起来训练有素、军纪严明。对沃森手下的营级指挥官尤其满意。"他对奥利弗·史密斯说，他"从来都没有见过像陆战二师这样精神抖擞的部队"。[17]巴克纳一行总行程1.4万英里，座机的航行轨迹横穿了太平洋的大部分地区，造访了18处战场，终于在2月4日午夜回到珍珠港。总的来说，巴克纳"对视察结果十分满意"，"熟悉了他手里可打的牌"，彻底打消了对那几个陆战师作战能力的疑虑。后来，巴克纳的作战主官瓦尔特·A.杜马（Walter A. Dumas）准将同样也对陆战师赞誉有加，说这几个师"训练有素，处在巅峰状态"。因此，巴克纳最担心的反倒是那几个陆军师：第二十七师缺乏斗志，而霍奇指挥的第二十四军仍然归麦克阿瑟指挥，等到划归第十集团军时肯定会面临兵员不足、缺少装备的问题。然而，由于已经没有时间来解决这些问题，巴克纳也就只能希望"船到桥头自然直"了。[18]

## 06 我重回战场，只是因为我别无选择——其实我很不情愿

1945年2月初，巴克纳中将离开关岛后不久，一个名气比他还要大的人也乘机抵达关岛。他便是普利策奖*获得者、战地记者恩尼·派尔。派尔乘坐的飞机型号与巴克纳的座机一样，也是道格拉斯C–54型运输机，只是没有像巴克纳的座机那样配备供重要人物使用的升级设施。与派尔同行的还有12名军官和3名普通士兵，他们从夏威夷起飞，要经停马绍尔群岛后才能继续前往关岛。在抵达目的地前的最后24小时，为了睡个好觉，派尔找来几个装邮件的口袋当垫子，盖上随身携带的毯子，就这样在机舱内躺下了。

派尔征得飞行员的许可进入驾驶舱，头一次看到了目的地关岛的真面目。他写道：

> 天刚蒙蒙亮，飞机就穿透云层，我们眼前不再是无边无际的天空，而是目的地关岛。关岛绿树葱葱，景色优美，但远离美国本土。我们竟然飞越太平洋上空的茫茫天海，分毫不差地

---

\* 普利策奖颁发给在报纸、杂志、文学、音乐创作等领域有杰出贡献的人，被誉为新闻界的"奥斯卡金像奖"，创立者为报业巨头、匈牙利裔美国人约瑟夫·普利策。——译注

抵达目的地，就好像盲人独自穿过一片田地，伸出手一下子就找到了田地另一端铁丝栅栏上预先标记好的铁刺，真是难以置信。然而……对于我们的飞行员来说，这已经是家常便饭了。[1]

派尔的人生经历非同寻常。1900年8月3日，他出生在印第安纳州（Indiana）的达纳镇（Dana）。一战末期，他加入美国海军，成为海军士官，经历了战火的洗礼。战后，他考入印第安纳大学，在校期间负责编辑《学生日报》（*Daily Student*）。他立志成为新闻记者，决定放弃经济学学士学位，提前结束学业，接受印第安纳州拉波特市（La Porte）一家小报社提供的职位。不久后，他跳槽到小报《华盛顿日报》（*Washington Daily News*），结识了一名比他年长一岁的女子杰拉尔丁·西博尔兹（Geraldine 'Jerry' Siebolds，绰号"杰丽"），并在1925年步入婚姻的殿堂。杰丽虽然生气勃勃、极具魅力，但精神状况却很糟糕，不仅酗酒成性，精神也时不时地出问题；派尔先是在1942年与她离婚，一年后又通过代理人复婚*。作为斯克利普斯·霍华德报业集团（Scripps Howard）的自由通讯记者，派尔在20世纪30年代报道了美国乡村普通民众的生活；在美国加入二战后，他又开始报道普通士兵的战场经历。他亲切地把美国陆军的步兵称作"小兵"**（dogfaces），并编写每日专栏，报道他们在前线的生活，在国内的300多份报纸上同时刊载。

　　无论是报道北非战役还是意大利战役，抑或诺曼底登陆，派尔

---

\*　当时派尔正在北非的前线采访。——译注

\*\*　原文是"dogface"，字面意思是"狗脸"，指美国陆军的步兵，起源并不明确，有可能是因为所有的军人都要佩戴俗称"狗牌"的兵籍牌，也可能是因为步兵在前线干的全是脏活累活，过着"像狗一样的日子"。——译注

都更愿意用普通士兵的视角叙事，而不是听信将军们在新闻发布会上的高谈阔论。他还为成千上万无法给家人写信或不愿写信回家的士兵"代写家书"。他认为，美国的普通士兵全都是"好样的"，每个人都在"尽职尽责，完成糟糕透顶却不得不做的工作"。[2] 必须有人讲好普通士兵的故事，所以他当仁不让，承担起讲述者的角色。1944年1月，他撰写了一份令人难忘的战地通讯，题为《瓦斯科上尉之死》（The Death of Captain Waskow），记录了第三十六师一位连长战死后发生的事情。瓦斯科上尉是得克萨斯州贝尔顿人（Belton），战死时"大概只有25岁"，他"待人真诚、温和敦厚，手下的士兵都愿意跟着他出生入死"。负责运送战死者遗体的人刚把瓦斯科的尸体从骡子的背上抬下来*，士兵就接连不断前来悼念。一位士兵说："真是太让人无法接受了。"

另一位士兵说："长官，我实在是太伤心了。"

过了一会，第一个到场的士兵"蹲坐下来"，派尔写道，"那个士兵伸手抓住死者的手，一动不动，一直紧握着，紧盯着死者的脸庞，足足呆坐了5分钟，始终一言未发"。过了好一阵子，他终于放开手，站了起来，"轻轻地整理了上尉的衬衣领口"，接着又"摆弄了伤口周围破烂不堪的碎布，像是要把军服恢复原状"，最后站起来，"借着月光，只身一人，沿着路越走越远"。[3]

之后，派尔来到北欧战场，与普通士兵同吃同住、同甘共苦，继续用自己独特的风格报道前线的战事；直到1944年7月25日，美国陆军航空队误炸了部署在诺曼底城镇圣洛（Saint-Lo）附近的盟

---

\* 瓦斯科上尉战死时，美军正在攻打意大利，前线在山上，每天晚上都会有人赶着骡子，把战死者的遗体运下山。——译注

军，派尔险些因此丧命，之后才离开前线。此次误炸共造成111名盟军士兵死亡、490人受伤。莱斯利·J.麦克奈尔（Leslie J. McNair）中将也在误炸中身亡，他的尸体面目全非，善后人员靠着他领口上的3颗银色将星才终于辨别出他的身份。事发当时正在一座小农场逗留的派尔写道，炸弹落到农场上，"响声大作，震耳欲聋"，他只记得"自己先是一下子趴到地上，胳膊腿全都紧贴地面，就好像连环画里蒸汽压路机碾平的卡通人物一般，之后又像鳗鱼一样连滚带爬地钻到棚屋里一辆大车下面"。车底下还有一位军官，也在往里钻，但突然他和派尔全都停下了。他们意识到，"既然四周已经全都是炸弹爆炸的声音，那么就算是钻到最里面也于事无补"。接着，派尔又写道："我们趴在那里，两张脸的距离大概只有1英尺，四目相对，明知道无济于事却又在用目光向对方求助，就这样一直等到了轰炸结束。"[4]

此时，派尔已经在前线连续工作了数月，目睹了无数人的死亡，一直都承受着非同寻常的压力，精神高度紧张，而陆军航空兵的误炸则成了压垮他的最后一根稻草。接下来的1个多星期，他卧床不起，不仅高烧不退，还腹泻不断，精神更是一直都处在崩溃的边缘。派尔刚下病床就做出了回国的决定。他在写给读者的道歉信中说："我离开前线只有一个原因，便是我必须停下来休息一阵，而用陆军的话来说就是'我已经受够了'。这段时间我经历了太多，已经到了极限……在战场上待的时间实在是太久了。我精神恍惚，思绪混乱，心灵的伤痛终于到了无法忍受的地步。"[5]

我们几乎可以肯定，派尔患上了创伤后应激障碍（PTSD），症状多半早已出现。一年前，剧作家亚瑟·米勒（Arthur Miller）正在以派尔撰写的《你的战争》(*Here is Your War*)为蓝本创作电影剧本，那是一部十分畅销的战地通讯文集；于是，他来到新墨西哥州，想要趁着派尔离开战场回国休假的机会与派尔当面交谈。米勒写道：

> 他内心备受煎熬，无所适从，心中满是内疚。他身形消瘦，已经完全谢顶，只有后脑和两鬓还长着淡茶色的头发。他举止温文尔雅，一点儿都不愿抛头露面，似乎是整个世界上最不愿意上战场的人。[6]

1944年秋，派尔返回美国，成了国家英雄；美国的普通士兵更是对他敬爱有加，因为他不仅忠实地报道了前线的真实情况，还四处奔走为普通士兵争取"作战补贴"（相当于航空兵的"飞行补贴"），实实在在地改善了许多士兵的物质生活。1944年，美国国会通过了别称为"恩尼·派尔法案"的法律，规定在前线作战的步兵每月可以获得10美元的补贴。然而，仅过了短短数月，派尔就再次重返前线，跟此前唯一的区别是，他没有前往欧洲战场，而是来到了太平洋战场。我们不禁要问，这到底是为什么呢？答案十分复杂，一两句话说不清楚。他重返战场，在一定程度上是想要远离国内各方面的压力：他的妻子不久前自杀未遂；扰攘的公众都想博得他的关注；还有他的业务职责，其中包括以《你的战争》为蓝本拍摄的电影《美国大兵乔的故事》(*The Story of GI Joe*)*。1945年2月，派尔承认自己一直都不太喜欢这个片名，"但没人能想出个更像样

---

\* 电影于1945年6月首映，饰演男二号的罗伯特·米彻姆（Robert Mitchum）凭借在该片中的表现，获得了其演员生涯中唯一一次奥斯卡最佳男配角奖提名。——原注

的名字，而我则懒得要死，连想都不愿去想"。[7]虽然我们列出了不少理由，但内疚仍然是促使派尔重回战场的最主要原因：成千上万普普通通的美国人冒着生命危险在异国他乡的战场上为国奋战，他又如何能留在国内高枕无忧呢？他在写给读者的话里也表达了这样的想法：

> 一想到要重回战场，我就浑身打怵。在我看来，无论是谁，要是他上过战场后还嚷着想要再次上阵，那他肯定是个无可救药的大傻瓜。我重回战场，绝不是因为我想要再次离家远行，不是因为我无法忍受国内的生活，也不是因为我不知为何对战争着迷，忍不住想再次经历战火。我重回战场完全是因为我们正在打仗，而我的工作就是到战场去。我心里一直都很清楚，重回战场是迟早的事情。我重回战场，只是因为我别无选择——其实我很不情愿。

派尔之所以决定前往太平洋战场，是因为他认为欧洲战场已经进入收尾阶段：没等自己做好重返战场的准备，战争就已经尘埃落定了。尽管这一预测并不准确，但派尔还是觉得，自己最好还是按照原定计划前往太平洋战场。他解释道："太平洋战场也有许多美国士兵，他们与欧洲战场的战友一样，都在为国奋战。唯一的区别也就是名字不一样罢了。我前往太平洋战场，并不意味着轻视了我在欧洲的老朋友。"[8]

派尔在抵达关岛后被安顿在单身军官宿舍里。太平洋战区所有的美军营地都有这种由海蜂工兵队修建的宿舍（军官宿舍是用米色的波纹金属板搭建的小屋，配有衣橱、脸盆架、五斗橱以及两张铺着双层床垫的床）。然后，他遇到了第一个工程兵，就发现自己前往太平洋战场的决定显然受到了欢迎。工兵队的一个工程兵透过宿舍敞开的窗户看到了派尔，大叫道："哎，你不就是那个恩尼·派尔吗？"

"没错。"

"真没想到，能在这儿遇到你！我见过你的照片。"

两人攀谈起来。不一会儿，其他工程兵也围过来。与工程兵交谈后，派尔高兴得不得了，他意识到自己做出了正确的决定。[9]

尽管如此，派尔也早已对困难有了充分的认识，深知对于新闻记者来说，报道太平洋战场的战斗是一项不小的挑战。距离是派尔必须克服的第一大困难。他写道："我并不是指太平洋战场与美国本土的距离，毕竟欧洲战场同样也远离美国本土。我的意思是抵达战场后的距离。在欧洲，不同采访地点之间的距离最多不过几百英里。而在这里，整个西太平洋都是战场，不同采访地点相距上千英里，出发地和目的地之间别无他物，只有茫茫大海。"

其次，派尔还必须忍受漫长而无聊的等待，眼睁睁地看着时间"在无尽的重复中"一天天溜走。然而，派尔感到，太平洋战场与欧洲战场最大的区别在于美军官兵对敌人"截然不同的态度"。在欧洲，美军士兵大都认为，德国人"虽然可怕和要命，但他们却仍然是人"。但在抵达太平洋战场之后，派尔很快就意识到，美军士兵认为"日本兵令人恶心，根本就不是人，他们对日本兵的态度简直就像某些人对待蟑螂和老鼠的态度"。[10] 美国士兵对日本兵的痛恨倒也不难理解：他们无端地偷袭珍珠港；虐待战俘，其行径令人不齿（在被日军俘虏的美军战俘中，有超过四分之一的人因营养不良、疾病、过度劳累等原因死亡）；自诩为武士，以遵循武士道精神为荣，极少投降[*]。

最初，就算是极富人道主义精神的派尔也深受影响，对日本兵深恶痛绝。他承认，看到一帮日本战俘"一边撵跤，一边嬉笑"的场景后，他感到"毛骨悚然"，恨不得马上想办法"去去晦气"。然而，与许多驻扎关岛的老兵交谈后，派尔便逐渐克服了"与日本兵（不少美国军人使用带有种族主义色彩的蔑称，把日本兵称为'日本猴子'[**]）作战就像是在抓蛇捉鬼一般"的这种感觉。诚然，日本兵对战争的看法大不相同，但他们却也同样会使用特定的战术，而美国军人则已经渐渐适应。派尔写道："我们的士兵对日本兵的惧怕跟对德国兵的惧怕没有什么不同。在现代战争中，所有的士兵都会对敌人心存忌惮；所以，他们害怕日本兵，不是因为日本兵来去无踪或者如老鼠一般，而是因为他们也手持武器像那些优秀且棘手的士兵那样向他们开火。反过来讲，日本兵也是人，他们出于完全相同的原因，同样也十分害怕美国士兵。"[11]

恩尼·派尔还在美国时曾向读者透露了他的计划：他打算先拿出一段时间来采访美国海军，因为海军是太平洋战场上的"主导"兵种，但他"以前几乎没有报道过海军的事迹"；之后再与步兵（用

---

[*]　即便是美军的高级指挥官也不能免俗，他们同样认为日本兵不是人。陆战六师的指挥官莱缪尔·谢泼德坚称："必须向手下的士兵灌输把日本人赶尽杀绝的念头……杀日本兵就等于是杀响尾蛇。"摘自莱西所著《远离天际线》（*Stay off the Skyline*），第83页。——原注

[**]　在英语里，"Jap"的意思是日本人，"ape"的意思是猿猴，将两个词组合起来得到的单词"Jape"可以用来蔑称日本人，意思大致相当于"日本猴子"。——原注

派尔的话来说，就是"心地高尚的步兵小伙子"*）一起登陆，参加下
一场重要的军事行动。[12]

　　实际上，派尔随军采访的第一个对象并不是海军的下属部队，
而是美国陆军航空兵驻扎在马里亚纳群岛、负责轰炸日本本土的一
支B–29超级堡垒轰炸机中队。"B–29轰炸机中队的任务十分艰巨，"
他写道，"无论是前往日本，还是从日本返航，每一寸航程都要飞跃
一望无际的大洋"。机组人员必须避免被高射炮击中，突破日军战斗
机的围追堵截，才能抵达目标上空，但最令他们头疼的却是要"熬
过"长达六七个小时的返航之旅，更不要说返航通常都是在夜间飞
行。无论飞机被击伤还是引擎出故障，只要飞机在海上迫降，机组
人员获救的概率就只有五分之一。派尔写道："想要在茫茫的大洋上
找到一两只小小的橡皮救生艇，简直就是大海捞针。"

　　派尔甚至还登上B–29轰炸机参与了飞行训练，发现轰炸机的飞
行任务虽然令人心惊肉跳，但也的确激动人心。飞机上堆满了汽油
罐和炸弹架，机舱内只有一条30英尺长的狭窄通道，11名机组人员
"必须俯下身来手脚并用才能勉强通过"。执行任务时，一些机组人
员会钻进通道睡上一个小时，另一些机组人员会觉得通道太过狭小
幽闭而宁可干坐着。机组人员出任务时都穿着普通的衣服，通常都
是连体衣，原因是机舱配备了增压加温设备。然而，一旦飞机抵达
目标上空，他们就会穿上防弹背心，戴上氧气面罩，以防有机玻璃
被击碎而导致机舱失压。

---

*　原文是doughfoot，指二战时期美国陆军的步兵，可能是将doughboy（指一战时的美国步兵）、
　foot soldier（步兵）两个单词组合到一起的结果。"doughboy"一词来源难以考据，一种解释
　是美墨战争时期（1846—1848），美国士兵经常在尘土飞扬的地方行军，全身沾满灰尘，就好
　像裹了一身面一样，所以得到doughboy（"面团男孩"）这样一个译名。——译注

派尔在该中队采访期间，有好几架飞机在执行任务时被击落。有一架轰炸机看起来根本就没有返航的可能，却奇迹般地返回了基地。那架飞机在飞抵目标上空后被炮火击中而掉队，遭到5架日军战斗机的围攻，机身被打得千疮百孔。尽管左右两侧的水平尾翼都不见了踪影，但飞机却仍然勉强飞行，只是时不时会失去控制，像陀螺一样盘旋着坠向海面，好在飞行员每次都重新控制住了飞机。最终，飞机返回基地，一头栽到跑道上，不仅撞掉了两侧的机翼，就连巨大的机身也断成了两截。"然而，"目瞪口呆的派尔写道，"所有的机组人员都安然无恙，就连伤员也安全出舱。"[13]

3月中旬，派尔终于兑现采访海军的承诺，登上了轻型航空母舰卡伯特号（Cabot）。卡伯特号隶属于马克·A.米彻尔（Marc A. Mitscher）海军中将率领的快速航母舰队（亦称为第五十八特混编队），正与舰队一同向北航行，准备攻击位于九州岛各地的机场，目的是在盟军登陆冲绳岛之前削弱日本的航空兵力量。派尔特意提出要求，希望能在吨位较小的航母上采访，原因是小型航母不太容易获得新闻媒体的关注，船员数量也要比大型航母少得多。尽管如此，他还是被卡伯特号庞大的体量惊得说不出话来：全长700英尺，共有1 000名船员，船上"设施一应俱全，就好像一座小城市"，有5个理发师、3名医生、2位牙医、1名牧师、1个洗衣房、1间杂货铺和2个图书馆，每天晚上还会放电影。从1943年11月起，卡伯特号就一直在海上执行任务，已经一年多没返回母港；船上的官兵别无所求，一心只想着回家休假。尽管如此，他们还是对自己取得的成就无比自豪：卡伯特号总共航行14.9万英里，经历5次台风（其中一次台风导致3艘驱逐舰沉没），击落228架日军飞机，击沉29艘大型舰艇。从1944年初开始，卡伯特号参加了太平洋战场的每一场战斗，获得了"铁娘子"（Iron Woman）的美称。

1944年11月末，卡伯特号经历了一场尤其惊险的战斗。一架神风特攻队的自杀式飞机撞上飞行甲板的左侧，击毁了1门防空炮，造成62名官兵伤亡。一个满腹牢骚的水兵大叫道："天啊，这简直棒极了。这下那帮当官的就只好让我们回国修复战损了。"

一听到此话，一级锅炉兵*杰里·瑞安（Jerry Ryan）就把那个口无遮拦的水兵一拳击倒在地。瑞安是艾奥瓦州达文波特人（Davenport），在派尔登舰后，二人很快就成了熟人。在派尔的笔下，瑞安是"一名身材高大、体格健壮、留着胡须的水兵"，总是能够明辨是非。派尔写道，瑞安是"海军官兵口中所谓的'好兵'：业务熟练、值得信赖、聪明机灵。他死也不会拍别人的马屁"。韦斯利·库珀（Wesley Cooper）是船上的一名黑人厨师，也来自达文波特，是瑞安最要好的朋友之一。此外，他还是船上最棒的篮球运动员，已经获得了奖学金，退役后可以进入艾奥瓦大学念书。

卡伯特号的一些水兵问派尔，他们的服役情况跟在欧洲作战的陆军士兵比起来如何。派尔直率地指出，水兵的命"可要好多了"。大多数在场的水兵都觉得派尔的话很有道理。一个水兵说："水兵生活单调乏味又怎样，能活着回家才最重要。"然而，还是有一些人提出了异议："任何时候，我都愿意与待在散兵坑里的步兵对调角色。"对这样的言论，派尔嗤之以鼻："一派胡言，不值一驳。"

舰上所有的人员中，派尔对舰载机飞行员佩服得五体投地。他

---

* 锅炉兵是机舱的工作人员。一级锅炉兵属于海军士官，军衔相当于上士。——译注

写道："在波涛汹涌的海面上，寻找好似一叶扁舟的航母，设法在甲板上降落，无异于把大街上一段长度只有半个街区的道路当作跑道，同时还伴随着飓风和地震。"

一些舰载机降落时速度太快，结果爆胎了；还有一些在降落时"机身没有摆正，结果阻拦网只挂住了一边，拉着飞机转起了圈，轮胎发出刺耳的尖啸"；少数飞机降落时飞得太高，完全没有被阻拦网勾到，结果撞上了设置在高处、横跨甲板中部的"障碍网"*，凌空翻起了跟头，甚至还着了火。派尔连看都不敢看，对站在身边的航空指挥官**说，他需要"吃几片救心丸"。航空指挥官答道："这样的场面我都看了不下2 000次了，把人逼疯是早晚的事情。"

起初，第五十八特混编队北上的航程"平淡无奇，仿佛例行公事"，整个舰队被分成了好几个航母支队，每个支队都有由战列舰、巡洋舰、驱逐舰组成的护航舰队。舰船之间不停地传递信息，采用旗语或闪光信号灯的方式，甚至还会派飞机直接把信息投送到航母的飞行甲板上；只有无线电信号禁止使用，目的是防止日军窃听。舰员每天都能洗上澡，享用美味的食物（甚至还包括牛排和冰激凌），到了晚上还能看电影，香烟更是想抽多少就有多少。派尔甚至还请船舱服务员帮忙，把积攒已久的脏衣服洗熨一新。船上的生活简直和住宾馆没什么区别。

---

\* 二战时的航母全都使用全通甲板，舰载机无法同时在跑道上起飞、降落。飞机起飞时，飞行甲板上停放的飞机必须全都集中在甲板的一端，把另一端空出来，用作跑道。障碍网的高度为0.91—1.22米，作用是防止飞机在降落时撞上停放在甲板上的其他飞机。障碍网前方还有一道名为"阻拦网"的安全网，高度为4.6米，作用同样也是防止降落的飞机撞上其他的飞机。20世纪50年代后，随着斜角甲板的出现，舰载机可以同时在航母上起飞、降落，飞行甲板不再设置障碍网，而阻拦网则作为应急设备，只在出现紧急状况时使用。——译注

\*\* 航空指挥官是航空母舰航空操作员，职责为管理机库甲板、飞行甲板、航母周围的空域。——译注

　　然而，天气渐渐变得越来越冷，舰队与日本本土的距离也越来越近，卡伯特号进入了战备状态，舰长"一直在舰桥坚守岗位，无论吃饭还是睡觉都不离开"。所有的舰员都领取了避免烧伤的防闪灼衣，这种衣服由保护头部及肩部的灰色薄兜帽、白色面罩、玻璃护目镜和灰色长手套组成；船上所有的舱门全都处于关闭状态，所有的急救站都人员齐备。3月18日，在距离九州岛海岸大约90英里处，舰队司令终于下达出击命令，所有航母都派出了参与攻击的飞机。攻击机发现目标机场几乎没有尚未起飞的日军飞机，于是改变攻击对象，转而轰炸机库和兵营。[14]

　　日军海军中将宇垣缠指挥驻扎在九州岛的第五航空队。他下达命令，派出重型轰炸机和自杀式飞机发动反击。尽管出击的50架日军飞机不是被击落就是坠毁，但还是有日军飞机击中目标，导致企业号（Enterprise）、无畏号（Intrepid）、约克城号*（Yorktown）航母不同程度受损。第二天，另外两艘航空母舰胡蜂号（Wasp）、富兰克林号被日军飞机投下的炸弹击中，导致至少1 600人伤亡。宇垣在日记中写道："按照（日本的）战报的描述，我军似乎已经重创了敌方舰队，但事实却并非如此。每次调查，我都不禁想问，倘若战报声称的战果都是真的，那为什么美军还会有那么多舰艇呢？"[15]

　　卡伯特号所在的第五十八航母特遣第三支队在任务期间毫发未伤，完全印证了宇垣缠对日军战果的怀疑。3月19日，派尔等待着前往东京附近海域轰炸日军舰船的攻击机返航。他希望所有的飞机

---

　*　约克城号于1942年6月7日在中途岛海战期间因战损沉没。中途岛海战结束后四个月，美国海军将约克城号除籍，并把正在建造的埃塞克斯级航母CV-10更名为"约克城号"，以纪念其战绩。此处提到的约克城号航母，系后者。——编者注

都安然无恙，这是他最牵挂的事情了。虽然过程很漫长，但大多数飞机都安全返航，只剩下6架攻击机迟迟不见踪影。派尔事后得知，罗伯特·布坎南（Robert Buchanan）少尉的飞机被高射炮击中，不得不在东京湾的外湾*迫降。其他5架没有返航的飞机都是与布坎南隶属同一个飞行小队的成员；他们驾机在附近的海域盘旋寻找搜救船，终于在距离事发地30英里的海上找到了一艘。然而，就在搜救船慢慢地驶向外湾时，在空中负责护航的那5架飞机全都渐渐地燃料不足。飞行小队的队长、来自马萨诸塞州达克斯伯里（Duxbury）的约翰·费克（John Fecke）上尉只得接连下令，要求队员驾机返回航母。

搜救船进入外湾后，船长很快就意识到他们已经深入虎穴，不仅要防备水下的水雷和天上的日军战机，还要提防日军的岸防炮，于是用无线电通知费克，说搜救船无法继续靠近实施营救。

"只差2英里了，"费克央求道，"再试一下吧。"

"好吧，我们再试试。"

最终，搜救船找到了布坎南，把他救上船安全离开。此时，只有费克和另一位仍然在空中警戒的飞行员鲍勃·默里（Bob Murray）上尉一起驾机返航，向卡伯特号飞去。派尔写道："预计只有3小时的飞行任务，那两个人却飞了足足6小时。多亏了他们，搜救船才救出落水的美国飞行员。"

费克和布坎南都是功勋飞行员。1944年秋天，费克率领一支仅有8架飞机的飞行小队，与布坎南一起在台湾岛附近海域与70架日

---

\* 派尔所说的东京湾外湾是相模湾，布坎南迫降的地方位于相模湾的大岛附近。——译注

军战机激烈交战，救下了2艘遭到重创的美军巡洋舰。飞行小队仅损失1架战机，却击落了29架日军战机，迫使剩余的日军战机抱头鼠窜。费克和布坎南各自击落了5架日军战机，仅仅一次交战就都成为了"王牌飞行员"，并获得海军十字勋章。派尔写道："所以对于他们来说，东京湾遇险不过是小事一桩，没什么值得紧张的。"[16]

## 07　我哭着痛下杀手，她也泪流满面

　　第七六三坦克营的罗伯特·C.迪克（Robert C. 'Bob' Dick，绰号"鲍勃"）中士站在冈斯顿厅号（*Gunston Hall*）船坞式登陆舰的甲板上，映入眼帘的是他知道的"所有类型的舰船——大概如此，海面上密布着数百艘军舰"，一眼望不到边。"眼前的景象既让人振奋，又令人不安，"迪克心想，"帮手当然越多越好。但帮手越多也意味着我们面临的任务越艰巨。"[1]

　　冈斯顿厅号（又名LSD-5）是一艘排水量7 900吨的平底船坞式登陆舰，它已经参加了8次登陆作战。1945年3月25日，冈斯顿厅号从莱特岛出发，作为运输船参与运送第七、第九十六步兵师，向冲绳岛进发。同日，另外3支运送登陆部队的船队也起锚远航，分别：从乌利西环礁出发运送陆战一师、陆战六师的船队，从塞班岛出发运送陆战二师的船队，以及从圣埃斯皮里图岛出发运送第二十七步兵师的船队。按照计划，巴克纳中将和第十集团军的参谋人员将搭乘特纳中将的旗舰艾多拉多号指挥舰，航速比运输舰更快，在3月27日那天从莱特岛出发。第七十七步兵师最先出发，于3月19日离开莱特岛，现在已经接近目的地庆良间群岛，将会在主力部队登陆冲绳岛前按计划占领该群岛。[2]

与大多数普通士兵一样，迪克中士直到庞大的登陆舰队起航才终于知道他们的目的地。他回忆道："我们得知，那座岛屿距离日本本土只有大约350英里，即将开始的夺岛战斗必将十分困难。"迪克是土生土长的南加州艾尔蒙地（El Monte）人；他在1938年加入国民警卫队第四十步兵师时还只是一个17岁的毛头小子。刚入伍的迪克身高6英尺2英寸，"体重155磅，看起来皮包骨，顶着一头乱蓬蓬的棕发，没有任何发型可言"。1942年，迪克的部队前往夏威夷驻防，之后他因踝关节受伤无法继续承担步兵的作战任务，被调进第七六三坦克营，成为坦克驾驶员。迪克驾驶的第一辆坦克是绰号为"割喉者"的六十号坦克车，隶属第三六二营。该车是一辆重13吨、配有37毫米主炮的M3斯图亚特坦克。之后，他又开始驾驶重达30吨、配有75毫米主炮以及3挺点30口径\*机枪的M4谢尔曼坦克。谢尔曼坦克不仅火力强大，还配有"最先进的无线电通信设备"以及"一套内部通话系统"，可以在战斗中让坦克的4名乘员保持沟通——队长再也不用像以前那样用脚踹的方式向迪克传达转向命令\*\*。

1944年秋，迪克所属的第七六三坦克营C连作为第九十六步兵师（"神枪手师"）的附属部队，参加了夺取莱特岛的作战。这场战斗既是迪克的首战，也是他唯一一次战斗。莱特岛地形复杂，并不适合坦克作战，所以迪克几乎没有参加作战行动。直到所在的坦克排遭到伏击的那一天，他才获得了一次恐怖的战场经历。迪克的坦

---

\* "点30"即0.3英寸口径，合7.62毫米，下同。——编者注

\*\* 在M3斯图亚特坦克上，队长的作战位置在炮塔中，位于驾驶员的正上方，坦克需要左转的时候，就用脚踹驾驶员的左肩，需要右转，就踹驾驶员的右肩。——译注

克排共有4辆坦克，在通过一条两侧都有壕沟的狭窄道路时，日本兵突然冲出，每个人手里都"拿着挑有地雷的长竹竿"。还没等大家回过神来，日本兵就已经炸断首车、尾车的履带，把"割喉者"和另一辆坦克困在中间。迪克回忆道，有一名日本军官突然跳上前方坦克的车尾。"就在前车调转炮塔，把炮口指向我们的时候（为的是射杀爬到我们坦克上面的日本兵），那名日本军官竟然双手高举军刀，开始猛砍前车机枪的枪管！"只砍了4下，武士刀就断成两截，而迪克所驾坦克的炮手也终于反应过来，击毙了那名军官。"伏击最多也就持续了5分钟，但像是过了整整一辈子……战斗结束后，坦克的乘员下车打扫战场，发现路边壕沟内的尸体中还混着几个喘气儿的日本兵，二话不说就掏枪把他们全都给崩了。"

莱特岛战役结束后，C连连长问迪克是否考虑接受战场任职令。他同意了连长的提议，也通过了初步评估。但在得知接受军官任命就意味着要调回步兵部队后，他又改了主意。迪克写道："大家都知道，下一场战斗已经近在眼前。一想到要徒步进入战场，我顿时就泄了气。我已经适应了坦克兵的生活，不想失去驾驶这些钢铁巨兽作战的机会。"此刻，冈斯顿厅号正远离莱特岛向北驶去，船舱内共有C连的18只"钢铁巨兽"。尽管坦克是再好不过的压舱物，但在起航后第三天舰队遇到台风袭击时，冈斯顿厅号仍然"前所未见地颠来簸去"。一天后，天空渐渐放晴，舰队终于离开了受台风影响最严重的海域。[3]

此时，第七十七师已经基本完成攻占庆良间群岛的任务。3月26日早晨，工兵扫清海中的水雷，并宣布海滩上已经没有水下障碍物。之后，第三〇五、三〇六、三〇七步兵团的战斗小队在阿嘉岛

（Aka）、庆留间岛、外地岛（Hokaji）、座间味岛（Zamami）和屋嘉比岛（Yakabi）登陆，岸上的日军大都只做了微弱的抵抗就迅速放弃了滩头阵地，转向岛内溃逃。3月27日，美军继续派出登陆部队，其中第三〇六步兵团的第一、第二营在南北长6英里、东西宽1英里的渡嘉敷岛（Tokashiki）登陆，也就是庆良间群岛中面积最大的岛屿。29日夜，美军占领庆良间群岛的所有岛屿，共俘获121名日军战俘，还缴获300艘日军准备用来袭击登陆舰队的自杀快艇*。此外，美军还击毙了530名日本士兵，己方则只付出了31人阵亡和81人负伤的较小代价。[4]

得知第七十七师已经攻占庆良间群岛的好消息时，巴克纳正乘坐艾多拉多号，向北前往冲绳岛。他在写给妻子的信中说道："前方传来消息，已经按计划占领庆良间群岛，我军伤亡很小……登岛士兵在一个山洞内发现了12个自缢的女岛民。"[5]实际上，选择死亡的岛民远不止这12人。他们成为受害者，既是因为受到日本人的欺骗，也是由于他们自己太过幼稚。渡嘉敷岛上的平民集体自杀，景象尤其惨烈，几乎超出了正常人的理解范畴。但这并不是个例，还会在冲绳岛上反复发生，给经历长达数月战斗的美军士兵留下难以抚平的心灵创伤。

就在这一年，金城重明（Tokashiki）还是个16岁的少年，与母亲、哥哥、弟弟、妹妹一起住在渡嘉敷岛南端的一个小村子里；他不仅成了岛民自杀惨剧的目击者，还被迫成了惨剧的参与者。3月26日，美

---

* 美军缴获的自杀快艇部署在庆良间群岛各岛附近的水域，均使用胶合板船体，长18英尺、宽5英尺，装有6缸的雪佛兰85马力汽车发动机，航速可达20节。每艘自杀快艇都在驾驶位后方的架子上装有2枚264磅的深水炸弹，接近目标船只后，驾驶员就会点燃延迟时间为5秒的引信，引爆炸弹。见阿普尔曼（Appleman）等人所著《冲绳》（Okinawa），第60页。——原注

军开始在附近的岛屿登陆，金城家和其他岛民一起接到命令——"所有人必须前往岛屿北部的西山（Nishiyama），也就是日军驻地"。为了躲避美军的炮击，金城家等到太阳落山后才出发，冒着瓢泼大雨，在第二天早上到达目的地，发现山上已经聚集了"七八百人"，大家"挤作一团"，女人和小孩的哭声不绝于耳。金城一家看到周围全是日本兵，马上就"害怕起来，感到事情恐怕不妙"。

最后，之前当过兵的村长终于出面，要求在场村民高喊三声"万岁"，向天皇陛下致敬。金城写道："大家都知道，日本兵在准备与敌人同归于尽时才会高喊万岁。村长虽然没有直接说让我们自杀，但听到大喊万岁的要求后，所有人都知道这意味着什么。"

为了帮助村民集体自杀，日本兵开始一边分发手榴弹，一边讲解手榴弹的使用方法。然而，日本兵没有准备足够的手榴弹，金城家连一枚都没分到。分发完毕后，"大家都知道时辰已到，马上就有人拉响手榴弹"。手榴弹引爆后，大部分人都没有当场死亡，所以男人们纷纷拿起棍棒和镰刀，先是杀死他们的家人，之后又开始自相残杀。金城回忆道："杀死家人是父亲的义务，但我父亲却早已过世。"于是，他和哥哥迫不得已，决定狠下心来杀死母亲和弟弟妹妹。金城已经记不清楚自己和哥哥杀死母亲的过程，而这种失忆也的确可以理解："开始时我们好像想用绳子勒死母亲，但最后却用石头砸她的头，把她砸死了。我哭着痛下杀手，她也泪流满面。"

母亲死后，兄弟二人把目光转向即将升入小学四年级的妹妹和小学一年级的弟弟。"我记不清我们到底是如何杀死弟弟妹妹的，只记得他们俩是那么年幼、那么无助，几下就没命了——我们似乎是用像矛一样的东西刺死了他们。周围的人要么在杀人，要么等着被杀，号哭声、惨叫声此起彼伏。"

弟弟妹妹死后，金城兄弟刚开始讨论应当如何自相残杀，一名与金城同龄的男孩跑过来说："这样死掉太不值了，我们还不如去打美国人，死在他们的枪口下。"

金城很清楚，与装备精良的美国兵战斗肯定会被当场击毙，但同时也认为，比起死在亲人手里，还不如被美国兵射杀。金城的哥哥也十分同意，于是兄弟二人"离开了那个哀号不断、遍地死尸的地方，去找美国兵"。幸运的是，他们最先撞见的人是个日本兵。金城回忆道："我们有些震惊，心想既然日本兵命令我们自相残杀，那这个日本兵凭什么还活着？为什么只有我们冲绳本地人必须自杀，而日本兵反倒可以苟且偷生？我们感到被日本人出卖了。"

金城和哥哥最终放弃了自杀的想法，在山里躲起来，翻垃圾找吃的。他们坚持了两个星期，最后终于饥饿难耐，被迫向美军投降，被押送到战俘营。他们在那里得知，"那天有300人自杀"。庆良间群岛共发生两起独立的集体自杀事件，造成共计600人死亡。战争结束后，金城悔恨交加；为了寻求内心的平静，他皈依基督教，并认为日本政府应当为惨剧承担全部责任*。金城解释道："我们之所以会愿意杀死亲人，很大程度上就是因为我们被灌输了极端民族主义思想。日本政府告诉我们，美国人都是非人的怪物。"[6]

3月29日早晨，在渡嘉敷岛登陆的第三〇六步兵团的士兵发现一处岛民集体自杀地（很可能就是金城兄弟杀死家人的地方），揭露

---

\* 战后，金城重明成为冲绳基督教短期大学的荣誉教授，致力于反对军国主义的事业，是"家永教科书诉讼"原告方家永三郎（愿意承认日军二战时期各类战争暴行的学者，因自己编写的教科书没有通过政府的审查与文部省打了很多年的官司）的证人。——译注

了日本人的谎言。根据目击者的描述："（他们）找到了一道山谷，谷中横七竖八躺着至少150名已死或濒死的日本人，几乎所有的死者都是平民。父亲先是一个接一个勒死所有的家人，之后或是剖腹自杀，或是用手榴弹把自己搞得肚破肠流。"有一张毯子下面躺着5个人，似乎是父亲、2名小孩、2个祖辈的老人，"每个人的脖子上都有布绳的勒痕"。看到美军的士兵和医疗兵在尽力照顾幸存者，为他们提供食物，一个刚刚杀死女儿的老人"流下了悔恨的眼泪"。[7]

3月25日，也就是首批部队在庆良间群岛登陆的前一天，海军少将W. H. P. 布兰迪（W. H. P. Blandy）指挥的两栖支援部队（第五十二特混编队）开始用远程火炮轰击冲绳岛的东南海岸，为美军登陆部队削弱冲绳岛防御的炮火准备拉开帷幕。远程轰击的目的是为扫雷艇和蛙人提供掩护，以便他们靠近渡具知海滩，清除海滩附近的水雷和水下障碍物。3月29日，美军正式开始炮火准备，海军少将M. L. 戴约（M. L. Deyo）指挥的炮火支援部队（第五十四特混编队）派出战列舰、巡洋舰、驱逐舰、炮艇"靠近海岸"，用重炮"轰击目标，并取得越来越好的效果"。在"爱日"前的那7天，海军舰炮总共发射了"至少1.3万枚大口径（6—16英寸）炮弹，用来轰击冲绳岛沿岸地区"，相当于投掷了5 162吨的高爆炸药。除了舰炮轰击，美军还派出大量的舰载机（大部分舰载机来自米彻尔海军中将指挥的快速航母舰队，即第五十八特混编队），用火箭弹、炸弹、燃烧汽油弹轰炸日军的兵营、炮兵阵地、机场和微型潜艇基地。[8]

冲绳岛的大部分平民仍然集中在岛屿南端，不得不与守岛日军一起忍受美军炮击掀起的钢铁风暴。他们中间有一个名叫宫城喜久子（Kikuko Miyagi）的女学生；她那年16岁，在冲绳县立第一高等女子学校就读。那所学校是当地的名校，校址设在那霸附近的安里村（Asato）。她刚刚加入由来自冲绳县立第一高等女子学校和冲绳师范学校女子部的222名女学生组成的姬百合\*学生护士队（Himeyuri Student Corps）。在她们当中，最小的只有15岁，最大也不过19岁；她们将在冲绳守军战地医院做助理护士。医院位于那霸东南方向3英里的南风原村（Haebaru），设在地下洞穴之中。[9]

以喜久子为代表的女生也像男生一样，长期以来受到极端民族主义宣传的影响（许多男生都加入铁血勤皇队）。所有的女生都要学习竹枪和长刀的使用方法，参加防空演练，甚至还要长途行军，总行程最多可达40英里，目的是磨炼意志、强身健体。自1944年6月起，越来越多的课程被取消，学生被要求参与小禄机场的建设工程。1944年末，两所学校的学生开始接受战地护士培训，培训课程一直持续到1945年初。此外，军方还分发了《作战手册》，命令她们每个人都必须杀死10个敌人，并摧毁1辆美军坦克。[10]

大约在这个时候，喜久子回家与父母道别。她向父母承诺，自己会"赢得旭日章勋八等白色桐叶章\*\*，跻身供奉在靖国神社的英灵之列"。喜久子的父亲是个乡村教师，在听到女儿心存死志的誓言后勃然大怒，大吼道："我把你养这么大，可不是让你刚满16岁就去寻死的！"

---

\*　冲绳县立第一高等女子学校和冲绳师范学校女子部校址都在安里村，两所学校只有一墙之隔。学生护士队之所以取名叫"姬百合"，是因为冲绳县立第一高等女子学校的校刊名为《乙姬》，冲绳师范学校女子部的校刊名为《白百合》，两个名字合在一起，就成了"姬百合"。——原注

\*\*　旭日章是日本政府颁发的勋章，于1875年创立，从上至下，共分八等。——译注

　　父亲的反应令喜久子羞愧难当，"认为他说出这样的话就是个叛徒"。离家前往战场时，喜久子除了感到自豪，没有任何其他想法。[11]

　　3月23日，校长来到喜久子所在的学生宿舍，叫醒了仍然在睡梦中的女学生，对她们说："是时候把你们接受的训练用到战场上报效祖国了。我接到军方的命令，要去司令部报到。你们要跟随老师前往战地医院，竭尽所能，为国效力。"

　　当夜，222名女生在18位老师的率领下，出发前往日军设在南风原村的战地医院。该医院隐藏在山势平缓的丘陵之下，所有的房间都是人工开凿的洞穴，设有第一、第二、第三共3个外科诊室。姬百合学生护士队前来报到时，洞穴尚未完工，四周的墙壁全都由木头支架支撑，房间里堆满医疗设备，所以护士队成员也全都被叫来帮忙。

　　就在护士队挖地道的那几天，美军开始轰炸冲绳岛。喜久子觉得，美军炮弹就好似下雨一般，"连续五六天一刻不停"。3月29日，护士队成员在一座"简陋的三角形兵营"内，听着隆隆的炮声，举行了毕业典礼。冲绳县立第一高等女子学校的学生跪坐在地上，每个人的脸庞都在摇曳的烛光中若隐若现。校长对她们训话说，她们的职责是"努力工作，不要让学校蒙羞"。接着，在场师生又唱起歌曲，比如"无论你去往何方，都要为天皇陛下献出生命"，还唱了一首《离别歌》，那是喜久子年仅23岁的音乐老师创作的歌曲。喜久子回忆道："《离别歌》曲调优美，一点儿也不像战歌。"毕业典礼开始前，学生一边挖掩体，一边记住《离别歌》的歌词，尤其是那段"我们后会有期"。典礼结束后，女校的学生返回充当宿舍的山洞，在路上高唱《离别歌》，把"炸弹震天动地的爆炸声"当作伴奏。次日早上，"那座用作典礼会场的三角形兵营已经变成一片废墟"。[12]

　　另一个与喜久子一样也差点儿死在炮火下的冲绳平民是作本好子，也就是那个目睹了美军轰炸那霸的女学生。好子虽然已经过了14岁生日，但年纪仍然太小，没有被军队征调，而是与家人一起加入了1945年1月逃往岛屿北部的难民大军。好子的妈妈带着她的两个弟弟乘坐马车逃走，而好子则和父亲一起，一路上推着装有行李的手推车。到达冲绳岛中部位于恩纳山（Onna Mountain）附近的濑良垣村（Seragaki）后，作本一家被当地一户村民收留。虽然暂时找到栖身之所，但父亲仍然每隔几个星期就带着好子返回那霸，一边搜集生活用品，一边打听亲朋好友的近况。某一次，父女二人离开那霸，正与两位亲朋一起走在位于渡具知海滩以南的县道上，准备返回濑良垣村。好子向海滩的方向望去，结果被眼前的景象惊呆了。"美国人的军舰多到数不清，"好子回忆道，"以那霸为起点，向北望去，海面上挤满了军舰，把冲绳岛围得水泄不通。我们一眼就能看出，这些战舰根本就不可能是日本军舰。"

　　作本一行继续赶路，到3月29日美军舰艇开始轰炸时，抵达了距离北谷村不远的桑江（Kue）附近。好子回忆道："炮弹飞过头顶，发出'嗖嗖'的呼啸声，在落地后爆炸，声音震耳欲聋。与此同时，飞机也开始投掷炸弹。我能清楚地看到，机身上的机枪口喷出阵阵火舌，不断扫射地面。"

　　一行人把手推车丢在路边，绝望地东奔西跑，想要找到藏身之处。道路的右侧是甘蔗田，左侧是海滩，都无法提供像样的掩护，所以一行人只得冲进附近的灌木丛。然而，随着爆炸声越来越近，

"小石子和尘土"纷纷落在他们身上；他们全都意识到，必须找一个更安全的地方藏身。"待在这里只有死路一条，"好子的父亲扯着嗓子大吼，"快跑到那边的林子里躲起来。"

他指向一片小树林，大约30米开外，招呼大家躲进去。一行人向树林跑去，但没跑几步，就有更多的炮弹在周围爆炸，他们害怕被爆炸波及，全都趴在地上。好子写道："我们终于躲进了树林，回头一看，身后全都是巨大的弹坑，大约有8张榻榻米那么大*。"林子里有几间茅屋和一座混凝土结构的小屋。好子和同行的那两个人一溜烟钻进了小屋，父亲却留在外边。几秒钟后，"巨大的爆炸撼动着小屋晃来晃去"。好子失去了听觉，担心耳膜已经被爆炸震破。此外，她的胳膊肘和头部也受了伤。就在她包扎伤口时，父亲走了过来，"指了指紧靠小屋后墙的地方"，炮弹在那里留下了弹坑。好子惊出一身冷汗。她意识到要是炮弹直接命中小屋，躲在屋里的人就肯定会当场毙命。

一行人决定原路返回，向那霸方向走去，在山里的北谷真牛**（Chatan Moshi）墓躲藏。他们在路上看到4名日本兵的尸体。好子回忆道："一具尸体躺在甘蔗田边上，另一具躺在路边，剩下两具躺在一座桥附近。"一想到他们刚刚与死神擦肩而过，一行人就后怕不已，吓得直打寒战。[13]

---

\* 一般来说，榻榻米长6英尺，宽3英尺。——原注
\*\* 琉球王国的歌手，生卒年不详。——译注

## 08　明天就是关键时刻了

巴克纳中将在3月27日的日记中写道："早上10:45，舰队起锚出航，现场气氛既庄严又充满士气；在击败敌人之前，任何困难都无法阻挡我们前进的步伐。"

此时，巴克纳正搭乘特纳海军中将的旗舰艾多拉多号，从菲律宾莱特岛出发，踏上前往冲绳岛的最后一段旅程。这段航程从起点珍珠港出发到终点冲绳岛，全程6 000英里。此前，巴克纳和第十集团军的高级参谋于3月5日乘机出发，在夸贾林环礁（Kwajalein Atoll）稍作停留后，继续乘机于3月7日抵达关岛，登上艾多拉多号指挥舰，并在5天后到达莱特岛。之后的十几天，巴克纳要么视察两栖登陆作战演练，要么检查登陆作战计划的执行，要么送别航速较慢、先行出发前往庆良间群岛和冲绳岛的登陆舰。到3月27日，终于轮到艾多拉多号出发时，巴克纳既紧张又兴奋。前一天，巴克纳收到米彻尔海军中将发来的警告电报，得知冲绳岛"就好似一个蜂巢，遍布洞穴、坑道、炮台"，战斗必将"极其艰苦"。巴克纳并没有被吓倒，他更愿意把这场硬仗看作一次"大冒险"。[1]

巴克纳分到了单间，但他手下大部分高级军官都必须合住。比如，奥利弗·P.史密斯准将就跟预计在美军攻占冲绳岛后成为冲绳岛驻军指挥官的F. G.华莱士（F. G. Wallace）少将合住在主甲板上的一间舱室内。舱室的舷窗靠近厨房的排气口，两位将军"每天都能闻到各式各样的饭香"。[2] 弗农·E.梅吉（Vernon E. Megee）上校是一名参加过硫黄岛战役的老兵，将在冲绳岛战役中指挥海军陆战队的所有空中支援力量。他觉得自己很荣幸与3名军官合住在一间狭小的舱室，他们分别是陆军准将、海军准将和航空兵上校。"在这间狭小的舱室里，我们不仅抬头不见低头见，而且在穿衣服的时候更是挤作一团……我们心平气和地接受了这稍显尴尬的局面，有时还会开玩笑——这不就是行军打仗该有的样子吗？"

梅吉写道，艾多拉多号所属的舰队是"一支极其令人生畏的舰队"，海面上各式各样的舰艇绵延不绝，直到天际。天黑后，"整支舰队看不到一丝灯光，船钟和警笛也一声不响，所有的无线电发报机也全都处在静默状态"。梅吉想象着成千上万的陆军及海军陆战队士兵乘坐各式舰船，在夜色下奔赴前线的景象："一些士兵在甲板上三三两两聚在一起，沉默不语；另一些士兵留在令人窒息的运兵舱内，躺在狭窄的铺位上彻夜不眠，脑海里反复出现只有即将上战场的士兵才有的思绪"。[3]

启航后的头几天，海面状况较为恶劣；为了躲避台风，艾多拉多号不得不临时调整航线。第十集团军的参谋人员利用多出来的航行时间开展指挥演练，"所有人都各司其职，重新推演硫黄岛战役第一天的战斗"。演练在艾多拉多号的联合作战室举行，巴克纳和第十集团军的参谋长、副参谋长、情报主官、作战主官围坐在一张大桌子旁，海军的舰炮射击联络官、舰炮指挥官围坐在另一张大桌子旁，而其他海军军官则围坐在一张马蹄形的桌子旁，并担当空中支援控制部队的指挥官。由于演练无法像实战那样"收发无线电信息",参演军官只好把硫黄岛战役参战部队收发的指令用幻灯片投射到屏幕上。"演练十分有趣,"奥利弗·史密斯写道,"具有指导意义。"[4]

除了组织演练,巴克纳还忙里偷闲读完了道格拉斯·索撒尔·弗里曼(Douglas Southall Freeman)*所著的《李将军的副手:军事指挥学研究》(Lee's Lieutenants: A Study in Command)**第三卷《从葛底斯堡到阿波马托克斯》(Gettysburg to Appomattox),重温了父亲老巴克纳在那段历史中扮演的重要角色。巴克纳将军是在寻求启发吗?还是在寻找克敌制胜的窍门?他的日记没有给出任何线索,只留下这样一句评论:"一段悲惨的墓志铭以悼念一场高贵的捍卫事业。"[5]

得知第七十七师在庆良间群岛登陆"作战积极有力,并按计划完成任务"后,巴克纳和第十集团军的参谋人员全都喜上眉梢。[6]3月29日,登陆部队已经用浮标标出了锚地,"各类舰船可以安全地补充燃料和弹药,完全不用担心敌军袭扰"。两天后,也就是3月31日,前线又传来好消息:一个配备155毫米火炮的炮兵营已经在一座名叫庆伊濑岛的小岛部署完毕,随时都可以开火。[7]

同日,巴克纳的情报主官埃利上校从庆良间群岛返回,带来了"目标登陆海滩最新的照片和报告"。埃利向巴克纳汇报,照片和报告都已经"分发到明天计划参与登陆作战的所有营级作战单位"。[8]经历长达数月的精心筹划后,以攻占冲绳岛为目标的"冰山行动"终于等到了付诸实施的时刻。1 300艘大大小小的海军舰艇已经就位:

---

\* 道格拉斯·索撒尔·弗里曼(1886—1953)是美国的历史学家、作家、新闻编辑,他为罗伯特·李将军、乔治·华盛顿编写的传记均获得了普利策奖。——译注

\*\* 这套著作出版后,弗里曼不仅成为美国数一数二的军事史学家,还与美军的高级将领乔治·C.马歇尔、德怀特·艾森豪威尔建立了深厚的友谊。——译注

一部分舰艇组成佯攻舰队在冲绳岛东南海岸附近海域待命，大部分舰艇则全都集中在冲绳岛西岸附近海域，准备执行登陆任务。"所有的舰船都按时抵达目的地，"奥利弗·史密斯写道，"整个过程没有发生任何碰撞事件。对冲绳岛的炮击已经持续数日，负责炮火支援的舰船仍然在继续炮击。从护航航母起飞的空中战斗巡逻队一直都在登陆舰队上方盘旋，防止日军飞机袭扰登陆行动。"[9]

特纳海军中将拥有登陆行动的最高指挥权。在3月31日晚些时候，他宣布，天气状况和海面状况看起来符合次日清晨进行登陆作战的要求，决定把H时刻定在4月1日早上8∶30。"今晚，我与参谋人员一同参加复活节礼拜，"巴克纳在信中对妻子说，"明天就是关键时刻了。"[10]

在这支庞大舰队的每一艘舰船上，每一名士兵都陷入沉思，思考着自己必须完成的战斗任务。第三八二步兵团L连的一等兵、当时20岁的唐·登克尔（Don Dencker）写道："我和战友心里都只想着即将开始的战斗以及我们在战斗中有可能遇到的危险。我们能完成战斗任务并全身而退吗？在莱特岛战役时，我们迫击炮小队的运气实在是不错。我们在冲绳岛还能如此幸运吗？"

登克尔是家中独子，长得又高又瘦，还有两只大耳朵。他的父亲是个永远都闲不下来的住宅开发商，建好一套就卖一套，然后继续开发。幸运的是，他一直都在明尼阿波利斯市（Minneapolis）南部的同一个社区买地，而登克尔的学校罗斯福高中刚好就在该社区。登克尔是一名优秀的学生，他喜欢养信鸽和参加信鸽比赛；当1943年夏接到征召令时，他已经在明尼苏达大学化学工程专业完成了3

个学期的学业。结束基础的军事训练后，登克尔被陆军的专业训练计划选中，前往芝加哥伊利诺伊理工学院学习工程学课程。他得到军方"默许的承诺"——毕业后可以进入候补军官学校进修。然而，到了1944年春，由于兵员严重不足，陆军取消了专业训练计划，包括登克尔在内，共有250名参与该计划的学生被分配到几乎全部都由新兵组成的预备部队——第九十六步兵师。

登克尔加入了第三八二步兵团三营L连。报到时，副连长问他擅长哪一种武器。"迫击炮，长官。"他回答道。然后，他补充说自己在接受基础训练时就很擅长摆弄迫击炮。出于显而易见的原因，他当然没有透露自己选择迫击炮的另一个重要因素——他认为"在战场上，比起步枪排的战士，迫击炮炮手要安全得多"。于是，副连长把他分配到第四重武器排（下辖一支由3个迫击炮班组成的迫击炮小队）的第三迫击炮班。莱特岛战役时，登克尔还只是个弹药搬运兵；到了战役结束后，他才晋升为一等兵，开始担任副炮手（负责准备弹药、装填弹药）。

听说下次登陆时，第三八一、三七三步兵团将组成攻击部队，而他所属的第三八二步兵团将担任预备队，登克尔"稍稍松了口气"。尽管如此，他还是与L连的战友一起，在3月13日那天登上排水量8 000吨的旗帜号（*Banner*；又名APA 60）武装运输舰，然后在船上等了足足两个星期才从莱特岛出发。"既然运兵船和货船要等到3月27日……才能离开莱特湾，"登克尔写道，"我真不知道我们为什么要这么早登船。"

船队出发后，上级开始向L连的士兵传达本次作战任务的细节，先是告知了船队的目的地是冲绳岛，之后又讲述了登陆后可能遇到的情况。登克尔回忆道："我们得知，冲绳岛气候温和；岛民的文化同时受到中国和日本的影响；在被日本吞并前，冲绳岛所属的琉球群岛曾经是一个独立的封建国家。"可能遇到的危险包括一种名叫波布蛇（Habu）的毒蛇。这种蛇毒性极强，一旦被咬，就必须"用军用双刃短刀在毒蛇的牙印上划出十字形的刀口，然后马上用嘴把毒吸出来"。此外，L连的填鸭式战前教育还包括一些可能会用到的日语短语，比如"出来""把手举起来""把衣服脱了"。登克尔只记得"出来"的发音是"Dete koi"。

3月28日，登克尔乘坐的运输船遇到了恶劣天气，船外"狂风大作、暴雨倾盆、波涛汹涌"，几乎所有人都晕船了。登克尔写道："甲板下面的舱室充满了呕吐物的气味和体臭，最好的位置在通向甲板的舱口周围，只有那里的空气稍微新鲜点儿。"然而，到了3月31日，"天气放晴，海上风平浪静，我们平稳地驶向目的地"。当天下午，L连官兵收到第七十七师在庆良间群岛成功登陆的好消息。登克尔所属部队的师长、绰号"微笑吉姆"的詹姆斯·L.布雷德利（James L. Bradley）少将向全师官兵传达指示，大体意思是"一切看起来都十分顺利"。当晚，登克尔先是参加了船上举行的新教礼拜仪式，聆听主持仪式的随军牧师讲述"让人安心的话语"，接着又拿出袖珍版《新约》，读了一遍《诗篇》第23篇（"上帝是我的牧者"），然后才放下书睡觉。[11]

绰号"瘦子"的三等兵唐·卡尔顿（Don Carlton）在第一八四步兵团一营担任机枪手。他与登克尔一样，也正搭乘武装运输舰，从莱特岛出发前往冲绳岛。卡尔顿在明尼苏达州的乡下长大，从小就"喜爱户外活动，热衷打猎和捕鱼"。日军偷袭珍珠港那年，卡尔顿在圣迭戈（San Diego）的一架飞机制造厂工作，是 B-24 "解放者"轰炸机生产线上的一员。珍珠港遭到偷袭的消息传来后，卡尔顿和两位工友一起辞掉工作，加入美国陆军。卡尔顿看了 "太多约翰·韦恩*（John Wayne）主演的电影"，觉得 "男人没上过战场，人生似乎就少了点儿乐趣"。

在得克萨斯州范宁堡（Fort Fannin）完成基础军事训练后，卡尔顿作为补充兵员前往莱特岛，加入第七步兵师。他被分配到第一八四步兵团 D 连（重武器连）。他身高 6 英尺 4 英寸，体重 180 磅。因为身材高大、体格壮硕而引起连长的注意："哎呀！瞧这大个子，让他扛机枪准没错。"于是，卡尔顿又被分配到机枪排的机枪班。卡尔顿所属的机枪排使用老式水冷点 30 口径勃朗宁 M1917A1 重机枪。包括重量 70 磅的三脚架在内，这种型号的机枪总重 103 磅，每分钟可以发射 600 发子弹。除了必须携带普通士兵的所有作战装备，卡尔顿还要负责扛着机枪的三脚架。幸运的是，在他抵达莱特岛时，大规模的战斗已经全部结束，作战任务只剩下派出巡逻队 "清扫"躲在山中和丛林里的残敌。所以，冲绳岛战役将会成为卡尔顿入伍后第一场真正的战役。

乘船离开莱特岛后，卡尔顿和他的战友都想知道此行的目的地到底是哪儿。"见鬼，我完全猜不出来，"船上的一个士兵说，"看太阳的位置，我们大概是在向北航行，所以目的地肯定不是澳大利亚。"

在得知目的地是冲绳岛后，另一个士兵问道："这个鬼地方到底

---

* 美国的著名影星，主要出演西部片、战争片。——译注

在哪儿？"

　　很快就有一位军官出来解惑，告诉他们，冲绳岛距离日本本土只有350英里，完全处在敌军飞机的作战半径之内。情报指出，日军"修筑了坚固的防御工事，准备战斗至最后一人"。卡尔顿所属的第七师将会"在'爱日'，也就是4月1日那天抢滩登陆"。登陆当天，第七师应当最先完成的任务是占领嘉手纳机场。"然后，"那位军官说，"我们就必须横穿冲绳岛，抵达东海岸，然后向南推进。登陆后头三天，你们遇到敌人就要格杀勿论。"

　　军官并没有讲清楚，如果有日军缴械投降，该如何应对。"我猜，"卡尔顿写道，"他是想让我们每个人都见机行事吧。"

　　晚些时候，卡尔顿不断地思考着自己的作战任务，"脑子里思绪万千，既担心与顽敌作战，又迫不及待地想要迎接未来的一切挑战"。他并非"鲁莽"的战士，但也同样信心满满地认为自己一定能够完成任务。"那天晚上，船舱似乎安静了一点儿，"他回忆道，"我擦拭着我的卡宾枪并给枪上油，反复折腾了得有10次。"[12]

　　威廉·曼彻斯特（William Manchester）中士是第二十九陆战团二营情报小队的指挥官，正乘坐武装运输舰乔治·C.克莱默号（George C. Clymer）从乌利西环礁出发前往冲绳岛，一路上大部分时间都"沉浸于"同手下的士兵"一盘又一盘地下象棋"。其他士兵"要么读书，要么写信，要么闲聊，还有人在讲航海故事、玩红心大战、唱着用蹩脚的双关语改编的歌曲"。曼彻斯特虽然并不期待战斗，但感到自己"内心平静"，与手下的士兵"团结一致"。曼彻斯特手下的士兵全都是大学生；他们虽然不怎么循规蹈矩，但个个绝顶聪明，被他亲切地称作"新兵蛋子"。他"生性冷漠孤僻"，"在战前一直如此，而到后来就像难以愈合的伤口再次显现出来"，但此时他的心境却与孤僻的性格显得格格不入。[13]

曼彻斯特出生于马萨诸塞州阿特尔伯勒（Attleboro）。他的父亲是海军陆战队的老兵，参加过一战，在战斗中手臂负伤；到退伍回家时，一只胳膊已经萎缩得不像样子。曼彻斯特家族算得上新英格兰最古老的家族之一，家世可追溯到17世纪。比如，美国独立战争时期，就有两个名叫威廉·曼彻斯特的人在乔治·华盛顿麾下作战。然而，曼彻斯特的祖父西伯里（Seabury）是个"嗜赌如命的酒鬼"，把他们的家底挥霍得一干二净。曼彻斯特自幼体弱多病，差点儿死于肺炎，童年大部分时光是待在家里。长期居家的曼彻斯特不仅成为如饥似渴的书虫，还成为一名多产的小作家，7岁时就创作了第一首诗。尽管与同龄人相比，曼彻斯特体格孱弱，经常被人欺凌还不敢还手，但他开始崇拜军事成就。他回忆道："一想起20世纪30年代的反战主义，我就气得发疯。我渴望成为英勇的战士……我的同龄人——至少在战争之初——大都是绥靖政策的坚定支持者，而我则是一个彻头彻尾的好战分子，是一名渴望为国捐躯的盲目爱国者。"[14]

1941年1月，18岁的曼彻斯特正在阿默斯特镇（Amherst）的马萨诸塞州立学院\*学习大学一年级课程；其间，他的父亲去世，死因部分与一战时留下的旧伤有关。"父亲去世后，我深受打击……头一次患上创伤性失忆症。"一年多以后，也就是珍珠港遇袭后不久，曼彻斯特加入海军陆战队。他在南卡罗来纳州恶名远扬的帕里斯岛（Parris Island）新兵训练营完成了基础军事训练。"帕里斯岛新兵营

---

\* 马萨诸塞州立学院是马萨诸塞大学的前身。——译注

名声糟糕透顶，口碑也就比阿尔卡特拉斯岛（Alcatraz）和恶魔岛（Devil's Island）*好那么一点点。"然而，令人难以置信的是，曼彻斯特竟然"很享受"新兵营的时光。他写道："对于大多数新兵来说，新兵营的生活给他们造成了极为严重的心理冲击，因为海军陆战队认为，要想让新兵成为合格的士兵，就必须首先消灭新兵的个人意识。每个新兵都被剃了光头，还都分配了一个用来取代姓名的编号，而教官简直就是神一样的存在。"

任何微不足道的差错都会遭到最严厉的惩罚，要是哪个新兵没有用海军陆战队的黑话来称呼作战靴（boondockers）、流言（scuttlebutt）、连长（skipper）、咖啡（Joe）、作战服（dungarees）、吧台（slopchute）、厕所（head）、信息（dope）和脖子（stacking swivel）等一系列事物，那他肯定要倒大霉。新兵营有3种做事方式，分别是正确的方式、错误的方式和海军陆战队的方式。然而，曼彻斯特竟然完全接受了这套"微型暴政"，原因是父亲去世后，他"渴望遵守严厉的纪律"，而帕里斯岛新兵训练营则恰巧"充分地"满足了他。他虽然身体孱弱，但"精力无限"，感到自己"几乎每过一小时就变得更加强壮"。同样有益的是，曼彻斯特还是一名神枪手，曾在射击场上用M1加兰德步枪取得317环（满环330环）的好成绩，轻而易举就获得"特等射手"的最高评价。

曼彻斯特既受过大学教育，又迅速适应海军陆战队的生活，因此获得了进入弗吉尼亚州匡提科海军陆战队基地的候补军官学校学

---

*  阿尔卡特拉斯岛设有阿尔卡特拉斯联邦监狱，是美国全国安保级别最高的监狱之一。魔鬼岛设有法国政府关押重犯的监狱，1852年开始接收犯人，1953年关闭，其间共有8万名囚犯在岛上死亡。——译注

习的机会。然而，曼彻斯特在入学后发现，自己完全没办法与军官学校的同学打成一片。"上大学时，我就与他们当中的许多人认识——尽管不是很熟，"他写道，"他们全都出身中上流家庭，个个自命不凡，都是野心勃勃且墨守成规的传统派，心里只想着如何出人头地。再过 10 年，他们就会脱下军装，穿上公司高管的灰色法兰绒西装。"尽管如此，曼彻斯特还是坚持完成学业；直到临近毕业学校开始为学员量身定做军官制服时，他遇到了大麻烦：他先是拒绝对同学做出苛刻的评价，之后又违抗某个下士不讲道理的命令——取消学员期间最后一个周末而命令他们去擦枪（所有的步枪已经被擦干净了）。他上了军事法庭，在毕业前几天被学校开除。

然而，曼彻斯特被分配到了北卡罗来纳州勒琼营（Camp Lejeune）海军陆战队基地——承担海外作战任务的陆战营即将在此组建，还成为第二十九陆战团二营情报小队的队长。曼彻斯特写道，情报小队的主要任务是，"评估所属营前方的敌军战力；查看敌军战死士兵的臂章，确定敌军作战部队番号；派出巡逻队深入敌后侦察；指导看不懂地图的下级军官；向军用电台出现故障……失去联络的连长传递信息"。曼彻斯特手下一共有 19 名情报人员，其中大部分人都"无法适应军旅生活；他们是在爱国热情的驱使下投笔从戎的大学生，但由于各种原因没有遵循军官应当如何说话办事的固有观念，结果失去了候补军官的资格"。他们看起来就像是"穿着灯笼裤表演软钢丝杂技的三流马戏团演员，极少获得自由行动的机会，原因是连长一想到平民要是看到我们穿着海军陆战队制服的样子，脸上就会挂不住"。

1944 年 8 月初，曼彻斯特所在的第二十九陆战团二营从圣迭戈出发，前往所罗门群岛瓜达尔卡纳尔岛，隶属刚刚成立的陆战六师。

第二十九陆战团共有3个营，其中只有一营参加过攻占埃尼威托克环礁（Eniwetok）和关岛的战斗，是有实战经验的部队。而陆战六师的其他2个陆战团——第四陆战团、第二十二陆战团——都久经沙场，许多士兵都是老兵，连续参加过攻占瓜达尔卡纳尔岛、新乔治岛、布干维尔岛、埃尼威托克环礁、塞班岛和关岛的战斗。

在部队离开乌利西环礁后，作为二营情报小队的队长，曼彻斯特的主要任务是向手下的士兵传达指令。他在乔治·C.克莱默号船尾的甲板上铺开一张巨幅的冲绳岛地图，指着地图解释道，一营所属的陆战六师将会攻击渡具知海滩最靠北的5个海滩[*]。在陆战六师的登陆场以南，由北向南依次是陆战一师、陆军第七师、陆军第九十六师的登陆场。登陆部队的首要任务是占领读谷机场和嘉手纳机场。占领机场后，陆战六师将与陆战一师一同向北进发，而陆军那2个师则会向南前进。曼彻斯特认为，陆战六师负责的地区包括多山的本部半岛，再加上情报部门判断"敌军在岛屿北部修建了坚固的防御工事"，所以陆战六师似乎分到了"最难啃的骨头"。

接着，他又开始了战斗前"近乎废话的老生常谈"，提醒手下的士兵注意"疟疾、登革热、丝虫病、斑疹伤寒、麻风病、痢疾、丛林皮肤病"的危险，强调"小心狙击手；不要大喊战友的名字（因为只需一分钟就会有日本兵模仿喊出那人的名字，要是被叫到名字的倒霉蛋下意识地抬头就肯定会被击毙）；敌人大喊大叫想要吸引

---

[*]　登陆部队总共要在21个海滩登陆，由北向南依次是绿一、绿二海滩（第二十二陆战团）；红一、红二、红三海滩（第四陆战团）；蓝一、蓝二海滩（第七陆战团）；黄一、黄二、黄三海滩（第五陆战团）；紫一、紫二海滩（第十七步兵团）；橙一、橙二海滩（第三十二步兵团）；白一、白二、白三海滩（第三八一步兵团）；棕一、棕二、棕三、棕四海滩（第三八三步兵团）。——原注

火力以诱使自动武器暴露位置时，必须服从命令，不得随意开火；如果日军发起自杀式冲锋，那么所有人都必须保持分散队形，沉住气，等到看清日军的龇牙时再开火"。

在为参军以来的第一战做准备的过程中，曼彻斯特感到他与手下的"新兵蛋子"无比亲近，涌现出一种与本能相反的感情。他写道："参军前我是一个独来独往的人，战争结束后我仍会在孤独中寻找乐趣；但就目前来讲，我会毫无保留地与手下的士兵交心。"到后来他才意识到，这样做会让自己变得无比脆弱，并且"有可能会"因此付出"无比沉重"的代价。[15]

# 09　这简直就是一场精彩的表演

　　乘坐旗帜号武装运输舰的一等兵唐·登克尔回忆道："我美美地睡了一觉，凌晨4点被起床号吵醒。终于到'爱日'了！"穿好衣服后，登克尔和他所在的迫击炮班加入"像长蛇一般的领餐队伍，领到1份丰盛的早餐，包括牛排加蛋、面包、什锦水果、咖啡"。接着他们又分到了"爱日"的口粮：1份坚硬如石、味同嚼蜡的巧克力，即"D口粮"*；1份"K口粮"**；1份"前线口粮"（看着像是"某种形式的糖果"）。黎明时分，登克尔所在的迫击炮班获准登上甲板，观看登陆行动的战况。"那天早上天气晴好，万里无云，"登克尔回忆道，"海上风平浪静，晨雾散去后能见度极高……那场面真是壮观！在距离海滩大约1英里的海面上，战列舰、驱逐舰一字排开，轰击日军的滩头阵地。舰炮一次又一次地齐射，炮塔上方火光闪烁、烟雾弥漫。"

　　快到早上8:00时，登克尔看到"美国海军航空兵的水平轰炸机、俯冲轰炸机、战斗机一波又一波飞向冲绳岛，用炸弹、火箭弹、

---

\* 好时公司（Hershey）生产的高能量巧克力棒，即便遇到高温也不会融化。（这种巧克力口感极差，食用后会引起肠道不适，被美军士兵称作"希特勒的秘密武器"。）——原注
\*\* "K口粮"最早在1942年向军队发放，由3个小盒子组成，分别装有糖果、硬饼干、罐装的加工肉，总能量2 830卡路里，能够满足士兵1天的能量需求。——原注

机炮把我们正前方的海滩炸得天翻地覆，我方4个师即将在那里登陆"。轰炸结束后，一波又一波的两栖坦克和履带登陆车开始向目标海滩驶去，"虽然看起来像是在缓慢地爬行，但还是成功穿过了暗礁区。那片暗礁区从距海岸大约800码开外的地方一直延伸到海滩"。早上8∶30，两栖坦克抵达海堤的缺口，"一分钟后"，美军士兵就从履带登陆车上冲出，"开始攀爬海堤"。"整个登陆过程只出了一点岔子，证明战前有效地制订了详尽的作战计划，也做好了充分的准备。这简直就是一场精彩的表演。"[1]

鲍勃·迪克中士所属的第七六三坦克营C连作为"表演"的参与者，驾驶谢尔曼坦克，跟随承担抢滩任务的第三八三步兵团，开上了由第九十六师负责的"舞台"——棕色三号海滩。C连的坦克搭乘登陆舰在珊瑚暗礁的边缘下水，那里距离海岸大约半英里。他们利用深水潜渡通气筒防止引擎进水，并沿着珊瑚礁走完登陆前的最后一段路程。不幸的是，与迪克驾驶的"割喉者"并排行驶的坦克掉进弹坑，发生倾覆。迪克写道："那辆坦克翻身栽进水里，据报告称坦克驾驶员溺水而亡。"实际上，那辆坦克的4名乘员无一生还。[2]

靠近海岸后，迪克驶向巨大海堤的一处大缺口，该缺口看起来厚度和高度都至少有20英尺。驾驶"割喉者"穿过海堤后，迪克被眼前的景象惊呆了：前方除了指挥交通的宪兵，还有"不少带着相机和摄像机的摄影师"在海滩上走来走去。他的任务是，"找到一条看着有些狭窄的土路，并沿路行使1英里左右"，然后"在路中间停下来原地待命"。迪克依令行事，但一直都提心吊胆；他心里很清楚，"割喉者"的任务就是充当诱饵，诱使日军隐藏的岸防炮暴露位置。他们被告知，一旦有岸防炮暴露位置，海军就会立即开火"将其摧毁"。幸运的是，他们连日军的影子都没看到，只看到一只到处溜达的山羊。

迪克回忆道："我们所有人都无法相信，日本人竟然完全没有抵抗，整个登陆过程没听到他们有一声枪响。日本人的抵抗来得越迟，我们冲上海岸的部队就越多。敌人的静默几乎令人恐惧。这到底怎么回事？日本人到底在玩什么把戏？"迪克知道他们所在的第九十六师按照作战计划将会南下，心想"也许日军全都盘踞在岛屿北部，那样消灭守军的任务就全都落到海军陆战队的头上"。但事实很快就会证明，这只是一厢情愿。[3]

与此同时，站在旗帜号武装运输舰甲板上的唐·登克尔听到前线传来的好消息：陆军第三八一、三八三步兵团"只遇到零星微弱的抵抗，一些作战单位已经深入岛内1英里处"。登陆进度远超预期，登克尔所在的L连接到命令说，全连士兵回到甲板下的舱室做登陆前的最后准备。他们被告知，帆布背包和简易帐篷将由后续的部队运送上岸，不用随身携带；所以，他们只带了随身的轻便背包，包里装有防水的丛林作战斗篷、备用袜子、盥洗用品、野战餐具、信纸和信封、家人的照片、袖珍版的《新约》以及火柴之类的小物件。除了挂在背包后面的工兵铲，每个士兵还要携带两壶水，再加上各自的专用武器装备及弹药。

对于大多数美军步兵来说，专用武器是指点30口径M1加兰德步枪，即美军的第一款制式半自动军用步枪。加兰德步枪重9.5磅，使用容量为8发的弹夹，只需扣动扳机就可以连发速射。子弹打完后，弹夹就会自动弹出，打开弹仓以便士兵装填弹药。比起日军使用的栓动九九式有坂步枪，具有上述特点的加兰德步枪在射速方面优势更加明显。加兰德步枪结构合理、结实耐用、易于操作和保养，的确是一件好武器。然而，由于登克尔作为迫击炮副炮手必须搬运60毫米迫击炮的底座，所以他无法携带步枪，只能配备半自动式M1911手枪。这款手枪为点45口径*，使用容量为7发的分离式弹匣，可以连续单发射击。出发前，登克尔在莱特岛的靶场上试射，结果发现它几乎无法击中25码以外的目标，于是得出结论：他的配枪"只能当作近距离的防身武器使用"。

登克尔头戴M1步兵制式头盔。它由外盔和内盔两部分构成：外盔为钢制，配有颚带；内盔为硬塑料材质，内部还配有可调节的吸汗带和棉质的内衬吊带，可以提升头盔的舒适性。登克尔的脖子上戴着一条铁链，上边挂着一对不锈钢的"狗牌"，而"狗牌"上凹刻的文字包含以下信息：他的名字（姓氏在前边，即"登克尔，唐纳德·O."）、士兵编号（37570375）、接种破伤风疫苗的年份（1944）、血型（A）和宗教（P，代表新教。该信息旨在确保神职人员以符合其信仰的方式为弥留的士兵举行临终仪式）。最后，为了方便战场上的兵员管理，每个士兵的军服衬衫都用木板印花的方式在背上印上所属作战部队的标志。登克尔所在的第三八二步兵团三营使用的标志是"战场女王"，是一个裸体女郎的形象：她头戴钢盔，手持带刺刀的步枪，正好用步枪挡住胯部。登克尔声称，三营的标志让"其他所有的作战部队羡慕且嫉妒"。

上午接近11：00，登克尔与L连其他战士一起，背着背包、拿着武器、穿着救生带、拿着防毒面具，全副武装沿着旗帜号舷侧的吊

---

* "点45"即0.45英寸口径，合11.43毫米，下同。——编者注

货网向下爬，登上下方停靠的大型登陆艇，然后又离开登陆艇，转乘履带登陆车通过暗礁区，于上午11∶30抵达白色一号海滩。"到目前为止，"登克尔写道，"L连的'爱日'作战行动顺利得不能再顺利了。"

工兵部队驾驶着绰号为"鸭子"的两栖卡车\*源源不断地运送军需物资上岸，整个海滩好似一个忙碌的蜂巢。前进到距离海边大约100码那片地势稍高的区域后，L连的官兵解开救生带、放下防毒面具，开始按照预定计划跟随第三八一步兵团，迅速向内陆挺进，而唯一与计划有出入的地方就是第三八一步兵团"早已不见了踪影"。一个小时后，L连在两条小路的交会处停下，一边打开K口粮吃午餐，一边拿着水壶喝水。"那天阳光明媚，不冷不热，"登克尔回忆道，"气温在70华氏度\*\*上下，我们都不怎么口渴。要是还在国内，那肯定是一个完美的复活节周末。"

道路的另一边躺着5具美军士兵的尸体；尸体都被斗篷盖住，只有作战靴露在外面，"看着让人浑身不自在"。只有这5具尸体提醒着L连的官兵：他们正身处战场。[4]

在稍稍往北的地方，由于登陆艇在暗礁区搁浅，第一八四步兵团一营D连的三等兵"瘦子"唐·卡尔顿不得不提前下船，蹚着齐胸深的海水向紫色一号海滩进发。卡尔顿写道："一些个子小的战友在深水区遇到了点儿麻烦，多亏我那超过6英尺的身高，这点儿水

---

\*　一种名为DUKW的六轮驱动两栖卡车（DUKW源自通用汽车公司的命名法，字母D的意思是"于1942年设计"，U的意思是"多用途"，K的意思是"全轮驱动"，W的意思是"双后轴"），由斯帕克曼与史蒂芬公司及通用汽车公司制造。——原注

\*\*　约为21摄氏度。——编者注

深对我来说根本就不是事儿。沉重的机枪三脚架就好像压舱石，让我一步一个脚印，向岸边走去。"

　　突然，走在卡尔顿前面的战士沉到水底，过了好一会儿也没浮上来。卡尔顿心想，他到底是中弹了，还是仅仅掉到了坑里？为了安全起见，卡尔顿向左走了几米绕开正前方的水域，还扫了一眼四周，想要确定战友有没有浮出水面，但是什么都没发现。他继续前进，到岸上才发现，他与D连的几个战士本应在比谢川以南登陆，却跑到了比谢川以北，进入陆战一师的登陆区域。就在他们商量应当在哪里过河的时候，他们的头顶上飞过几架日军飞机，直扑远处海面上停靠的几艘大型舰艇。一时间，数十门防空炮同时开火，团团黑烟和曳光的弹道布满了天空。卡尔顿回忆道："一架敌机被击中后爆炸，猛然发出橘红色的火光，盘旋着坠向海面，在空中留下一道黑烟。"

　　卡尔顿和战友在一位非战斗人员的指引下渡过比谢川，并向内陆推进，途中经过他们原定的首要目标嘉手纳机场。到底是哪里出了岔子？日军都跑到哪儿去了？他们心里不禁问道。"我们几乎没有遇到任何抵抗，登陆的进展顺利得出乎预料。"卡尔顿写道，"难道这是日本人的圈套？"卡尔顿一行继续前进，穿过"几座长满低矮树木和灌木的小山"。在一个山洞里，他们发现20多个不知所措的平民，其中大部分人都是老人。他们不知道应该如何处理这些平民，只好留下一个人守住洞口，然后继续前进并在前面的山头上设立警戒线，挖掘散兵坑准备过夜。卡尔顿身上的海水还没有干，所以他就多穿了一件毛衣，又把斗篷裹在身上。他无法入睡，在黑暗中听着头顶上呼啸而过的舰炮炮弹，"好似远处隆隆驶过的货运列车"。[5]

　　战地记者恩尼·派尔一直注视着攻击部队第五陆战团顺利登陆，并在上午9：30前后与第五团团部作为第七波登陆部队一同登陆。"我们都以为，想要登上海滩就必须顶着暴风雨般迎面而来的曳光弹，穿过迫击炮炮弹掀起的阵阵沙暴，岸防炮的炮弹还会尖啸而过，在我们身旁掀起巨大的水花。然而，前方竟然看不到哪怕一丁点儿武器发出的火光。我们都希望眼前的景象不是梦境。"

　　派尔的确不是在做梦。他离开履带登陆车，踏上日本的土地，听到身旁一名难以相信眼前景象的陆战队员感叹道："见鬼，这不就跟麦克阿瑟指挥的登陆一模一样吗！"众所周知，麦克阿瑟指挥的莱特岛登陆行动没有遇到任何抵抗[*]。那天的天气好得不得了，"阳光明媚，海滩上暖和得很"，穿着两条裤子的派尔没走多久，就停来下脱下外面的裤子。他的装束与陆战队队员相同，也穿着被称作"灯芯绒外套"的绿色人字斜纹布作战服，头戴M1头盔，头盔上套着海军陆战队特点明显的制式伪装盔套[**]。此外，派尔还带了2个水壶，而他的背包更是个百宝箱，里面装有3套橡胶救生衣、2件夹克、1条备用的裤子、各式各样的刀具、急救包、1把铲子、1件斗篷、1张卷在斗篷里面的毯子。他写道，自己"像往常一样超载了"。

　　派尔跟随第五团团部向内陆前进了大约1.5英里，便累得气喘吁吁，不断地停下来休息，目送其他人大步前行。他有些悲伤地说道：

---

[*]　1944年10月20日，麦克阿瑟率领部队在莱特岛登陆，没有遇到任何抵抗，他在登陆后高调宣布："菲律宾人民，我回来了。"——原注

[**]　为解决M1头盔沾水后反光的问题，海军陆战队自1942年末开始，为M1头盔配发具有伪装效果的盔套。陆战队的盔套使用人字斜纹布，有两套图案，分别是用于内陆作战的"森林绿"，以及用于登陆作战的"珊瑚棕"。美国陆军没有配发制式盔套，而是以在头盔上套伪装网的方法来解决反光问题。——译注

"我这辈子犯下的罪孽终于遭到了报应。"派尔一路上看到的土地大都是耕地，"从靠近海滩的小块田地开始地势不断抬高"。冲绳岛此时的景色与派尔的家乡印第安纳州的夏末风景十分相似："天气干燥使得庄稼地披上了棕色外衣"，"只是岛上的田地面积比家乡要小得多罢了"。田地四周设有水渠以及宽度只有2英尺的小水坝，地里种满了甘蔗、红薯和小麦。陆战队员拿着小镰刀开路前进。深入内陆后，地形越来越崎岖，田地越来越稀少，树木越来越多。"真是一派优美的乡村景色。"派尔写道。

被炮弹击毁的农舍就没那么吸引人了，其中一些农舍甚至还散发出一阵阵"令人作呕的尸臭"。派尔很清楚，"总有一些人无论如何也不愿背井离乡"。幸存的平民"不是老人就是幼童"，他们的状态都"糟糕透了"。女性身着传统的服装，而老人则穿着"贴身的裤子"。每个人都脏兮兮的，似乎"被炮击吓破了胆"；有一两个人会说一点儿英语，但毫无作用。作战部队的官兵把这些平民移交给冲绳军管政府的官员，让他们履行管理岛上平民的职责。"这帮可怜虫，"一位陆战队的军官说道，"我打赌他们肯定觉得世界末日降临了。"

那天傍晚，派尔追上了第五团团部，在一座低矮的路堤下挖了一个与其他人并排的散兵坑，然后按照他在欧洲战场上学到的小窍门，把随身携带的那3件救生衣充满气，铺在地上当床垫用。在附近散兵坑里过夜的陆战队员似乎大开眼界。"天呐，我真蠢！"一个陆战队员说道，"我怎么就没想到救生衣还有这种妙用！"

黄昏时分，3架飞机在散兵坑上空飞过，派尔认为这多半是友军，但很快就发现自己大错特错。他写道："海滩上不一会儿就炸了锅，舰上的防空炮和已经登陆的高射炮全都朝天开火。我从来都没见过如此密集的防空火力网。"有一名陆战队员说，天上似乎全都是炮弹，已经盖住了天空。那3架日军飞机无一例外，全都被炮火击落。

　　派尔躺在散兵坑里，听着军官用战地电话和无线电低声调遣士兵。远处不时传来舰炮的轰鸣声、机枪扫射的嗒嗒声、零星的步枪声，不断地打破夜晚的宁静。对于派尔来说，这些声音听着格外熟悉，"丝毫未被时间和空间改变，跟在世界另一端的欧洲战场上也没什么两样"。他写道，战场就像一套模具，"已经在我的灵魂上留下了深深的烙印——刚刚重回战场，我就感觉似乎自己这一辈子都在战场上度过，没有任何其他的经历"。⁶

## 10　总有一些倒霉蛋，消息一点都不灵通

克里斯·唐纳（Chris Donner）中尉回忆道："我们撞到了什么东西，车体剧烈晃动，所有人都摔作一团，然后登陆车便开始在珊瑚礁上行驶，穿过浅水区抵达海滩。驾驶员放下登陆车后侧的引桥，步兵从车的两侧蜂拥而来，我率领他们冲上了沙滩。"

唐纳是第七陆战团二营G连的前线炮火观测员，正率领由4名士兵组成的炮火观测小组，乘坐第一波履带登陆车登陆。但是，由于登陆车驾驶员的失误，观测小组下车后发现自己到达了被划为陆战六师登陆场的海滩，因此必须向南前进300码抵达预定的目的地。唐纳急忙返回陆战一师的登陆场，率领观测小组向右前方前进。"我们跟着负责开路的步兵向山上跑去，"他记录道，"前方是成片的菜地。无论是看到灌木丛还是发现洼地，步兵都会端起枪来连续扫射。"唐纳扛着观测小组沉重的无线电发报机，并"因敌军一直都没有反击而兴高采烈"，只是"稍微担心我们在登陆时的混乱"。

32岁的唐纳是斯坦福大学毕业生，已婚，并且有一个在珍珠港遇袭三周后出生的儿子，他原本很有可能不会接到征兵令。尽管如此，他还是自愿入伍，决心为国出一份力；自1943年春，他一直都在海外作战，跟随海军陆战队第九守备炮兵营参加了攻占新乔治岛

（New Georgia）、关岛的战役。1944年12月末，他只差一个月就可以获得"回国休假"的机会，却作为补充人员被派往隶属于陆战一师第十一陆战团*三营H炮兵连任职。

唐纳担任的前线炮火观测员是炮兵中"最艰苦"的差事，任务是指引炮击方位，从而为前线作战的士兵提供支援。唐纳先是接受速成培训，学习"如何操作无线电发报机和战地电话、如何用密码发报以及如何组织像样的炮火掩护"，之后又跟随第七陆战团二营G连进行为期一周的训练，了解"步兵真正的战场行动方式""步兵会在战场上遇到哪些糟糕的状况"以及"为何要尽可能地减少随身携带的个人装备"。登陆冲绳岛时，唐纳轻装上阵，背包里只有1件披风、1副望远镜、1个地图包和1副防毒面具。此外，他的装备还包括1支M1卡宾枪**、1把丛林刀以及挂在腰带上的弹药和2个水壶。他身上可以算作奢侈品的两件物品分别是一张绿色粗呢（7英尺长，"质地及颜色与台球桌的台面呢一模一样"，可以在夜里用来御寒），以及一个装着1品脱***威士忌的小酒壶。

唐纳率领观测小组向内陆前进，终于找到G连连部，接着与G连官兵一起抵达读谷机场的周边地区，"发现跑道的一端横七竖八全都是被击毁的日军飞机，但跑道本身受损并不严重，弹坑的数量要比预计的少得多"。在机场的另一端，他们遇到第四陆战团一支人数可观的侦察队。"看到G连后，侦察队大吃一惊，因为按照作战计划，

---

\* 陆战十一团是炮兵团，为唐纳的所属部队；陆战七团是步兵团，唐纳作为前线炮火观测员，与该团的G连一起行动。——译注

\*\* M1卡宾枪是缩小版的M1加兰德步枪，重量只有5磅，使用容弹量15发的弹匣，配备者不是军官，就是武器小组的成员。——原注

\*\*\* 1品脱约为473毫升。——编者注

攻占机场的任务应当由第四陆战团完成。"

　　G连稍作停留，吃了午餐后继续前进，来到机场附近的伊良皆村（Irammiya），并在村里找到一个"穿着黑袍、下巴上长着稀稀拉拉几缕白胡子的年迈老头"。村子里的许多房屋虽然没有被摧毁，但屋顶和木墙却全都密密麻麻地嵌满弹片。越过伊良皆村，先头排在小山坡的山洞外听到里边有人声，便用日语喊话，要求躲在洞里的人出来。由于一直得不到答复，先头排的士兵先是用勃朗宁自动步枪*扫射，然后摸进洞内，发现两男一女共3具尸体。只有一个3岁的小男孩幸存，正在号啕大哭，他"全身沾满了母亲的鲜血"。唐纳把小男孩交给手下一个名叫莫纳汉（Monahan）的士兵。莫纳汉洗去男孩身上的血污，背着他继续前进。[1]

　　同日晚些时候，第七陆战团三营K连的少尉排长卡雷尔（'Jep' Carrell，绰号"杰普"）按照预定计划抵达蓝色一号海滩，也就是唐纳错过的那片海滩。费城长大的卡雷尔正在宾夕法尼亚斯沃斯莫尔学院攻读物理学学士学位，然后转而加入了"V-12计划"**，有望成为海军陆战队军官。在帕里斯岛新兵训练营完成基础训练后（参加"V-12计划"的多数大学生不仅有"参加校际体育比赛的经验"，还"至少完成了大学三年级的学业"，所以对于他们来说，新兵训练就好像是"一场持续时间长达9个星期的大冒险"），卡雷尔被安排进

---

* M1918式勃朗宁自动步枪是一种点30口径的轻机枪，使用弹容量20发的弹匣，既可以抵腰射击，也可以用两脚支架稳定枪体，进行精准射击。（这种枪虽然名为自动步枪，但其实是一种轻机枪）——原注
** 即V-12海军学院训练计划，目的是为海军及海军陆战队培养军官。自1943年7月1日起，截至1946年6月30日，共有来自131所高等院校的12.5万名大学生接受了该计划的培训。——译注

入"特别候补军官培训学校"，接受为期11个星期的培训。该学校
1944年末设立于勒琼营（Camp Lejeune），旨在迅速培养下级军官以
补充在塞班岛、天宁岛（Tinian）、关岛战役中的大量损失。卡雷尔
和他的候补军官同学们"都认为这是一个好主意"。但是，卡雷尔后
来写道，要是知道"自己将会面临怎样的处境，那我们的热情也许
就要大打折扣了"——卡雷尔所在的培训班共有376名学员，毕业
后仅过了六个月就有一半的人非死即伤。

　　卡雷尔与培训班的另外3个同学一起被分配到声名显赫的陆战一
师（绰号"老猎犬"）下属的第七陆战团三营K连，他选择了一个步
枪排。卡雷尔很清楚"机枪排和迫击炮排的排长在战斗中的生存概
率要比步枪排高得多"，但他还是自愿出任步枪排排长。他"并不是
想要逞英雄"，而是在训练期间着重学习了步枪排的指挥，所以"不
太了解应当如何带领机枪排和迫击炮排"。他并没有后悔自己的选择，
而是与自己指挥的K连一排40余名战士建立起特别深厚的战友情谊
（一排的战士给他起的代号是"国王一号"）。卡雷尔后来写道："作战
时，步枪排的每一名成员都必须依靠其他成员……每个人无一例外都
会冒着严重的危险去保护和救助自己的战友。这样的经历会让步枪排
的战士对那些跟自己共患难的战友产生无比强烈的忠诚。我已经将一
排的战士看作亲兄弟，无论有人战死还是负伤，我都万分痛惜。"

　　根据作战计划，第七陆战团三营属于预备队；所以，卡雷尔所
属的K连上岸较晚，只前进到读谷机场南端，并在此过夜。"当时大
约还有45分钟就天黑了，"卡雷尔回忆道，"我们正挖着散兵坑，远
处突然飞来一架小型的日本军机，由南向北降落。我只要捡起一块
石头，随手一扔就可以击中机身。"[2]

　　这是一架零式战斗机，从日本本土起飞，刚刚抵达冲绳岛。飞行员还没意识到读谷机场已被美军占领，操纵飞机在跑道上滑行一段距离后，停在指挥塔台旁边；然后，他打开座舱盖跳下飞机，向一队士兵走去，走近才发现，站在自己面前的是美军士兵。他转身就跑，结果背上中了好几枪。一个陆战队员说道："总有一些倒霉蛋，消息一点儿都不灵通。"[3]

　　"爱日"是威廉·曼彻斯特中士的23岁生日，他感觉自己能迎来24岁生日的概率"微乎其微"。他认为，冲绳岛是美军进攻日本本土之前需要攻占的"最后一座岛屿"，确信"敌军肯定会不惜一切代价把我们赶下海"。

　　到了预定时间，曼彻斯特与他手下的"新兵蛋子"一起沿着乔治·C.克莱默号运输舰舷侧的吊货网向下爬，登上在旁边等待的履带登陆车。"柯尔待特（cordite）炸药黄色的烟雾在登陆车前方飘过，"曼彻斯特回忆道，"战列舰的炮口不断喷射出火焰；火箭弹在岸上爆炸发出震耳欲聋的声音，就像在抽一条巨大的鞭子。而我们作为步兵，在登陆作战的这个时点上往往只能耐心等待。"曼彻斯特搭乘的那一波登陆车刚刚摆好阵势就向海滩冲去，"像骑兵冲锋一般颠簸摇晃"。令人难以置信的是，"海面上没有日军迫击炮的炮弹掀起的水花，岸上没有传来日军岸防炮的轰鸣，前方也没有机枪子弹如雨点一般迎面而来"。敌人竟然没有开火反击，因为"岸上根本就没有敌人"。曼彻斯特心想："这简直就是有史以来最带劲的愚人节玩笑了。"

　　曼彻斯特与第二十九陆战团二营的战友一起向内陆前进，路过读谷机场的北端，进入低矮的丘陵地区，并在丘陵的另一侧发现，那里矗立着冲绳人修建的"看着古色古香、形状像里尔琴[*]（lyre）一样的混凝土墓穴"。曼彻斯特"大喜过望"。[4]

第四陆战团三营L连的三等兵、20岁的萨尔瓦托雷·贾曼科（Salvatore Giammanco）与曼彻斯特一样，也在陆战六师负责的海滩登陆。贾曼科是一个意大利移民，同家人住在纽约布鲁克林区。日军偷袭珍珠港后，他自愿参军，加入精锐的陆战第二突击营[**]，于1943年末参加了攻打布干维尔岛的战斗，经常"一连数日坚守浸泡在水中的阵地，而水里除了老鼠、鳄鱼还有各种各样你连想都想不到的虫子"。1944年，陆战突击营被改编入第四陆战团——该团在巴丹半岛（Bataan）、科雷希多岛（Corregidor）被迫向日军投降。贾曼科成为第四陆战团三营的一名机枪手，跟随第一临时陆战旅参加了关岛战役。

1945年初，贾曼科已经在海外连续作战两年有余，早就到了回国轮休的时候。由于下一次作战行动在即，贾曼科的轮休被取消了，而作为补偿，他可以与后方梯队一起行动。贾曼科拒绝了，并说既然机枪班的战友都要上阵杀敌，自己怎么可以一个人留在后方。而这也正是他在"爱日"当天登陆海滩三个小时后，即上午11：30出现在读谷机场的西北角的原因。"看到我军坦克停在机场周围，"他回忆道，"所有人都在闲逛，拿日军开玩笑，我惊呆了。"

贾曼科用余光看到有一个日本兵正端着步枪向附近一座小山的

---

[*] 里尔琴，古代 U 形拨弦乐器。——编者注。

[**] 1942 年，海军陆战队成立了陆战突击营，目的是在敌后两栖登陆作战。1944 年初，考虑到战场上已经不需要能够在敌后两栖作战的特殊部队，陆战队把所有的陆战突击营整合到一起，重建了第四陆战团。——原注

高处跑去，但并没有太当回事。过了好一阵，指挥部传来命令，要求L连做好准备继续前进。L连的士兵排成一路纵队向前进发，由步枪排开路，机枪排居中，而迫击炮排则负责殿后。步枪排的所有战士爬上一小段斜坡后，贾曼科所在的第一机枪班紧随其后也爬到坡顶。就在这时，前方传来一声步枪的枪响。贾曼科转头对刚刚加入L连、绰号"笨小孩"的新兵伯纳切特（Bernachet）说："你现在也是个见识过战斗的老兵了。"

话音刚落，他就被狙击手射中左胸，子弹贯穿肺部，差一点儿就击中心脏。贾曼科受到子弹的冲击，身体转了半圈向后倒去，把步枪和他负责搬运的两箱弹药远远地甩了出去。

"我中弹了！"他大喊道。

贾曼科的战友"小个子"保罗·乌尔里希（Paul Ulrich）在他身边蹲下，拿出随身携带的卡巴战斗刀*，先是帮贾曼科割断背包的背带，之后又割开战斗服和汗衫，检查了伤口；他发现弹孔与心脏距离很近，说道："别担心，大兵，你死不了。子弹把你打了个对穿。"

注射过吗啡、喝了点白兰地后，贾曼科感觉稍微好了一点儿，开始因竟然有人"未经我允许"就打黑枪而愤怒。贾曼科开始挣扎；为了让他平静下来，乌尔里希只好把这个纽约人扔在地上的步枪塞到他手里。乌尔里希为贾曼科包扎伤口时，狙击手又打了两枪，差点儿击中他们。"小个子，快趴下！"贾曼科大吼道。

乌尔里希追上机枪班的其他战友后刚过一分钟，两个战地医护兵抬着担架赶到现场。一名医护兵检查了贾曼科的情况，发现伤势

---

\* 卡巴战斗刀是一种多用途战斗刀，配有皮质的防滑手柄、7英寸长的碳钢刀刃，自1942年起成为海军陆战队的作战装备。（卡巴是一家美国刀具生产商的公司名称）——原注

太过严重，就对另一名医护兵说赶快去找一辆配有担架的吉普车。"这伙计胸腔大出血，我得先给他打一瓶血浆，但想要救他，就必须给他输全血。他内出血太严重了。"

五分钟后，医护兵开来了一辆吉普，贾曼科被吉普车慢慢地载回到一顶巨大的医疗帐篷里。二人刚刚把他抬进帐篷，一名年轻的医护兵就指着另一名重伤的陆战队员，说道："你们怎么又运来一个没救的伤兵？看到躺在那边的家伙了吗？他俩情况一样，都活不了多久了。"

一听到这话，另一名医护兵腾地站了起来，一把抓住这个口无遮拦的年轻人并把他拽出帐篷，大声斥责道："狗娘养的，你眼瞎了吗，没看见这人还有气吗？"

然而，由于贾曼科必须输全血才能保命，医护人员还是把他运送到海滩上，找了一艘希金斯登陆船\*把他送往医疗船接受救治。贾曼科上船后陷入昏迷，多亏及时输血，才转危为安。[5]

与此同时，当得知登陆部队没有遭遇抵抗的消息后，特纳海军中将命令旗舰艾多拉多号靠近冲绳岛北部的海滩。奥利弗·史密斯准将站在艾多拉多号的探照灯平台，一览冲绳岛海岸线的全貌。"珊瑚礁架上遍布洞穴，从比谢川以北的海滩上向外突出。海滩后方的地形平坦或是坡度平缓，而更远一点儿的平坦高地就是读谷机场。在机场的后方，地势不仅变得更高，而且还更加崎岖不平。内陆的高地居高临下，可俯瞰所有的海滩。"

---

\*　一种运送车辆和人员的登陆船，二战期间大量生产，共制造了 23 358 艘，因为生产商是希金斯工业公司而得名。——译注

　　史密斯此前已经从情报中得知，冲绳岛日军至少配备了400门大口径火炮，而现在又亲眼得见冲绳岛的地形确实易守难攻。"然而，"他写道，"我军士兵全都抬头挺胸，除了地形本身以外，再没有遇到其他更大的障碍。"[6]

　　日落时分，美军已经建立起总长度1.5万码、个别地方纵深多达5 000码的滩头阵地。包括所有的预备队和1.5万后勤人员在内，总共有6万余人登陆。另外，还有大量的坦克和防空作战单位也已经登陆，隶属于各师的炮兵也全都上岸。晚上，炮兵已经就位，可随时为前方部队提供炮火支援。此外，嘉手纳机场还能够为美军飞机提供紧急降落的场地。[7]

　　巴克纳中将喜出望外。"我们站在位于舰桥的指挥室内，就好像坐在正对着50码线*的座位上，"他在日记中写道，"可以看到，这场登陆行动自始至终都是一次出色的协同作战。登陆部队几乎没有遇到任何抵抗，预计需要三天推进的纵深只用了一天，甚至还占领了读谷机场和嘉手纳机场。（陆军少将阿奇博尔德·V.）阿诺德（Archibald V. Arnold）率领的第七师进展最顺利，已经挺进到岛屿中部……无论在地面还是在空中，日军都已错失良机。等到他们发起反击，我们早已建立起坚固的阵地。"[8]

　　特纳中将对局势的判断甚至比巴克纳还要乐观。"我怕是疯了，"他给上司海军上将尼米兹发报称，"但是日军似乎已经放弃了战争。"

　　尼米兹深知夺取冲绳岛的战斗必将极其艰苦，发报答复："清醒点儿，别发疯了。"[9]

---

\* 美式足球的50码线位于球场的正中央，所以正对着50码线的位置是最好的观赛位置。——译注

## 11  尸体烧焦的气味一连好几天都没能散尽

4月1日那天，来自久米岛（Kume Island）的二等兵、19岁的大田昌秀（Masahide Ōta）站在首里城城垛的瞭望台上心潮澎湃，因为在离他只有几米远的地方，牛岛中将正与他的手下——以长勇中将和八原大佐为首的高级军官，一同观察美军在渡具知海滩登陆的情况。大田是位于首里的冲绳师范学校的学生，不久前刚刚被动员加入铁血勤皇队。作为成绩排名全校第22的学生，他被分配到隶属第三十二军司令部情报部门的精英部队"千早队"（Chihaya Unit）。大田回忆道："无论何时，只要有消息传来，我们就把最新的战况汇报给躲在山洞里的平民和士兵。"

由于听信某位老师的论调——这支出现在他们眼前的庞大美军舰队已经陷入守军精心设计的圈套，所以，大田迫不及待地想要为歼灭入侵者出一份力。[1] 然而，随着八原大佐以消耗战为主的作战方案逐渐显现后，大田上阵杀敌的热情渐渐消退。4月1日，日本守军的精锐部队都部署在远离渡具知海滩的地方，只有负责守卫读谷机场和嘉手纳机场的第一特设联队可能对登陆美军造成了一点儿威胁。然而，第一特设联队是一支由第四十四、第五十六航空兵基地大队临时拼凑的部队，几乎没有接受过任何作战训练，并且在登陆部队上岸前又被美军的炮火炸得七零八落，结果没有过多抵抗就向北撤退，与国头村支队会合。[2]

一名日军士兵奉命在距离渡具知海滩2英里的一所小学驻防，目睹了美军用舰炮和飞机轰击海滩，仿佛"数百道闪电同时击中大地"。他回忆道，那天早上的某个时间，"负责守卫海滩的小部队派来一名士兵，告诉我们美军登陆的具体情况。在场的每个人都大吃一惊，难以相信经历了连续十昼夜不停的轰炸，海滩守卫部队竟然还有人生还"。言罢，那名士兵转身返回海滩，准备"与阵地共存亡——海滩上所有（日本）士兵的确都死在了阵地上"。[3]

另一名在远处观察的日本兵看见美军先头部队的"坦克、其他车辆和步兵"没有遇到任何阻碍就顺利登陆，感到一头雾水："这机会简直太难得了！我们的航空部队为什么没有派出飞机轰炸他们？也许他们是想要等到美军所有的运兵船都聚集到海滩周围后再发动攻击。然而，运兵船已然排队上岸了，我军的飞机却仍然不见踪影。最后，敌人开始——可以说是——从容登陆。岛上的机场就这样变成了敌军手中永不沉没的航空母舰。"[4]

当天，的确有几架神风特攻队的自杀式飞机抵达冲绳岛附近海域，击伤了西弗吉尼亚号战列舰和3艘运兵船（如前文所述），而另一些自杀式飞机则把英国太平洋舰队当作目标，英国当时正在派飞机轰炸位于冲绳岛以南200英里的日军机场。与此同时，还有更多的自杀式攻击部队从日本本土出发。例如，3月29日，就有4艘潜艇从九州岛的基地出发驶向冲绳岛，甲板上总共携带了20枚回天人工操纵鱼雷。时年20岁的横田宽（Yutaka Yokota）就是其中一名操纵鱼雷的驾驶员，他毕业于海军航空兵训练学院，是一名"军国主义青年"。偷袭珍珠港时日本海军艇员驾驶二人微型潜艇为天皇献身，横田受此鼓惑*，自愿加入特攻队，在参加遴选时曾感到"一丝淡淡的忧伤"，因为他很清楚自己的人生"还有不到一年就要走到终点了"。然而，他完全没有求生的想法，既然早就知道死亡不可避免，所以"与其驾驶自杀式飞机被敌军飞机击落，还不如轰轰烈烈地死去"。他唯一担心的事情就是，倘若任务失败未能击中美国军舰，那他就只能"自爆"了。

在离开光市潜艇基地的那天早上，横田与其他回天鱼雷驾驶员都得到了一把短刀和一条写着"七生报国"**的头带。横田登上伊四七潜艇的甲板，亲吻了回天鱼雷的弹头，大喊道："还有一个星期就到冲绳岛了！至少要击沉一艘3万吨的敌舰！绝不与小船同归于尽！"

在前往冲绳岛的路上，回天鱼雷驾驶员不仅有说有笑，还玩起了将棋、围棋以及扑克。一个后来击沉1艘美军驱逐舰的少尉牌技尤其精湛，给同伴们留下了深刻印象。然而刚过两天，也就是3月31日那天，他们愉快的心情就荡然无存了；因为伊四七潜艇被美军飞机发现，遭到航空炸弹和深水炸弹攻击而严重损坏。横田回忆道，甲板上的回天鱼雷"仿佛塑料纸糊的一样，全都被炸得不成样子。我们不得不铩羽而归，返回光市"。[5]

次日，也就是美军登陆冲绳岛那天，日本联合舰队司令部下令，

---

* 袭击珍珠港时，日本海军共损失了5艘二人微型潜艇，10名艇员有9人战死，唯一的生还者名叫酒卷和男（Sakumaki Kazuo），在逃生后被俘。战争期间，日本国内媒体讳莫如深，从来没有发表过有关他的报道。——原注

** "七生报国"意指从此世、来世、来世的来世直到不能转世为止永远尽忠报国。"七生报国"源于日本14世纪著名武士楠木正成的观点，他在战斗中提出"七生报国"的主张，意即忠心报效国家，与敌人同归于尽；后来成为第二次世界大战时期日本军国主义为驱使士兵到战场上卖命而宣扬的一种为国效忠的极端民族主义思想。——编者注

执行规模更大、代号为"天一号"的自杀作战计划。此前，日本海军军令部总长及川古志郎（Koshirō Oikawa）海军大将在3月29日前往东京的皇居觐见裕仁天皇，参加了一场意义重大的会议，敲定了"天一号"作战计划。及川是参加过1904年至1905年日俄战争的老兵，曾出任过海军大臣，在任期间反对与美国开战。他此次觐见天皇，意在汇报冲绳岛防御作战的现状。

及川与手下的参谋人员进入紧邻御用图书馆、十分潮湿的防空掩体，围坐在会议桌前；每个人都侧着身子，不敢直视天皇。裕仁天皇戴着眼镜，做派酷似一名胆小的学者，而非好战的战争领袖。及川在汇报中指出，海军已经开始神风特攻作战，准备摧毁集结在冲绳岛附近海域规模庞大的美国第五舰队。

"作战计划事关帝国国运，"裕仁说道，"尔等必须确保全军决一死战，不得有误。"

及川向天皇作出保证，并提出海军航空兵将派出至少2 000架飞机进行自杀式攻击。

"总共就这么多吗？"裕仁明显十分失望，声音也变得比平常更加尖锐刺耳。

及川连忙否认，宣称陆军航空兵还有1 350架飞机，也可以用来进行自杀式攻击。

裕仁仍然不太满意，问道："那海军呢？海军没有军舰了吗？我们没有地面部队了吗？"

日本海军的确还有兵力，但所剩无几。战争之初，日本海军在全世界排名第三，实力仅次于美国海军和英国皇家海军，拥有12艘战列舰、15艘舰队航空母舰、43艘巡洋舰（包括重型和轻型）、169

艘驱逐舰以及195艘潜艇。然而，随着战争的进展，日本海军几乎所有的军舰都已经被击沉，其中大多数都是美国海军航母舰载机的战果——在太平洋战场，从珊瑚海海战到中途岛海战，再到菲律宾海战（被美军称作"马里亚纳火鸡狩猎大赛"*）以及刚刚结束的莱特湾战役，无一例外；而如今，日本海军的水面作战力量只剩下1艘超级战列舰、1艘轻型巡洋舰和8艘驱逐舰。然而，大和号（Yamato）超级战列舰不仅是日本海军的骄傲，同时也是世界公认最强大的战舰。

大和号舰名取自日本古代的令制国**大和国；自1937年动工，建造期间为了保密，干船坞一直都用竹帘遮盖。该舰排水量高达7.2万吨，使用的钢材足够铺设一条从东京到大阪全长250英里的铁路。舰上不仅配备9门18.1英寸口径的主炮，能够发射重达3 220磅的炮弹，射程超过27英里，还装有许多口径较小的大炮，而防空炮的数量不少于162门，并且最大口径达到5英寸。大和号的主装甲厚达16英寸，主炮塔周围的护甲甚至更厚，能够承受最猛烈的炮火轰击。美国海军历史学家萨缪尔·艾略特·莫里森（Samuel Eliot Morison）认为，大和号是一艘"独一无二的杰出军舰"，拥有一个又长又大的前甲板、一个向后倾斜25度的漏斗以及一个采用流线型设计的上层结构。柚木制成的露天甲板全长863英尺，大约相当于3个足球场。动力系统使用4台涡轮发动机，能够产生15万马力的动力。船上共有至少2 750名船员，光厨师就有80人，还有许多配有空调设备的

---

* 在菲律宾海战中，一支从日军航母上起飞的舰载机编队得到了错误的方位信息，没能找到美国海军的舰队，被迫调整航向前往关岛加油，结果在欧洛特机场上空被美国舰载战斗机拦截；日军49架飞机有30架被击落，剩下的19架也受损严重，无法继续作战。列克星敦号航空母舰上的一名飞行员在降落后感叹道："天呐，这简直就是旧式的火鸡狩猎大赛！"——译注

** 令制国是古代日本基于律令制设立的地方行政机关，从飞鸟时代到明治时代一直是日本地理区划的基本单位。——译注

舱室。大和号虽然体量巨大，但最大航速却能达到27.5节。与之相比，美国海军最先进的艾奥瓦级战列舰满载排水量只有5.7万吨，虽然也拥有9门主炮，但口径却只有16英寸；此外，尽管排水量要比大和号低出很多，但最大航速却只比大和号快了几节而已[*]。

尽管大和号火力强大、气势壮观，但战争已经证明，舰载机已经成为海上战场的霸主，而战列舰早已被航空母舰取代，再也不是决定海战胜负的关键因素。从珍珠港开始，航空兵力量决定着每一次大规模海战的胜负。1941年12月，英国皇家海军的反击号（Repulse）战列巡洋舰、威尔士亲王号（Prince of Wales）战列舰在马来亚附近海域被日本海军航空兵击沉；日本海军有数不清的水面舰艇被盟军的海军航空兵击沉，其中最著名的当属大和号的姊妹舰武藏号（Musashi）——1944年10月24日，武藏号在莱特湾遭到美国海军航空部队的攻击，被19枚鱼雷、17枚炸弹击中后倾覆沉没。

当问出"海军没有军舰了吗？"这个关键问题时，裕仁天皇已经决定了大和号及其大部分船员的命运。及川大将不是不知道，超级战列舰大和号如果只有少数巡洋舰和驱逐舰护航就迎战美国第五舰队的舰载机会有什么样的后果；他非常清楚，大和号肯定有去无回。然而，裕仁天皇提问的口吻及其声音中毫不掩饰的鄙夷，已经把及川和联合舰队司令部的同僚逼进死胡同，迫使他们不得不将大和号投入战斗。

要是不这么做，肯定会被人理解为联合舰队违抗圣意。更加糟糕的是，这样会令日本海军颜面尽失。此外，还有一些海军军官认为，既然战局几乎已经无可逆转，大和号迟早都要在锚地自沉，

---

[*] 艾奥瓦级战列舰的最大航速是33节。——译注

那还不如让它光荣地参与最后一战。联合舰队的作战参谋神重德
（Shegonori Kami）大佐认为：“哪怕胜算只有一成，大和号也必须出
击。真正的武士不会在意自己的付出是否值得，只会一心求死。”

1945年4月1日，大和号所属的第二特遣舰队的司令官伊藤整
一（Seiichi Itō）海军中将接到命令，第二特遣舰队所有舰艇将会在
航空兵和陆军的配合下“摧毁集结在冲绳岛周边的敌军运输船队和
特遣舰队”。伊藤及其手下的舰长们都十分清楚，这是一项根本无法
完成的任务；许多舰长甚至提出，采用独狼战术让各舰单独出击，
反倒有可能取得更大的战果。然而，伊藤的态度十分坚决，对手下
的舰长说：“武士活着，为的就是时刻准备赴死。”

轻型巡洋舰矢矧号（Yahagi）的舰长原为一（Tameichi Hara）
大佐并不赞同这种为了牺牲而牺牲的论调，他对舰上的官兵说：“我
们的任务似乎是自杀任务，实际上也的确如此。但我想要强调的是，
任务的目标并不是自杀，而是取得胜利……我们必将战死，但我们
的死却绝不能仅是献给国家的祭品。”[6]

\* \* \*

4月1日早上7:25，在距离冲绳岛以南200英里的先岛群岛
（Sakishima Islands）附近海域，是英国太平洋舰队[\*]（又称第五十七
特混编队）负责的作战区域，当天盟军的第一波舰载战斗机刚刚

---

\* 英国太平洋舰队由海军上将布鲁斯·弗雷泽爵士（Sir Bruce Fraser）指挥，虽然作为美国第五
舰队的下属部队执行作战任务，由斯普鲁恩斯海军上将担任指挥官，但他们却分配到一批与美
军舰艇的攻击对象相距较远的目标，主要是日军在先岛群岛上修建的机场。这样安排的目的是
让英国太平洋舰队独立执行作战任务。3月26日，英国太平洋舰队对先岛群岛的日军机场发
动了第一轮空袭。——原注

起飞就遭到日军的反击。N. B. 格雷（N. B. Gray）是一名在不倦号（Indefatigable）航空母舰上做炊事员的年轻人；当航母处在战斗状态时，他的任务是在航母密闭的弹药舱内递送弹药。格雷写道："舰炮突然开火，我们一边尽可能地防止爆炸，一边以最快的速度递送弹药，先是使用右舷的吊车，接着又用上左舷的吊车。舰炮肯定是瞄上了什么大家伙。"

随着"一声闷响"，舰炮近乎疯狂的炮声戛然而止。格雷及其同伴们不知道甲板上发生了什么，似乎只能等下去。过了好久，舰长 Q. D. 格雷厄姆（Q. D. Graham）称："很遗憾，今天早上日本人给我们送来了一枚可爱的复活节彩蛋。我们虽然船体受损，还出现了人员伤亡，但并没有削弱我们的作战能力。"[7]

关于这次近乎致命的打击，格雷厄姆舰长的讲话只是一种典型的英国式轻描淡写。来袭的日军飞机是5架零式战斗机；它们被舰载雷达发现时与英国太平洋舰队相距75英里，正以210节的速度靠近，飞行高度为8 000英尺。舰队指挥官一边命令更多的舰载战斗机起飞，一边指示正在执行空中巡逻任务的战斗机改变航向拦截敌机。英军战斗机在敌机距离舰队40英里处开火，击落4架敌机。然而，第5架敌机突破层层封锁；虽然身后有1架英军战斗机紧追不舍，但这架敌机却仍然扫射了不屈号（Indomitable）航空母舰的飞行甲板，然后撞向不倦号的舰岛，并击中舰岛的底部，导致位于舰岛下方的"二号"机库舱顶部的甲板起火。在撞击发生前的那一刻，那架零式战斗机虽然被身后追击的海火式战斗机*用远程炮火击中左翼，但并

---

\* 海火式战斗机是以英国著名的喷火式战斗机为蓝本设计的舰载机。——原注

没有坠入海中。<sup>8</sup>

格雷立马就想到他那些在飞行甲板上值勤的同伴：跟他同日入伍的托马斯（Thomas），他是两个小女孩的父亲，平时的工作就是在舰桥上为军官服务；"战斗时负责在舰岛后方操控砰砰炮<sup>*</sup>"的芒罗（Munro）；还有"人缘极好，信仰极其虔诚"的艾斯丘（Askew）。格雷心想，"日军飞机的袭击如此突然、如此猛烈"，他们现在情况怎么样了？

舰长终于下达"战斗状态解除"的命令；格雷马上就冲向通往住舱甲板的铁梯，结果发现食堂的餐桌已经变成临时手术台，顿时感到很恐怖。"伤者躺在上面，"一提到当时的情形，格雷就神色凝重，"桌面上是一摊又一摊的鲜血。"

他最担心的事情成了现实。托马斯在爆炸中受了致命伤，被抬进航母的主医务室，"他一边笑着，一边抽着烟"，度过了生命的最后时刻。"爆炸发生时，艾斯丘正站在舰桥附近"，"当场粉身碎骨"，善后人员"只找到了他的眼镜"。袭击发生时，芒罗刚刚离开防空炮的岗位，正准备去上厕所，结果飞机就撞击到离他不远的地方。格雷在日记中写道："（他）严重烧伤，不久后伤重去世。"尽管舰上的惨状令格雷大为震惊，但他的心态却仍然相当达观："战争就是战争，这是战争必然的结果。"受害者并不仅仅是格雷的这些同伴，袭击共造成4名军官和10名水兵死亡，此外还有15人受伤。<sup>9</sup>

日军的神风特攻队员本打算撞沉不倦号，至少也要让这艘航空母舰在相当长一段时间内失去作战能力，但两个目标均落空了。第

---

\*　即防空速射炮。——译注

一航空母舰支队的指挥官海军中将菲利普·维安爵士（Sir Philip Vian；他的旗舰是不屈号）写道："尽管自杀式飞机直接命中目标，但不倦号只用了短短几个小时就恢复了起降舰载机的能力。"*这主要得益于不倦号安装了带有装甲的飞行甲板，这种装甲飞行甲板为英国航母所独有。飞行甲板是美国航母的一大弱点。对此，维安写道："要是遭到类似的撞击，美国航母肯定不得不前往设备齐全的海军船坞接受大修。"然而，就航母数量而论，英国海军根本无法与美国海军相提并论。即便是有几艘航母失去战斗力，美国也能用其他航母顶上。此外。美国航母"无论航速还是航程，抑或防空武器的火力，都要强于英国航母"，维安认为，这同样也是十分明显的优点。[10]

得知不倦号迅速恢复作战能力后，维安大喜过望，命人给格雷厄姆舰长发了这样一条信息："干得漂亮！重复一遍，干得漂亮！"然而，对于格雷来说，舰队指挥官的赞誉是如此的空洞，既不能让他的3个好友死而复生，也无法驱散"一连好几天都没能散尽的"、令人毛骨悚然的"尸体烧焦的气味"。

---

* 除了前文提到的损失，自杀式飞机还破坏了设在不倦号飞行甲板前端的障碍网，减小了舰载机可以使用的降落区，导致5架海火式战斗机在降落时受损，"无法立即修复"。见霍布斯（Hobbs）所著《英国太平洋舰队》（*British Pacific Fleet*），第139页。——原注

## 12　战争的确是地狱

在接下来的几天，得益于"完美的天气和几乎可以忽略不计的抵抗"，巴克纳麾下的部队进展迅速。4月2日下午2:00，第二十四军第七步兵师的先头部队抵达冲绳岛东海岸的中城湾（Nakagusuku Bay），把冲绳岛拦腰斩断。然而，到了2号晚上，同样隶属于第二十四军的第九十六步兵师行进至一个村庄，在村里及周边的山地遭到日军越来越强烈的抵抗，不得不请求航空兵空袭守军，呼叫炮火支援，最终在坦克的掩护下夺取了挡在进军路线上的一道山脊。4月3日，第七、第九十六师开始向南推进，第七师前进了3英里，把前线推进到正对一六五号高地的一线。一六五号高地是一道山脉的终点，"这道山脉从内陆一直延伸至海岸，在靠近海岸的地方环绕久场村（Kuba）的西南侧"。与此同时，第九十六师在第七师的右侧也取得了不错的进展。

在北线战场，陆战一师没有遇到像样的抵抗，反倒是冲绳岛落后的道路建设水平和复杂的地形给进军造成了更大的困难。尽管如此，陆战一师还是在3号中午抵达冲绳岛东海岸，之后又向胜连半岛（Katchin Peninsula）派出侦察队，发现半岛上没有日本守军。与此同时，陆战六师派出侦察队，探查位于渡具知海滩西北方向的半岛，并占据沿海城镇长滨（Nagahama）。在从读谷村延伸至残波岬（Zan）的一带，"到处都是丛林密布的丘陵和山脊，其中纵横交错着一条条常有人行走的小路，而靠近海岸的珊瑚岩壁和山中陡峭的峡谷两侧洞穴密布"。六师拔除了两个日军据点，消灭了至少250名日本守军。[1]

第二十九陆战团二营的威廉·曼彻斯特中士回忆道："那景色真是好看极了。我们的左边是大海，右边是大山，山坡沿着错落有致的台地上升，而每一层台地都是稻田。我们脚下是橘色的黏土路面，小路两侧长满了灌木、矮树丛、樱桃树以及开着红花的马蹄莲……即便是那些被我军炮火炸毁得只剩下残骸的桥梁，也别具美感。"

然而，曼彻斯特在海滩上发现"一具小女孩的尸体"，眼前的景象让他感到难以接受。看着这个被杀死的小女孩，他怀疑凶手是陆战队士兵。曼彻斯特写道："一想到我们正在进行一场正义的战争，而美国士兵竟然犯下如此暴行，我就义愤填膺。这与我信仰的一切相违背，也与我的国家所代表的一切相违背。我内心深感不安。"[2]

登陆后的头几天，恩尼·派尔一直都跟着第五陆战团。他发现眼前最大的麻烦竟然是冲绳岛成群结队的蚊子。他从来都没遇到过"飞起来叫声这么响"而且"如此不依不饶"的蚊子，不知道要怎么做才能不被生吞活剥。他在脸上涂了大量的驱蚊剂，到夜里睡觉时更是直接用毯子蒙住头，这让他几乎喘不过气来，"但无论怎样全都毫无效果"。4月2日早上，派尔起床时发现自己脸上全是大包，已经肿得不像样子，左眼更是肿到几乎睁不开。"我一大清早就起来了，"他回忆道，"第一件事就是开始吃我这辈子从来都没吃过的阿的平<sup>*</sup>。"

跟随第五团团部上岸后，派尔决定加入第五团一营A连，向冲绳岛内陆前进。A连连长朱利安·D.杜森博瑞（Julian D. Dusenbury）上尉是南卡罗来纳州克劳森人，于1942年加入海军陆战队。参军前，杜森博瑞刚刚从克莱门森农业学院<sup>**</sup>毕业；在校期间，他除了担任大四学生的年级长、军官训练队的军士长<sup>***</sup>，同时还是历史悠久的大学生联谊会的会员。他与陆战六师的威廉·曼彻斯特同一天出生，"爱日"是他的24岁生日。比他小一岁的曼彻斯特要是与他相识，就肯定会认为，杜森博瑞跟自己在匡提科海军陆战队基地遇到的那些讨人嫌的"中上流社会势利小人"是一丘之貉。

然而，善于识人的派尔很快就发现，杜森博瑞没有表现出一丝一毫与生俱来的傲气。相反，他写道，这是一个长着黑发、剃着平头、皮肤"因服用阿的平而显得稍稍发黄"、"说话细声细语的南方青年"。更为重要的是，他"平易近人，旁人一眼就能看出，他深受手下士兵的爱戴"。A连士兵可能认为杜森博瑞的生日恰好是"爱日"，可以起到某种保护作用，确保A连在"爱日"当天没有遭受任何伤亡，因此对他心存感激。杜森博瑞对派尔说："大家都平安无事，是迄今最让我高兴的生日礼物。"

杜森博瑞是参加过佩莱利乌战役的老兵，因作战勇敢而获得银星勋章。他率领A连击退了日军坦克发起的两次反攻，之后又带领士兵冒着枪林弹雨横穿宽达1400码的机场跑道；抵达预定地点后，

---

* 阿的平（Atabrine），用于预防和治疗疟疾的药物。——译注
** 1964年更名为克莱门森大学。——译注
*** 克莱门森农业学院同时也是一所军校，直到1955年才改制为普通高校，但仍然保留了军官训练队。——译注

虽然被弹片击中身负重伤，但他"仍然指挥作战，攻击坚固的日军阵地，直到收到营长要求他到后方接受治疗的命令才离开前线"。显而易见，杜森博瑞不仅是一位极具感召力的领导者，还决心尽可能地减少手下士兵的伤亡。[3]

派尔加入A连时发现，A连士兵已经在位于读谷机场以北的山上修筑阵地，准备过夜。杜森博瑞让派尔挑选，既可以在连指挥所（"一座由沙包修筑的圆形火炮掩体，规模相当可观"）过夜，也可以与普通士兵睡在一起。派尔决定与普通士兵一起过夜；当晚的室友是A连的两个士兵——来自达拉斯的马丁·克莱顿（Martin Clayton）下士、来自密歇根州兰辛市的一等兵威廉·格罗斯（William Gross），而当晚的"住所"则是这两个士兵在半山腰搭建的"吉卜赛式的小窝棚"。克莱顿的绰号为"猎鸟犬"，"（他）长得又高又瘦，肤色偏黑，让人怀疑他有拉丁血统"，脸上留着八字胡，"虽然已经蓄了好几个星期，但仍然十分稀疏"。派尔继续写道："（格罗斯）沉默寡言，会思考一些在其他人看来微不足道的事情。之后的好几天，他与克莱顿一直都对我十分照顾。"克莱顿和格罗斯之前一直都"席地而睡，身上只盖着外层经过橡胶化处理的斗篷，晚上冻得要死"。所以，在发现派尔随身携带可以用作床垫的充气式救生衣和能够御寒的毛毯、并且还愿意与他们睡在一起后，他们心里别提多高兴了。

那天晚上，派尔与陆战队员围坐在篝火旁，一边吃着干粮、享用着烤猪肉（猪肉是另一名陆战队员分享给大家的），一边闲谈聊天。一些士兵向派尔提问，想知道在他看来"太平洋战场给人的感觉如何，与欧洲战场相比有什么区别"，而另一些士兵则想知道，他认为战争还要多久才能结束。派尔写道："当然，这些问题我一个都答不上来，但我们也就是没话找话在那里闲聊。这帮大男孩不停地开玩笑，动不动就爆粗口，还把过去的战斗经历当故事翻出来讲，但一提到战争的总体局势以及战争结束回家后自己会迎来怎样的未来，他们的神情马上就严肃起来。"派尔又一次几乎彻夜未眠，第二天早上发现"右眼像往常一样被蚊子叮得肿到睁不开"。[4]

A连在行进中的样子简直奇怪得不得了。派尔写道："一些人戴着绿色的斜纹布帽子，另一些人戴着棒球帽，还有一些人干脆就戴着从日本平民家里找来的呢帽。不知道出于什么原因，世界各国的士兵无论在哪里作战，都喜欢戴上当地样式古怪的帽子。"迫击炮排的士兵征用了当地的马匹，用来驮运重装备。那幅光怪陆离的景象让派尔过目难忘：一名陆战队员"穿着一身脏衣服，好几天没刮胡子，牵着一匹栗色的马，马的胸前系着黑白相间的丝质蝴蝶结，足足有3英尺宽，马的腹部系着另一个蝴蝶结，蝴蝶结的两端从马腹的两侧耷拉下来"。

A连刚刚抵达露营区，就有两名陆战队员去附近找纪念品，结果发现灌木丛里躲着两名日本兵。这两名日本兵虽然都拿着步枪，身上还都带着手榴弹，却并没有抵抗，而是马上缴枪投降。派尔写道："一个日本兵身材矮小，年龄30岁上下。另一个还只是个大男孩，虽然只有十六七岁，却魁梧强壮。那个男孩是上等兵，而年纪大一点儿的那个日本兵则是个伍长。这两个人都来自日本本土，不是冲绳岛当地的民兵。被俘时，他们浑身上下不住地颤抖。"

连长命人把他们押送到团部，但俘获他们的陆战队员却并没有上缴二人的武器。其中一名陆战队员、来自肯塔基州西尔弗格罗夫市的杰克·奥赛奇（Jack Ossege）下士，缴获了一把有坂步枪。一名绰号叫"波普"的33岁士官想出价100美元收购这把步枪，但"遭到拒绝"。波普提高出价，表示愿意用8夸脱*的威士忌交换步枪。奥赛奇动摇了，追问波普打算从哪里搞到这么多威士忌。波普给不出答案，于是奥赛奇就自己留下了步枪。[5]

4月2日，海军陆战队空中支援力量的指挥官弗农·E.梅吉上校离开艾多拉多号，踏上冲绳岛的土地，并在位于读谷机场和嘉手纳机场之间的一座农场设立指挥部。冲绳岛的本地居民"先是在我们到来前抛弃农场、离开村庄，然后又遭到围捕，暂时被集中关进俘房营"，他们艰难的处境令梅吉十分同情。"（这些难民）大都是老幼妇孺，处境极其可怜。"他接着又写道：

冲绳岛的本地居民又怕又饿，发现我们并无恶意后，那副如释重负、感恩戴德的样子让人百感交集。日本人撒下弥天大谎，告诉他们，美国人不仅打算把他们赶尽杀绝，甚至还会做出更为令人发指的暴行。一天接着一天，躲到山上的冲绳人一家又一家离开避难所，回到山下。他们当中有许多老人，背已经驼得不像样子，所有的人都衣衫褴褛，那悲惨的境遇令人无法想象。中年男子背着年迈的父母，小孩躲在奶奶的裙子后面，时不时地睁大眼睛害羞地偷看。我们以最快的速度帮助他们回到各自的村庄和农场安顿好，之后还提供了各种力所能及的帮助，以减轻他们的苦难。战争的确是地狱，受苦的绝不只是战

---

* 约7.6升。——编者注

斗人员。[6]

此时，在艾多拉多号上，巴克纳中将仍然深信他比日军将领技高一筹。4月2日，他在写给妻子的信中说道：

> 今天，我们的部队推进到岛屿东海岸，把冲绳岛拦腰截断。尽管在我们的左右两翼，日军的抵抗都有所增强，但直到今天早上，日军的指挥官也依旧没有发动反击……到目前为止，日军似乎一直都没能看透我们的作战计划，迟迟没有派兵阻击登陆部队，反倒在佯攻方向集结重兵，这让我们的作战行动顺风顺水。

一天后，他又写道：

> 万事顺利；到目前为止，对方将领都没有表现出任何值得一提的军事天赋。最起码，我原本担心他们采取的行动，他们一样都没做。但愿他们能一直保持这种状态。

然而，巴克纳同时也意识到，日军主力都集中在冲绳岛南端，"惨烈的战斗"已经近在眼前。想到这里，他在信中对妻子坦承，自己"必须为这么多人的生命负责"，就不得不尽可能地"冷静持重"，但同时也表示，他手下的士兵"战斗素养极高"，让人十分放心。[7]

后勤部队承担着为已经登陆的10万多名作战人员提供物资补给

的任务；为了保证登陆艇能够通宵卸货，他们在海滩上架设了探照灯。此外，后勤部队一方面架设浮桥为登陆部队提供堤道，一方面铺设栈桥式码头，比如一座长度300英尺、仅能提供单向通行的T形栈桥，其尽头是一个长170英尺、宽30英尺的码头；又如一座U形栈桥，能够提供两条长度为500英尺的通道，其尽头是长170英尺、宽60英尺的码头。不久，后勤部队又修建了6条单向通行的堤道以及1座巨大的L形栈桥，取代了此前架设的所有浮桥和栈桥。后勤部队的行动大获成功，尽管天气状况一直都复杂多变，但到了4月16日，在所有参与登陆作战的船只中，已经有80%卸货完毕。总共有超过57.7万吨的食品、弹药以及其他各类补给，经由渡具知海滩运送上岸。

冲绳岛战役的战史上写道：

> 就这样，登陆部队只用了短到让人惊叹的时间，就抢占了滩头阵地，建立起补给线。到4月4日，第十集团军已经占领了冲绳岛上一块长15英里、宽3—10英里的地区。滩头阵地包括2座潜力巨大的机场、能够让货船装卸大量货物的海滩、充足的货物堆放场地以及各式各样正在迅速修建的设施。长达数月的计划和准备终于初见成效，结出了第一批果实。[8]

然而，日军的自杀式飞机并没有停止攻击。第三〇五步兵团完成了攻占庆良间群岛部分地区的任务，团部刚刚重新登上亨利科号

（*Henrico*）武装运输舰，就在4月2日<sup>*</sup>晚上7:00遭到袭击，被一架自杀式飞机击中。自杀式飞机击穿了海军准将的舱室，穿透两层甲板后，机上携带的炸弹才终于爆炸。"撞向亨利科号时，日军一定是用上了第六感，"第三〇五团的团史上写道，"爆炸把所有与未来作战行动相关的重要文件、记录和地图付之一炬。"

然而，更糟糕是高级军官的伤亡：海军的阵亡人员包括指挥第五十运输分队的海军准将、亨利科号的舰长以及48名船员（此外还有120人受伤）；第三〇五团的阵亡人员包括深得士兵爱戴的团长文森特·J.坦佐拉（Vincent J. Tanzola）上校、副团长、团长副官、作战参谋以及其他18名重要人员。此外，第三〇五团还有76人受伤、10人失踪，其中也有不少团部参谋人员。袭击给普通士兵造成了严重的心理阴影。坦佐拉指挥第三〇五团参加过关岛战役和莱特岛战役，该团的一个士兵曾做出这样的评价："他棒极了，算得上最优秀的那种人。很多时候，我从来都不觉得他是个军官。他没有长官做派，和普通士兵没什么两样。"

第二十四军指挥官霍奇少将本来准备让第七十七步兵师（包括第三〇五步兵团在内）在冲绳岛登陆，负责"掩护"第二十四军另外两个师（第七师和第九十六师）的"后方"。然而，巴克纳拒绝了他的提议<sup>**</sup>，因为第七十七师按计划应在4月晚些时候攻占距离冲绳岛西北海岸不远的伊江岛（Ie Shima）。为确保第三〇五团能够正常地执行进攻伊江岛的任务，第三〇七步兵团一营营长约瑟夫·B.库利

---

奇（Joseph B. Coolidge）中校接替坦佐拉，成为第三〇五团新任团长。库利奇在关岛战役中表现优异，赢得了第七十七步兵师师长布鲁斯（Bruce）少将的信任；布鲁斯少将认为，与第三〇五团各营的营长相比，他更靠得住，是接任团长职位的最佳人选。[9]

## 13 他仰面朝天，在离船不远的地方漂过

4月3日夜，长勇中将召集第三十二军的参谋人员，在首里城的地下指挥部召开会议，讨论一场可能开展的反攻。尽管早些时候，长勇表示支持八原大佐以守为攻、与美军打消耗战的作战方案，但他却承受着上级施加的压力——无论是总部设在台湾岛的第十方面军，还是远在东京的大本营，都要求冲绳岛守军尽快收复读谷机场和嘉手纳机场；所以，长勇十分担心，如果不做出任何收复机场的尝试，那肯定会对牛岛中将的声望造成不良影响。

长勇向在场的高级参谋讲话，指出美军仍然"立足未稳"，想要"歼灭来犯之敌"，就必须立即发动反攻，"趁着夜色潜入美军阵地，与敌人短兵相接"。言罢，他开始逐个征求参谋人员的意见，询问他们是否同意自己的观点。第三十二军的大多数参谋人员无论年龄还是军阶都与长勇相去甚远，"许多人都只是少佐、中佐，年龄最小的要比长勇小足足20岁，最大的也要比他小8岁"。他们顺着长勇的观点发表意见，纷纷表示他的提议"符合大日本帝国陆军坚实可靠的作战理念"，全都热情地支持长勇的提案。航空兵参谋神直道

（Naomichi Jin）少佐\*态度最为坚决，"迫不及待想要收复读谷机场和嘉手纳机场，因为这两座机场对于大本营在空中及海上的全局战略十分重要"。

八原大佐终于等到发言的机会；他火冒三丈，把长勇的提议批得体无完肤，声称在场的年轻参谋人员完全没动脑子就表态同意，仿佛这项提议"是军校考试时5分钟内必须答完的问题"。接着，八原补充道，那些参谋"根本就不了解战场的地形，对其他有可能影响进攻的因素也一无所知，而尽管这些信息全都至关重要，但长勇不久前才刚刚命令部下收集相关的情报"。所以，他们制订作战计划全靠拍脑门，"放弃了参谋部从去年秋季开始一直都在认真完善的消耗战策略"。此外，认为美国人会措手不及的那种想法"完全是白日做梦"。最后，八原又补充道：

> 美军早已建立滩头阵地，站稳脚跟，正在步步为营，同时向南北两个方向有序推进战线。等三天后我们做好了规模进攻的必要准备，他们肯定准备得更为充分。离开掩体、在美军的炮火下作战，无异于自杀，只消几天工夫，第三十二军就会完全失去作战能力。我们之前不辞辛劳投入大量时间，修筑了复杂的坑道防御体系，难道不觉得很可惜吗？此外，第十方面军虽然用无线电下令要求发动进攻，但命令却并不十分明确，而是留有一定余地，允许前线指挥官酌情判断。如果根据战场形势，不执行命令更符合我军的整体利益，那就可以无视命令。

---

\* 他不仅是第三十二军的参谋，同时也兼任第六航空军的参谋。——译注

　　八原话音刚落，长勇就起身，坚称参谋部的一致意见仍然是支持发起进攻。言罢，他宣布休会30分钟，并要求30分钟后所有人应当身着全套军装、佩戴全部的勋表在牛岛中将的办公室继续开会。而后他本人则在会上提议，"第三十二军应当派出主力部队向读谷机场和嘉手纳机场发起总攻"。牛岛如往常那般批准了参谋部的"决定"，宣布"第三十二军计划发动总攻"。为实施牛岛的命令，参谋部"起草了一份6段篇幅的攻击计划"。[1]

　　事情的发展令八原惊骇万分。在他看来，发动进攻无异于让第三十二军的精锐部队去送死，更不要提"自己过去8个月付出的心血"全都要付诸东流。为扭转局面，八原决定抓住牛岛4月4日召开作战会议向手下的师团长、旅团长下达作战命令的机会，争取师团级和旅团级指挥官的支持。八原争取的对象包括第二十四、第六十二步兵师团的两个师团长雨宫巽（Tatsumi Amamiya）中将和藤冈武雄（Takeo Fujioka）中将，以及第四十四独立混成旅团的旅团长铃木繁二（Shigeji Suzuki）少将。

　　藤冈不是日本陆军大学校的毕业生，他能够晋升为将军完全靠的是在战场上指挥作战取得的军功。在八原看来，他是一个"沉默寡言、态度保守"的人，"武士道精神在他身上表现得淋漓尽致"。藤冈与牛岛一样，也十分倚重他的参谋长。铃木少将是一个能力不错但履历平平的军官，因为他苦于手下没有经验丰富的参谋人员。此外，他与藤冈是陆军士官学校的同届毕业生，虽然成绩比藤冈好，但现在军衔却比藤冈低，所以他对藤冈颇为不满。雨宫中将是这些人中最优秀的将领。八原写道："雨宫将军做事勤恳、能力卓著，是一位公认的杰出指挥官。"他与藤冈一样，也是一个十分保守的人，但不同的是，他的指挥风格"更倾向于发挥他个人的权威"。[2]

三位将军中有一位被八原说服，同意在会上反对长勇的作战计划。几乎可以肯定，那个人就是雨宫中将。然而，雨宫的话被当成了耳旁风，牛岛下达的攻击命令"仍然有效"。按照作战计划，第三十二军将会在4月6日发起总攻。总攻开始前的两天，一支航空兵部队向牛岛的司令部递交报告，指出侦察机在那霸以南90英里的海面上发现了一支由3艘航空母舰、50艘运输舰及货船组成的规模庞大的美军舰队。八原马上就把报告交给长勇，指出牧港机场位于那霸以北、当前前线防御阵地以南，与阵地只有咫尺之遥，如果在美军从该地登陆的当口发起反攻，就肯定会造成"灾难性"的后果。长勇不得不承认八原的分析很有道理，同意撤销4月6日的反攻计划。八原赢得了与顶头上司的第一场意志的较量，但这只是开始，此后二人还会围绕作战策略发生多次交锋。[3]

就在日军指挥官争论是否应当发起反攻的那段时间，已经有伤员不断被送下火线，进入南风原战地医院的地下病房。年仅16岁的宫城喜久子正与许多助理护士一起，帮着医护人员救治伤员。喜久子的一个同学头一次看到伤员，发现一个人少了好几个脚趾头，吓得跪倒在地差点儿晕过去。"蠢货！"一名医护人员大骂道，"你觉得你这像是在战场上该有表现吗！"

每天都会有人冲着助理护士们大叫大嚷："白痴！蠢货！笨蛋！"喜久子承认，她们这些助理护士都"如此幼稚无知，无法认清现实"。她们自认为会被安排到远离前线的后方，在那里"升起红十字旗，然后用我们培训时学到的知识，给伤员包扎伤口、涂药、打针"。在她们的想象中，她们会用温柔的语气对伤员说，"别放弃，请坚持一下"。

现实与想象相去甚远。喜久子回忆道："不一会儿，从前线撤下来的伤员就挤满了作为病房的山洞。他们的惨状把我们吓得目瞪口呆。有些人面目全非，有些人缺胳膊少腿。二三十岁的大小伙子像婴儿一样哭爹喊娘。"[4]

日军虽然取消了地面反攻计划，但到了4月6日，日军分别从海上和空中向美军发动袭击。"天号作战"共发动了10次大规模的自杀式空袭，4月6日的空袭是这10次空袭中的第一次，共有230架海军航空兵的飞机、125架陆军航空兵的飞机参加自杀式攻击，此外还有344架海军及陆军航空兵的战斗机承担护航任务。多亏情报部门截获了日本联合舰队的电报，海军上将尼米兹提前得知，日军计划在4月6日会利用九州岛和台湾岛的机场发动大规模的空袭行动。他提前一天发出警告，要求所有作战单位防备日军空袭，并指出空袭的主要目标是运输船队，但主力航母舰队同样也有可能遭到袭击。[5]

前往远离主力舰队的海域执行雷达巡逻任务的舰艇最易遭到攻击。此类舰艇的任务是拦截来袭的日军飞机，既可以使用舰上配备的防空炮，也可以向执行空中巡逻任务的战斗机发布预警。美军一共在冲绳岛周围设置了19个雷达巡逻哨，每个巡逻哨都由1艘特别装备的驱逐舰——配备雷达装置和战斗机控制员团队，以及至少2艘承担支援任务的炮艇负责。1号雷达巡逻哨位于冲绳岛正北方，扼守从九州岛起飞的敌机的必经之路；有充分理由可认为，这是最有可能遭到袭击的巡逻哨。4月6日，负责1号雷达巡逻哨防区的舰艇是布什号（*Bush*）驱逐舰。由于另一艘炮艇刚刚返回运输区，此时与布什号一同巡逻的只有1艘炮艇——第64号大型登陆作战支援艇［LCS(L) 64］。

凌晨2:45，布什号的雷达发现第一批来袭日机，舰上的防空炮火力全开，击落其中一架日机。紧邻1号哨位的2号巡逻哨也出现敌情，负责2号哨位的科尔霍恩号（*Colhoun*）驱逐舰向上级汇报，称防区遭到数架日机的袭击，但没有一架敌机突破防线。早上7:00，航母舰载机起飞升空，开始在雷达巡逻哨上空执行空中战斗巡航任务，很快就在科尔霍恩号附近的空中击落1架日本海军的双引擎夜间战斗机。

正午，4架隶属于海军陆战队的F4U海盗式战斗机\*，从本宁顿号（*Bennington*）航空母舰（隶属于米彻尔海军中将指挥的第五十八快速航母特混编队）上起飞，并在巡逻时发现数架敌机。这4架隶属同一个飞行小队的战斗机很快就迫使1架日机在海上迫降，而小队长小赫蒙·汉森（Hermon Hanson Jr.）少校则紧追不舍地"跟着另一架日机的机尾爬升"，同时"开火射击"。不幸的是，由于受到加速度的影响，汉森的机枪卡壳了；他的飞机一眨眼工夫就冲到距离敌机机尾只有数米的位置。他拼命地拉操纵杆，操纵飞机与日机擦身而过——他的飞机与敌机机尾和机身的距离只有区区12英寸。"我连敌机机身上的铆钉都能看得见，"汉森回忆道，"机翼上有两道黄色的条纹，一看就是修修补补的痕迹。那个日本飞行员我也看得一

---

\*  海盗式战斗机是二战期间最令人生畏的战斗机之一，其机翼采用倒海鸥翼布局，引擎是普惠公司生产的双黄蜂引擎，可以提供2 000马力的动力（海盗式战斗机的飞行速度可以超过640千米/时；同时期服役的军机引擎的动力只有1 000到1 500马力），机载武器是6挺安装在机翼上的点50（12.7毫米）口径机枪。——原注

清二楚。日机的下方绑着一颗巨大的炸弹。用来悬挂炸弹的装置是用铁丝和绳索临时组装的。"

就在汉森刚刚超过敌机时，他的一个战友追上来，在距离敌机800 码时开火。两机距离缩小到只有 25 英尺的时候，日军飞机才终于中弹起火，在空中翻了个跟头，一头栽进大海。

下午 2：30，布什号的雷达侦测到另一批敌机来袭。舰上的高射炮击落 2 架，而另外 2 架则被执行空中战斗巡航任务的战斗机击落。然而，敌机并没有偃旗息鼓。下午 3：13，布什号的瞭望员发现 1 架单引擎舰载鱼雷轰炸机*出现在舰船的正前方，正以极快的速度接近。这架轰炸机属于当天早上从九州岛串良海军航空兵基地（Kushira Naval Air Base）起飞的攻击波次，与它一同起飞的还有另外 14 架飞机。尽管布什号的所有防空炮同时开火，但这架敌机仍然突破防空火力网，撞上布什号右舷的中部，机上的炸弹在前轮机舱爆炸。海水从船体的破损处涌进，只过了几分钟，布什号就向左舷倾斜 10 度。在发现应急动力失灵、舰上部分防空炮无法运转后，布什号舰长下令发送无线电信号，请求立即支援。

火速赶来支援的友军除了科尔霍恩号驱逐舰，还有 14 架从贝劳森林号（Belleau Wood）航母上起飞的格鲁曼 F6F 地狱猫战斗机**。接下来的 90 分钟里，地狱猫战斗机遭遇了好几波小规模的日军机群，敌机的总数有六七十架。大多数敌机都是自杀式飞机，而驾机的飞行员缺乏经验，就算遭到攻击也不会采取规避动作。执行拦截

---

\* 来袭的飞机是天山舰上攻击机，为二战中后期日军的主力舰载攻击机。——译注

\*\* 地狱猫战斗机同样也使用普惠公司生产的双黄蜂引擎，在二战期间总共击落了 5 223 架敌机，战绩超过其他所有的盟军舰载机。——原注

任务的地狱猫战斗机总共击落46架日机。除了C. C.福斯特（C. C. Foster）少尉干掉7架，还有另外2名飞行员也分别击落5架日机。一位参战的飞行员打趣道："这是第二届火鸡狩猎大赛。"

尽管损失惨重，但神风特攻队的飞机仍然疯狂扑来，到下午4:30，也就是科尔霍恩号抵达现场时，布什号上空至少有10架日机在不停地盘旋，伺机进攻，而负责空中战斗巡航的战斗机则早已返回航母补充燃料。从安济奥号（Anzio）航母上起飞的野猫战斗机击落了数架敌机，但之后也不得不返航，让这两艘驱逐舰独自应对敌机。科尔霍恩号上有一名海军陆战队飞行员茹涅·洛汉（Junie Lohan）上尉，他的飞机被日军击落，前一天刚刚被科尔霍恩号救起。洛汉回忆道："一架零式战斗机钻出云层，开始俯冲，眼看就要撞上我们的左舷。所有人都开始奔跑，但我却像是着了魔一般，站在那里一动不动。"接着，他又补充道：

> 我站在舰船前部主甲板上靠近护栏的位置，看着零式战斗机俯冲。那声音简直让人心惊胆战。发生撞击的地方离我不远，前锅炉舱被撞得稀巴烂。受伤者不计其数……我赶忙去找凯西医生（Doc Casey），开始帮忙救助伤员，把情况最严重的伤员抬进军官起居室……就在我们把伤员转移到安全地带时，另一架敌机从右舷方向袭来。敌机携带的炸弹击中锅炉舱，舱内人员几乎全部当场死亡，只有两名幸存者。那景象可怕极了。

接连被两架自杀式飞机击中后，科尔霍恩号又成了第三架自杀式飞机的目标。那架敌机"突破防空火力网，撞上了舰桥左侧"。洛汉记录道："我又看到那地狱般的景象，情况甚至比前两次还要糟糕。爆炸的冲击波把敌机飞行员掀到海里。他仰面朝天，在离船不远的地方漂过，看起来最多也就14岁的样子。"

布什号同样也被多架自杀式飞机击中，船上的官兵奋力抢险，但到下午6:30，一阵巨大的海浪令情况变得更为危急\*，船长不得不命令幸存的船员弃船。弃船后几分钟，布什号就沉入海底，成为第一艘执行雷达巡逻任务时被日军击沉的舰艇。布什号上共有7名军官和87名水兵阵亡；弃船逃生的240名幸存者大都精疲力尽、伤势严重，丧失自救的能力。"从海里捞上来的人大都死了，没几个活着。"一位参与救援的炮艇军官回忆道。次日清晨，太阳升起后，那位军官"向远处望去，发现一望无际的海面上漂满了穿着救生衣的人"，所有人都已经失去生命迹象，"那场面令人不寒而栗"。

漂浮在海上的阵亡人员除了布什号的船员，还有一部分是科尔霍恩号的船员。4月6日晚8:15，科尔霍恩号的船长最终向幸存的227名船员下达弃船命令。他们与布什号的船员一起被第八十四号大型登陆作战支援艇［LCS(L) 84］救起，科尔霍恩号的幸存者后来又转移到卡森杨号（Cassin Young）驱逐舰上。海军陆战队的飞行员茹涅·洛汉在两天内连续两次获救，同样也是科尔霍恩号的幸存者。他回忆道："我恐怕永远也不会忘记前来营救的舰船缓缓驶来的那一幕，那感觉简直棒极了。许多人都忍不住哭了起来。"[6]

虽然发起神风特攻的大多数飞机都把在外围执行雷达巡逻任务的舰艇当作目标，但还是有一架飞机单刀直入，突破到靠近冲绳岛

---

\* 布什号船体中部受损严重，在海浪袭来之前，可能就已经断成两截。——译注

西海岸的美军舰队锚地，选择艾多拉多号指挥舰作为目标。弗农·梅吉上校写道："在敌机俯冲的最后阶段，舰上一门5英寸口径防空炮命中了目标。炮弹打掉了固定式起落架，敌机的飞行方向出现了一点儿偏差，一头栽到海里，差点儿就击中船尾。敌机离我们非常近，我甚至都能清楚地看到飞行员脑袋上戴的护目镜。幸运的是，机上携带的炸弹没有爆炸。"从敌机出现到坠入海中，特纳中将自始至终都观望着这一惊心动魄的过程。"他似乎享受得不得了，一会儿责骂防空炮的操作人员，一会儿又为他们精准的射击喝彩，那样子简直就是个观看球赛的球迷。"相比之下，梅吉"早就吓得无心喝彩，但同时又死要面子，不愿到甲板下躲避"。[7]

　　日军这次规模巨大的神风特攻作战持续到4月7日，总共有26艘美军舰船被自杀式飞机击中，不是沉入海底，就是受损严重。第五航空队的指挥官海军中将宇垣缠最初接到的战报令人振奋。他在4月6日的日记中写道："敌人乱作一团，求救电话接连不断。我们几乎可以肯定，此次战斗击沉了4艘美军航母。"他接着又写道："（冲绳岛周边的海域）一片狼藉；侦察机发来报告，称海面上有近150个直冲云霄的黑色烟柱。"然而，实际上没有任何一艘航母被自杀式飞机击中，袭击虽然令美军损失惨重，却根本不足以扭转战局。[8]

# 14 什么？大和号沉了？

　　1945年4月6日，星期五，大和号超级战列舰在9艘护航舰艇的陪伴下离开锚地，从本州岛南端的德山市*出发，横穿微风吹拂的濑户内海，驶向丰后水道**（Bungo Strait）。轻型巡洋舰矢矧号的舰长原为一，看到近处海岸上零星点缀着花团锦簇的樱树，远处的群山在"湛蓝的天空下"闪闪发亮。前些日子，他还对执行自杀任务的做法持反对意见，但如今看着"美丽的祖国"，他的态度大为转变，认为"为国牺牲，死得其所"。[1]

　　前一天，在第五航空队的神风特攻飞行员为第二天的自杀式攻击做准备时，宇垣缠海军中将在日记中写道："联合舰队命令大和号、矢矧号以及6艘驱逐舰组成特别水面攻击舰队，前往冲绳岛西侧海域……任务是消灭集结在那里的所有敌人。这也许的确是正确的选择，因为冲绳岛之战是能够左右战争结局的决定性战役。"联合舰队的参谋长草鹿龙之介（Ryūnosuke Kusaka）海军中将已经事先告知宇垣中将，水面攻击舰队在航行过程中不需要空中掩护。"然

---

*　为了准备"天一号"作战行动，大和号于1945年3月29日离开吴市港，前往德山。——原注
**　丰后水道是指日本九州岛与四国岛之间的海峡，是濑户内海通往太平洋的重要通道。——编者注

而，我不会袖手旁观。"宇垣写道。在已故的海军大将山本五十六
（Isoroku Yamamoto）担任联合舰队司令官之时，宇垣是山本的参谋
长，曾经在大和号*上工作生活过一年，因此对大和号有特别的感
情。"执行目的相近的作战任务时，尽一切可能支援友军，配合友军
的行动，共同实现作战目标，是再自然不过的事情了。"因此，宇垣
仍然派出战斗机护航编队，至少保证大和号的一部分航程能够得到
空中掩护。[2]

特攻舰队的指挥官伊藤整一海军中将的任务是，一方面尽可能
地与美军周旋，另一方面吸引美军舰载机的注意力，以削弱冲绳岛
附近海域的各支美军特混编队的空中防御。如果发生了奇迹，大和
号真的可以抵达冲绳岛附近海域，那么伊藤就应当利用舰炮尽可能
地毁伤美军的战舰和运输舰，然后再选择恰当的地点搁浅大和号，
把舰炮当作固定炮台使用，直至弹药耗尽。直到此时，大和号上的
2 767名舰员才能弃船上岸，加入冲绳岛守军。这看起来绝无可能，
但至少日本人的作战计划的确如此。[3]

4月6日，大和号离港起航那天，在舰上担任瞭望员的军官、
22岁的海军少尉吉田满（Mitsuru Yoshida）写道："大和号一往无
前，舰艏两侧激起一阵阵艏波。幸赖大和号船体结构无可挑剔，
并且拥有无与伦比的适航性，航行过程完全感受不到风浪的颠簸；
即便站在舰桥上，我们仍然有一种身在陆地的错觉。"应征加入日
本海军之前，吉田是日本名校东京帝国大学的学生，正在攻读法
学学位。1944年末，他完成了军官速成培训，成为大和号的舰员。

---

* 1942年2月12日，大和号成为联合舰队的旗舰。1943年2月11日，大和级的二号舰武藏号
  取代大和号，成为新的旗舰。——译注

他担心此次作战有去无回，在出发前给母亲写了诀别信："请把我的东西都处理掉吧。请大家好好生活，一定要活下来，这是我唯一的愿望。"

4月6日，大和号起航后刚刚数小时，所有的舰员都在前甲板集合，听副舰长宣读联合舰队司令官丰田副武（Soemu Toyoda）海军大将发来的告别辞。丰田说道："帝国海军派出的这支特攻舰队将会与陆军协同作战，动用所有的空中、海上、陆上作战力量，向集结在冲绳岛周边海域的敌军舰船发起总攻。"关于这次攻击，他补充道："攻击展现出的英勇将无与伦比。"接着，他又激励特攻舰队的官兵，要求他们"发扬帝国海军水面舰队的光荣传统"，"让这份光荣流芳百世"。他宣称，"帝国的命运千钧一发"。大和号的官兵一听便知，他借用了1905年日俄两国海军在对马海峡交战时海军大将东乡平八郎（Heihachirō Tōgō）要求全歼俄国舰队的旗语。最后，他在结语中说道："所有参战人员，不管是不是特攻作战部队的成员，都必须奋力杀敌，歼灭敌军的特混编队，为帝国奠定万古长存的根基。"训话结束后，大和号的全体舰员向东京皇居的方向鞠躬，然后合唱日本国歌《君之代》，最后大喊三声"万岁"。[4]

晚上8:00，承担护航任务的舰艇组成菱形队形，由矢矧号殿后，把大和号簇拥在正中央，经由航道狭窄、水雷密布的丰后水道驶出濑户内海。然而，由于截获了日军的无线电信息，美军已经得知联合舰队将会命令水面舰艇执行作战任务，因此早已派出铲鲟号（Hackleback）潜艇、马鲅号（Threadfin）潜艇在丰后水道出口附近的海域守株待兔，特攻舰队驶出水道后仅过了不到20分钟，就已经被美军发现行踪。两艘潜艇的指挥官立即向快速航母特混编队的指挥官米彻尔海军中将发报，汇报日本特攻舰队的数量、类型和航向。米彻尔当机立断，命令航母特混编队全部4个支队前往冲绳岛东北方向的海域，利于舰载机发起攻击。从此刻起，大和号就已经在劫难逃，被美军舰载机击沉只是一个时间问题了。

奉命侦察的那两艘潜艇保持5英里的安全距离，跟踪着特攻舰队。特攻舰队接连3次派出驱逐舰，试图驱赶美军潜艇，但始终没有逼近到足以迫使潜艇下潜。夜幕降临后，两艘潜艇圆满完成汇报日军水面舰艇动向的任务，消失在夜色中。

4月7日早上8:23，一架从埃塞克斯号（Essex）航空母舰上起飞的侦察机在九州岛西南海域发现日军特攻舰队。特攻舰队的航向为300度，大约相当于西北偏西。它们并没有直扑冲绳岛，而是按照经验丰富的大和号舰长有贺幸作（Kōsaku Ariga）规划的路线，特地在海上绕远兜圈，想要骗过美国人。但是，如今大和号已经被发现了；美军接连派出船身式水上飞机*来尾随特攻舰队，不断地向米彻尔和其他美国海军将领实时发送大和号的位置、航向和航速。尽管大和号的无线电操作员侦听到了美军无线电信号，但伊藤却束手无策，除了放弃任务原路返回，他想不出任何扭转局势的办法。

与此同时，海军上将斯普鲁恩斯向停靠在冲绳岛附近、由海军少将戴约指挥的炮火支援舰队下达命令，指示支援舰队摧毁以大和号为首的日本舰队。上午10:30，戴约召集手下的各支队指挥官和各舰舰长，在特纳中将的旗舰艾多拉多号上召开会议，制订了集中6艘战列舰、7艘巡洋舰、21艘驱逐舰围攻大和号的作战计划。戴约

---

\* 一种拥有船体的固定翼水上飞机，可以在水上降落。跟踪大和号的飞机是格伦·L.马丁公司生产的 PBM 水手型水上飞机。——译注

深知，无论火力还是射程，炮火支援舰队的战舰都无法与大和号相提并论，所以计划在交战时迅速拉近双方的距离，利用数量优势抵消大和号的火力优势。[5]

然而，要想与戴约指挥的舰队决战，大和号就必须首先承受住米彻尔中将用舰载机发动的空袭。上午10:00左右，第一波轰炸机从快速航母舰队的多艘航母上起飞，共有182架携带500磅及1 000磅炸弹的俯冲轰炸机以及98架鱼雷轰炸机扑向日军的特攻舰队。在琉球群岛一个位于冲绳岛以北的岛屿上，日军的观察哨最先用无线电向大和号发出特攻舰队有可能遭到空袭的警报："250架敌方舰载机向正北方飞去；要密切关注敌机动向。"

此时，特攻舰队已经调整航向，沿着西南偏南的方向径直驶向冲绳岛，距离目的地已经只有一半路程了。尽管舰队随时都有可能遭到空袭，但伊藤中将却似乎仍然信心十足。"我们整整一上午都没遇到什么麻烦，没错吧？"他笑着说。

这是特攻舰队出航以后伊藤头一次开口说话。吉田少尉回忆道："从一系列警报信号到采用'之'字形路线航行，再到确定航速、改变航向，所有一切命令都由大和号的舰长一手操办。伊藤将军一直都站在那里，只有在参谋长汇报完战况时，才会默默地点头。"

中午12:20，大和号的防空雷达侦测到3个警报信号。长谷川（Hasegawa）兵曹大叫道："发现敌机！总共3个机群，正在迅速接近。"

有贺舰长命令舰队将航速从22节提升到25节，同时把航向调整为100度。所有舰船收到命令后，同时调整航速和航向，步调十分一致。

空中飘起细雨，能见度大幅下降，到瞭望员发现第一批来袭美军飞机——2架格鲁曼地狱猫战斗机——的时候，敌机与舰队的距离只剩下不到2英里。接着，美军飞机接二连三不断出现。"第一次敌袭：5架飞机，"瞭望员大喊道，"……10余架敌机……30余架敌机……"

吉田少尉看到美机分散开来排好攻击队形并准备投掷炸弹。还没等第一波美军飞机发动攻击，大和号的正前方就出现了另一波数量庞大的美军飞机。"超过100架敌机袭来！"领航员大声警告。

有贺舰长决定不再等待，命令道："开火！"话音刚落，大和号上的24门5英寸防空炮和120门防空机关炮便一齐开火，枪炮声震耳欲聋；看到大和号开火后，护航舰船的主炮也纷纷向敌机开火。吉田第一次经受炮火的洗礼，全身像针扎一样"激动不已"。然而，在目睹了2架柯蒂斯地狱俯冲轰炸机投下炸弹，击中大和号后舰桥*附近的甲板后，他很快就意识到，这显然是一场一边倒的战斗。吉田回忆道："我身边的一个水兵被弹片击倒在地。尽管炮火声、爆炸声响彻云霄，但我还是清楚地听到那个水兵的脑袋撞击舱壁的声音；空气中弥漫着火药的味道，但还是掩盖不住血腥味。"

除了大和号，其他舰船也接连被美机击中。位于特攻舰队左侧最外端的滨风号（Hamakaze）驱逐舰"突然炸裂，就好像被开膛破肚，接着船尾又翘到半空中"，那恐怖的景象让吉田心生畏惧。仅过了不到30秒，滨风号就沉入海底，海面上只剩下"一片白色的泡沫"。除了那些当时正好在甲板上被"鱼雷撞击和舰艇爆炸的冲击波

---

\* 大和号共设有两个舰桥：位于烟囱前方的是前舰桥，是全舰的指挥中枢；位于烟囱之后的是后舰桥，是备用的指挥中心。——译注

掀下海"的舰员，所有其他舰员都与滨风号一起葬身海底。为避免与滨风号相同的命运，大和号15万马力的引擎动力全开，以最高的航速按"之"字形行驶；虽然"躲过好几枚鱼雷"，但最终还是有一枚鱼雷击中舰艏左侧，引发了巨大的爆炸。直到此时，参与第一波攻击的美军飞行员才驾机返航。

大和号的侧面被鱼雷炸出一个大洞，靠近大洞的舱室很快就灌满海水。大和号上共有1 150个这样的小舱室（水密隔舱），所有的舱室均由金属舱壁隔开，即便被数枚鱼雷同时击中，舱室也能起到防水作用，确保大和号短时间内不会沉没。然而，水压不断上升，渐渐接近舱壁的承受极限，损害管制人员不得不使用"巨大的木质支架"加固舱壁。大和号被第一枚鱼雷击中后，损害管制人员马上就开始了加固工作。此后，损害管制人员开始与时间赛跑，大和号能否劫后余生，完全取决于他们能否及时地加固舱壁。

在得知平时工作的防空雷达室被炸弹击中后，吉田撒腿就跑，离开舰桥奔向雷达室，发现眼前一片狼藉。"雷达室被炸得不像样子，"他写道，"就好像有人抡起斧子，把竹筒一劈为二。炸弹直接命中，撞破外部的舱壁后向内滑行了一段距离，才发生爆炸。"映入吉田眼帘的除了被炸得粉碎的仪器设备，还有"一块紧贴在破损舱壁上像肉一样的东西"。过了一会儿他才终于意识到，他看到的是"只有上半身的尸块，尸体的胳膊、腿、脑袋全都不见了踪影"。雷达室内散落着"烧焦的尸块"，空气中弥漫着脂肪燃烧的气味。一想到"战友们几分钟前还都活得好好的，在雷达室里工作"，可转眼就只剩下残骸，吉田就难以接受。然而，更加糟糕的是，防空雷达被毁后，大和号就好像瞎子一样，几乎丧失了自卫能力。

吉田返回舰桥时，美军第二波攻击已经袭来，共有至少100架战机。吉田写道："大和号的防空炮火形成了一层弹幕，日本海军的任何一艘舰船都无法与之相提并论。防空炮的弹药在空中化作红色、紫色、黄色、绿色的明亮火花，那绝非微不足道的威胁；但我们很快就发现，我们高估了防空炮火的威慑力和杀伤力。"

美军战机不仅根本就没把防空炮火当回事，还放弃了常规的战术，从各个角度对大和号发起进攻。即便是鱼雷轰炸机，也在"释放鱼雷后马上就开始执行'之'字形规避飞行，一边躲避防空炮火，一边近距离低空扫射"。结果，日军的防空炮竟然极少击中目标，这真是不可思议。"我们的防空炮命中率极低。"吉田写道。

炸弹像雨点一样击中大和号的防空机炮炮塔（每座炮塔都配备3门25毫米的机关炮），炮塔一个接一个全都炸成碎片。用吉田的话讲，简直就是"一场无处躲藏的杀戮"。他看到"船尾的飞行甲板"冒出"阵阵白烟"，而舰舷两侧则不断有炸弹险些击中目标，掀起一根根"喷泉似的水柱，仿佛一片森林"。吉田回忆道，爆炸掀起的水花"相当于十几场大雨倾盆而下，像瀑布一样，差点儿就把舰桥的舱门冲得稀巴烂"。

第二波攻击刚刚结束，第三波攻击就已经"像暴雨一样迎面袭来"。吉田站在左舷正横的位置上，粗略地估计"敌机至少有120架，可能多达130架"。数枚炸弹在烟囱附近爆炸，舰桥接连收到军官阵亡的消息。接着，又有2枚鱼雷击中左舷，"测斜器"的指针开始慢慢偏移，显示船体正在向左舷倾斜。此时，损害管制人员非死即伤，加固所有受到威胁的舱壁已是不可能完成的任务。吉田写道，"水兵匆忙经由舱梯逃离进水的舱室，竟然忘记关闭舱门。海水山崩海啸般涌入，船体倾斜的速度远超预期。"

为及时止住船体倾斜、防止倾斜角度达到5度（一旦倾斜达到5度，大和号的主炮就无法射击），有贺舰长命令，人为地向与左舷进水处相对应的右舷舱室注水。如果命令能够顺利执行，那么在向右舷的水密隔舱放入3 000余吨海水后，左舷、右舷的进水量就会基本持平，可以防止船体继续倾斜。然而，由于美军的轰炸已经摧毁了大和号的水淹防控站，有贺决定孤注一掷，下令向右舷的引擎室和锅炉舱注水。由于没有时间疏散工作人员，海水涌入时，"在引擎室和锅炉舱值班的轮机人员全都粉身碎骨"。吉田继续写道："我们牺牲了数百人的生命，才勉强恢复船体的水平状态。"失去右舷的引擎室后，大和号只剩下一半的动力，仿佛"一瘸一拐的单腿残疾人"。

第四波攻击共有150架美军战机。美军飞行员全都低空飞行，吉田甚至能看得清楚他们"通红的脸庞"。他回忆道："美军飞行员几乎全都张着嘴，脸上的表情差不多可以用欣喜若狂来形容。"吉田身边的两个水兵被机枪击中当场死亡；一名少尉的大腿严重受伤，"血流如注"，不一会儿就把临时用作绷带的衣物"染得通红"。虽然舰桥上的军官和水兵已经伤亡过半，但伊藤海军中将仍然镇定自若地坐在椅子上，目视前方。[6]

美国海军官方战史上写道："轰炸机投放鱼雷，大和号的左舷侧又被炸出了几个大洞，至少有10枚炸弹在甲板上爆炸。大和号的无线电室虽然号称防水，却仍然完全被水淹没，这迫使大和号完全依赖旗语和信号灯与其他舰船保持联系。"[7]下午1:45，美军暂停攻击，大和号获得了短暂的15分钟喘息时间。但此时，大和号已经左倾15度，航速也勉强仅有12节，船上更是惨不忍睹。吉田写道：

许多防空机炮的炮塔被完全摧毁，甲板上一片狼藉，只剩下一块块布满弹痕的铁疙瘩……大和号好似一块吸收了太多水的浅棕色圆木，孤零零地漂在水中……防空炮和副炮全都哑火，只有少数防空机炮还能正常使用，仍能殊死一战。我意识到，很多炸弹击中了舰桥下方，紧急医务室的医护人员无一生还。

下午2:00，美军发起最后一波攻击。数枚鱼雷击中大和号船尾，主舵和副舵同时受损。炸弹"倾泻而下，甲板上火光冲天"，甲板下也燃起熊熊大火。船体倾斜角度增加到35度，航速下降到7节。"别灰心！"有贺舰长在舰桥上声嘶力竭地向全舰官兵下达命令，但几乎没有人能听到他的呼喊。

不久，副舰长向有贺汇报："船体倾斜已经无法挽回。"这为大和号敲响了丧钟。直到此时，伊藤海军中将才起身命令道："终止作战计划。"接着，他与幸存的参谋人员握手，然后转身离去，向"舰桥正下方的司令室"走去。

有那么一瞬间，吉田想把自己绑在舰桥上，与大和号一同葬身海底。但伊藤的参谋长却明确下达了命令，要求"年轻人"设法自救，使他打消了与军舰共存亡的想法。大和号用旗语传递信号，要求特攻舰队幸存的驱逐舰靠上前来营救舰上的官兵。然而，吉田回忆道，驱逐舰全都躲得远远的，"要么害怕卷入大和号沉没时产生的漩涡，要么担心被爆炸的冲击波波及"。

下午2:20，大和号的左侧已经完全沉入水底，甲板几乎与海面垂直，主桅杆的战旗马上就要碰到水面。大和号的船体露出水面，在吉田看来，就好像"巨鲸"的肚皮。紧接着，"弹药库内储存的主炮炮弹，弹头冲下滑动起来，结果撞击引信发生爆炸"。到了下午2:23，这艘巨大的战舰终于船底朝上彻底倾覆，发出"一道刺眼的火光"，在海面上留下一根直冲云霄的"巨大火柱"。即便远在九州岛，也能看到大和号沉没时发出的火光。

吉田虽然头部被弹片击中，但还是设法浮上水面，抱住一块浮木等待救援，后来他被冬月号（Fuyutsuki）驱逐舰救起。大和号全舰共有官兵2 767人，其中只有246人幸免于难。另外，矢矧号轻型巡洋舰和4艘驱逐舰，要么被击沉，要么被迫自沉。为了执行毫无意义、注定失败的"天一号"作战计划，日本海军总共付出了4 000余人阵亡的代价，而美军只付出10架飞机被击落、12人阵亡的代价。[8]

宇垣海军中将在日记中写道："我深爱的大和号在中国海域沉没了，包括司令官伊藤、参谋长森下（Morishita）*、舰长有贺在内，许多优秀的海军官兵葬身海底。我的天啊！"[9]

得知此消息后，裕仁天皇双手抱头，站立不稳。"什么？"他露出一脸难以置信的表情，"大和号沉了？"[10]

---

\* 实际上，森下海军少将并没有阵亡，是大和号幸存者中军阶最高的军官。——原注

# 15　他们把我们打得晕头转向

4月7日是世界上最大的战列舰沉没的日子，但在那天的日记里，巴克纳中将却对大和号的命运只字未提。当大和号在中国东海\*徒劳地战斗时，巴克纳首次登上冲绳岛，先是视察霍奇的第二十四军司令部，之后又前往第七、第九十六步兵师的指挥部。自4月5日起，这两个师一步步向日军名为"首里防线"的主要防御阵地逼近，接连遭遇日军利用地形优势布置的前哨站越来越强烈的抵抗。

4月6日，第三八三步兵团二营的官兵顶着日军猛烈的迫击炮轰击，攻下了一块名为仙人掌岭\*\*的高地的西半部分。弗朗西斯·M.拉尔（Francis M. Rall）上士写道："我们盘算着，要想解决高地上'膝盖迫击炮'\*\*\*的轰击，就必须端掉日军的火力点。于是，我们交替掩护、分批前进，一路上火力全开，手榴弹一扔就是十几颗。"[1]

4月7日，二营彻底攻占仙人掌高地，巴克纳站在后方的山头上

---

\*　此处原文为 South China Sea，但结合上下文和编者查证，大和号沉没于日本九州西南50海里处，此处应为中国东海海域。——编者注

\*\*　仙人掌岭高度550米左右，位于真志喜地区（现位于冲绳县宜野湾市的辖区内）的东南方向。——译注

\*\*\*　"膝盖迫击炮"是盟军给日军使用的一种掷弹筒起的外号。（即八九式掷弹筒，因美军士兵误认为这种掷弹筒在发射时需要用大腿抵住后座而得名。实际上，如果真这么做，使用者轻则肌肉挫伤，重则大腿骨折）——原注

见证了二营的作战行动。接着，他来到阿诺德少将的指挥部，一边吃着午餐，一边听取阿诺德汇报第一八四步兵团的作战进展，并得知该团刚刚占领尖顶高地*，正准备进攻日军设在红山**的主阵地。日军"像往常一样挖掘洞穴，用壕沟相连，形成一整套防御体系"，把红山"变成一座堡垒"。第一八四步兵团一营D连的机枪手、来自明尼苏达州乡村的唐·卡尔顿回忆道："红山不是悬崖，只是个坡度很大的山丘。但是日本人居高临下，用机枪、步枪以及其他各类武器射击，而我们则躲在山下道路旁的壕沟内，每次想要冲上山头，他们都把我们打得晕头转向。我们只好请求坦克支援。"[2]

　　共有15辆坦克（10辆中型、5辆轻型），利用日军防线的一个缺口向红山山顶冲去。然而，很快就有2辆坦克触雷，有1辆坦克被炸药包***炸毁，剩余的坦克也因遭到日军的炮击和机枪扫射而仓皇撤退。有关本次作战的日军战报写道，这种"发动突然火力打击，把敌军的步兵与坦克分割，然后再与敌人短兵相接"的战术，是"全歼敌方坦克的典型战例；该战术能否在之后的战斗中得到贯彻实施，是决定反坦克作战成败的关键因素"。第一八四步兵团只得派兵向右迂回，绕了一个大圈攻击日军的侧翼，终于在当天晚些时候攻占红山。美军的官方战史上写道："事实再次证明，日军的前沿阵地虽然能够抵挡正面强攻，但面对侧翼包抄战术却无能为力。"[3]

　　分别视察完阿诺德和布雷德利的司令部（后者是一所"陈设极

---

*　一道高度140米左右的山脊，位于新垣（中城村的辖区内）西南方向约914米，因为最高处有一块9米高的尖塔状岩石而得名。——译注

**　即南上原（位于尖顶高地以南，两地相距大约3000米）。——译注

***　一种爆炸装置，主要用于作战，是一个装有高能炸药、配有肩带的帆布包。美军使用的炸药包名为M37爆破包。——原注

其豪华的"农业学校），巴克纳前往嘉手纳机场，发现"机场万事俱备，只待一两天内航空燃油和地勤人员到位，就可以起降飞机了"*。此外，巴克纳还查看了"停放在机场的装有2 000磅弹头、还没有来得及起飞的自杀式火箭飞机（樱花特别攻击机）"。[4]

弗农·梅吉上校前往巴克纳没能抽出时间视察的读谷机场。多亏海蜂工兵队克服"千难万险"，机场已经能够正常运行。海军陆战队第三十一航空大队的3个海盗战斗机中队（每个中队各有24架战机）和1个地狱猫战斗机中队从承担支援任务的航空母舰上起飞，在读谷机场降落，开始接受防空部队司令官比尔·华莱士（Bill Wallace）准将的指挥。梅吉写道："日本人有充分的理由惧怕这些拥有倒海鸥翼布局的战斗机，把它们称作'尖啸的死神'。下午5:50，第一批执行战斗巡逻任务的12架战机从读谷机场起飞；次日清晨，海军陆战队的战斗机击落3架日军自杀式飞机。此后，海军陆战队的战斗机承担起作战区域内的近距离防空任务，从而使航母舰载机腾出手来在更靠近日本本土的地方作战。"[5]

驻扎在读谷机场的第五四二夜间战斗机中队，由配备航空雷达的格鲁曼F6F地狱猫夜间战斗机组成。1944年8月，第五四二中队在北卡罗来纳州海军陆战队樱桃角航空基地成立，队长威廉·C.凯勒姆（William C. Kellum）少校"时年30岁，是个深受士兵爱戴的加利福尼亚人"。尽管第五四二中队曾经在乌利西环礁附近执行过护航任务，但第一次正式的战斗巡逻还得是4月7日夜里的作战行动。那天夜里，第五四二中队的地狱猫战斗机两两搭伙，从"黄昏直到

---

\* 4月9日，海军陆战队第三十三航空大队抵达嘉手纳机场，当天就开始执行作战任务。——原注

次日黎明"，一直都在冲绳岛周边海域的上空执行战斗巡逻任务，每名飞行员都飞了整整四个小时。"这意味着，第五四二中队每天夜里都分成两个班次，每个班次由4个小组（共8架飞机）组成，两个班次轮流执行任务。"中队的飞机起飞后，地面上的主要参照物是位于读谷机场西北的一个名叫"博洛角"的岬角。博洛角位于冲绳岛雷达防御圈的正中央，所有的雷达巡逻哨都以博洛角为圆心布设。[6]

唐纳德·E.马尔佩（Donald E. Marpe）上士那年20岁，参军前在明尼阿波利斯市附近的一座农场生活，参军后成为雷达专家；他是第五四二飞行中队的地勤人员，任务是与其他地勤人员一起确保中队的飞机能够正常执行飞行任务。跟随先头部队抵达冲绳岛后，马尔佩吃惊地发现，读谷机场就好似一个巨大的字母A，两条较长的跑道组成了A的两个侧边，连接两条侧边的横杠则是一条较短的跑道。跑道的路面全都是"压实的碎石"，动不动就"尘土飞扬"。马尔佩写道："字母'A'左侧边为东北—西南走向。第五四二中队的停机坪位于左侧边的西南侧。我们征用了日本人留下的几个机堡，为中队的部分飞机提供一定程度的保护。我们的工作区紧邻停机坪，而生活区紧邻工作区。"

马尔佩和他的手下在一辆六轮驱动卡车的车厢里架设起雷达实验台。地勤人员的生活区由一排又一排破烂不堪的帐篷组成，每个帐篷四周都有防洪水渠环绕。生活区除了帐篷，还有"刚刚挖好、四处透风"的旱厕。当然，所有人都宁愿在散兵坑、防空壕里过夜，"也不愿住在帐篷里"。马尔佩回忆道："大家之所以对帐篷避之不及，是因为到了晚上，只要没下雨，日本人就会轰炸读谷机场，炮弹的碎片像雨点一样倾泻在机场及周边地区。跟真正的敌机轰炸相比，我们反倒更害怕'友军的炮火'……已经有好几个人被误伤。"

地勤人员的给养除了有"10人一份"的口粮\*，还有豆子法兰克福香肠乱炖、维也纳香肠、肉丸意大利面等可选的热菜。邮包每周2次，成批抵达；从美国国内寄出的信件通常都要经过4到6周才能送到收件人手中。马尔佩收到的消息通常都是些家长里短的琐事，比如"今年农场的母羊生了多少只小羊""家里用马换掉了拉车的骡子"，但有时也会收到让人心痛的消息，如"马尔佩爷爷"的死讯。对于马尔佩来说，家人的每一封信都至关重要，能够让他"保持正常的心态"，时刻记得在你死我活的战场之外还有正常的生活。

机场的水源充足，但"根本就没有淋浴设施；要想洗澡，只有两个选择，要么趁着下雨时脱光衣服，抓紧时间洗个'淋浴'，要么就只能把钢盔当作脸盆，用海绵擦擦身子"。此外，由于机场经常遭到空袭、地勤人员还要值夜班、居住区靠近飞机起降的跑道，睡眠不足也是一个问题。尽管机场的生活十分艰苦，但马尔佩很清楚，他没有像陆战队员那样上前线作战就已经很幸运了。特别是在目睹了第一批伤员撤下前线来到读谷机场、再乘飞机前往后方的惨状后，他更是觉得自己幸运。[7]

4月8日\*\*，就在第七师向三角山（Triangulation）、坟墓山（Tomb Hills）上的日军据点发起攻击时（第七师8日当天攻下三角山，9日攻下坟墓山北坡），第九十六师正逼近守岛日军主防线的起点——设

---

\*　一种与"K口粮"相似的口粮包，包括罐装食品、果酱、甜炼乳、蔬菜、饼干、口香糖，可以为10个作战人员提供1天的口粮。——原注

\*\*　截至4月8日晚，第二十四军的第七、第九十六师共计伤亡1 510人，击毙日军4 489人，俘获日军13人。——原注

在嘉数高地（Kakazu）上的防御阵地。嘉数高地"有深沟环绕，山坡上还密密麻麻地布满天然及人工的掩体"，"背坡上还有一些墙壁厚实的建筑物"，"从各个方面来看都是易守难攻的防御阵地"。此外，嘉数高地"是首里防线不可或缺的组成部分，从高地出发向南前进4 000码，便可抵达第三十二军司令部。司令部周围全都是日军的防御阵地，可以随时向高地派遣援军，并提供炮火支援"。[8]

嘉数高地呈西北—东南走向，总长1 000码，西端紧邻沿海的平原，东端则与一条横贯冲绳岛的公路相连。高地总共有两个山头，中间是鞍部。较大的山头位于高地东边，总长500码，山顶是一小块宽度只有不到25码的狭长平地。这个山头将会成为令美军士兵谈之色变的嘉数岭（Kakazu Ridge）。嘉数岭西侧紧邻南北向的鞍部，谷中遍布坟墓（嘉数岭上也有很多坟墓）。在山谷另一侧，另一块长度250码的山头在南北方向上缓缓抬升，就好像一道横杠，与嘉数岭组成字母"T"的形状。第九十六师的士兵把这个稍小的山头称为嘉数西（Kakazu West）。总体上看，嘉数高地"高度不高，地形也不复杂，更算不上陡峭"，但仍然变成了一道令人生畏的屏障。

日军在山体的反坡（南坡）上布置了迫击炮阵地，早就瞄准嘉数高地与美军阵地之间的谷地，以及从谷底通向山顶的所有可行进的路线。高地上修建了由碉堡、山洞、坑道组成的相互连接的机枪阵地，封锁了所有可以靠近的路线，而数门320毫米口径的九八式臼炮则从后方保护着高地。在更靠近后方的地方，日军的炮兵部队可以利用各种大中型口径的火炮提供火力支援。

4月9日黎明，美军向嘉数高地发起第一波进攻，第三八三步兵团一营直扑嘉数岭，而三营则把嘉数西当作攻击目标。2个营的尖刀连分别攻上目标正前方的坡面后，全都遭到迫击炮、火炮、机枪的猛烈袭击，无法继续推进。早上8:30，一营营长拜伦·金（Byron King）中校用无线电向团长埃德温·T.梅（Edwin T. 'Eddy' May，绰号"埃迪"）发报，汇报战场情况："尖刀连50人冲上山头。支援部队遭到阻击无法前进。除了机枪构成的交叉火力网，部队还遭到迫击炮、火炮的猛烈轰击。如果得不到增援，就只能命令部队后撤。"

由于第九十六师师长詹姆斯·L.布雷德利少将下令要求第三八三团向高地南坡发起"强有力"的攻势，所以梅上校并不准备放弃嘉数岭上至关重要的立足点。他在回电中说道："派G连上前支援，如果营长怯战，就由副营长顶上。不惜一切代价，保住山头上的立足点。"

尽管第三八三团二营G连接到上前支援的命令，但由于该连的部署位置相对靠后，与前线有1000码的距离，所以没能及时赶到最前方为一营解围。上午10:00，已经在战斗中负伤的A连连长命令A连和C连的所有生还者一起在烟幕掩护下向山下撤退。在下山的路上，B连的幸存者也加入了撤退的队伍。美军官方战史上写道："对于许多幸存者来说，从嘉数岭撤退的经历就好似一场命悬一线的噩梦；一营的军医认为，所有的生还者都无法继续执行作战任务。"

攻占嘉数西的美军也遭遇了类似情况。第三八三团三营L连攻占了嘉数西的一个小山头，虽然遭到日军投掷手榴弹、炸药包的持续反攻，但还是勉强守住了阵地。G连、I连接到梅上校的命令，准备支援L连的左翼（即东侧），但一直无法突破日军封锁谷地的火力网。时年21岁的理查德·约翰逊（Richard Johnson）毕业于哈佛大学，当时是I连的一等兵，他的任务是操作火焰喷射器。他看着山下战友死伤无数的惨状后，对副排长说，他们的作战任务不是个"好差事"。

副排长也赞同约翰逊的看法，本着"谨慎即大勇"的原则，与约翰逊一起把一块岩石当作掩护，躲避日军的炮火。约翰逊卸下重达82磅的火焰喷射器，把它放在身后以作保护。事实证明，这样做十分明智，因为只过了几秒钟就有一枚日军的迫击炮弹在距离他们不远处爆炸，炸飞了火焰喷射器的凝固汽油储罐。约翰逊回忆道："幸运的是燃料罐没有爆炸。"*当意识到藏身处已被日军瞄上后，二人向后跑了大约20英尺，找到一处圆形洼地当作新的藏身处，一直躲到夜幕降临。对于参加过莱特岛战役的老兵约翰逊来说，4月9日那天的经历只能算作"一场绞肉机行动"的序曲。这是他后来对那场战争的描述。9

与此同时，到了下午4:00，共有83人的L连只剩下3人没有挂彩，战士随身携带的弹药也几乎全部耗尽。L连连长意识到，继续阻挡日军的反攻毫无希望，便下令撤退。承担炮火支援任务的炮兵再一次表现出"极高的专业素养"，使用高爆弹制造弥漫的烟雾，掩护L连顺利撤退。尽管如此，对于第三八三步兵团来说，4月9日仍然是一个"黑暗的日子"：全团23人战死、256人负伤、47人失踪，共减员326人。一营的损失最为惨重，仅存一半有生力量，"已经丧失了战斗力"。更加糟糕的是，梅上校言出必行，撤了金中校的营长职位，让副营长取而代之。至于三营，L连包括连指挥部在内仅38

---

\* 凝固汽油不易挥发，即便储罐被子弹击中，发生泄漏，也无法与周围的空气形成油气混合物，所以很难发生爆炸。——译注

名官兵幸存\*。第三八三团虽然没有取得任何进展，但仍然击毙了至少400名日本兵。[10]

一个团的兵力无法攻占高地，第九十六师计划动用2个团在第二天继续发动新一轮的"强力进攻"：按照新的计划，第三八三团应当集中兵力攻击嘉数岭，而第三八一团则应当向嘉数西发起进攻。这套作战方案的提出者是第九十六师53岁的副师长克劳迪厄斯·M.伊斯利（Claudius M. Easley）准将。他来自得克萨斯州胡德县，是个神枪手，曾经担任美国陆军步兵步枪射击队、手枪射击队的队长，在担任副师长后又亲自监督射击训练，为第九十六师赢得了"神枪手师"的称号。在莱特岛战役中，他被日军狙击手击中，因伤退出战斗。因为此前的英勇表现和领导力，他获得了军功勋章和铜星勋章。

由于受到地形的限制，第三八三和三八一团在发动进攻时无法得到坦克的支援；所以，伊斯利下令集中7个炮兵营的火力，在进攻开始前猛烈轰击日军阵地，进行15分钟的炮火准备，之后又延长至30分钟。克里斯·唐纳中尉所属的第十一陆战团三营虽然隶属于正在冲绳岛北部消灭残敌的陆战一师，但还是被借调过来参加为第九十六师的攻坚作战提供炮火支援的行动。第三八三步兵团二营位于全团前进方向的左侧，而唐纳则奉命担任二营的前线炮火观测员，负责为在最前方作战的步兵呼叫炮火支援。进攻前，他想以无线电联络后方炮兵阵地，却无法取得联系；所以，他只好去寻找距离最近的连级指挥官，结果在路上遭到迫击炮的轰击。"一枚炮弹几乎在

---

\* 由于在嘉数高地的攻坚作战中表现极其顽强，第三八三步兵团三营L连获得了杰出单位表彰。——原注

我身边爆炸，"他回忆道，"冲击波把我掀翻在地。有东西击中我右臂二头肌上方的位置，那感觉就像是被人用棒球棍狠狠地打了一下。我记得我大叫道：'完蛋了！我中弹了！'我脑袋嗡嗡作响。有人把我扶坐起来，问我感觉怎么样。我瞅了一眼右臂，发现竟然没有流血，只看到一块弹片嵌入上臂，露在法兰绒军服的外面。我抓住弹片拔了出来。弹片差点儿把我的手给烫伤了。"

唐纳的伤势并不严重，不久后，到第三八三团发动进攻时，他仍然与前线的步兵一起行动，负责呼叫炮火支援。他们遭到日军机枪火力的阻击，几乎马上就"停滞不前"，甚至都没能抵达谷地尽头的峭壁。唐纳回忆道："好几个人受了轻伤，费劲地向后方撤退，并大声向医护兵求救。"一个连接到命令绕远路包抄侧翼，唐纳率领炮火观测小组跟随行动。然而，由于在一个交叉路口遭到日军猛烈的炮击，该连寸步难行。收到"前路不通"的消息后，唐纳接到命令返回出发的阵地。他回忆道："夜幕降临，寒风裹着冷雨把我们全身浇透。我的胳膊疼痛难忍、肿胀不堪。日军迫击炮不断齐射，我们趴在地上不敢起身。"唐纳与另一名军官躲进一个狭小的散兵坑，想要盖着斗篷对付着睡一夜，但散兵坑很快就被水淹了。唐纳写道："我坐在水深足足有4英寸的散兵坑里，寒冷的夜风终于卷走了雨云，但我仍然止不住地牙齿打架、浑身发抖。那一夜可算是我这辈子最难熬的一个长夜。"[11]

在其他地方，第三八一团的部分作战单位和三八三团三营甚至攻占了嘉数西高地北侧的一个山头，并在山上修筑阵地。但是，无论是4月10日当天的进攻，还是11日和12日发起的后续进攻，都没能拿下嘉数岭。美军官方战史这样描述4月12日的进攻："第三八一团发起了3次进攻，每次都面对着日军……倾泻而下的迫击炮弹，还有迎面而来的机枪和步枪火力，以及手榴弹和炸药包。攻势被瓦解，发动进攻的营损失了45人。"[12]

唐纳来到嘉数岭下的一块洼地，与受伤的步兵共同度过了两个夜晚。他们缺水断粮，时刻都有可能被炮弹炸飞的石块击中，直到13日才终于被其他前线炮火观测员替换下来。他写道："我们收拾好装备，祝第九十六师好运，然后排成一列纵队沿着原路返回，跑了1英里多。看到三营派来了两辆卡车，我们心里别提多高兴了。我们乘坐卡车向远离前线的炮兵阵地驶去。"[13]

与此同时，在嘉数高地以东的地区，第三八二步兵团的3个营向呈西北—东南走向的墓碑岭高地发起进攻，结果同样败下阵来。一等兵唐·登克尔所属的三营曾经一度在高地上占据了立足点，但由于"连日阴雨迟滞了坦克部队的增援，降低了能见度，再加上日军的迫击炮、机枪、47毫米口径火炮的猛烈火力"，最终还是被迫撤退到最初的阵地。登克尔所在的迫击炮小队负责为L连的进攻提供火力支援，在距离前线500码的地方以每分钟1发的频率发射炮弹。步枪排的阵线前移后，登克尔与小队的战友一同跟上，在距离步枪排后方70码的地方架设迫击炮。入夜后，他回忆道，迫击炮小队的任务是"按照前方的要求偶尔发射一两枚照明弹"。

到4月11日，美军的攻势趋于减弱；与此同时，连日的阴雨"加大了人员及物资的运输难度，伤员转移则更是难上加难"。美军现在面临的主要威胁就是口径巨大且射程超过2 000米的九八式臼炮。登克尔回忆道，臼炮的炮弹"在飞行时会发出强劲的尖啸，落地后会在地上炸出一个深度约12英尺、直径约30英尺的大坑"。每一颗臼炮炮弹划过，看着就像"一个长着鱼鳍的垃圾桶在空中飞行"。[14]

　　第七师的进展稍微顺利一点儿。该师的第一八四步兵团在4月9日占领坟墓山，而第三十二步兵团则在两天后进入大木村（Ouki）。然而，没过多久，日军就切断了第三十二团与后方支援部队的联系，迫使幸存的美军士兵后撤。4月12日，第七师在距离178号高地（也就是日军主防线的东端）东北方向数百米处建立了稳固的前沿阵地。[15]

　　第二十四军的进展缓慢，并没有令巴克纳中将感到特别惊讶。4月8日，他在写给妻子的信中说道："所有的作战部队都表现优异，但是不出所料，日军正在岛屿南部强烈抵抗。我们必须突破一大片用混凝土和钢筋构筑的防线，可这难不倒我们。"同样是在4月8日，他在日记中提到，他的计划是"一方面命令第二十七师在冲绳岛登陆，加强（第二十四军）攻势，另一方面在第二十七师登陆后派第七十七师占领伊江岛"。[16]

　　巴克纳的记性显然不太好。不久前，当他率领集团军的参谋人员视察圣埃斯皮里图岛时，第二十七步兵师给他留下的印象简直糟糕透顶，但仅过数月，他就对第二十七师充满信心，认为该师的增援到达后，第二十四军就能啃下美军在太平洋战场上遇到的这个最难啃的硬骨头。4月9日，少了1个加强团（该团被派去驻守靠近冲绳岛东海岸、防守薄弱的数座岛屿）的第二十七师在渡具知海滩登陆。一天后，巴克纳命令第二十四军指挥官霍奇少将在第二十七师抵达前线以前按兵不动。巴克纳坚信，霍奇手下承担进攻任务的2个师在人数上不敌日本守军——但事实正好相反——他还十分担心第二十四军出现弹药短缺问题，因为糟糕的天气会影响军需物资运输。考虑到上述因素，他认为必须等到集中足够兵力、补充足够弹药以确保万无一失后，再发起大规模进攻。为了加上双保险，他还通知霍奇，"4月16日前后"，第七十七师将在占领伊江岛后返回冲绳岛，进一步加强第二十四军的作战能力。[17]

如果第七十七师师长布鲁斯少将能够说服巴克纳的话，那么他就肯定会在占领伊江岛后率领第七十七师在那霸以南进行两栖登陆作战。巴克纳在4月11日的日记中写道："布鲁斯来到船（艾多拉多号）上，与我讨论攻占伊江岛的细节。他一如既往，还是迫不及待想要尝试在冲绳岛南部的日军主阵地后方登陆。"[18]

几天前，巴克纳刚刚在日记里夸奖了布鲁斯显得有些莽撞的指挥风格。他也很清楚，第七十七师接受过专门的两栖登陆作战训练。尽管如此，他还是很快就否决了布鲁斯的提议，认为美军不应在冲绳岛进行第二次登陆作战；原因是这不仅会加重后勤部门的负担，同时还有可能会令登陆部队处于孤立无援而被歼灭的境地。巴克纳严格遵循美国陆军推崇的战术思想，认为进攻作战必须把炮兵当作绝对主力。这就意味着，巴克纳认为必须首先集中足够多的兵力和足够强大的火力（也就是炮兵阵地的数量），然后再发起正面进攻；但即便如此，考虑到冲绳岛的狭窄地形和日军的防御力量，正面进攻肯定会令美军付出沉重的代价。4月2日，在艾多拉多号上与海军上将斯普鲁恩斯讨论战略战术时，巴克纳就已经表达了这样的作战思路。他写道："斯普鲁恩斯一再催促我们尽快占领伊江岛，但这样做并不能为打赢战役争取时间，反倒会在决战开始前消耗掉陆军所有的后备力量。"[19]

巴克纳的谨小慎微向斯普鲁恩斯证实了他和特纳海军中将的看

法是正确的，他们倾向于选择更具进攻性、更有经验的霍兰·史密斯中将作为地面部队总指挥。然而，巴克纳最终能担此重任，更多的是出于政治考量而非其指挥能力，而斯普鲁恩斯也不得不接受做出该决定的后果。他在写给老朋友的信中说道："从长远来看，陆军慢条斯理、按部就班的作战方式到底能不能减少伤亡，要打上一个大问号。这样做只是延长了作战时间，拉低了每天的平均伤亡而已。"当然这也意味着，海军会遭到日军的空袭并造成更为严重的伤亡，而在斯普鲁恩斯看来，无论巴克纳本人还是其他陆军将领，都对海军的困境"视而不见"。斯普鲁恩斯补充道："有些时候我很不耐烦地指望着，能看到一些霍兰·史密斯那样的劲头，但我们对此却束手无策。"[20]

斯普鲁恩斯并不是唯一一位对冲绳岛南部战事的缓慢进展感到担忧的高层将领。一想到直至4月12日，部队仍然只是对守军主防线"试探性进攻"，并没有"发动总攻"，第十集团军的海军陆战队副参谋长奥利弗·史密斯准将就很恼火。这样的看法其实并不公平。比如，第九十六师虽然没有攻下嘉数岭和墓碑岭，但作战尤其勇敢，也遭受了巨大的伤亡*。然而，事实证明，史密斯认为过分拖延只会适得其反的判断是正确的。他后来回忆道：

> 时间一天一天过去，我开始四处打听，想要知道（第二十四军）发起进攻的日期。我最终得知巴克纳要等到第

---

\* 截至4月12日，第二十四集团军共有451人阵亡、2 189人负伤、241人失踪，战斗减员在2 900人上下。当时的统计数字认为，日军共有5 750人阵亡。——原注

二十四军的所有火炮都配备了4个单位*的弹药，并且等到第
二十七师就位后，再发动进攻……陆军的指挥官显然并没有意
识到：在以夺取洞穴和机枪碉堡为目标的战斗中，部队会遭受
多么严重的伤亡；归根结底，这些洞穴和机枪碉堡必须由步兵
占领；火炮只能炸毁敌人阵地上的伪装，压制敌军躲在掩体里，
却不能占领阵地；一再拖延只会让部队伤亡总人数加剧，还会
让部队精疲力尽。十天的延迟会给日本人喘息之机，而持续的
压力才会让他们阵脚不稳。[21]

　史密斯的分析很有道理。然而，他并不知道日军的高级参谋无
法就作战策略达成一致；所以，虽然巴克纳的过分谨慎把战机拱手
相让，但日军却并没有把握住这些机会。

---

* "弹药单位"是美军从战术角度用来衡量弹药补给的充足程度的方式。一个弹药单位相当于特
定数量的弹药，并根据武器的种类、口径作出调整，能够反映在常规作战条件下，各类武器
正常的弹药消耗量。举例来说，按照美国陆军的规定，点30口径步枪的1个弹药单位相当于
150发子弹；点30口径重机枪的1个弹药单位相当于3 000发子弹；105毫米口径榴弹炮的1
个弹药单位相当于225枚炮弹。此外，各战区指挥官还可以根据战区实际情况对弹药单位的大
小作出调整。——译注

## 16  我们什么时候才能再见面？

就在美军在冲绳岛南部暂停攻势的那几天，日军正准备夺回主动权。原因是，4月5日晚，总部设在台湾岛的第十方面军司令官安藤利吉（Rikichi Ando）大将给牛岛满中将发了一封电报，对守军推迟原定于4月6日的进攻计划大为震怒，向牛岛下达"特别命令"，要求他在4月8日夜发动进攻，夺回读谷机场和嘉手纳机场。[1]

面对这项直接的命令，牛岛别无选择，只得执行命令，要求参谋长长勇重新下达发动总攻的命令，把进攻时间定在安藤大将指定的日期。根据八原大佐的回忆，"反击作战的计划考虑不周"，调动了包括大部分炮兵部队在内所有可以调动的作战部队，"准备大举进攻，把入侵者赶到石川地峡以北"。第六十二师团负责打头阵，向读谷机场方向发起进攻；第二十四师团将沿着冲绳岛东海岸向北挺进。第四十四混成旅团担任此次进攻的预备队。尽管包括八原在内，所有"头脑冷静的参谋人员"都极力反对此次计划，指出"即便进攻之初能取得成功，日军也会暴露位置"，遭到美军火炮和轰炸机的"毁灭性打击"，但牛岛还是批准了反攻计划。[2]

然而，美军舰船在那霸以西的海域游弋，令日军再次担心美军会"在牧港附近登陆，然后向浦添村（Urasoe）方向前进，包抄日军主防线左翼"；于是，反击计划再次被迫延期。长勇只好大幅削减反攻的规模，把原先的总攻降格为由2个中队发动的夜袭。发现美军并没有登陆的意图后，长勇命令八原大佐制订计划，以1个旅团的兵力在4月12日发动夜袭。两个年轻参谋分别姓木村（Kimura）和楠村（Kusumura），都是曾经在中国战场作战的老兵，他们提出了一套作战计划，认为应当派小股部队渗透到敌军后方，最远可深入敌后6英里，"在洞穴和墓穴内藏身，等到4月13日天亮后再伺机发起攻击"。八原认为，这套方案最主要的优点是，日军与美军在地面上"犬牙交错"，可防止美军使用炮兵轰击；最主要的缺点是，参与进攻的部队"不熟悉地形"，其中第二十二联队的问题尤其严重。[3]

4月12日入夜后，日军按计划发动夜袭，并在开始前进行了冲绳岛战役爆发至今最猛烈的炮火准备。总共有6个大队参加夜袭，分别是从第二十四师团负责的小禄半岛防区调来的、隶属于第二十二步兵联队的3个大队——任务是攻击美军前线的东半边，和隶属于第六十二师团的3个后备大队——任务是攻击美军前线的西半边；他们最主要的目标是拿下距离美军前线4英里的喜舍场（Kishaba）。

正如八原此前的预测，第二十二联队的3个大队果然"因不熟悉地形而晕头转向，到天亮时前进了仅仅500码"，遭到美军第三十二、第一八四步兵团（均隶属于第七师）的阻击，结果"伤亡惨重，被迫撤退"。在左翼，日军推进得稍远些，第二十七、第二七二独立步兵大队以分队为单位深入敌后，到被迫撤退时最远已渗透到距离美军前线1000码的后方。与此同时，沿着冲绳岛西海岸前进的第二七三独立步兵大队遭到美军阻击，溃不成军。凌晨

3：30，一等兵唐·登克尔所属的第三八二步兵团L连在沿着墓碑岭高地一侧的公路附近遭到了日军第二七二大队的攻击。他回忆道："我们协助防御，发射照明弹，暴露日军的位置，好让步枪排的士兵精准射击。日军在我方散兵坑前阵亡25人，余部仓皇撤退。"L连则无一伤亡。[4]

当天夜里，英勇的美军士兵出现在位于嘉数岭、嘉数西之间的鞍部北端底部的阵地上，那里由第三八一步兵团一营的一个迫击炮班负责守卫。大约凌晨3：00，担任班长的技术士官博福德·T.安德森（Beauford T. Anderson）发现日军正在逼近阵地，马上命令手下士兵在附近的一座坟墓内隐蔽起来，而他却独自冲出去。他打光了卡宾枪的子弹，扔完了所有的手榴弹，发现日军仍然继续推进；于是，他拼死一搏拿起迫击炮炮弹，拔掉保险销，用石块撞击炮弹尾部，并扔向来袭日军。听到炮弹爆炸后日军的惨叫，他按此法继续投掷，总共扔出15枚炮弹，最终迫使"疯狂的敌人"撤退。安德森的荣誉勋章嘉奖令上写道，"尽管他被弹片击中，伤势严重，战友都要他优先处理伤口"，但他却态度坚决，一定要先向连长报告战况，然后再接受治疗。

"（安德森）面对人数占据绝对优势的敌人临危不惧，击杀25名敌军士兵，摧毁机枪数挺、膝盖迫击炮数门，以一己之力化解了敌人对连阵地侧翼造成的严重威胁"。鉴于他在战斗中的出色表现显示出"超乎职责要求的英勇无畏"，更不要提他在危急时刻机智地将迫击炮弹当作近距离武器使用，安德森被授予荣誉勋章，成为冲绳岛战役期间第一个获得该荣誉的美军士兵。[5]

一个回到位于嘉数高地附近己方阵地的日军士兵写道："我是所

在小队第一分队的队长，出发时手下共有4名士兵。由于中队长在途中迷路，我们还没翻过高地，就遭到密集的迫击炮火力，并被敌人压制住。敌人的迫击炮火攻击和机枪扫射一直持续到黎明，而我们伤亡惨重，只好在天亮后撤退，结果在撤退的路上又遭到猛烈的炮击……秋山队（第二七二大队第一中队）向敌后渗透时被敌人发现，全军覆没。"[6]

尽管八原大佐因夜袭计划白白浪费了大量宝贵的兵员而心痛不已，但反攻失败对他来说也并不完全是坏事，至少"加强了"八原"作为保守派发言人"在参谋人员中说话的分量。然而，这并没有让以长勇为首的"激进派"认识到自己的错误——接下来的几个星期，他们仍然主张守军应当发动更多的进攻——也同样无法阻止牛岛听取激进派的意见。[7]

国府津（Kōzu）是一座位于东京西南方向50英里处的港口。冲绳岛守军发动夜袭的几天前，在国府津的一间普通民居内，19岁的荒木茂子（Shigeko Araki）入睡没多久，就在夜里11点被父母叫醒，得知在陆军航空队担任少尉＊飞行员的继兄荒木春雄（Haruo Araki）回家休过夜假。由于国府津因刚刚遭到空袭而实施灯火管制，荒木一家人只好摸黑来到正厅。"我有些事必须和你们交代，"家人到齐后，春雄说道，"大家都要在场，因为我们是一家人。我被上级选中担任特攻队的队长，执行特攻任务。我不知道攻击发起的具体时间，但也就是眼前的事儿了。"

---

＊  此处原文是大尉，但荒木春雄是在战死后晋升大尉的，故译文中使用少尉。——译注

茂子马上就意识到这意味着什么。她在一间为海军服务的食品加工厂工作，每天都有数十架神风特攻队的飞机在工厂上空飞过；她和工友一看到特攻队的飞机就会流泪，因为她们心里很清楚，特攻队的飞行员都有去无回。茂子没想到不久后，春雄也会成为特攻队的一员。

"我有一个请求，虽然听起来很自私，但我还是要提出来。"春雄继续说道："如果可以的话，我想娶茂子为妻。"

起初，茂子听到后惊讶得说不出话来。她的父母也一言不发。过了好一阵子，茂子终于回答道："就按春雄说的办吧。"

茂子和春雄出生在不同的家庭，不是亲兄妹。实际上，茂子的"母亲"是她的养母*。养母与春雄的父亲结婚后，一家人在东京生活；茂子开始学习传统的日本舞蹈，而春雄则进入军事学院。1942年4月，美军B–25轰炸机空袭东京，茂子依然认为荒木一家被疏散到神奈川县（Kanagawa）国府津。她在一家为海军生产米糕的食品厂工作，并与所有工人一起训练长竹枪的使用方法，因为如有敌军在附近海滩登陆，她们就必须拿起竹枪与敌人战斗。"美国人又高又壮，"教官说道，"所以要把枪头对准喉咙，朝这里刺，一枪刺穿喉咙。只管刺，别看他们的脸。"

"明白！"工厂的女工齐声答道。

茂子并不觉得杀死敌人有什么不对。"这是为了日本，"她后来解释道，"这是保家卫国。我们送亲人上前线赴死……我们至少也要确保本土万无一失……那时候，我们坚信日本一定会赢得最终胜利。

---

\* 此处原文为 aunt，可能是姑母、姨母或其他女性长辈，但无法确定，故此处译作"养母"。——编者注

我们认为大和族在世界上无与伦比。"对于茂子来说，继兄即将像武士一样战死，在这一刻接受他的求婚是无比光荣的事情。"那时候，"她在战后写道，"我认为春雄战死沙场是再自然不过的事情了。倘若他苟且偷生，那才丢人。"

二人的父母泪流满面，同样也认为他们应当尽快成婚。"就这么定了，"父亲说道，"赶快安排婚礼吧。"

举行婚礼的房间"四面都是纸墙，外边是防雨百叶窗，屋内漆黑一片"。家里没有清酒，茂子和春雄只好用土豆酒替代，并按照传统的婚礼仪式喝完三杯酒。"父亲唱起用来庆祝婚礼的歌谣，名为《高砂》（Takasogoya），"茂子回忆道，"唱到白头偕老的那一段时，他突然陷入沉默。我们再也忍不住，全都哭了起来。"

茂子和春雄直到将近凌晨2点才终于就寝，在一间配有玻璃窗的"西式卧室"共度他们仅有的一夜良宵。春雄许久没说话。"他不愿和我说起他战死后，我该怎么办，"茂子回忆道，"我想和他说点什么，但也同样开不了口。"尽管如此，茂子依然认为新婚之夜那短短几个小时仍然"极其珍贵，十分美妙"。她感受到了"全身心的爱"，二人彻夜未眠。最后，春雄开口说道："要是有根绳子就好了，这样我们就可以绑在一起跳到国府津附近的海里。"

"什么？"茂子困惑地问道。

春雄当然知道这只是妄想："我现在不能跳海殉情了。"

凌晨4点，两人起床了。茂子永远都忘不了丈夫"站在厅里靠着窗户的位置，身着军服看着窗外的景色"。早饭后，茂子问春雄，能不能送他去火车站。

"跟在我身后。"春雄答道。

　　茂子欣然从命，眼睛一直盯着春雄迈步向前的背影。一路上，春雄都没有回头。到车站后，茂子想要看一眼车票。"不准看！"春雄厉声道。

　　她对春雄说的最后一句话是："我们什么时候才能再见面？"

　　"下雨的时候，我就回来了。"春雄答道。[8]

　　就在此时，在九州南部鹿屋市（Kanoya）的海军航空兵基地，8名樱花特别攻击机的飞行员正在准备下一波自杀式攻击。飞行员的驻地是一所老旧的小学；在刚刚抵达驻地的中岛正（Tadashi Nakajima）指挥官的笔下，驻地的"窗户在空袭中受损，全都没了玻璃；屋顶也破了好几个大洞，可以看到天空"。飞行员"直接睡在木地板上。整座宿舍脏得不得了"。

　　毕业于大阪的一所师范学校的土肥三郎（Saburo Dohi）中尉是这8架樱花特别攻击机的队长。4月12日，他刚吃完他的最后一餐，就找到中岛说："我申请了6张床和15张草垫。照理说今天就该到了。能请你帮忙签收一下，让人送到宿舍吗？"

　　还没等中岛答复，土肥就转身离开，走向一架正在等候的双发一式陆上轰炸机——机腹下方携带樱花特别攻击机，然后爬上飞机。不久，轰炸机就拖着笨重的身躯缓缓起飞，与其他7架同样携带樱花飞行炸弹的一式陆上轰炸机一同向冲绳岛飞去。这8架樱花特别攻击机属于一支由45架樱花特别攻击机、185架自杀式飞机、150架护航战斗机组成的特攻航空队。这支特攻航空队"不断地改变航线，沿着不同的方向靠近目标，从岛屿东西两侧同时发起攻击"。[9]

　　樱花特别攻击机实质上是一种"由飞行员操纵、由火箭驱动的导弹",被挂载于一式陆上轰炸机下方。该"创意"是一名年轻的海军航空兵少尉大田正一(Ensign Ohta)在1944年夏执行前往拉包尔\*(Rabaul)的运输任务途中想到的。之后,他便与东京帝国大学航空研发部一起提出具体方案,上交给设在横须贺(Yokosuka)的海军航空技术厂\*\*审核,最终在得到海军军令部的许可后付诸实施,并进入试验生产阶段。1944年末,这种被命名为"樱花绽放"\*\*\*(Ōhka)的武器开始正式生产。樱花特别攻击机是一种木质结构的小型单座滑翔机,长度只有20英尺,翼展16.5英尺,可以携带将近2 645磅的炸药;它能够由双发轰炸机携带,在距离目标13英里\*\*\*\*处释放。樱花特别攻击机的释放高度大约为2万英尺,然后由机上配备的5台火箭驱动,飞行速度可达500节,最大航程超过20英里。中岛中佐回忆道:"那些被海军选中参加培训和准备樱花特攻作战的年轻人肯定饱受煎熬,因为训练开始后需要等待6个多月,他们中的第一批人才有机会上战场为国捐躯。他们是从整个海军航空兵里精心挑选的,所有人都很优秀。"[10]

土肥中尉是他们当中的佼佼者。4月12日,起飞后不久,土肥就对机组人员说,他要小睡一会儿,抵达目标海域前30分钟再把他叫醒。言罢,他就躺倒在一张简易帆布行军床上呼呼大睡。到了指定时间,他被叫醒,然后笑着说:"时间过得可真快,是吧?"

土肥与机长握了握手,然后爬过轰炸机的炸弹舱,钻进樱花

---

\* 位于西太平洋俾斯麦群岛的新不列颠岛上的港口城市。——译注
\*\* 日本海军辖下的研发单位,由山本五十六建立,负责为海军航空兵设计和测试战斗机。——译注
\*\*\* 为行文方便,正文其他处均作"樱花"。——编者注
\*\*\*\* 此处原文数字为14英里,与前文第4章原注和下文给出的数字不符,其他处均为13英里。——译注

特别攻击机狭小的驾驶舱。土肥仍然可以用传声筒与机组人员保持联系。

与此同时，中岛一直都坐在鹿屋市海军航空兵基地的无线电室内，戴着耳机密切关注攻击的进展。他后来写道："前方不断地传来战报。我最关心的是，携带樱花特别攻击机的轰炸机进展是否顺利。"

过了许久，土肥搭乘的轰炸机发来不祥的报告："发现敌机！"

中岛一下子就紧张起来。3月21日，日军上一次发动樱花特攻时，飞机还没抵达目的地，就被美军地狱猫式战斗机杀得片甲不留。悲剧会再次上演吗？"时间似乎停滞了，"中岛回忆道，"携带樱花特别攻击机的轰炸机行动迟缓，要怎样才能突破美军战斗机组成的拦截网呢？"

幸运的是，他们做到了。

"已躲过敌机的堵截。"飞行员汇报道。

此后，战报就接连传来。

"准备释放樱花特别攻击机。"

"目标是美军战列舰。"

"释放！"

中岛眼前浮现出土肥驾驶樱花特别攻击机的景象："直扑巨大的美国战列舰，利用火箭助推不断加速，最终命中目标。"

在所有8架轰炸机中，只有土肥搭乘的那一架安全返航。落地后，机组人员汇报作战情况，称轰炸机由西向东逼近冲绳岛，看到"海面上密密麻麻全是敌军舰艇"。一艘战列舰被选为土肥的目标；轰炸机在最佳释放位置释放了樱花特别攻击机，也就是高度2万英尺、距离目标13英里处。机组人员"紧张地盯着樱花特别攻击机向下俯冲的过程，发现它在空中一度摇晃"，但很快就"稳定下来，开始加速，像子弹一样冲向目标，在视野中变得越来越小"。另一边，轰炸机以最大飞行速度向西撤退，恨不得马上离开冲绳岛周围"敌机遍布的空域"。没过多久，他们就看到"后方浓烟滚滚，升起一个高度足足有500米的烟柱，方向大致就是土肥的目标位置"。[11]

　　土肥击中目标了吗？中岛认为击中了，但无法确切得知。间接证据表明，情况与中岛的看法完全相反：4月12日那天，没有任何一艘美国海军的战列舰被樱花特别攻击机击中，唯一一艘在袭击中严重受损的战列舰是戴约海军少将的旗舰田纳西号（*Tennessee*），但击中该舰的并不是樱花特别攻击机，而是一架普通的自杀式飞机\*。另外，在4月12日的战斗中，樱花特别攻击机（即美军口中的"傻瓜炸弹"）并不是毫无斩获，而是击中2艘美军驱逐舰，导致一艘沉没、另一艘严重受损。被樱花特别攻击机击沉的驱逐舰是当时正在冲绳岛西北海域第14号雷达巡逻哨执行任务的曼纳特·L.埃伯利号（*Mannert L. Abele*）。下午2:45前后，一架普通的自杀式飞机击中该舰。飞机携带的炸弹在舰艉的引擎室爆炸，炸断了龙骨和驱动轴，导致舰船失去动力，在海上动弹不得。一分钟后，一架樱花特别攻击机以500节的速度"撞向埃伯利号，击中右舷位于前烟囱

---

\*　下午2:50前后，田纳西号遭到5架自杀式飞机的袭击。防空炮击落其中4架，但还是有1架九九式舰载轰炸机突破防空火力网，在与舰桥发生刮碰后击中了一座40毫米口径防空炮炮塔，"熊熊燃烧的航空汽油四处飞溅，烧死了许多防空炮的操作人员，飞机的残骸滑行一段距离最终在与14英寸口径的三号主炮并排的地方停下"。飞机携带的炸弹在甲板下方爆炸，引发火灾。尽管田纳西号的船体损伤并不严重，但舰员却死伤惨重，共有25人死亡，104人受伤（其中31人严重烧伤）。见莫里森所著《太平洋战争的胜利》（*Victory in the Pacific*），第227—230页。——原注

下方的位置，在穿透1号锅炉舱后爆炸"。爆炸导致船体中部解体，舰艏和舰艉断成两截；没过几分钟，"整艘船就不见了踪影，海面上只剩下残骸和幸存者，而日军的其他飞机则投掷炸弹、用机枪扫射幸存者"。

一枚炸弹在一名美军海军少尉的身边爆炸，冲击波把他整个人都掀到空中。"我身边有好几个人被炸到，"他回忆道，"伤者痛苦的叫喊声不绝于耳。"幸运的是，曼纳特·L.埃伯利号附近刚好有2艘辅助作战舰艇，船上官兵用高射炮击落2架日机，同时又尽力营救幸存者。在这次袭击中，埃伯利号总共有6人死亡、73人失踪、35人受伤。如果没有辅助作战舰艇及时救援，如果没有像乔治·L.韦（George L. Way）中尉那样英勇的海军官兵——他被爆炸掀到水中后"爬回船上，先是帮忙释放救生筏救助落水战友，后又打开舱门帮受困水兵脱险"，埃伯利号肯定会遭受更严重的人员伤亡。[12]

大约在埃伯利号遇袭的同一时刻，另一艘美国海军驱逐舰史坦利号（Stanly）也被樱花特别攻击机击中。此前，史坦利号一直在冲绳岛东北海域2号雷达巡逻哨执行任务，收到在西边执行任务的卡森杨号驱逐舰被自杀式飞机击中的消息之后，便前往救援。结果，一架樱花特别攻击机"突然俯冲下来，避开在空中执行战斗巡逻任务并与日机缠斗的美军战机，直扑史坦利号，虽然多次被舰上自动开火的炮火击中，但还是撞上舰艏右侧水线以上5英尺处，并穿透船体，在舰艏左侧爆炸"。爆炸发生后，史坦利号的舰艏就好似"一个人失去假牙的脸庞，但损伤却并没有令该舰失去动力"。

十分钟后，另一架樱花特别攻击机直扑史坦利号的右舷正横处，但飞得太高，只是扯掉了挂在桅杆上的军旗。之后，特别攻击机想要再次撞击史坦利号，却撞上海面，打了几个水漂，然后爆炸解体化作一团火球。史坦利号的舰长 R. S.哈伦（R. S. Harlan）中校感到十分幸运。他在报告中写道："从那架喷气式飞机在舰上留下的碎片来看，特别攻击机的机体大部分是胶合板和轻木*，只用了极少量的金属，并且大都是重量极轻的铝材。"

　　土肥中尉驾驶的樱花特别攻击机是这两架中的一架吗？的确有可能。一位历史学家认为，驾驶樱花特别攻击机击中史坦利号的飞行员是二等飞行兵曹小佐井（Kosai）。他与土肥都在4月12日从鹿屋航空兵基地起飞；所以，土肥当然有可能是击沉曼纳特·L.埃伯利号的日军飞行员。果真如此，那土肥就是唯一一个击沉美军战舰的樱花特别攻击机飞行员。[13]

---

\* 一种原产于美洲的热带木材，具有重量轻、易加工等特点，多用于制作模型。——译注

## 17　哈里，总统死了

1945年4月12日下午5：00后，美国副总统哈里·杜鲁门（Harry Truman）来到众议院议长萨姆·雷本（Sam Rayburn）的办公室，准备边喝酒边讨论政治局势。杜鲁门身着双排扣大翻领灰西装，搭配白衬衣，系着深色斑点领结。对于杜鲁门来说，衣着整洁的确十分重要，因为他这副长相——中等身材，体格粗壮，长着一张圆脸、一头灰发，鬓角的位置已经开始脱发——真是乏善可陈。此外，他还是个严重的近视眼，一直都戴着厚厚的眼镜。

雷本迎上前来，一边招呼杜鲁门与其他宾客见面，一边递上杜鲁门最喜欢的烈酒波旁水，一边说道，罗斯福总统的新闻秘书史蒂夫·厄尔利（Steve Early）想要与他通话。于是，杜鲁门拿起话筒，拨通厄尔利在白宫的电话："我是副总统。"

"请您快过来，"厄尔利的声音听起来十分紧张，"一定要走宾夕法尼亚大道的正门。"

杜鲁门察觉事情有些不妙，脸色变得煞白。他挂下电话，惊叫道："天啊！*厄尔利让我立即赶往白宫。"

---

\* 原文直译是："耶稣基督和杰克逊将军！"这句话是美国南方人的感叹语，相当于"我的老天！"杰克逊将军是指南北战争时期南方邦联的名将"石墙"杰克逊。（美国内战期间，杜鲁门的老家密苏里州是边界州，州内出现了两个政府，分别支持北方联邦和南方邦联）。——译注

他在门口停下，手握着门把手，叮嘱道："大家别声张，肯定出大事了。"

离开雷本的办公室后，杜鲁门一路小跑，急促的脚步声在国会大厦的大理石走廊内回荡。他避开在副总统办公室内待命的特勤局安保小组——这是他身居高位八年期间唯一一次成功摆脱安保小组的经历——直奔副总统专车，要求司机开车前往白宫并走正门。下午5:25，专车抵达白宫。杜鲁门乘电梯前往第一夫人埃莉诺·罗斯福（Eleanor Roosevelt）位于二楼的书房，发现罗斯福夫人、她的女儿和女婿史蒂夫·厄尔利正在书房内等候。第一夫人走上前来，把手搭在他的肩膀上，说道："哈里，总统死了。"*

杜鲁门惊愕得说不出话来。罗斯福赢得1944年的总统选举。这是罗斯福的第三次连任，也是杜鲁门作为罗斯福的竞选伙伴第一次赢得大选。从那以后在许多场合，杜鲁门都十分担忧总统的健康状况。然而，杜鲁门认为，罗斯福身体欠佳完全是因为他坐镇白宫时日理万机，"在长达十二年的任期内，承担着巨大的责任"，先是带领美国走出大萧条，之后又在战争期间领导国家。让杜鲁门感到安心的是，罗斯福拥有"令人惊叹"的康复能力。他前往佐治亚州的温泉小镇沃姆斯普林斯（Warm Springs）休假后，最新消息是："总统康复良好。"实际上，按照杜鲁门后来的说法，罗斯福的"身体状况似乎大有好转，谁都没想到情况会急转直下。所以，他去世时没有直系亲属在身边，甚至连他的私人医生也不在场"。[1]

---

* 1945年3月29日，罗斯福离开华盛顿，前往位于佐治亚州的温泉小镇沃姆斯普林斯的宅邸，因为他认为小镇的天然热泉富含矿物质，对因脊髓灰质炎而瘫痪的双腿有好处。两周后，罗斯福请人为自己画肖像画，坐下没多久就大脑出血失去意识，再也没能清醒过来。下午3:35，医生宣布罗斯福死亡。——原注

　　杜鲁门的脑子里闪过四个大字：晴天霹雳！他急匆匆地赶到白宫，本来是要与总统见面，没承想自己却成了总统。有人质疑杜鲁门的能力，认为他无法替代罗斯福接过国家最高领袖的重任。这是再自然不过的事情了。与罗斯福不同的是，时年60岁的杜鲁门出身寒门，也没有接受过任何像样的正规教育。杜鲁门出生在密苏里州拉马尔市，是家中长子，他的父亲经营农场，还从事牲畜买卖。高中毕业后，杜鲁门进入堪萨斯城的一所商业学校学习，但只完成了一年学业就决定退学。此后，他先是从事一系列的文书工作，之后又开始经营家里的农场，其间进行了一些与采矿业和石油业相关的高风险投资——结果血本无归。美国参与一战后，他时来运转，成为炮兵部队的军官，不仅积累了领导经验，还获得了在战场上为国效力的履历，为战后在密苏里州从政积攒了政治资本。

　　后来，杜鲁门开了一家男装店，结果再一次因经营不善而关门大吉。此后，他在1922年当选杰克逊县的县法官，4年后再次当选，并担任县法庭的首席法官，在任期间推行耗资甚巨的公共工程计划，令杰克逊县和堪萨斯城旧貌换新颜*。这成为杜鲁门政治生涯的跳板；他以此为基础，并在当地商人汤姆·彭德格斯特（Tom Pendergast）的支持下，在1934年当选联邦参议员（彭德格斯特后来因诈骗被判监禁）。1941年，杜鲁门被任命为一个特别委员会（即所谓的"杜鲁门委员会"）的主席，负责调查政府军事开支中的浪费和腐败问题，从而成为美国政坛举足轻重的大人物。《时代周刊》认为，杜鲁

---

*　　杰克逊县的县法庭共有3名法官，分别是西区法官（辖区为堪萨斯城）、东区法官（辖区为除堪萨斯城之外的所有地区）、首席法官（由全县所有选民选出）。杰克逊县县法庭并不是司法机构，而是一个行政机构，作用与其他县的行政委员会相似。1922年时，杜鲁门当选的是东区法官。——译注

门委员会是"二战期间作用最大的政府部门之一"。尽管如此，当得知罗斯福曾说"这次该轮到杜鲁门了"并挑选自己作为1944年总统大选的竞选搭档后，杜鲁门仍然颇感意外。[2]

实际上，杜鲁门是一个折中的选择：尽管与其他人选相比，他不仅年纪偏大，还缺乏吸引力，但是他树敌较少，不会得罪选民。事实证明，罗斯福的确做出了正确的判断：他与杜鲁门搭档获得了432张选举人票，远超共和党总统候选人纽约州州长托马斯·E.杜威（Thomas E. Dewey）及其竞选伙伴俄亥俄州州长约翰·布里克（John Bricker）的99张选举人票。副总统的工作算不上繁重，主要职责就是担任参议院议长；只有在参议员的表决结果出现平局时，他才有权投下决定性一票。他担任副总统的82天时间里，与罗斯福仅有两次正式会面。

现如今，在得知罗斯福去世而自己突然成为总统的消息后，杜鲁门对埃莉诺·罗斯福说："有什么我能帮忙的吗？"

埃莉诺答道："有什么我们能帮忙的吗？毕竟你才是那个遇到大麻烦的人。"

埃莉诺是对的。杜鲁门后来写道："过去的几周，我一直都担心这位伟大的领袖会出什么意外。结果最糟糕的事情还是发生了，而我却毫无准备。"

不到一个小时，埃莉诺·罗斯福就离开白宫前往沃姆斯普林斯，而杜鲁门则来到白宫西翼的内阁，由最高法院首席大法官主持仪式，宣誓成为美国第33任总统。接下来，杜鲁门召开了成为总统后的第一次内阁会议，通知全体阁员，4月25日将按照原计划在旧金山召开会议，成立名为"联合国"的新和平组织。之后，他又补充道，希望所有的阁员都能坚守岗位，他打算"继续执行罗斯福总统的内政和外交政策"。

简短的内阁会议结束后，所有的阁员都离开了，只有77岁的战争部部长亨利·L.史汀生（Henry L. Stimson）留了下来，想要与杜鲁门单独谈话，讨论"一件万分紧急的事情"。史汀生从政前在华尔街做过律师，是罗斯福内阁内唯一一位共和党人，同时也是一位尽职尽责的公职人员；两党都对他十分尊敬。他告诉杜鲁门，政府正在执行一项"庞大的研发计划"，而杜鲁门作为总统必须对该计划有所了解。计划牵涉"一项研发，那是一种破坏力强大到几乎令人难以置信的新型爆炸装置"。

杜鲁门此前只听到过一些传闻，听说政府正在进行一项神秘的军事研究计划，耗费数百万美元，但对细节一无所知。他迫不及待想要得到更多信息，但史汀生却说，"现在不便多说，只能透露这么多"。史汀生离开后，杜鲁门"一头雾水"。直到得知此事，杜鲁门这才回忆起来，在他担任参议院国防项目调查委员会主席时，史汀生曾经登门造访，请求他不要针对两座分别位于田纳西州和华盛顿州的兵工厂继续进行调查。史汀生说："我不能跟你细说，只能告诉你，这两座兵工厂正负责一项史无前例的重大计划。那是最高机密。许多实际参与的人也并不知道具体情况。我们这些知道内情的人只能感谢你不要再调查这两座工厂。"杜鲁门很早就知道史汀生诚实可靠，是"一位伟大的爱国者、政治家"，所以当场答应会下令"停止"调查。[3]

在成为总统的那天晚上，杜鲁门在日记中透露了自己对未来的恐惧：

罗斯福几乎成了所有美国人崇拜的圣人；我不知道公众在得知他的死讯后会做何反应，尤其令人担忧的是军队的反应。战事、价格管制、战争物资的生产以及当前所有因战争而进入紧急状态的事情会因此受到什么样的影响，这些都无从得知。我已经知道总统与丘吉尔和斯大林多次会谈，但对会谈的内容知之甚少。因此，必须认真考虑应对策略。[4]

杜鲁门的担忧的确很有道理。他的传记作家认为，他是一个"典型的普通人"，"没有读过大学"，从来都没有"属于自己的房子"，没当过州长，甚至都没当过市长。杜鲁门曾经亲口说，他能当上总统"纯属意外"。《芝加哥论坛报》（*Chicago Tribune*）指出，毫不意外，全世界肯定都想问两个问题：哈里·S.杜鲁门是个什么样的人？他到底会成为什么样的总统？[5]此外，全世界都会因为失去罗斯福而悲痛不已。听闻罗斯福的死讯后，温斯顿·丘吉尔感到自己好像"遭到了沉重的打击"。他写道："我与这位伟人共事多年，共同经历漫长的艰难岁月。我与他的私交在合作中起到了重要作用。现如今，我失去了这样一位友人，心情悲痛得难以平复。"苏联的领导人约瑟夫·斯大林命人在莫斯科悬挂带有黑边的旗帜以示哀悼。就连日本新任首相铃木贯太郎（Suzuki Kantarō，罗斯福去世前几天，他取代小矶国昭成为首相，Koiso Kuniaki）也表达了"深切的哀悼"。[6]宇垣海军中将赞同"发唁电表示哀悼"，并在日记中表达了这样一种观点：他指挥的神风特攻作战是造成罗斯福死亡的部分原因。[7]

在冲绳岛前线，巴克纳在给妻子的信中写道，所有人"都因总统去世而悲痛欲绝，并感到些许不安，担心他的继任者缺乏外交经验"。另一方面，大家也都因前任副总统、著名的和平主义者亨利·华莱士（Henry Wallace）已经卸任而"感到宽慰"。[8] 在得知罗斯福的死讯后，绝大多数普通士兵也都承受了巨大的打击。比如第二二五野战炮兵营的哈罗德·莫斯（Harold Moss）中士，他写给家人的信很有代表性，反映了许多士兵当时的心情："罗斯福是一位伟人，深受民众的爱戴，他的死讯让人难以相信……不知要过多久，历史上才能出现与他相提并论的人物。"[9] 士兵们对罗斯福的继任者一无所知。陆战一师第二团的一位中尉回忆道："一名陆战队员问另一人，现在谁是总统啊？我们大多数都不知道，甚至都没听说过哈里·杜鲁门。"[10]

要是知道杜鲁门对战争局势有多么无知，需要补多少课才能称职，巴克纳和第十集团军的官兵肯定会更加担忧。杜鲁门成为总统那天，乔治·埃尔西（George Elsey）中校恰巧在白宫地图室*值班，他后来写道：

> 杜鲁门担任副总统时，我与他只见过一次面。当时他来到白宫与罗斯福总统会面，总统就顺便把他带到地图室……（他）对军事和政治事务知之甚少。无论罗斯福总统本人还是总统内阁的其他成员，都没有过多地向他透露信息，导致他对政府即将作出的一些重要决定毫不知情……（所以）他火急火燎想要以地图室现有的资料为基础，尽快掌握更多信息。[11]

---

\* 白宫地图室是美国总统的情报及通信中心，会不断地接收绝密情报，情报来源除了包括美国的战争部、海军部、国务院，还有其他国家的军队、政府。——原注

　　而在冲绳岛日本守军指挥官看来，罗斯福突然去世无疑是天大的好消息。"参谋人员欣喜若狂，"八原大佐写道，"许多人似乎都坚信，日本必定会成为战争的胜利方。"[12]

## 18 他慌了神，眼珠子不停地打转

4月13日，罗斯福总统的死讯传到冲绳岛那天，岛上战斗最激烈的地方从岛屿南部转移到北部。莱缪尔·谢泼德指挥的陆战六师接到命令，正准备进攻日军设在本部半岛上的要塞。第二十九陆战团二营的威廉·曼彻斯特中士写道："冲绳岛北端并非毫无防备，本部半岛地势险峻、岩石重叠、森林茂密，几乎无路可走；半岛上最高的两座山分别是胜山（Katsu），以及海拔1 500英尺、有3座山峰的八重岳（Yae-Take）。日军在八重岳上构筑阵地，共有2个大队兵力，由顽固的宇土武彦（Takehiko Udo）大佐指挥。"[1]

美军最初的计划是，首先攻占冲绳岛南部，然后再占领北部。然而，当意识到日军在南部布下重兵后，巴克纳决定同时攻击日军在南部和北部的防线。尤其是必须首先消灭北部守军，这样才能控制岛北的港口，以防止日军登陆。因此，在4月3日陆战六师北上至石川地峡后，巴克纳撤销此前的命令，允许该师"继续北上"。

第六师以团为单位交替前进，除了少量日军散兵几乎没有遇到任何抵抗。4月7日，第二十九陆战团前进至本部半岛颈部南端，攻占了中等城镇名护\*（Nago）。一天后，第二十九陆战团沿着半岛南侧的道路前进，在抵达阿波（Awa）后，首次遭到日军真正有组织的抵抗。海军陆战队其他各部则抵达了本部半岛的北岸，这样就封锁了半岛。然而，现在的问题是，他们既不了解半岛的道路网络，也不知道日军的部署情况。

所以，在接下来的几天，第二十九陆战团投入所有时间设法摸清日军的部署；到了4月10日，该团一营和三营已经几乎把山势险峻的八重岳完全包围。那里是宇土大佐集结重兵的主阵地。宇土的指挥所设在山谷中，与设置巧妙的外围前哨站保持着畅通的无线电及电话联系。他手下的士兵不仅熟悉地形，还配备有机枪和迫击炮，并且可以向1个炮兵中队以及多座架设有25毫米海军舰炮的炮台呼叫炮火支援。美军的官方战史上写道："宇土大佐本来满怀希望，认为他能控制八重岳要塞相当长一段时间。"[2]

第二十九陆战团以营为单位试探宇土的防线，各营情报小队开始收集情报以了解他们要克服的困难。威廉·曼彻斯特写道："机械化战术根本就没有用武之地，坦克完全施展不开，最多能用炮筒的废热给步兵暖暖手罢了。这场战斗更像法国–印第安人战争\*\*。我们每个人很快都记住了半岛的地形，知道哪些山谷被南部机枪\*\*\*的火

---

\* 谢泼德少将把名护师范学校饱受战火摧残的校舍和校园定为陆战六师的师部驻地。校长的住所是"一座传统的日式建筑，门全都是拉门，地上铺着榻榻米"，被谢泼德选为暂住地。校长住所的门框实在是太低了，美国人必须低下头来，才能正常通行。见史密斯的自述，第85页。——原注

\*\* 法国 - 印第安人战争或魁北克人所称的征服战争，是1754年至1763年英国和法国争夺北美殖民地的战争。——译注

\*\*\* 即日军的九六式轻机枪。这种机枪使用弹容量30发的弹匣，射速为每分钟500发子弹，在战斗中的表现无可挑剔。——原注

力封锁，以及如何绕路前进。"曼彻斯特的任务是，确保营一级的战场态势地图能够反映真实情况，"用油彩笔在充当地图的有机玻璃上画出红色和蓝色的箭头，分别表示日军和我军战场动态"。对于曼彻斯特来说，这项任务不仅十分有趣，而且相对安全，直到营长下令要他率领一支由4名士兵组成的侦察队，在奉命进攻宇土阵地的2个团之间建立通信联系——分别是第四陆战团和他所属的第二十九陆战团。[3]

到4月13日，美军已经摸清敌人的部署，知道日军的主阵地"围绕着山势险峻的八重岳，长度8英里，宽度6英里"。考虑到日军的总兵力为2个大队，大约1 500人，陆战六师指挥部决定动用2个团的兵力，在4月14日向日军阵地发起进攻。作战计划指示，3个营的兵力——第四陆战团一营、二营以及第二十九陆战团三营——向日军阵地西侧发起进攻，而第二十九陆战团一营和二营攻击阵地东侧。由于战场地形太过复杂，营、连两级的指挥官接到了这样的命令："各营、各连自行决定如何越过险峻的山岭和狭窄的峡谷，必要时须随机应变。"[4]

黄昏，曼彻斯特率领侦察队，"弓着身子悄悄地沿着下山的小路前进，紧盯着道路两边日军的尸体，担心其中有装死的日本兵"。他最担心的是，他们有可能被友军射杀。"日军特别擅长渗透作战，"他解释道，"所以陆战队的规定是，入夜后任何人都不得离开散兵坑，无论何种理由。夜间看到有人走动，格杀勿论。"两天前，第二十九陆战团二营的一名士兵夜里起来撒尿，结果被战友乱枪打死。一想到这些，曼彻斯特沿着小道以最快的速度前进，刚刚走完"一小段崎岖的山路"，转过弯就发现自己撞到了勃朗宁重机枪的枪口上。"脆弱的。"他压低声音报出当天的暗号。

"处女。"机枪手给出正确的回应。发现是友军后，机枪手似乎放松下来，一边拿出香烟，一边向曼彻斯特问道："你听说了吗？罗斯福总统死了。"[5]

攻击于4月14日早晨开始。到天黑时，第四陆战团（和第二十九陆战团三营）占领了一道山脊，距离海岸1 200码、高度700英尺，可居高临下控制沿海的道路。日本守军从隐蔽的阵地上派出小股部队，不断伏击以纵队推进的美军；因此，第四陆战团也付出了不小的代价，不少官兵遇袭身亡，其中包括一营营长伯纳德·格林（Bernard Green）少校。一名陆战队员写道："这场战斗就好像在跟幽灵作战一样。"[6]

第一批遭受伤亡的作战单位是第四陆战团一营B连二排派出的侦察队。遭到伏击时，侦察队正在沿着一道"深入山里"的狭窄峡谷前进。二排副排长吉德·乔·希奥特（Guide Joe Hiott）来自南卡罗来纳州查尔斯顿市，当时21岁，曾经在陆战队突击营服役，参加过布干维尔战役和关岛战役。他冒着被日军狙击手击中的危险，率领担架队上前救助伤员。他回忆道：

> 我们转过弯，看到遇袭的侦察队……雷德·林赛（Red Lindsay）下士虽然大腿中枪，但还是在倒地前设法让侦察队队员都隐蔽起来。切斯特·帕斯（Chester Pas）死在峡谷中，尸体还没有取回。弗兰克·吉利奥（Frank Giglio）脸朝下倒在地上，压着勃朗宁自动步枪。我小心翼翼地挪动尸体，取回自动步枪，生怕不小心走火。我转头说道："吉利奥死了。"我清楚

地记得，雷德·林赛回答道："哦，老天啊，这不是真的。"我看到雷德眼神中的痛苦和悲伤，让人难以忘怀。我安慰道："雷德，这不是你的错。"侦察队还有一名队员战死，估计是史蒂文森（Stevenson）。医护兵瓦尔特·希普（Walter Hipp）在救助伤员时被日军击伤。[7]

从东边发起进攻的第二十九陆战团一营和二营遭到更为强烈的抵抗，没能打通从伊豆见通往渡久地（Itomi-Toguchi）的道路，不得不改向西南方向前进，希望能"充分地利用高地"。即便如此，第二十九陆战团仍然进展缓慢。到了傍晚，团部下令要求一营和二营修筑工事，就地过夜。[8]

4月15日，美军继续发起进攻。第四陆战团的2个营在前进过程中遇到日军利用地势修筑的洞穴和碉堡，再次遭受严重伤亡。来自俄亥俄州格兰迪森特的梅尔文·赫克特（Melvin Heckt）下士是一名年轻的助理机枪手，隶属B连一排；他在日记中记录了当天的经历：

早上7:30出发，我们沿着深谷前进，两侧都是高山。中午前后，遇到狙击手和南部机枪的阻击。一天的战斗结束后，全连共有30人战死，死者除了夸克（Quirk）少尉，还有塔特尔（Tuttle）、克歇尔（Kaercher）、阿罗史密斯（Arrowsmith）、戈德温（Godwin）以及一个通信兵。机枪小队的班克（Banker）、博曼（Bohman）中弹受伤……我这辈子从来没有经历过如此频繁的死里逃生，能侥幸活下来全靠上帝保佑。马菲索利

（Maffesoli）在我面前经过时屁股中了一枪；班克中弹后，我跑到他身边……直到日军的南部机枪开火、我的手臂和胸口差点儿中枪后，我们终于意识到已经进入日军的火力网。我们撒腿就跑，仿佛百米冲刺一般。还有一次，我起身奔跑，日本兵朝我射击，却打中了坐在路边的雷德·麦克唐纳（Red McDonald）。他冲我破口大骂，但在发现只是被打中手指、可以因伤离开前线后，又在疏散时对我千恩万谢……谁知道明天又会遇到什么情况！[9]

尽管损失惨重*，但第四陆战团的2个营仍然完成了当天的作战目标，占领了位于八重岳以西的数个制高点；第二十九陆战团三营则在稍微靠后的位置“占据有利地形”。然而，在八重岳的另一侧，第二十九陆战团一营和二营一直都没能取得像样的进展。谢泼德少将亲自来到第二十九陆战团团部，想要搞清楚到底出了什么问题，结果发现团长维克托·F. 布莱斯代尔（Victor F. Bleasdale）中校“急得像热锅上的蚂蚁”。

时年49岁的布莱斯代尔出生于新西兰，在威斯康星州简斯维尔长大。据曼彻斯特中士的记述，他“作战时猛冲猛打，属于在陆战队里一直都很吃香的那种军官”。多年的军旅生涯“已经把他肌肉发达的健硕体型磨砺得细长精瘦。他常年风吹日晒，脸上沟壑纵横。他经常发怒，脾气上来就满脸涨得通红”。但谁也不会怀疑他

---

* 在4月15日的战斗中，第十五陆战团四营L连的前线炮火观测员、年仅19岁的一等兵哈罗德·冈萨维斯（Harold Gonsalves）为掩护战友，扑向日军扔出的手榴弹，壮烈牺牲。他是参加过马绍尔群岛战役、关岛战役的老兵，死后被追授荣誉勋章。——原注

的勇气：一战期间，他担任机枪排排长，在战斗中表现得异常勇敢，曾获得1枚银星勋章、1枚海军十字勋章、1枚杰出服役十字勋章；1927年，他参加尼加拉瓜内战\*，获得了第2枚海军十字勋章。美国参与二战后，他先是参加瓜达尔卡纳尔岛战役，之后又返回国内，在勒琼营主持第二十九陆战团的组建及训练工作。

此外，布莱斯代尔还很有女人缘，或如曼彻斯特所说，他是个"风流剑客"。在即将出征前往所罗门群岛的前一天晚上，有人看到他"身着军礼服，佩戴所有的军功章"，站在圣迭戈的美国格兰特大酒店的大堂里，身边全是年轻貌美的女性，"那做派就好像沙皇正在仔细挑选与自己共度良宵的床伴"。在战场上，他是一副海盗做派，"把褪色的船形帽潇洒地扣在后脑勺上，双手叉着细腰，下巴上翘，显得咄咄逼人"。曼彻斯特写道："无论怎么看，他似乎都是一位极具天赋的指挥官，但很可惜徒有其表。"这是为什么呢？部分原因是在登陆冲绳岛前，他"从来都没有率领大部队作战的经验"，还有部分原因则是他的确算不上聪明。"你会感觉到，在他那二流的头脑里，一个三流的想法正奋力浮现出来。"

布莱斯代尔在部队里以废话连篇而"臭名昭著"，比如："多吃东西，一定要吃够了""这里是美国南方，我们在美国最南边""太阳会在黎明时升起"……他曾经发明了一种极其复杂的捕蝇装置，命令手下士兵把装置制作出来。副团长发现这个装置连一只苍蝇都没抓到，担心布莱斯代尔会暴跳如雷，于是下令团里所有士兵必须每人抓10只苍蝇，放到装置里充数。看到装置的"效果"后，布莱

---

\* 1925年，尼加拉瓜的保守党发动政变，推翻民选政府，引发内战。美国除了动用外交手段，还出兵进行军事干涉。——译注

斯代尔大喜过望，提出在装置上再开一个口以便让捕蝇效率翻倍。副团长忍不住提出异议，如果装置有两个口，那么苍蝇"从一个口飞进来"，还会"从另一个口飞走"。于是，这个想法便被悄悄束之高阁。布莱斯代尔与巴克纳一样坚信，擅长运动的人肯定能成为最优秀的战士。正因为如此，陆战队在瓜达尔卡纳尔岛训练时，他才会不顾外场石块遍地且气温高达103华氏度\*，非要向第四陆战团团长发起挑战，要求举办橄榄球比赛。结果，比赛只进行了1节就中断了，因为海军军医担心"有人中暑"，并且参赛双方一分未得。[10]

　　然而，让这位疯狂勇敢、不计后果的陆战队员指挥一场战斗，他就会完全不知所措。4月15日，谢泼德少将抵达第二十九陆战团团部后，想要知道第二十九陆战团那3个营都在什么地方，结果发现布莱斯代尔一问三不知，他对"全团近3 000人的位置、遭遇情况和现状不知道、不清楚，也没收到汇报"\*\*。谢泼德撤了他的团长职务，把绰号为"狂野比尔"的威廉·J. 惠林（William J. Whaling）上校任命为第二十九陆战团的新团长。惠林是太平洋战场上的一名老兵，先是在瓜达尔卡纳尔岛战役中担任陆战一师的作战主官，后又担任第一陆战团团长。"惠林在瓜达尔卡纳尔岛的战斗中表现出色，"曼彻斯特评价道，"我们都对他很有信心。"[11]

　　重新部署后，谢泼德决定在4月16日兵分三路，再次向宇土大佐的阵地发起进攻：第二十九陆战团将继续进攻日军阵地东侧；第

---

\*　约为39.4摄氏度。——编者注

\*\*　奥利弗·史密斯准将指出，"维克（布莱斯代尔）是个兵器狂，在他的领导下，第二十九陆战团的武器训练无可挑剔。然而，维克事必躬亲，可到了第二十九陆战团前进至本部半岛中部时，3个营的兵力完全分散，他基本上失去了对部队的控制。"见史密斯《自述》，第99页。——原注

四陆战团及暂时归其指挥的第二十九陆战团三营将从西方和西南方发起进攻；同时，第二十二陆战团一营将会派出多支战斗力很强的侦察队，从第四陆战团与第二十九陆战团阵线之间的结合部向北推进，"争取把第四陆战团和第二十九陆战团的阵线连接起来"。在每个进攻方向上，各支进攻部队都可以得到1个炮兵营的火力支援。[12]

经过飞机、火炮、舰炮猛烈的轰炸后，美军第四陆战团一营A连冲上八重岳树木茂密的山坡，并在"一块陡峭裸露的岩石处"停下，那里"距离山顶100米"。日军用迫击炮和手榴弹击退了A连向山顶发起的第一次冲锋。然而，A连与沿着右侧干枯的河床爬上山的C连会合，再次发起冲锋，终于冲上山顶，夺下整个山脊。在C连的冲锋中，三排的理查德·布什（Richard Bush）下士表现得最勇敢。布什是肯塔基州格拉斯哥人，美国参战前他在烟草种植园开拖拉机，参战后他加入海军陆战队并成为下士班长。在16日的战斗中，他"一直都勇猛地冲在最前面，直到身负重伤被战友疏散到岩石下躲避"。布什躺在地上，突然听到砰的一声，定睛一看发现日本兵投掷的手榴弹落到他们中间。他毫不犹豫，"一把抓起即将爆炸的手榴弹，压在身下，挡住了爆炸产生的碎片和冲击波，从而使他的陆战队战友免于重伤和死亡"。令人难以置信的是，布什虽然多处负伤，却活了下来，并因其"表现出超乎职责要求的英勇无畏"而在战后获得了荣誉勋章。[13]

晚上6:50，日军发起了孤注一掷的反攻，那颗差点儿结束布什生命的手榴弹很可能就是此次反攻的日本兵投掷的。第四陆战团一营击退了反攻，并让日军付出了沉重的代价——官方战史估计日军约有100人阵亡；之后，第四陆战团在山上过夜，度过了一个"完全缺水断粮"的夜晚。[14]

在4月17日的战斗中，第二十九陆战团起到了更为重要的作用。第二十九陆战团的新任团长"身先士卒，冒着敌人的炮火，在全团最前方指挥战斗"，"熟练地率领部队穿过崎岖险峻的山地"，全团官兵备受鼓舞，一举夺下位于八重岳东北方向的数个高地，缴获5门25毫米口径火炮。[15]

同日，第四陆战团一路北上，不仅击毙了700名日军，还占领了宇土大佐的指挥所，而日军撤离时甚至连电话交换机都没来得及搬走。为庆祝胜利，梅尔文·赫克特下士读了家人和女朋友琼寄来的5封书信，然后享用了一顿"美味大餐"，包括"新鲜面包、菠萝、桃子、热乎乎的肉食和意大利面"。当听说第四陆战团明天还要继续进攻并拿下另一道山脊后，他的心情可就没有那么愉快了。"又要翻山越岭了，"他在日记中写道，"真见鬼。"

八重岳的战斗结束后，日军再也无法在冲绳岛北部进行有组织的抵抗了。接下来的数周，岛屿北部只剩下少量一边逃往南部一边以游击战骚扰美军的日军。自登陆冲绳岛以来，陆战六师总共"推进84英里，占领436平方英里土地，击毙2 500名日军，抓获46名战俘"。而陆战六师共有"236人阵亡、1 016人负伤、7人失踪"。陆战六师顺利完成了成立以来的第一次作战任务；该师的特别行动报告总结道："（这）足以证明陆战六师有能力在登陆后执行长时间的作战任务。"[16]

八重岳的战斗进行到收尾阶段时，曼彻斯特中士与日军的一个狙击手上演了一场惊心动魄的对决。那天，曼彻斯特所在的第二十九陆战团二营奉命前进，前方左侧是第二十九陆战团一营B连，右侧是第二十二陆战团一营的一个作战单位。曼彻斯特率领手下的一个"新兵蛋子"巴尼·科布（Barney Cobb），在二营活动区域的最左侧行动。当发现高地上有一间小木屋时，他便开始观察前方地形。小木屋位于他和B连之间。突然间，他看到有两名美军士兵中枪倒地，并"根据他们倒地的角度"判断出狙击手"肯定是躲在小木屋另一侧的窗户里面开的枪"。

同时，曼彻斯特还意识到，如果狙击手改变射击位置，从面向曼彻斯特这边的窗户开枪，那么他和科布就会变成活靶子。情况紧急，他必须立即采取行动。刹那间，他放弃了本想命令科布去消灭躲在小屋里的狙击手的想法，因为他很清楚，如果他这次"临阵退缩"，那么手下的士兵就肯定要让他永远记住今天发生的事情。此外，他还"对命令是否会被服从感到心里没底"。据曼彻斯特的描述，他自己是一个"又高又瘦、长得像树枝一样的小青年，完全不具备海军陆战队所谓的'领袖气质'"，也就是缺乏领导"魅力"。更糟糕的是，他手下的"19个兵全都是不安分的刺儿头"。因此，曼彻斯特改变了主意，问科布身上有没有带手榴弹。在得到否定的回答后，他深吸一口气，最后对科布说："掩护我。"

说罢，曼彻斯特向小屋的方向冲去，"一路上不断地小跳、走'之'字形路线，每跑十几步就匍匐在地"，落地时还不忘在地上翻滚。几乎就要跑到小屋跟前时，他才意识到自己忘了戴钢盔，脑袋上只戴着陆战突击营的制服帽。

跑到小屋门口时，曼彻斯特已经紧张到口干舌燥、心跳加速；

他在门口处停下，关掉柯尔特手枪*的保险，然后一脚踹开门，跃入屋内。屋子里空无一人，而屋子另一头还有一扇门。他马上就意识到，狙击手肯定躲在另一间屋子里，多半已经知道有人闯入。曼彻斯特想退回去，但很清楚现在打退堂鼓已经太迟了，只好硬着头皮踹开第二扇门。他双手紧握手枪环顾四周，看见了一名日本兵——他"又矮又胖，长着圆脸，看像像知更鸟一样"，"裹着褪色卡其布的双腿又粗又短，好像两截矮树墩子"。日本兵想要转身，但被步枪的背带给缠住了。"他怎么也解不开背带，"曼彻斯特回忆道，"他慌了神，眼珠子不停地打转。他意识到自己双手被缠住因此无法还击，开始向角落处移动，动作很诡异，活像一只大螃蟹。"

曼彻斯特开枪射击，结果没有命中；于是再次开枪，击中日本兵的左腿，打断了他的股动脉。"伤口涌出一大股鲜血；然后又涌出一股鲜血，顺着双腿向下流，在地上变成了一大摊血污。他低头无声地看着血污。"曼彻斯特又连开数枪，日本兵胸部中弹，"倒在地上一动不动"。

曼彻斯特被自己第一次杀人惊到了，盯着日本兵的尸体，看到他的瞳孔放大，眼睛渐渐失去光芒，又看见一只苍蝇落到他的眼球上，感到惊心动魄。为转移注意力，曼彻斯特开始给手枪上子弹，但身体还是不停地发抖。他终于忍不住，呜咽着说道："对不起。"

曼彻斯特无法接受自己开枪杀人的事实，"C口粮里面的豆子"吃下去后"还没完全消化，又全都吐了出来"。就在这时，科布冲

---

\* 登陆冲绳岛后不久，一个"疯疯癫癫的下士"偷走了曼彻斯特的手枪，所以他只好买了一把柯尔特。他自嘲道，自己恐怕是唯一一个"必须自备武器"的陆战队员。见曼彻斯特所著《再见，黑暗》(*Goodbye, Darkness*)，第11页。——原注

进小屋，举着卡宾枪准备随时射击，最终确认狙击手已死亡。在危险排除后，他向曼彻斯特靠拢，但很快又退后："瘦子，你怎么臭烘烘的？"

直到此时，曼彻斯特才发现，自己尿裤子了。[17]

# 19  他太阳穴上有3个弹孔

1945年4月16日晚上，八重岳的战斗接近尾声，恩尼·派尔在后方靠近渡具知海滩的地方，与同样也在冲绳岛采访的战地记者一起喝得酩酊大醉。一位战地记者写道："他似乎心事很重，很高兴能有人听他发牢骚。他说他感到有些失望，因为他跟随海军陆战队前往战场，但没能遇到任何重大的行动。说实话，从他的整个态度可以看出，他讨厌太平洋战场，就连这里的气候似乎也在跟他作对。他透露，自己已经受够了现在的烂摊子，决定跟随部队登陆伊江岛，然后再返回冲绳岛，继续跟随陆军部队采访数周，最后打道回府。"[1]

冲绳岛战役开始后的头十天，派尔一直都跟随着第五陆战团一营A连。从某些方面来看，这的确是一个不走运的决定，原因是A连所属的陆战一师在冲绳岛中部几乎一直都在清理残敌。由于没能让派尔见识到陆战队"浴血奋战"的样子，A连的战士担心他会看不起陆战队，于是"不停地说抱歉"，毕竟谁也没想到战斗的头几天会"如此波澜不惊"。派尔安慰他们说，自己"满意得不得了"，"这样的战斗"最合他的胃口了。A连战士也纷纷表示，这样的战斗也很合他们的胃口。

　　然而，派尔并没有完全说实话。他久闻陆战队骁勇善战，一直都迫切地想要见识他们在前线杀敌的样子。"我一直在脑海里描绘陆战队员的样子，"他写道，"他们与火星人差不多，连我都有些害怕他们。"但在见到他们之后，派尔意识到他们与其他士兵没有什么不同："他们与所有其他人一样，也会恐惧，也会有顾虑，也对这场战争恨之入骨。他们与我遇到的所有其他士兵一样也都归心似箭。"他们"信心满满"，为身为陆战队一员而"自豪"，但同时也并没有"目中无人"，而是对"陆军步兵表现出应有的尊重"。但派尔十分清楚，在冲绳岛"承担主要作战任务的部队是陆军"，而到目前为止，"陆战队一直都像是在躲清闲一样"。[2]

　　正因为如此，派尔才会提出要求并获准在第七十七师登陆伊江岛的次日登岛，跟随该师进行战地采访。伊江岛距离本部半岛最西端只有不到3英里，是一座东西长5英里、南北宽2英里的长方形岛屿；岛上有数座机场，既可以为进攻冲绳岛的部队提供空中支援，又可以用作空袭日本本土的航空兵基地。美军并不认为伊江岛是一块难啃的骨头：岛屿南端的海岸全是沙滩，没有任何障碍；岛上除了一处高度600英尺、名为"尖顶"的高地*，几乎一马平川；岛上日军只有不到2 000人，其中很多都是非战斗部队。然而，守岛部队在井川（Igawa）少佐的带领下以"尖顶"为中心，在高地及其附近的伊江村（位于伊江岛中央偏东处）修建了庞大的防御工事。

　　4月16日，2个团级战斗队按计划在伊江岛登陆，没有遇到任何抵抗：第三〇五团在岛屿南部的红1号、红2号海滩登陆，而第

---

\* 即位于伊江村东侧的城山。——译注

三〇六团则在位于伊江岛西南侧的绿海滩登陆。登陆结束后，2个战斗队先是向内陆前进，之后又向东挺进，一路上几乎没有遇到抵抗；到夜幕降临时，他们已经占领岛上的主要机场，以及全岛三分之二的土地。[3]

那天晚上，在喝得酩酊大醉之前，派尔参加了军方为新闻记者召开的通报会，得知伊江岛登陆表面上看起来十分顺利，但只是假象。夺岛战斗必将极其艰苦[*]。派尔一登岛就被指派了一名向导，原因是"岛上布设了大量的地雷，还有许多日军狙击手"。17日，派尔乘坐第六四七号坦克登陆舰，与WLW广播电台[**]的通讯记者米尔顿·蔡斯（Milton Chase）一起，在当天下午登上伊江岛。蔡斯回忆道："恩尼穿着卡其色的衣服，登陆场附近的军官一看到他，就建议他换上丛林绿的衣服，因为在通向前线观察哨的路上应该埋伏着不少日军狙击手，卡其色肯定会让他成为狙击手眼中的出头鸟。恩尼借了一件丛林绿的外套换上，然后我们就出发了。"[4]

派尔在距离海滩不远处一个废弃的日军防空掩体里面过夜。第二天早上，他与第七十七师师长布鲁斯少将聊了几句，然后就与第三〇五步兵团的新任团长约瑟夫·B.库利奇一起出发，前往三〇五团更靠近前线的新指挥部。前一天，第三〇五团的官兵前进到伊江村外围，途中只遇到小股日军部队用迫击炮、步枪、机枪进行零星抵抗。但很显然，日军的抵抗正变得越来越强烈，而为了更好地指

---

[*]　4月16日夜，守岛日军向第三〇五步兵团三营的阵地发动反攻，使用轻武器、手榴弹、炸药包以及削尖的木棍；这充分证明通报会上的警告绝不是耸人听闻。日军至少有150人阵亡，不少日军士兵抱着炸药包发动自杀式攻击，被炸得粉身碎骨。自杀式攻击的日军士兵尸块横飞，一名美军士兵被飞来的断腿砸断了胳膊。见阿普尔曼等人所著《冲绳》，第159页。——原注

[**]　总部设在俄亥俄州辛辛那提市的广播电台，WLW是电台申请许可证时管理部门随机发放的呼叫代码。——译注

挥战斗，库利奇必须前往更靠近前线的地方。

那天是4月18日，派尔早上出发时穿着战地记者的卡其色棉布制服，戴着钢盔、墨镜。不知出于何种原因，他没有把那件借来的丛林绿外套穿在制服外面，使得他在大都穿着丛林绿作战服的士兵中间特别显眼。派尔、库利奇和另外三人乘坐同一辆吉普车；车上配有长长的鞭状天线，一看就知道是指挥车。他们加入一支由2.5吨卡车和其他吉普车组成的车队，沿着与海岸线平行、已排除地雷的道路前进。在接近一个路口时，埋伏在左前方大约500码处的阶梯状珊瑚岩山坡上的日军士兵，突然用南部机枪扫射库利奇乘坐的吉普车。

驾驶员猛踩刹车，车上5人全都跳下车，在道路两侧狭窄的壕沟里隐蔽起来：派尔与库利奇一起躲进距机枪较远一侧的壕沟。库利奇回忆道："确认安全后，我和恩尼都抬头寻找车里其他3个人。经过（与其中一人）简短交谈后，我们确定所有人都安然无恙，只是大家的藏身处有点儿分散。就在那时，日军又开始向我们射击。好几颗子弹反弹后在我头顶上飞过，但我还是意识到，有一颗差点儿命中我。我赶快把头缩回来，转身询问恩尼的情况，结果发现他躺在地上，脸朝着天，不停地打战。"

起初，库利奇没有看到血迹，没搞明白出了什么问题。直到鲜血缓缓地从派尔的嘴角流出，他才注意到派尔头上左太阳穴位置有3个弹孔。"他当时肯定已经失去意识了，过了一两分钟，才咽下最后一口气，"库利奇写道，"那一刻，我大声求救，询问周围的士兵，军医在不在附近。"

一切都太晚了，派尔已经丧命。库利奇留下一名士兵，命令他守护派尔的尸体，而自己则匍匐着爬回后方，汇报派尔的死讯。当天晚些时候，一名陆军的摄影师"匍匐前进，费尽周折，足足用了十五分钟，搞得灰头土脸"，才终于爬到派尔遇袭的地方，给尸体拍了照片。"他太阳穴上有3个弹孔，"摄影师回忆道，"要不是右嘴角的那一丝血迹，他看起来就像是睡着了。"拍摄完照片后又过了几个小时，军方取回派尔的尸体，找来一名随军牧师，在4位志愿者的帮助下举行了葬礼。

在紧邻派尔戴着头盔的脑袋上方的位置留下了一些线索："壕沟上方的一道土质松软的土堤被机枪子弹打出一个长36英寸、深18英寸的半月形口子……极其充分地显示出日军机枪扫射的火力有多么猛烈、多么集中。"换言之，事发时，派尔很有可能正仰面躺在壕沟内，结果被穿透土堤的子弹击中了头部。这同样也可以解释为什么那3发子弹速度不足，没能击穿头部，只留下射入创伤，没有形成贯穿伤。摄影师注意到的最后一个细节是，派尔的墨镜少了右侧的镜片，好像是被飞溅的土石崩飞了。[5]

派尔被埋葬在伊江岛，坟墓的一侧埋葬的是一名陆军三等兵，另一侧是一位战地工程师。在他中弹身亡的地方，第七十七师为他建了纪念碑，上有碑文："1945年4月18日，第七十七步兵师在这里失去了一个名叫恩尼·派尔的好伙伴。"

那天晚上，布鲁斯少将给上级发电报汇报派尔的死讯：

> 有一条令人遗憾的消息：恩尼·派尔，也就是那位鼓舞我军士气、为战争做出重大贡献的战地记者，今天在夺取伊江岛的战斗中不幸身亡。

派尔的死讯传开后，各界要人纷纷表示哀悼。前第一夫人埃莉诺·罗斯福经常在她的报纸专栏《我的一天》*中引用派尔的战地报道；在得知派尔的死讯后，她写道：

> 前方传来噩耗，在冲绳岛与我们的小伙子并肩作战的恩尼·派尔中弹身亡。对于全世界成千上万的人来说，派尔的战地报道专栏最充分地展示了我们战士的人性一面……去年我很荣幸与他在白宫会面。我很钦佩这个瘦弱且谦逊的人，他怀着对工作、对美国士兵的热爱克服艰难险阻。所有这一切，我永远也不会忘记。[6]

几天前刚刚成为总统的杜鲁门在声明中说道：

> 我们听闻恩尼·派尔的死讯，再次举国哀悼。在这场战争中，派尔用美国战士们喜闻乐见的方式讲述他们的故事，就这一点而论，无人能出其右……所有的国人都应当对他心存感激。[7]

战争部部长亨利·L.史汀生、陆军参谋长乔治·C.马歇尔以及以德怀特·D·艾森豪威尔（Dwight D. Eisenhower）、马克·W.克拉克（Mark W. Clark）为代表的高级将领也以相同的方式表达了哀悼。

---

* 埃莉诺·罗斯福从 1935 年开始，为题为《我的一天》的报纸专栏撰稿，讨论包括种族、女性、时政要事（比如珍珠港事件、禁酒令、氢弹）等在内的问题，直至她 1962 年因病去世。——译注

在得知派尔的死讯后，最伤心的恐怕还是在冲绳岛作战的普通士兵。一个陆战队员对下士班长说道：

> 恩尼·派尔死得太可惜了，不是吗？经历过那么多倒霉事，结果就这么死了。难以置信对吧？我甚至都想不明白，他为什么要跑到这里来，又没人逼着他这么做。

那个下士后来写道：

> 派尔的死的确令人惋惜……他是唯一一位真正在战斗中赢得普通士兵尊重的新闻记者，结果刚到太平洋战场就以身殉职。听说他要来冲绳岛的消息时，我们都高兴得很；而在得到他的死讯后，说实话，有些陆战队员表现得比听闻罗斯福总统的死讯时还要悲伤。[8]

恩尼·派尔中弹身亡前不久的3月29日，从美军舰炮轰击中死里逃生的14岁女中学生作本好子正与家人一起，在濑良垣村附近的一个山洞避难。洞外突然传来狗叫声，还有人用"奇怪的语言交谈"。好子担心美国人指控她的父亲为日军工作（许多与好子的父亲同龄的男性都曾被迫为日军工作），就催促他赶紧逃跑。父亲照做了，沿着山洞后面的一个小石缝爬到洞外。

二十分钟后，一阵嘈杂，"七八个美国兵"走进了山洞。"别哭，"一个姓上里（Uezato）的老人对好子和其他孩子说，"躺着别动，假装睡觉。"

他们全都躺在榻榻米上装睡。上里躺在最靠近洞口的位置，一个美国兵用步枪戳了他一下，大吼道："起来！"

上里站起来，冷静地对其他人说道："孩子们，慢慢地站起来，朝洞外走。"

他们一个接一个穿过山洞内狭窄的通道，来到洞口。好子故意拖延，先是把头发弄得"像鸟窝一样"，然后又用煤灰把脸抹得黢黑，并像个瘸子一样一瘸一拐。好子之所以会这样做，是因为一周前她经历了可怕的事情：一个身着平民服装的美国人挥舞着长匕首，在山洞附近的海滩上拦住她，想要把她掳走。好子深信不疑，要不是父亲的朋友及时赶到，她就肯定会被那个美国人强奸。现在，为避免再次被人盯上，好子只好想尽办法，让自己的外貌令人生厌。

走到洞外后，好子发现，父亲也被美军抓住了，一些美国兵还牵着狗。两个美国兵注意到好子的"瘸腿"，于是就用手比画说要把她送到医院治疗。好子装作看不懂他们的手势，于是美国兵找来一个第二代日裔美国人，让他用日语告诉好子，只要接受适当的治疗，她的腿就能好起来。好子表示不愿与家人分开。"（但）他们仍然不愿放弃，"她回忆道，"所以最后我突然伸直了腿，开始大摇大摆地正常走路。他们马上就看穿我的把戏，全都捧腹大笑。"

后来，他们全都被美军用卡车送到设在石川市的难民营。"难民营全都是帐篷，占了好大一块地方，"好子写道，"里面关押着数千难民。小孩赤着脚到处跑，看起来已经好多天没洗澡。老人穿着破旧的衣服，坐在地上，一脸茫然，仿佛丢了魂一般……营地四周全都是带刺的铁丝网。"

他们刚下卡车，美军就把好子的爸爸与家人分开，给了他一件短上衣，背后写着"战俘"二字，安排他加入建筑队，在美国士兵的监督下修建棚屋。其他人被押送到了营地里更靠近大海的另一个区域，在茅草屋里住下。"比起帐篷，"好子写道，"茅草屋显得干净整洁。附近有一口水井，可以打到干净的水。"后来，好子渐渐不再那么害怕美国人了，并在距离营地不远、由岛上的副司令 W. E. 克里斯特（W. E. Crist）准将主管的美国冲绳军管政府总部找了个差事。与此同时，好子的父亲得到许可，用"美军不需要的多余建材"建了一座小房子，供家人居住。[9]

美军在石川、胜连半岛\*、胡差（Koza）、岛袋（Shimabaku）、阿瓦舍（Awase）建立了多个难民营，关押了包括好子一家在内的数万冲绳平民，目的是确保他们的安全。难民能够获得包括食物、水、住所、医疗、公共卫生在内的基本生活保障，并且还在营区管理者的准许下，一边以集体劳动的方式收割庄稼，一边照看登岛美军从岛上各处赶来的家畜。难民营最初设计时，容纳上限为1万人，但难民却如潮水般涌来；许多营地的实际容纳人数都已经达到设计容纳人数的两倍。到4月末，已经有至少12.5万冲绳人成为由军管政府管理的难民。[10]

"在我们看来，被美军抓获是一件幸运的事，"好子写道，"至少能让我们远离危险。"美国人提供了"面粉、白糖、盐、食用油、鸡蛋粉、卷心菜干、土豆、火腿，甚至还有果酱、花生酱"，让数万难民不至于忍饥挨饿；好子对此心怀感激。尽管如此，地理位置

---

\* 胜连半岛的难民营关押了至少4万名冲绳平民，按照巴克纳中将的记录，他们"在那里实际上处于自由状态"。见《巴克纳日记》，1945年4月17日。——原注

才是决定冲绳人能否大难不死的主要因素：生活在岛屿中部、北部的冲绳人大都可以幸存，但对于生活在岛屿南部、被困在日军前线后方的冲绳人来说，处境可就凶险多了。此外，还有一些冲绳人拒绝向美军投降，比如好子的一个表亲久我（Koga）。久我加入了铁血勤皇队，与其他幸存的队员一起躲进恩纳山。好子后来才得知，久我在遇到美军士兵后撒腿就跑，结果中枪身亡，而他的队友则乖乖投降，保住了性命。好子说道："一念之差，决定了他们截然不同的命运。"[11]

听闻庆良间群岛居民集体自杀的消息，巴克纳中将忧心忡忡，担心惨剧再次上演，直到得知许多冲绳人向美军投降，他才终于放心。他在写给妻子的信中说道：

> 日军要求冲绳人杀死女眷，绝不能让她们落到美国人手里。少数被蒙蔽的冲绳人真的杀死了家里的女人，结果发现我们善待平民。现在他们对日军深恶痛绝……今天，我在路上碰到一批又一批的冲绳人，他们背着孩子，扛着寥寥无几的家财。看到我们后，许多人都笑着向我们挥手。[12]

然而，并不是所有的冲绳难民都有理由对美国人千恩万谢。21岁的下士斯特林·梅斯（Sterling Mace）隶属于第五陆战团三营，担任K连一个火力组的组长。他在一片空地上发现了40具平民的尸体，其中有个死去的小女孩仍然紧紧抱着木玩偶。梅斯写道："在距离小女孩不远处，一个女人面朝下倒在地上，多半是小女孩的母亲。她伸长手臂，五指张开，好像要保护那个死去的小女孩……女人的半边脸血肉模糊，紧贴在地上。她紧闭的嘴唇下方有一大摊血，已经变硬发黑。"在死者的周围，行李散落一地，"有装满衣物和日用品的竹篮，有被子弹打烂、碎片遍地的漆器盒"。看到所有的死者都是背部中弹，梅斯很快就得出结论，他们的死因是美军战斗机的低空扫射。梅斯总结道："我马上就意识到，干下这事儿的肯定不是日本人。日本人的战斗机在空中只有一个目标，那便是击沉我们的军舰。"[13]

就算这次低空扫射导致平民伤亡是一个意外，但一些美国士兵的确会随意对冲绳平民做出残忍的事情。28岁的松珠姬（Tamaki Matsu）带着两个孩子，与其他几个冲绳平民躲在名护——位于本部半岛与冲绳岛的连接处——附近的一个山洞里，突然听到洞外有人大喊"出来！出来！"（出て来い！出て来い！）。珠姬害怕被美军射杀，所以就带着孩子走出山洞，发现洞外站着10个荷枪实弹的美国士兵。美国士兵命令珠姬和其他平民一起围成圆圈坐下，很快就从他们中间揪出来一个"N先生"（Mr. N），原因是他穿着西式衣服和绑腿。"也许被美国人当成了日本士兵"，美国士兵把他带到一旁，一枪击杀。

然后，两名美国士兵开始挨个仔细检查被俘的平民。珠姬坚信他们一定是想要找个年轻女人发泄兽欲，所以一直都"低头耸肩想要蒙混过关"，但美国士兵还是发现了她，打算把她带走。她像疯了一样"大喊大叫、浑身颤抖、又抓又挠"，绝望地一把抱住附近一棵樱树的树干。看到母亲与美国士兵拉扯一团，珠姬的两个孩子也号啕大哭，开始尖叫起来。直到这时，美国士兵才终于撒手，不再管她。[14]

## 20　进展有限

　　巴克纳中将4月18日的日记中对恩尼·派尔的死讯只字未提。他们两个人素未谋面，而且巴克纳那天还被其他事务缠身：第十集团军指挥部离开艾多拉多号，前往位于嘉手纳机场以南的新地点*，为第二十四军次日即将发起的总攻做准备；他希望此次能一举突破日军防线。"明天的进攻已经万事俱备，"他在日记里草草地写道，"为了利用第七师的前线观察哨观察进攻开始时的情况，我与哈伯德（少校）一起前往第七师指挥部过夜。整个晚上，我军炮兵用155毫米口径火炮轰击日军阵地的炮弹从帐篷上空飞过，但只过了数小时，我就适应了，可以听着炮声酣然入睡。"[1]

　　为了突破"日军围绕首里构筑的复杂防御体系，并打通与那原和那霸之间连接冲绳岛东西两侧的山谷和公路"，19日的总攻动用3个步兵师，分别是刚刚抵达前线、从右路出击的第二十七师，任务是攻下牧港、嘉数高地；从中路出击的第九十六师，任务是拿下墓碑岭、西原岭（Nishibaru Ridge）、棚原高地（Tanabaru）；从左路出击的第

---

* 巴克纳在信中告诉妻子，新指挥部是一顶形似金字塔的帐篷，"周围环境优美，景色赏心悦目，唯一的缺点是，偶尔会有大炮、飞机把不怎么招人喜欢的东西丢到帐篷里。到那时，我就会躲到事先挖好的掩体里。"摘自巴克纳1945年4月17日写给妻子阿黛尔的信，见"私人信件"的第84页。——原注

七师，任务是攻打178号高地、大木村。H时刻定在早上6∶40；在此之前，美军计划动用27个炮兵营（包括9个从海军陆战队抽调来的炮兵营），使用324门口径从20毫米至105毫米的榴弹炮，进行长达40分钟的大规模炮火准备。第二十四军指挥官霍奇少将指出："战斗必将极其艰苦。冲绳岛南端盘踞着6.5万到7万名日军，除了炮火一米一米向前推进，把他们炸得灰飞烟灭，我实在是想不出什么别的办法把他们赶出来了。"[2]

巴克纳认为炮兵是战场上克敌制胜的法宝。所以对他来说，霍奇的话简直就是动听的音乐。然而，其他一些高级军官并不认为炮兵一定可以为美军赢得胜利。几天前，奥利弗·史密斯准将在接受采访时就曾告诫通讯记者，美军不太可能取得迅速的进展。史密斯写道：

> 我指出，集结在第二十四军后方的炮兵部队规模（总共27个炮兵营），对于即将发起进攻的狭窄前线来说，的确远远超过一战期间西线战场上部署的炮兵。但是，我也要指出，面对日军那样利用地势修筑工事的敌人，采用炮兵有其局限性。炮兵确实能够消灭所有在地面上活动的敌人，但还是得靠步兵把敌人赶出洞穴。

不消说，通讯记者只会报道炮兵部队的规模，对史密斯有关"炮火效果"的评论却只字不提。4月18日，史密斯在即将离开艾多拉多号前往新指挥部时与特纳海军中将交谈，指出陆军"太过自信地夸大了炮兵在即将发起的攻势中可能起到的作用"。特纳虽然表示同意，但同时说道："现在为时已晚，任何人都无能为力了。"史密斯转身离去，特纳送上临别赠言："愿上帝保佑你。"[3]

　　4月19日凌晨4:35，巴克纳与阿诺德少将一同前往前线观察哨，观察第七师发起攻击的战况。巴克纳认为，"战前准备和之后的"炮兵轰击"棒极了"。尽管日军一开始也没有做出任何像样的抵抗，但第七师"前进的速度却显得有些慢"。快到上午10:00，巴克纳来到第九十六师的阵地，发现"第九十六师遭到了日军更为强烈的抵抗"。接着，他又视察第二十七师的作战情况，之后才返回他的指挥部。他在日记中写道：

　　　　本日作战结果：左翼、右翼分别前进800到1 200码；在战线正中央，没能拿下日军在悬崖上构筑的坚固防御阵地，留下了一个突出部。明天将会从左右两翼向日军的突出部发起进攻。进展有点儿让人不太满意。

　　为进一步强调自己的意图，巴克纳在晚餐前前往霍奇少将的指挥部，指出第七师"太过谨慎"，命令霍奇"加快前进的步伐"。[4]

　　史密斯准将同样也记录道："进展有限，最顺利的部队向前推进800码。"在战线西侧，第二十七师占领了牧港，但其他进攻部队却"遭到迫击炮及机枪火力的猛烈阻击，寸步难行"。但在史密斯看来，即便是那些有限的战果也都名不副实，因为在进攻开始前的那几天，前线各师经常报告侦察队最远可前进800码的距离而不会遭到日军的攻击。换言之，在第一天的战斗中，进攻部队推进的位置（大都位于战线的最左、最右两端）全都与日军真正的前沿阵地还有一定的距离。而这意味着，"在进攻前的大规模炮火准备中，有相当一部分火力"把没有日本兵驻防的无人区当作了轰击目标。史密斯写道："总攻首日的真正战果，不过是占领了我军侦察队在攻击前就可以自由活动的区域。"[5]

虽然史密斯的评价有些悲观，但也基本符合战场上的真实情况。这也可以解释，为什么从中路出击的第九十六师取得的战果最有限——因为第九十六师发起进攻的位置距离日军前沿阵地要近得多*。第三八二步兵团三营L连的一等兵唐·登克尔目睹了19日那天，进攻部队向他们团在十天前未能攻克的墓碑岭发起第一波进攻时的景象。进攻开始前，美军发射了1.9万枚炮弹，越过岛屿轰击日军阵地，掀起了一场"钢铁台风"。接着，"快到早上6:40，烟雾信号弹就落到我方阵地的正前方，一营和二营在坦克、重机枪、迫击炮的掩护下开始向高地发起进攻"。

登克尔所属的三营是预备队，等着"跟在一营后面稍稍偏东的位置"向墓碑岭发起进攻。三营的任务是，"拔掉先头部队绕过的日军碉堡，射杀漏网的狙击手，用炸药包封死山洞"。他们都觉得，日本守军绝无从"致命的炮火"中生还的可能。然而，刚刚开始几分钟，日军的南部机枪和迫击炮就纷纷开火，把美军士兵赶下了山。

下午早些时候，一营被困在墓碑岭北坡的半山腰，登克尔所在的L连奉命上前支援，在消灭日军碉堡时损失一名副排长和多名士

---

* 第二十七师进攻方向的东端正对嘉数岭，进攻的出发位置同样也靠近日军的前沿阵地。二十七师采用两翼包抄的战术，派出30辆坦克、自行火炮（进攻高地的左侧），以及第一〇五步兵团的一营（进攻右侧），呈掎角之势，向嘉数岭发起进攻，结果被日军用反坦克炮、机枪、迫击炮、地雷、炸药包打得溃不成军。许多坦克在嘉数岭村内及周围被日军摧毁，进攻结束时，只有8辆坦克全身而退。19日那天对嘉数岭的攻击，是冲绳岛战役期间美军装甲部队损失最为惨重的一次战斗。——原注

兵。接着，L连在一营B连后方挖掘工事，但登克尔却发现山坡的石质地面几乎不可能穿透。到最后，登克尔和迫击炮班的另一名战士终于想出办法。他们把铁铲掰弯至90度角当作鹤嘴锄使用，好不容易在地上挖出一个小坑，然后"在四周堆放石块"，稍微加大深度。二人在旁边架设迫击炮，时刻准备发射高爆弹和照明弹以应对日军反攻。[6]

　　美军官方战史对19日的作战给出了尖刻的评价："4月19日的大规模进攻彻底失败。我军没能在任何位置突破日军防线。日军仍然控制着全部阵地，并击退了我军的进攻。虽然战线西端第二十七师的前沿阵地向前推进了相当可观的距离，但问题是该师占领的地区大都是没有日军驻守的低地，而当推进至高地的反坡遇到日军前沿阵地时，进攻马上就停滞不前了。"包括阵亡、负伤以及失踪人员在内，第二十四军总共减员720人。[7]

　　然而，19日的进攻也并非一无是处。弗农·梅吉上校指出，为进攻提供的空中支援取得了巨大成功；他手下的飞行控制员"指挥大约375架战斗机在第二十四军前沿阵地上空提供支援，最多的时候曾引导战斗机同时发起7次对地攻击，并且没有出现任何差错"。梅吉认为，这提供了"无可辩驳的证据"，证明"就应该让身临战场的地面指挥官指挥空中支援，而不是让远离前线的海军指挥官遥控指挥"。[8]

　　4月20日，第二十四军继续发动进攻，却仍然几乎没有取得任何进展。巴克纳在日记里回忆了一次谈话，展现了他不讲情面的指挥风格："早上视察第二十七师，与第一〇五团团长斯特宾斯

（Stebbins）上校会面。今天早上，他没有按时发动进攻，并把日军密集的炮火和桥梁被炮击摧毁当作理由。满嘴借口，不思进取。没错，我就这么说的。我还与第一六五步兵团的指挥官凯利（Kelley）会面，督促他加快进攻的节奏，一方面寻找地形有利的前进路线，另一方面消灭负隅顽抗的守军。"[9]

但这完全是一厢情愿，尤其是第二十七师在之前的战斗中表现得并不是很出色。第一六五步兵团应沿着最右侧的海岸附近进攻，目标是前方相距1英里的牧港机场。该团的副团长信心十足，宣称到晚上他们拿下机场后就将它更名为"康罗伊机场"，以纪念在夺取马金岛的战斗中阵亡的前任团长康罗伊（Conroy）上校。结果，由于日军利用一系列看起来并不起眼但修筑了防御工事的山脊拼命抵抗，第一六五团的2个营寸步难行，未能达到目标。[10]

其他部队也进展有限：第三八二步兵团三营的2个连（I连和唐·登克尔所在的L连）设法前进到墓碑岭的南端。然而，L连三排准备攻占墓碑岭南端位置偏东的一处树木茂密的小山包，结果这座小山包很快就变成"激烈的战场"。甚至在攻击开始前，L连连长鲍勃·格拉斯曼（Bob Glassman）中尉就在与其他军官一同观察前方地形时被日军狙击手击中胸口，身负重伤。医护兵先是把他拖到安全地带，然后给他"打血浆、输血、注射吗啡"，再用担架把他抬到后方的急救站。格拉斯曼陷入昏迷，只听到司务长大叫道："大号三明治中弹了！""大号三明治"是L连连长在战斗中的代号。

格拉斯曼中弹后不久，炮兵开始轰击日军阵地。登克尔也与战友一同加入，用60毫米口径迫击炮发射高爆弹。登克尔回忆道："我不停地给炮筒装填炮弹，发射频率大约是每分钟3发。我们要对L连即将进入的区域进行饱和轰击，直到早上7:30进攻开始时炮击才停止。"他继续写道，作为迫击炮兵，他目送战友发动进攻时的感觉，有点儿像"站在一座正在举行重要赛事的巨大橄榄球场外。你虽然能听到大量的声音，却对场内实况一无所知"。

倘若登克尔需要什么证据来证明这场战斗必将极其艰苦，那敌我双方激烈的炮火就是铁证。在他身后大约100码的地方，数辆谢尔曼坦克正在为进攻部队提供炮火支援，一枚高速飞行的47毫米反坦克炮弹差点儿击中目标。登克尔写道："1分钟后，另一枚反坦克炮弹在头顶呼啸而过，声音好似货运列车……又是差点儿就命中目标。但这一次，谢尔曼坦克开始移动位置，就在此时第三枚炮弹呼啸而过。"

正午，L连的2个步枪排开始沿着山坡下山，而登克尔及其迫击炮小组则紧随其后，在山顶下方的一块台地上架起迫击炮。枪声响起，之后子弹接连飞来，差点儿击中登克尔。登克尔急于摆脱狙击手，向附近的隐蔽处跑去，结果在转弯处踩空跌下台地，落到下方约2米处的乱石堆上，膝盖受伤严重。幸运的是，登克尔躲开了狙击手的射界。他忍着伤痛追上迫击炮小队。尽管有迫击炮小队为进攻小山的步枪排提供火力掩护，但还是出现了大量的人员伤亡，其中有2名排长一死一伤。在发现进攻部队的军官和大多数的高级士官非死即伤，无法指挥战斗后，通信士官豪斯（House）接过指挥权，击退了日军发起的数次疯狂反扑。迫击炮小队与作为预备队的那个步枪排一起上前支援，而登克尔自告奋勇返回三营设在墓碑岭上的物资存放处，搬来一个装有5加仑*水的水桶。他返回小山坡，刚刚把水桶放在散兵坑旁边，就有南部机枪突然开火扫射，把水桶打成了筛子。"看着我好不容易搬到前线的水倾泻而出，浇在我身上，"登克尔回忆道，"我忍不住苦笑了出来。"

毫不夸张地说，为夺取那个小山包，L连流了太多血。然而，L连很快就发现，小山包的位置太过暴露，承受着3个方向的火力袭扰。接任连长职位的杨（Young）中尉请求允许L连后撤，获准后回到墓碑岭跟三营的其他部队会合。L连在烟幕弹的掩护下撤退，在夜幕降临时返回墓碑岭，并挖掘散兵坑就地过夜。登克尔写道："我们丢掉了口粮和淡水，好在撤退过程没有造成新的伤亡。对于L连来说，4月20日简直糟糕透了。全连共有35人伤亡，其中10人当场阵亡或伤重不治。4月1日登陆时，全连共有168人，现在只剩下101人。"[11]

鲍勃·迪克中士所属的第七六三坦克营C连的谢尔曼坦克同样也遭到重创。在4月20日的战斗中，他们的任务是为向西原岭发起进攻的第三八一步兵团提供掩护。迪克驾驶的"割喉者"紧跟着排长施吕特（Schluter）中尉的坦克向前进发。施吕特是一位身材矮小、说话柔和的军官，最初是得克萨斯州骑兵部队的二等兵。突然，一枚炮弹落到两车之间，在地上炸出一个土坑。

"奥维德，"迪克对车长奥维德·W.弗伦奇（Ovid W. French）中士——来自马里兰州朗博利，参军前是以捕捞龙虾为生的渔民——说，"你看到了吗？"

---

\* 5加仑约为19升。——编者注

"什么……看到了什么？"

"有什么东西击中了中尉的坦克与我们之间的地面……"

"你确定？"

"我太他妈确定了。"

他们沿着一条山谷前进，前方左侧是一道低矮的山坡。不久，他们向左转，翻过山坡后又行驶了一段距离，才终于抵达山谷另一端。按照他们与步兵商定的计划，C连的任务是搜寻整个日军阵地区域，消灭区域内发现的所有日军。然而，施吕特中尉的坦克刚刚行驶到与横穿山谷的一道河沟平齐的位置，迪克就看到施吕特的坦克好像"裂开了"一样，坦克车外侧的牵引索"飞到空中，像一根笔直的琴弦"。当意识到施吕特遇袭后，迪克立即操纵坦克，让炮手瞄准还击。他缓缓前进，刚看到河沟另一端有一门47毫米口径的反坦克炮，就有两枚炮弹接连飞来，击中"割喉者"前方的地面，于是他们赶紧后退。然后，"割喉者"发射烟幕弹，为施吕特正设法转弯的坦克提供掩护。但为时已晚，反坦克炮弹一枚接着一枚，击穿谢尔曼坦克的装甲，几名乘员弃车而逃，沿着山谷向后方一路狂奔。迪克写道："当时场面一片混乱，我猜他们还没意识到，我们就在距离他们只有几英尺的地方准备接应。"

迪克接到奥维德"快他娘的给老子撤退"的命令，驾驶坦克后撤到山谷另一端，让炮手一炮轻松解决那门炮管细长的47毫米口径反坦克炮。迪克很清楚，日军的一式47毫米反坦克炮是一件"绝妙的武器"，几乎能以半自动的方式不断地开火："也就是说，炮手拉火绳的速度有多快，反坦克炮的射速就有多快。"

迪克后来得知，共有11枚炮弹击中施吕特的坦克，其中"有9

枚击穿装甲"。迪克距离他们只有大约20码，目睹了短短几秒内11
枚反坦克炮弹接连击中目标的景象。他写道："（那场面）我过了好
一阵子才忘掉。"[12]

## 21　我什么时候出击？

"没人知道我们会在什么时候遇到敌人，"潜艇的舰长说道，"所以这次聚会就当为你们壮行。祝你们一击成功，取得最令人满意的战果。"

4名回天鱼雷驾驶员举起酒杯，把清酒一饮而尽。其中有一个名叫横田宽的青年士兵，他之前参加了3月末的那次被迫取消的自杀袭击任务。这已经是他第二次执行任务了，而他希望这次可以成为最后一次任务。4月20日，他们跟随一支携带回天人工操纵鱼雷的潜艇舰队离开光市；此时，他们正靠近停泊在冲绳岛附近海域的美军舰队。

次日早晨，到了即将发射鱼雷的时刻，横田和其他3名驾驶员被命令换上作战服。横田去跟那些对他很照顾的候补军官道别。等他道完别，进入准备室，其他3名驾驶员都已经换好战斗服。"伙计们，你们能把头扭过去吗？我要换兜裆布*了。"横田说道。

喜欢开玩笑的山口（Yamaguchi）兵曹长答道："横田，有啥不好意思的，这儿又没有漂亮姑娘。"

---

\* 日本的男性穿着的传统棉质内裤。——原注

4名驾驶员哄堂大笑，山口的幽默暂时缓解了笼罩在他们周围越来越紧张的气氛。他们都是小青年，不喜欢讨论诸如"忠诚""勇敢""高贵的灵魂"之类的严肃话题。只有带队的柿崎（Kakizaki）有女朋友，并随身携带她的照片。横田则在口袋里装着自己4岁时就已经去世的母亲的照片。他看着照片，轻声说道："妈，我马上就能和你团聚了。"

几分钟后，潜艇的喇叭高声传出命令："回天驾驶员注意！进入作战位置！准备回天作战！"

4名驾驶员的心怦怦直跳，一边系上一字巾（hachimaki，亦作"钵卷"），一边向通往回天鱼雷的梯子跑去，嘴里不停地念叨着："我要出击了。"

他们怀着忐忑的心情，钻过舱门进入回天鱼雷狭窄的驾驶舱。为了缓解紧张的心情，横田回忆着母亲，在心中描绘着不久后与她团聚的场面。"必须成功！"他暗自发誓，"绝不接受失败。若行动失败，我定会抱恨黄泉。"负责为横田维护回天鱼雷的名尾（Nao）兵曹长打断了他的思绪，握住他的手说道："祝你成功，我会为你祈祷。"

舱门关闭后，横田用对讲机与潜艇保持联系。"所有的回天鱼雷，准备！"对讲机传来命令，"一号、四号回天鱼雷发射！其他人待命！"

一号和四号回天鱼雷的驾驶员是柿崎和山口。横田先是听到两枚鱼雷的固定带松开，之后又听到鱼雷前进时螺旋桨发出的轰鸣。他透过潜望镜观察前方情况，却"只能看到鱼雷留下的纯白色气泡"。

经过20分钟焦急的等待后，远处终于传来一声闷响："咣——！"

毫无疑问，那是回天鱼雷爆炸的声音。

"我什么时候出击？"横田冲着对讲机央求道，"我要准备做什么？"

控制员回答道："只发现两艘敌舰。"

"什么？找不到其他敌舰了吗？"

"等待。"

"你什么意思，叫我等着？肯定还有美国军舰，再好好找找！"横田渴望分享战友英勇牺牲的荣耀；他当然不想被消遣两次。

"二号回天鱼雷，"控制员命令道，"准备发射。"

二号回天鱼雷的驾驶员是古河（Furukawa）。

现在只剩下横田驾驶的回天鱼雷没有出动。他再三央求，却没能如愿。他们一直都没有发现新的美军舰艇。

他接到命令返回潜艇内。他回忆道："那一刻，我真想一死了之。"[1]


在美军第二十四军4月19日开始总攻前，守卫前沿阵地的日军第六十二师团就已经损失了35%的兵力，还失去将近40%的火炮。经过四天战斗，第六十二师团被迫放弃位于阵地中央的西原岭和墓碑岭；该师团战斗力折损一半，几乎已经无法在正对美军第二十七师的阵地上组织起有效的防御。牛岛的高级参谋八原对战局做出评估并指出，无论士兵、火炮还是迫击炮，防御前沿阵地的第六十二师团都在数量上处于1比4的绝对劣势，更不要提美军还能得到上百辆坦克和640架战斗机的支援。

显而易见的解决方案就是，命令守卫冲绳岛南端海岸线的部队北上协防。但是八原分析，如果真这样做，那就相当于敞开后门让美军趁虚而入，在南端进行两栖登陆。此外他还推测，美军总共有6个师在冲绳岛登陆（实际上，美军兵力是5个师，而另外一个也就是第七十七步兵师终于完成攻占伊江岛的任务，马上也会登陆），但目前却只投入了3个师，用来攻击日军设在那霸以北的主防线。所以，在他看来，美军完全有可能至少派1个师在位于冲绳岛东南端的港川（Minatoga）登陆。一旦美军登陆成功，守军就不得不两线作战。

然而，如果不对当前的部署做出调整，而是让第二十四师团、第四十四独立混成旅团继续分别守卫冲绳岛的西南、东南海岸，那么第六十二师团的防线就肯定会彻底崩溃。因此，八原提出了两套可供选择的方案：命令第二十四师团、第四十四旅团北上支援第六十二师团；或者，放弃北线的防守，命令第三十二军全体后撤至冲绳岛南端的3个据点。八原倾向于前者，却担心美军从守军后方实施两栖登陆。他拿不定主意，只好征求参谋长长勇的意见，而这也是他在冲绳岛战役期间唯一一次向长勇咨询。长勇也倾向于调兵北上，并指出："如果不立即支援第六十二师团，那么第三十二军就会全军覆没。"

至于美军发动两栖登陆作战的可能性，守军就只能等到问题出现后再想办法了。长勇还引用了一句谚语："逐二兔，不得一兔。"

尽管长勇帮八原拿定主意，但如何调度援兵北上还是得由八原提出方案。八原制订的方案很妙：守军放弃战线上的所有突出部，向后撤退大约半英里的距离，把前沿阵地调整为一条直线。新战线的左半边仍由第六十二师团防守，而右半边则由第二十四师团的一部防守。第二十四师团其余部队和第四十四独立混成旅团则部署在位于前线后方大约1英里处的最后阵地，即所谓的"首里防线"，分别负责防线的右翼、左翼。一份研究日军作战策略的文献指出，这样排兵布阵，"一方面确保前沿阵地能够连成一线，另一方面又在后方准备了完整的防御阵地，可以让前线部队逐步后撤"。与此同时，冲绳岛南端的所有防区都交给了一支大多数兵员均抽调自后方的后勤单位部队，兵力5 500人；一旦美军在南端登陆，那么这支部队就会阻击美军，为主力南下驰援争取时间。[2]

4月23—24日夜，按照八原的计划，日军对美军进行大规模的炮击，为前线部队撤退至后方800米处建立完整的新防线提供掩护。之前的五天，日军士兵死守牧港—大木村一线，美军每天只能"向前推进几码的距离，在一些地区甚至没能取得任何进展，比如嘉数高地"。然而，由于交战双方的前沿阵地变得犬牙交错，所以日军后撤一段距离并设立新防线，的确是合理的选择。4月23日，一名在西原—嘉数一线作战的日军上等兵在日记的最后一页，准确地描述了日军步兵日益绝望的心态：

> 敌军登陆已经快一个月了，激烈的战斗仍然没日没夜地进行。敌军使用的弹药量完全超乎我的想象。我方每打出1发炮弹，敌军就会打出至少10发炮弹来反击。在空中，一架我军的飞机都没有。如果能有几架飞机提供空中支援，估计我们用不了多久就可以取得胜利。我们需要飞机！需要飞机！[3]

4月22日，巴克纳中将在给妻子阿黛尔的信中写道：

> 冲绳岛的日军防线，似乎是我们目前在太平洋战场上遇到的最牢固的阵地。这将是一个缓慢乏味的过程；需要用火焰喷射器、手动放置炸药以及最紧密的团队合作，才能在克敌制胜的同时避免重大人员伤亡。[4]

虽然巴克纳看得很清楚，但令人惊讶的是，他却并没有重新考虑作战方案，仍然拒绝在冲绳岛南端实施第二次两栖登陆。诚然，他不可能知道日军已经被迫调兵北上，放弃南端的滩头阵地，但来自战场的情报很快让他得知，日军第二十四师团至少有一部分兵力已经北上。此外，还有不少人向巴克纳建议在岛屿南端进行第二次登陆。例如，第七十七师指挥官布鲁斯少将在即将完成攻占伊江岛的作战任务时再次提出，让七十七师在港川以北的海滩登陆，10天之内就能同从首里以北南下的美军会合。在莱特岛战役中，布鲁斯曾指挥第七十七师在日军设在奥尔莫克<sup>*</sup>（Ormoc）的防线后方成功登陆，因而认为七十七师可以再来一次类似的行动。然而，巴克纳和第十集团军的参谋人员再次拒绝布鲁斯的请求，给出的理由也与之前一样：冲绳岛南端的海滩太过狭小，不利于运送军需补给，登陆作战有可能重蹈安济奥战役的覆辙<sup>**</sup>。

此外，根据目前各部队的观察，巴克纳认为第二十七师的战场表现乏善可陈，而第二十四军其他2个师则疲惫不堪、急需休整。再者，尼米兹早已知会巴克纳，陆战一师和陆战六师不要投入战

---

* 菲律宾莱特岛西北部城市，重要船只避风港。——编者注
** 1944年1月，在意大利南部，为了包抄德国守军的侧翼，由英美两国军队共同组成，由马克·克拉克中将担任指挥官的第五集团军派出一部分兵力，在罗马以南的安济奥登陆，结果登陆部队被困滩头阵地，用了四个多月才终于突围。——原注

斗，因为这2个师有可能需要执行其他作战任务，而陆战二师则驻扎在后方的塞班岛，准备在冲绳岛北部登陆*。所以，巴克纳打算用第七十七师增援第二十四军的决定似乎是合理的。然而，4月26日，尼米兹通知巴克纳，在华盛顿召开的参谋长联席会议决定，无限期延迟"冰山行动"的第三阶段，即占领冲绳以北诸岛的作战行动；"第三两栖军可以投入所有兵力参与冲绳岛作战"，从而彻底消除必须派第七十七师增援第二十四军的必要性。[5]

早在4月22日，尼米兹与海军上将斯普鲁恩斯曾乘机前往冲绳岛，与巴克纳讨论战略部署；巴克纳当时就已经得知"冰山行动"的第三阶段有可能无限期推迟。尼米兹离开后，巴克纳在日记中写道，第三阶段的作战计划有可能取消，"除非冲绳岛上有足够多的机场可以为后续作战提供空中支援……海军上将尼米兹送给我一瓶烈酒，而我则对他说，等到彻底粉碎冲绳岛守军有组织的抵抗后，我再开瓶庆祝"。[6]

同样在26日前后，第二十四军指挥官霍奇少将强烈建议巴克纳派兵在南端登陆，理由是在前线作战的美军发现日军阵地上出现了第二十四师团的士兵，因此冲绳岛南部的防御与之前相比肯定有所削弱。巴克纳再次拒绝了提案，指出大规模登陆行动会遇到严重的后勤问题。次日，他命令陆战一师南下，替换在前线上表现令人失望的第二十七师。这一决定充分地反映了巴克纳谨小慎微、过分依赖炮兵的指挥风格，也导致美军坐失良机，在此后的战斗中付出了惨痛的代价。[7]

---

\* 6月3日，陆战二师第八陆战团在位于冲绳岛以北24千米的伊平屋岛登陆，目的是在岛上建立远程雷达站，用来预防日军航空兵的自杀攻击。——译注

根据海军陆战队副参谋长奥利弗·史密斯的记述，巴克纳"本来打算在（第三两栖军）不参战的情况下结束岛屿南部的战斗"。部分原因是美国陆军心高气傲，不愿让海军陆战队抢了风头；还因为巴克纳认为，只要让他的4个陆军师轮番作战，就足以完成任务。然而，由于第二十七师很快就"身心俱疲"，在短短十五天内伤亡数字就上升至3 500人，巴克纳很清楚，必须让该师得到休整。在接受战地记者采访时，他给出的解释是，第二十七师原本就被安排作为一支承担非战斗任务的驻防部队；所以，既然岛屿北部的战斗已经结束，那他就可以按照原计划把第二十七师撤下前线。他向该师师长格里纳少将下令时也给出了相同的解释，而格里纳"很显然松了一口气"。这一切当然没有瞒过史密斯。对于巴克纳把第二十七师撤下前线的决定，史密斯写道，是"因为巴克纳彻底对那支部队失去了信心"。[8]

与此同时，巴克纳从前线观察哨的有利位置发现了令人异常兴奋的战斗情景。他在写给妻子的信中描述了美军的进攻：

> 那场面实在是太壮观了，空袭的飞机，密集的炮火，弥漫的烟幕，火焰喷射器，坦克，迈着坚定的步伐靠近敌军阵地的步兵。炸弹的爆炸、炮弹的尖啸、弹片的呼啸、机枪扫射的嗒嗒声、步枪清脆的枪声不断在耳边回响。眼前的场景惊心动魄，令我永生难忘。[9]

当然，巴克纳并没有记录，攻守双方在冲绳岛上短兵相接、激烈交战的惨状：身负重伤的士兵撕心裂肺的惨叫，被肢解的尸体散发出令人作呕的气味，亲密的战友被炮弹和迫击炮弹炸得开膛破肚，露出痛苦的表情。对于双方的士兵而言，这才是太平洋战场的真实面貌。

## 22　只要一枚炸弹，就可以摧毁一整座城市

4月24日，哈里·杜鲁门总统收到战争部部长亨利·史汀生递交的一封短笺：

> 总统阁下，我必须尽快向您汇报一项最高机密，我认为这很重要。您刚刚接任总统职位时，我曾提到这项机密，但考虑到您当时承受的压力，我并没有细说。[1]

杜鲁门马上明白史汀生要汇报的是什么机密。史汀生上次提到这项机密是在罗斯福总统去世那天；当时，他只是神秘兮兮地说，军方正在研制一种"破坏力强大到几乎令人难以置信的新型爆炸装置"。4月13日，曾在罗斯福任内担任战争动员办公室主任的吉米·伯恩斯（Jimmy Byrnes）对杜鲁门说，军方正在"完善一种威力强大到足以毁灭全世界的爆炸装置"；接着又说，爆炸装置的威力超乎想象，足以使美国在战后处于说一不二的位置。但是，直到科学研究及发展办公室的主任范内瓦·布什（Vannevar Bush）博士到白宫汇报工作并解释炸弹的技术细节后，杜鲁门才开始意识到这种新型炸弹的恐怖威力。当然，并不是所有的高层官员都相信这一点。杜

鲁门的首席军事顾问、职位实际上等同于参谋长联席会议主席*的海军五星上将威廉·D.莱希（William D. Leahy）也听取了汇报，并在会后宣称："这是我们到目前为止干过的最蠢的事。这种炸弹根本不会爆炸，这是我作为炸弹专家给出的看法。"[2]

杜鲁门急于听取史汀生的报告，决定4月25日在白宫椭圆形办公室举行会议。25日中午，史汀生抵达会场；不久，莱斯利·R.格罗夫斯（Leslie R. Groves）少将也如约而至。格罗夫斯是一个膀大腰圆的陆军工程师，曾经主持五角大楼的修建；他与史汀生都分别准备了备忘录，刚走进会议室，就把备忘录交给杜鲁门。杜鲁门首先阅读史汀生的备忘录。上边开篇就写道：

> 不出四个月，我们很可能就会完成研发工作，制造出人类历史上最恐怖的武器，只要一枚炸弹，就可以摧毁一整座城市。

备忘录接着写道：

> 尽管英国也参加了研发工作，但就实力而论，目前只有美国才拥有足够的资源制造出这种武器并投入实战。其他国家不知要用多少年才能达到这种水平。尽管如此，实际上可以肯定的是，我们不可能永远保持领先地位……因此，未来很可能出现，某个别有用心的国家或团体秘密制造出这种武器并突然使用，造成毁灭性的破坏……考虑到目前人类的道德进步远远落

---

\* 莱希的职位是最高司令的首席参谋长，这一职位是参谋长联席会议主席一职的前身。——译注

后于技术发展，整个世界将生活在这种武器的阴影之下。换言之，现代文明有可能毁于一旦。

然而，备忘录进一步指出，这种武器若被善加利用，也可能成为促进世界和平的力量。[3]

格罗夫斯的备忘录主要集中在科学层面。他在备忘录中写道：

> 原子由中子、电子、质子组成，当游离于原子外部的自由中子击中铀235的原子时，撞击就会令原子一分为二，在产生更多中子的同时，释放出相当巨大的能量。

备忘录指出，如果一切顺利，原子弹爆炸的威力就相当于引爆5 000到2万吨TNT炸药。备忘录的下文是：

> 只要研制出核裂变炸弹，美国就掌握了一种威力巨大的武器，不仅能够在更短的时间内赢得当前这场战争的胜利，还可以减少美国士兵的伤亡……如果能够在原子能武器研发领域始终处于领先地位，那么美国就可以更加有效地保证国家安全，并能够更好地维护世界和平。[4]

接着，史汀生与格罗夫斯介绍了原子弹研发这个人类有史以来规模最大的工业及科研项目是如何从无到有、开花结果的。1939年8月，理论物理学家阿尔伯特·爱因斯坦（Albert Einstein）致信罗斯福总统，提出"在不远的未来，铀元素也许可以成为一种全新的重要能量来源"，由此产生的能量可以用来制造炸弹。罗斯福担心希特勒领导的纳粹德国抢占先机，就对身边的助理说："必须立即采取行动。"[5]

同年秋，联邦政府拨款6 000美元，用来购买研发原子弹所需的包括铀元素在内的各种特殊物资。次年6月，罗斯福成立美国国防部科研委员会[*]，将卡内基科学研究所的所长范内瓦·布什任命为主席。还有3位科学家也成为该委员会的成员，他们分别是哈佛大学校长詹姆斯·科南特（James Conant）博士、加州理工学院教授理查德·托尔曼（Richard Tolman）博士、麻省理工学院校长卡尔·康普顿（Carl Compton）博士。委员会的任务是召集物理学领域最杰出的科学家，判断他们能否制造原子弹。1941年11月，在珍珠港遇袭前的一个月，战争部部长史汀生从布什口中得知与原子弹项目相关的机密信息，成为项目的参与者。史汀生回忆道：

> 之后4年，我直接参与了所有与原子能研发与应用相关的重大决策，从1943年5月1日起……我开始负责整个项目的行政管理工作，直接向总统汇报工作。[6]

原子弹研制项目名为"曼哈顿计划"，负责人是当时军衔还只是准将的格罗夫斯。1942年6月，格罗夫斯把物理学家J.罗伯特·奥本海默（J. Robert Oppenheimer）任命为科学主管，请他负责成立秘密实验室，主持原子弹的制造工作。奥本海默把实验室的地点定在新墨西

---

[*] 1941年被科学研究及发展办公室取代，范内瓦·布什也从委员会主席转变成办公室主任。——原注

哥州偏僻的小村洛斯阿拉莫斯（Los Alamos）。他曾经感慨道："我这辈子对物理学和新墨西哥州情有独钟，但可惜的是这两者一直都没有交集。"现在，他终于如愿以偿。与此同时，格罗夫斯主持了另外两座秘密设施的修建工作：其中一座占地44英亩*，位于田纳西州的橡树岭，目的是为原子弹生产浓缩铀；而另一座则占地规模更为庞大，长度16英里、宽度12英里，位于华盛顿州汉福德镇（Hanford），是世界上第一座全尺度（full-scale）钚生产堆的所在地。[7]

"曼哈顿计划"的每一位参与者都很清楚，这是一场与时间比拼的赛跑。史汀生写道：

> 1938年，德国完成了人类历史上首次核裂变实验，而情报则指出，德国人一直都在进行相关的实验。情报部门认为，1941—1942年期间，德国人在原子弹研发领域仍然处于领先位置，所以我们必须后来居上，不能让德国成为第一个在战场上使用核武器的国家。此外，如果美国能够成为第一个研发出核武器的国家，那就相当于获得了一件全新的神兵利器，既可以缩短战争时间，又可以减小战争造成的破坏。[8]

1943年8月，罗斯福和丘吉尔在出席第一次魁北克会议时达成一致，同意两国分享在原子弹研发领域取得的成果，还决定把原子弹的研发及生产设施全都集中到美国（即所谓的"合金管"备忘录）。1943年12月4日，《纽约时报》刊载的一篇文章加剧了英美两

---

* 44英亩约为18公顷。——编者注

国领导人对德国有可能在核武器领域取得突破的担忧。文章引用纳粹高官的讲话，指出纳粹德国"准备采用一击致命的极端手段"以报复盟军的空袭。此外，那个纳粹高官还放下狠话，宣称"人类的科技突飞猛进，只用一件武器就可以炸毁半个地球的时刻已经指日可待"。[9]实际上，德国的核武器制造计划（代号为"铀工程"）一直都缺乏有效的内部协作，还受制于铀矿短缺。到1945年德国即将战败时，计划的进展与目标仍然相去甚远。

相比之下，"曼哈顿计划"的进展十分顺利。到1945年春，用核试验来验证原子弹可行性的时刻已经近在眼前。史汀生写道："链式裂变反应本质如此。要验证我们是否成功地制造出了原子弹，就必须进行全尺度的核试爆。尽管如此，我们还是很有把握，应该可以在仲夏季节成功引爆第一颗原子弹。"3月15日，史汀生在罗斯福去世前就"曼哈顿计划"的进展最后一次向他汇报。此前，吉米·伯恩斯向罗斯福递交备忘录，指出到目前为止已经耗费20亿美元巨资的曼哈顿工程"有可能搞砸"。史汀生能打消罗斯福的疑虑吗？答案是肯定的。他对罗斯福说，参与项目的科学家中有4位诺贝尔奖获得者，而他们都认为项目的成功就在眼前。[10]

专注地听完上述汇报后，杜鲁门提出了新的问题，想知道原子弹最快要多久才能研制出来。"要不了几个月了。"史汀生答道。因此，为做好相应的准备，史汀生建议成立一个过渡委员会，以便总统咨询"这种即将研制成功的核武器所带来的各种相关问题"。杜鲁门表示同意。"我很感谢史汀生条理清晰地介绍令人惊叹的'曼哈顿计划'，"杜鲁门回忆道，"在送他出门时，我感到，美国能有像他这样能力卓著、智慧超群的人来为国效力，实在是太幸运了。"[11]

## 23　突然间，那些与我称兄道弟的伙计们纷纷倒地

第五陆战团二营 E 连的吉姆·约翰斯顿下士一看到卡车抵达并运送二营南下，就知道这不是个好兆头。"情况肯定糟糕透了，"他写道，"前线肯定十分吃紧，否则他们就会让我们徒步南下。"[1]

自从"爱日"那天美军兵不血刃在渡具知海滩登陆以后，约翰斯顿所在的 E 连就跟陆战一师的其他部队一样，一直都相对轻松。抵达东海岸后，陆战一师接到就地消灭敌人的任务，却发现几乎没有敌人。陆战一师的官方战史写道："第一师几乎一直待在原地，精力全都用在侦察、消灭残敌、封闭洞口、管理平民上。作战部队在这一阶段基本上没有出现伤亡。"[2]

对于约翰斯顿来说，在登陆后的头几周，最令人难以忍受的事情就是目睹大量平民白白死去。他回忆道："他们不敢在白天离开藏身处，因为我们可以轻而易举地认出他们。"天黑后，平民借着夜色离开藏身处，结果被动辄开枪的陆战队员射杀；因为这些陆战队员害怕日军的"渗透战术"，举枪便射"任何在夜里靠近阵地的人"。平民，尤其是儿童的尸体，给陆战队员留下了"心理阴影"。有一段时间，陆战队员会等待一会儿，直到夜间活动的人靠近到能够辨识对方身份的距离。然而，这是一个严重的错误，因为日本兵会渗透

到前沿阵地，边走边投掷手榴弹。所以，陆战队员又恢复到"凡在夜里靠近阵地者、一律格杀勿论"的状态。

约翰斯顿会按时给远在内布拉斯加州沃尼塔的父母写信（他出生在肯塔基州南部，不久随父母搬到沃尼塔），但从来都不会在信中描述战场上如此惨烈的情况——这并不意外。4月18日，他在信中承认：

> 你们猜得没错，我的确在琉球群岛的冲绳岛。这里离日本本土不远。到目前为止，作战一直都很轻松，这完全出乎我的意料。也许是因为我们登陆的地方太靠近日本本土，把日军打了个措手不及。我们一直都在轰炸日军。可能再过一阵，战斗就要艰苦了。[3]

约翰斯顿预测得一点儿都没错。4月30日，陆战一师开始换防第二十七步兵师位于美军前线右端的阵地。那天，在接替第一六五步兵团防守紧邻冲绳岛西海岸阵地的第一陆战团的军官中，有一位名叫布鲁斯·沃特金斯（Bruce Watkins，绰号"沃茨"）的中尉军官。他时年24岁，家乡是康涅狄格州曼彻斯特，毕业于塔夫茨学院\*，参军前已经结婚成家。此前，他参加过攻占佩莱利乌岛的战斗，因作战英勇获得银星勋章。陆战一师开始在冲绳岛登陆时，他隶属于第一陆战团二营，在E连担任排长。他与手下士兵关系亲密；在得知第一陆战团二营营长小詹姆斯·C.马吉（James C. Magee Jr.）中校

---

\* 即现在的塔夫茨大学（马萨诸塞州的一所私立大学）。——译注

想把自己调到营部、担任助理作战参谋后，他提出"强烈抗议"，却无济于事。不久，二营就投入了战斗。沃特金斯回忆道：

> 我们奔赴前线接替第二十七师，在路上遇到第二十七师队形散乱的官兵。他们每个人都是那种"两千码凝视"*的眼神。阵地上到处都是阵亡者的遗骸，我们的步枪排刚进入散兵坑完成换防，他们就一言不发，匆匆向后方跑去。日本人的火力十分猛烈，迫击炮、火炮发射的炮弹在散兵坑周围落地开花，我们开始遭受伤亡，耳边再一次响起那凄惨的哀号："医护兵！"[4]

附近相邻的作战单位也发生了类似的一幕：第一陆战团三营试图向南推进至宫城村（Miyagusuku），把前线拉成一条直线；在途中遇到一块地势缓缓抬升的狭窄台地，他们刚刚翻过一道低矮的山梁，就遭到机枪和迫击炮的袭击。三等兵罗伯特·尼尔（Robert Neal）来自明尼苏达州南部一个名叫鹰湖的小农庄，在营部担任通信员。他回忆道：

> 突然间，那些与我称兄道弟的伙计们纷纷倒地。一些人发出的声音，一听就知道受了重伤；而奇怪的是，另一些人倒在地上一点儿动静也没有。我按照训练时学到的动作，一个滚翻

---

* 1945 年，美国《生活》杂志刊登了一张图片，描绘一名陆战队员在硝烟弥漫的战场上瞪大眼睛、面无表情、直视前方的景象，图片标题是《陆战队员把这叫作"两千码的凝视"》（*Marines Call It That 2,000 Yard Stare*）。创作这幅作品的画家汤姆·利珀时也是一位战地记者，他对画作的描述是：三十一个月前，画中的陆战队员离开了美国。他在第一次战斗中负伤，患上热带病，夜不能寐，白天一直都在消灭躲在山洞里的日军，他有三分之二的战友非死即伤。今天早上，他又要发起进攻。作为一个有血有肉的人，他到底还能承受多少苦难？——译注

卧倒在地，然后用肩膀抵住卡宾枪不断地开火，却看不到任何敌人。

看到一名战友负伤，尼尔匍匐着上前救援：

> 我用一只手捂住伤口，用另一只手从他包里翻出磺胺粉消毒包，同时向附近的医护兵大声求救。我打开磺胺粉包，把（消毒）粉撒到伤口上。我还没包扎好伤口，医护兵就已经赶过来了。

尼尔并不惊奇：美国海军医护兵是"最受陆战队员尊敬"的士兵，他们"总是不顾自身安危，冒着枪林弹雨，一心只想拯救倒在他们面前、生命垂危的战友"。[5]此前，尼尔所属的三营经过的区域并没有日军防守——第一六五步兵团二营曾经向该区域派出侦察队，没有发现任何敌情。然而，日军已经在美军换防之前重新占领该区域，第一团三营遭到迎面阻击，有近30人伤亡，被挡在原地。[6]

一天后，第五陆战团进入紧靠第一团的阵地，换下隶属于第一〇五、一〇六步兵团的作战单位。吉姆·约翰斯顿下士所属的二营负责守卫第五团阵地的左翼。E连官兵背着全套作战装备奔赴前线，在路上遭到日军迫击炮、火炮的猛烈轰击。约翰斯顿发现一个年轻的士兵坐在路边，手掌被弹片击中，血流不止。约翰斯顿说道："小伙子，你最好赶快把伤口包扎好。"

"我不知道怎么包扎。"那个看起来还是个大男孩的士兵回答道。

"你们的医护兵呢？军医呢？"

"不知道。"

"医护兵！"约翰斯顿喊道。

一转眼，林德曼医生（Doc. Lindemann）就跑了过来。林德曼又高又瘦，在所有与约翰斯顿做过战友的军医里面，算得上最优秀的那一类。他用压力绷带迅速包扎好男孩的伤口，再把他送到下山返回的路上。与此同时，约翰斯顿率领机枪小队继续向前线推进，发现阵地上到处都是年轻美国士兵正在腐烂的尸骸，他被眼前的惨状惊得目瞪口呆。由于阵亡者的尸臭令人难以忍受，约翰斯顿的机枪小队马上就开始收集狗牌以留给坟墓登记处*用来识别阵亡者身份，然后开始掩埋尸体，"至少保证那些该死的苍蝇不会循着尸臭在尸体上大快朵颐"。

看到准备撤下前线的陆军士兵一盘散沙的样子，约翰斯顿拉住其中一人，问他阵地上有没有军官。那个士兵指了指一具已经腐烂得不像样子的尸体，回答道："那个就是我们的排长。"

"那现在这里谁负责？"

在场的陆军士兵无人回应，约翰斯顿随即又追问阵地上有没有下士。

"我。"一个年轻的士兵答道。

"情况咋样？"约翰斯顿问道，他想知道阵地上"过去、现在以及将来有可能发生"的情况。

那个陆军下士根本就不知道约翰斯顿在说什么。约翰斯顿回忆道："他是个好小伙子，我知道他们每一个人都是好样的，他也的确

---

\* 坟墓登记处是负责回收、鉴别、运输、安葬阵亡美军士兵的机构，在美国加入一战后成立，于1991年更名为殡葬事务处。——译注

想帮忙。然而，他与所有第二十七师的士兵一样，都没有得到应有的重视和尊重。他就没有接受过上战场所必需的训练。"

约翰斯顿只好一点一点地打听情况，询问那个下士炮火是否一直都如此猛烈。

"有一阵子了。"下士答道。

"我们就没什么应对办法吗？"

"见鬼，我根本就不知道该咋办。"

"你们试着向前推进了吗？"

"最近没有。"

在阵地的一侧，约翰斯顿发现一个陆军机枪手架起勃朗宁重机枪一梭一梭地射击，却"看不到他的目标在哪里"。约翰斯顿意识到机枪手为日军火炮提供了"绝佳的瞄准点"，建议他最好停止射击。机枪手照做了，然后日军火炮和迫击炮的火力就渐渐减弱了。

在寻找有利的射击点时，约翰斯顿手下的班长、一等兵拉姆（Lamm）腿部中弹。约翰斯顿割开拉姆的裤子以便医护兵处理伤口，结果发现伤势十分严重。为了让拉姆打起精神，约翰斯顿戏称"这个伤口值25美元，刚好够回家的船票，但他的脸色却糟糕透了"。拉姆在前往急救站的路上因伤重身亡。

确定机枪的射击点后，约翰斯顿把一个茅草屋顶的已经千疮百孔的狭小猪圈当作指挥所。正前方是一道与阵地平行、坡度平缓的山谷。从阵地出发前进四五十米，就可以到达谷底；再前进四五十米，就可以到达山谷另一侧的高地。谷底停着一辆废弃的坦克。山谷向右延伸大约500码的距离后，"地势突然抬升，形成一座陡峭多石的高山"。山脊另一侧的正前方是一道"又大又深的峡谷"，名叫

"安波茶口袋"（Awacha Pocket）。另一道山谷以安波茶口袋为起点，一路向西直通大海。约翰斯顿回忆道："我们来到前线，两眼一抹黑，结果牺牲了一大批优秀的战士，才终于摸清楚情况。"[7]

在约翰斯顿的机枪阵地附近稍微偏西的位置，第五陆战团三营K连的斯特林·梅斯下士同样也在5月1日跟随部队进入前沿阵地。梅斯在纽约城皇后区一家五金店铺后面的住宅出生，之后随父母搬到"小意大利"[*]，童年吃了不少苦，衣服全是廉价商店出售的便宜货，鞋子更是尺码太小，从来都没合过脚。然而，这一切都为梅斯后来接受的考验打好了基础。他后来写道："我们当时完全不知道，但作为大萧条时期出生的孩子，作为穷困潦倒的一代，我们早就开始为战争做准备了。"

梅斯是一名参加过佩莱利乌岛战役的老兵，在登陆冲绳岛时，负责指挥一个4人火力小组，成员包括1名勃朗宁自动步枪手、1名组长助手、1名侦察兵，还有他本人。梅斯的侦察兵是时年32岁、绰号为"软蛋"的一等兵鲍勃·惠特比（Bob Whitby），他已经结婚成家，有两个女儿。"我手下的那三个兵都没上过战场，"梅斯写道，"要靠老兵指点才能大概了解战场的情况。但是想要讲清楚战场的真实情况实在太难了，我只要一开口就感觉自己说的全是废话。"这三个新兵蛋子很快就会体验到真正的战斗是什么样子。

5月1日，梅斯和他的火力小组一边前进，一边"紧张地扫视前方被炸得满目疮痍的小山包"，突然"感到脚下的地面蹿了有足足1英尺高"。之后，炮弹呼啸而来，梅斯一行跑着"之"字路线逃离，

---

[*] 小意大利是美国纽约市曼哈顿下城的一个街区，曾有大量的意大利裔美国人居住，今天仍有不少意大利商店和餐馆。——译注

爆炸掀飞的土块砸在他们的头盔上。梅斯看到一个散兵坑，马上跳进去。其他人也全都照做，躲进散兵坑，并"把头探出坑口观察坑外的状况，结果看到一片火光闪烁。"一枚炮弹在附近爆炸，土块直飞冲天，仿佛一道棕色的土墙。炮击结束后，浓厚的烟雾取代横飞的土块扑面而来，"在地上缭绕，把我们笼罩在浓雾之中"。

"狗娘养的！"小组的步枪手、阿巴拉契亚山脉的山里人、当时刚满19岁的一等兵尤班克斯（Eubanks）咒骂道，"这帮日兵他娘的不是在开玩笑吧？"

"没错，他们的确不是在开玩笑。"梅斯答道。

支离破碎的战场让梅斯想起了一战时弗兰德斯战场的黑白照片："静默的土地，稀疏的植被，遭到连续炮击变得坑坑洼洼的山脊，以及在这布满弹坑、悄无声息的土地上横七竖八地散落的战争残骸——空空的弹药箱、炮弹的弹壳、烧毁的各种军车、丢在地上的单兵作战装备。"在下山途中，他们在路上经过了一排又一排裹着斗篷的陆军士兵尸体，其中大多数人都光着脚，"像样点儿的靴子都被他们的战友穿走了"。[8]

5月2日，美军共有3个师在冲绳岛南部与日军对峙，从西往东依次是陆战一师、第七十七步兵师（4月30日替换第九十六师）和第七步兵师。巴克纳中将先后视察了刚刚上阵的陆战一师和第七十七步兵师的师部，分别与这2个师的师长佩德罗·戴尔·瓦莱、安德鲁·布鲁斯（Andrew Bruce）见面；他得到的印象是，2位师长全都想要"迅速突破敌军防线以显示他们胜于之前指挥各师的美军将领"。但他们很快就意识到，日军防线是一块比他们预想的要难啃得多的骨头。[9]

5月2日、3日，这2个师接连发起进攻：陆战一师朝着那霸以北的安谢川（Asa River）前进，而第七十七师则向着地势险峻的前田高地（Maeda，得名于高地南坡、位置靠近山顶的前田村）挺进。"两个师很快就遭到阻击止步不前，"巴克纳在日记中草草写道，"他们得到了一些宝贵的经验教训……从此往后，他们将成为能够应对各种情况的杰出军人。"[10]

从战场地形上看，陆战一师和第七十七师的处境都尤其不妙。陆战一师的官方战史上写道：

> 在通往首里的路上，日军充分利用地形优势，在每座丘陵、山冈、小山以及山脊都部署了兵力和武器。在一些情况下，他们甚至还会打开冲绳人的墓穴，用来架设机枪、47毫米口径反坦克炮和迫击炮。日军挖掘洞穴并用隧道相连，以便架设在洞内的武器可以及时得到弹药补给。日军尤其注重火力范围的协调配合，会根据山丘、山脊的自然布局部署炮兵阵地，以确保不同的炮位能够相互支援。在高地的反坡上……敌军挖掘的洞穴既可以为迫击炮小队提供保护，又可以用来储存食品和弹药，还可以成为掩体，在遭到我军的火炮、舰炮、轰炸机轰击后、正面和坡顶没有支撑时，让山顶守军暂时后撤保存实力。

此外，由于"各个防御阵地逐步抬升，使得进攻方的一举一动都逃不过防守方的眼睛"，日军的优势进一步扩大。一旦进攻方施加的压力太过强烈，日军指挥官就可以"命令部队后撤到下一个山头上的预备阵地"，从而缩小防御范围并使阵地变得更加牢不可破。"在冲绳岛上，再也找不到比这里更适合进行消耗战的地方了。"陆战一师的官方战史上如此写道。[11]

　　第五陆战团在前线左翼发动进攻，年仅18岁的一级医护兵\*罗伯特·E.布什（Robert E. Bush）在战斗中尤其英勇。布什来自华盛顿州塔科马市，父亲是伐木工人，母亲是护士。他高中辍学当了伐木工，1944年初决定参军入伍。在校址位于爱达荷州法拉格特的海军医务部队学校接受训练后，他被分配到第五陆战团二营G连三排。5月2日，第五团发动进攻的那天，他在战场上"连续不断且奋不顾身地"救助了一个又一个伤员；当时，他远远地看到排长身负重伤，躺倒在山顶靠近天际线的位置。进攻开始后，他停下脚步开始给排长输血浆。就在此时，日军发动反攻；布什"一手举着血浆"，"另一只手掏出手枪向敌军队伍射击"，直到打光所有的子弹；然后，又捡起排长丢在地上的卡宾枪，消灭了6个"冲到山顶的日本兵"。尽管被手榴弹弹片击中而身负重伤，并且一只眼睛已经完全失去视力，但布什还是拒绝马上接受治疗，直到排长被疏散后他才离开前线。哪怕是下了火线，布什也仍然坚持自己走向救助站，结果倒在了路上。布什因"积极主动、英勇无畏的表现和英雄般的自我牺牲精神"而受到嘉奖，成为二战期间美国海军最年轻的荣誉勋章获得者。[12]

　　在第五陆战团一营C连的副连长比尔·卢尼看来，每天的战斗都如出一辙：

---

\*　相当于下士。——译注

　　每天早上，上级下达的命令都是"拿下那个山头"，而到了晚上命令肯定就是"建立防御阵地，与左右两侧的我方作战单位保持联系，记得汇报坐标"。拿下"那个山头"意味着，你必须首先下山进入谷底，并且会遭到下山那侧坡面藏在洞穴里的敌军和目标山头上敌人守军的攻击。

不断有人中弹，卢尼最害怕听到这样的消息："那谁谁刚刚阵亡了。"5月初，他从别人口中得知，"杰克·金布尔（Jack Kimble）阵亡了"。金布尔是一位年轻的少尉军官，之前在佩莱利乌岛中弹负伤、大难不死，但还是没能在冲绳岛上逃过死神的魔爪。一天前，连部刚刚收到寄给金布尔的包裹，里面有父母给他的新手表，但卢尼还没来得及把手表送到他手中，就得知他阵亡的消息。卢尼首先想到的是：谁来接替金布尔担任排长？他写道："有时候，你作为副连长不得不暂时代理排长的职务，而另一些时候，你知道排里有个军士长很靠得住。然后，你就必须强打精神，继续执行任务。讲真话，那活法简直糟透了。"[13]

在第五陆战团二营E连的吉姆·约翰斯顿下士看来，二营多次试图占领安波茶口袋的行动全都"徒劳无功且令人倍感挫折"。他率领的机枪小队只有两个选择，要么在前线的防守位置架设机枪火力点，要么在进攻中紧跟步枪兵的脚步；他们"只需几秒钟"就可以快速为步枪兵提供火力支援。无论采取哪一种行动，机枪小队都会"直接进入敌军的射界，被轻武器、迫击炮、火炮打得晕头转向"。此外，他们还无法像佩莱利乌战役时那样扫射发起集群冲锋的日军。由于日军多是单独露头，所以机枪小队通常都不会轻易开火，因为一开火就会暴露机枪的位置，立即遭到日军的报复性打击。重机枪仅在日军发动反击时可以派上用场；于是，约翰斯顿和他的机枪小队最好还是能配备步枪和勃朗宁自动步枪。约翰斯顿懊恼地写道："我们要扛着沉得要死的重机枪在岛上东跑西颠，却从来没有碰到能够让重机枪真正发挥威力的机会。"[14]

海军陆战队的每个营级作战单位都设有隶属于突击排的爆破小组，由4名士兵组成。而在这场战斗中，逐个拔除日军坚固据点的代价极大，他们算得上是作用最大的士兵。爆破小组的4名成员分别是组长、爆破专家（他使用的爆破装置是装药量为24磅TNT的炸药包）、喷火兵以及操作巴祖卡火箭筒的士兵。来自肯塔基州阿什兰市、绰号"波普"的一等兵保罗·艾森（Paul Ison）时年28岁，已经结婚成家，有4个小孩；他是跟随第五陆战团三营L连一起行动的爆破小组的爆破专家。5月3日，艾森所在的爆破班（由他所在的小组和另外2个爆破小组组成）接到向前推进的命令，任务是帮助L连在阵地前方的一个小山头上站稳脚跟。

艾森回忆道，抵达目的地后，他们发现L连遭到敌军机枪、狙击手、迫击炮的"猛烈打击"，伤亡人数正在迅速上升。观察到附近一个洞穴是日军火力点后，艾森与小组的组长拉尔夫·博施克（Ralph Boschke）下士一同"匍匐前进，想在洞顶安放TNT炸药包*，炸塌山洞……活埋敌人"。然而，日军的机枪手发现了他们并开枪射击，博施克胸部连中数枪，"当场死亡"。

---

\* 一位海军陆战队的军官对TNT炸药包的描述是，"一个有很多口袋的布包，可以装差不多'6根'用'导火索'相连的'C系列炸药'，只要激发起爆管，就可以一下子引爆所有的炸药"。见卡雷尔所著《K一号》，第27页。——原注

有人大喊："当心！"

艾森抬头一看，被眼前的景象惊出一身冷汗：一枚膝盖迫击炮发射的炮弹正径直向自己飞来。"那感觉就好像有人冲着我扔了一个垒球。"他回忆道。

他刚刚扑倒并隐蔽起来，炮弹就击中身后的一棵小树，把它炸得断裂。发现自己没有受伤后，艾森连滚带爬返回L连的阵地，跳进散兵坑。此时，L连的大部分士兵非死即伤，幸存的军官用无线电向营部发报："我们在这个山头上坚持不了多久了。"

第五陆战团三营营长约翰·C.米勒（John C. Miller）中校终于下达命令，允许L连销毁所有的重装备并尽快后撤。在撤退前，艾森与4个士兵一起离开隐蔽处，一边投掷烟幕弹，一边前进想要收回博施克的尸体。不幸的是，由于博施克战死在靠近山顶的地方，位置太过暴露，因此5人被迫放弃，这令艾森懊恼不已。尽管如此，他们还是取回了博施克的汤普森冲锋枪，并把它交给艾森，而艾森则把自己原先使用的卡宾枪送给另一名士兵。

为了掩护撤退，2名年轻的陆战队员不断地投掷手榴弹，"轰炸聚集在对面山上的敌人"。他们扔了足足两箱手榴弹才转身向山下跑去，而艾森则端起汤普森冲锋枪，为他们提供火力掩护。艾森和那2名陆战队员是最后3名下山的美军士兵*。此时，日军的迫击炮炮弹像雨点一样落下，艾森与爆破小组的2名战友一起躲进一个弹坑。没过多久，他们当中的一个人感到有些不安，提议换到附近一座小山的山脚下躲避炮火。"好，"艾森答道，"那就快出发吧。"

---

\* 3人的英勇无畏精神得到嘉奖，那2名陆战队员获得了银星勋章，而艾森则获得了铜星勋章。——原注

3人刚刚抵达新的隐蔽处，就有3名陆战队员跳进他们之前用来躲避炮火的那个弹坑。"几秒钟后，"艾森回忆道，"一枚日军的迫击炮弹直接命中弹坑，那3名陆战队员当场死亡。"弹坑附近的地面全都是他们的残肢断臂。

在后撤的路上，艾森的一个战友看到地上有一把崭新的M1步枪。他问道："波普，你想要这把M1吗？"

艾森伸手摸了枪托，答道："当然了！"他拿起那把M1步枪，把汤普森冲锋枪交给战友。回到距离前线不远的营部后，艾森收到向突击排排长埃林顿中尉报到的命令。埃林顿说："我想让你接任4人爆破小组的组长。几天前，博施克下士对我说，如果他遇到不测，他希望你能够成为新组长。"15

## 24  我决不能丢下他们不管，哪怕搭上我的性命

俯瞰第七十七师阵地正前方地面的是一堵"巨大的、可怕的峭壁"，这就是前田高地，而在这里战斗的士兵则称之为"钢锯岭"（Hacksaw Ridge）。在他们的记忆中，这块高地马上就会成为"万劫不复之地"。

在高地的东端，山脊陡然抬升后又突然中断，仿佛一个巨石哨兵。这就是峰顶只有数米宽的"针尖峰"*（Needle Rock）。但是，沿着从东至西的方向，高地宽度逐渐增加，最宽处达到50码。朝南的反坡虽然也十分陡峭，但高度却无法与北向的坡面相提并论；反坡内部全是复杂的洞穴和坑道网络，并与峰顶的碉堡相连。山脊东段是一道宽度为200码的鞍部，向下俯瞰150高地；继续向东400码，越过另一个鞍部是152高地。152高地是浦添台地的顶点，台地在此处呈直角状，并朝着西南方向延伸。

4月26日，第九十六师第三八一步兵团向钢锯岭发起第一次进攻。在前进至钢锯岭山脚的过程中，第三八一团几乎没有遇到麻烦，但当他们采用人梯爬上陡峭的岩壁时，日军的机枪突然开火，他们

---

* "针尖峰"为美军对前田高地最高点的称呼，日本人称其为"为朝岩"。——译注

被迫撤退。再往东的地方，第三八三步兵团抢占了第150、152号高地，并居高临下向钢锯岭反坡上暴露的数百名日军士兵开火。一名勃朗宁自动步枪手声称自己一人就干掉了30名日本兵。与此同时，美军的坦克和装甲喷火车推进到前田村，重创了村内的日本守军。这促使牛岛中将下达了这样的命令："敌军用坦克开路，已经推进至前田村的南端和东端……第六十二师团必须派遣当地的作战部队……攻击前田村附近的来犯之敌，以期彻底将其击退。"不久，牛岛又下达了另一道命令，要求第二十四师团部署在邻近地区的作战部队"歼灭在前田村附近突破防线的敌军"。

由于日军的援兵源源不断地涌向前田高地，第九十六师几乎没有取得新的进展；只有部署在战线东侧的第三八三步兵团L连的进展仍然相对顺利，推进至距离首里市区只有不到1英里的地方。然而，到4月29日，第七十七师第三〇七步兵团换下第三八一步兵团并接手正对前田高地的前沿阵地时，日军仍然牢牢控制着钢锯岭。一天后，第三〇六步兵团换下了部署在战线左翼的第三八三步兵团，至此第九十六步兵师的部队全部撤下前线。此时，第三八一步兵团共有1 021人伤亡，已经减员至该团满编的40%左右，其中有536人在攻打钢锯岭时伤亡。现在，拿下钢锯岭的重任就落到第三〇七团的肩上。[1]

与第九十六师一同撤下阵地的还有第七六三坦克营剩余的装甲车。第七六三营已经在前线连续作战了整整30天；直到4月29日他们才得到消息，第二天中午会有"从后方赶来的步兵和坦克作为生力军把他们换下前线，他们将有10天的休整和再补给期"。对于C

连坦克"割喉者"的驾驶员鲍勃·迪克来说，撤下前线的决定并不算太早，因为他已经到了极限，并"深知"他早晚会被日军击中。迪克回忆道："我脑子里只想着一个问题，那就是坦克被击中后情况会有多糟糕……我的精神已经到了崩溃的边缘，感觉自己能坚持下去完全是习惯的力量。其他乘员的情况多半也与我一样。"

"割喉者"的车长奥维德·弗伦奇中士吐血已经有一段时间了，还一直都吃不下东西。4月29日下午，弗伦奇奉命回到后方的战地医院接受检查，而接替他的新任车长是一个没有任何战斗经验的中尉伯麦克斯（Bomax）。那天晚上，伯麦克斯与炮手安德森掏出他们各自女儿的照片，一聊就是好几个小时。迪克感觉"他们相处得很好"。

第二天早上，他们登上重达30吨的谢尔曼坦克，赶到前线支援步兵。他们将坦克停在一个紧邻前线的掩体后面。迪克回忆道："我们坐在坦克里观察车外的情况，看到从后方赶来的步兵正在替换疲惫的'神枪手师'第九十六师，一次换一名士兵，逐个接管散兵坑。令人吃惊的是，日军虽然看到了这一切，但一直都没有开火。"

就在这时，车内的无线电突然响起。上级命令，要求"割喉者"前进至一道"看起来相当高的山脊"的下方，开炮轰击日军在山脊正坡上修建的洞穴和炮位。到达指定位置后，安德森开始用75毫米口径的加农炮轰击山脊，炮弹爆炸后火光四射、烟雾冲天，大块的珊瑚岩和混凝土四处飞溅。在"割喉者"的右侧，另一辆坦克也正在轰击山脊。突然，迪克听到他们身后有爆炸声，几乎可以肯定，炮弹来自日军的重型迫击炮或火炮。迪克估计可能会收到撤退的命令，于是右手一把抓住换挡杆，准备随时挂倒挡后撤。

突然，一枚炮弹直接命中"割喉者"。迪克头晕目眩，同时失去了听觉和触觉，但还是很清楚地意识到情况不妙。"我到处看，眼前仿佛戴着一副红色的护目镜。"他扭头看了一眼炮塔方向的情况，发现有人已经从车长位置的舱口出去了。然后，他又向右看，发现副驾驶卡恩"正疯狂地猛拉着"舱口的操纵杆。

"起火了！"卡恩大叫道，"舱门卡住了！"

迪克发现，空气中厚厚的灰尘严重地阻挡了视线。他意识到坦克并没有冒烟起火，只是爆炸产生的烟尘看着像冒烟一样。

"别慌！"他吼道，"我们没着火！"

卡恩似乎听进去了迪克的话，但随后就伸手打开舱门，逃到车外。此时，坦克上的5名乘员只剩下迪克还在车内。他异常冷静，并注意到引擎仍然在运转，于是试着给坦克挂挡。然而，他只听到金属齿轮摩擦时发出刺耳的吱嘎声。他推断，炮弹肯定击中了坦克后甲板，把变速箱给打坏了。他又试了一次，但还是挂不上挡。安德森在车外大喊，让他赶快弃车逃生。他大吼道："我马上就出来！"

他伸手去拿每天早上都会放在仪表盘后方的汤普森冲锋枪，结果发现冲锋枪被卡住了，纹丝不动。他放弃冲锋枪，站了起来，刚刚把头稍稍探出舱口，就突然被什么东西给拽了回来——他忘记拔掉内部对讲机的线缆。但这个失误很有可能救了他一命，因为就在刚才那一瞬间，一颗子弹击中了舱口的边缘。拔掉线缆后，他双手抓住舱口边缘，跳到舱外，"重重地落在泥土里"，然后连滚带爬跑到坦克另一侧，跟蹲在坦克左前链轮旁边的安德森、伯麦克斯会合。空气中充斥着轻武器弹药的硝烟，子弹发出"掰断干树枝似的"声音，吓得他们一再蜷缩。

"我们得赶快离开这里，"迪克吼道，"那些日兵不会放过我们。"说罢，他转身就跑，走"之"字形路线，然后跳到一个弹坑里躲了起来。过了一会儿，安德森也跳进了这个弹坑。子弹击中弹坑周围的地面，掀起的泥土就好像一个个袖珍的喷泉。迪克正在考虑下一步该怎么办，突然发现另一辆坦克正在后撤。他跑上前去，打着手势让坦克乘员打开逃生舱口。当他匍匐在地等待救援时，安德森和伯麦克斯也过来了。为了减少被日军击中的可能性，迪克首先绕到谢尔曼坦克的车尾，然后再钻到车底，钻过狭窄的逃生舱口。他看到只有安德森通过舱口，便问出了什么岔子。

"中尉中弹了！"安德森答道。伯麦克斯不想绕路，准备从坦克车头处钻到车底，结果在距离舱口只有不到1米的地方背部中弹。安德森连拉带拽想把他挪到车内，但无法成功。与此同时，车长博格斯（Boggs）中士发现一名日本兵抱着炸药包站在坦克上。炮手转动炮塔想用点30口径的同轴机枪打死那个日本兵，但机枪却卡了壳。博格斯打开舱口，掏出手枪射击，打完手枪的子弹后又用汤普森冲锋枪扫射，终于击中了那个日本兵。此时，安德森一直都没有放弃，仍然想要把伯麦克斯拽到车内，怎奈伯麦克斯体重有足足185磅。

C连连长担心在同一天内损失两辆坦克，只得命令博格斯把伯麦克斯的尸体留在原地，先行撤退。他会跟步兵打招呼，等到天黑后把尸体运回后方。返回后方时，安德森已经彻底崩溃。他哭个不停，腿上虽然没有受伤，但双腿却失去知觉。迪克的情况也没有好到哪儿去。"我精神完全崩溃了，浑身都在颤抖。"他找到连里的军医，想开点儿能让自己镇静下来的药物，结果只得到了"一种绿色小药片"。他想："我们头三十天的战斗就这样结束了，简直糟糕透了。"[2]

　　第三〇七步兵团一营接过重担，成为奉命攻占钢锯岭的新部队。4月30日至5月1日夜，一营的士兵在营长库尼（Cooney）的带领下，弄来4把长达50英尺的梯子，还从海军那里借来5张吊货网，架在钢锯岭北坡。次日，A连试图用梯子在靠近针尖峰的位置登顶，结果所有爬上去的士兵非死即伤。在稍微靠西的位置，B连的2个排用吊货网做绳梯，在天黑前登上了钢锯岭边缘，但到了午夜又被日军发起的反攻赶了下来。

　　5月2日，A连和B连再次尝试登顶，一些士兵抵达钢锯岭顶点边缘。但由于日军机枪的火力太过猛烈，一名美军士兵甚至直接被子弹打飞了脑袋，登顶的士兵寸步难行，没能取得任何进展。3日，登顶士兵用手榴弹与日军拼死作战，争夺钢锯岭的控制权。日军用手榴弹回击，还动用了布设在反坡上的膝盖迫击炮和81毫米口径迫击炮，弹片如暴风骤雨般袭来。一些"小兵"逃到钢锯岭的北沿，不愿返回火线继续作战。然而，一位排长记录道，他们很快就重拾勇气，立马"回到最前线，拼命投掷手榴弹，拔拉环的速度有多快就扔得有多快"。[3]

　　4日早晨，A连和B连奉命摧毁位于针尖峰以西200英尺处的一个大型防御工事，目的是扩大峰顶立足点的面积。那处防御工事由洞穴、坑道和碉堡组成。来自佛罗里达州利夫奥克市的B连二排排长塞西尔·L.根托（Cecil L. Gornto）中尉，在出发前对手下士兵说："好吧，伙计们，我们今天又要在峰顶作战了。你们弹药充足，好好表现！"[4]

在二排士兵的战前准备期间，排里的医护兵、26岁的一等兵戴斯蒙德·T.道斯（Desmond T. Doss）提出要和根托单独谈谈。道斯出生在弗吉尼亚州林奇堡。他的母亲在鞋厂工作，是基督复临安息日会（Seventh-Day Adventists）的虔诚信徒，严格按照教会的规定教育3个子女。这意味着道斯三兄妹全都严格遵守《圣经》（"上帝的圣言"）的规定，会在周六那天（即安息日）休息、远离暴力、只吃素食。所以，1942年，在纽波特纽斯的船厂做木匠的道斯接到征召令参军入伍时，他提出要求，希望军队能把他算作非战斗人员。负责征兵的军官答道："根本就没有非战斗人员这一说，你只能申请成为依良心拒服兵役者[*]（conscientious objector）。如果作为其他任何类型的人员，无论你是拒绝在安息日那天像平日里那样工作，还是不愿拿起武器，肯定都会被送上军事法庭。"[5]

道斯接受了建议；考虑到宗教信仰并不妨碍在安息日那天照顾伤者和病人，他决定接受训练，成为一名医护兵。他学会如何给开放性伤口撒磺胺粉，如何在战场上用绷带包扎伤口，如何用西雷特皮下注射器[**]注射吗啡以缓解伤者的疼痛，如何用小树枝和步枪枪托做夹板来固定断肢。此外，他接受的训练还包括"如何在战场上为伤员输血浆，如何处理弹震症，如何判断伤员何时可以喝水、何时不能喝水"等。

---

[*]  依良心拒服兵役者是指出于宗教、道德或伦理原因而反对战争的人。许多国家承认依良心拒服兵役者，并制定了战争期间对待他们的措施，给他们提供为国家利益服务的替代方法。——编者注

[**]  西雷特皮下注射器结构与普通的注射器相似，区别仅仅在于，这种注射器的针管是有弹性的软管，没有采用硬质针管及活塞的结构。——译注

与另一名基督复临安息日会信徒，即"年轻貌美、一头金发、做事严肃认真的"多萝西·舒特（Dorothy Schutte）结婚后，道斯加入隶属于别名"自由女神师"第七十七师的第三〇七步兵团，成为B连的医护兵。第七十七师的士兵大多是纽约人，而道斯那拉着长调的南方口音尤其显得另类。此外，一头棕色卷发、身体瘦弱、有些笨手笨脚的道斯还有在床边祈祷的习惯，结果被取了个"传教士"的外号。[6]

尽管如此，B连的士兵还是渐渐接受了道斯，甚至对他赞不绝口，尤其是当他在关岛和莱特岛战役中冒着敌人的炮火抢救伤员而获得铜星勋章后。登陆冲绳岛后，道斯依旧表现良好。5月4日进攻开始前的几天，他趁着夜色爬上钢锯岭，把一名被迫击炮击伤的美军士兵救下山。根托回忆道："天刚蒙蒙亮，我就看到他在悬崖上用绳子吊着一个双腿被炸断的伤兵，一点一点地把他放下山。"一天后，道斯又进入无人地带，顶着"雨点般的步枪子弹和猛烈的膝盖迫击炮的轰击"，救回一名伤员。[7]

所以，1945年5月4日那天，当得知道斯这样英勇无畏的医护兵想和自己单独谈谈时，根托中尉做好了随时倾听的准备。

"道斯，你有什么要说的？"

道斯答道："中尉，我觉得祈祷是拯救生命最有效的办法，我们上山前应该认真祈祷。"

根托同意了。他对手下的士兵说："伙计们，快过来集合，道斯想要为我们祈祷。"

这并不是道斯的本意。他原本以为根托会让每一名士兵独自祈祷。然而，看到战友围在自己身边，满脸都是期待的神态，他不愿让大家失望，便开口说道："主啊，今天请您保佑我们。请与中尉同在，引导他下达正确的命令，因为他的决定关乎我们的性命。请引导我们采取正确的避险措施，让我们所有人都安全归来。在我们攀登绳梯之前，请引导我们每个人都与您共创和平。谢谢您，阿门。"[8]

祈祷结束后，二排与B连其他士兵一起沿着吊货网向上攀爬，几乎刚上山顶就被日军的炮火压得抬不起头。道斯回忆道："A连在我们左侧，很快就伤亡惨重，所以我们得到命令要独自攻下整个高地。我们向前推进，拔掉了日军的八九个地堡。让人难以相信的是，全连无人阵亡，只有1人被石块砸到手而受了轻伤。简直就是奇迹。"据估算，在"奇迹日"那天，第三○七步兵团总共击毙600名日本兵。[9]

5日早晨，为巩固钢锯岭上的阵地，B连不得不向下消灭躲在反坡上的日军。道斯找到连长弗兰克·L.弗农（Frank L. Vernon）上尉，询问自己能否在出发前与全连士兵一同祈祷。"对不起，道斯，"弗农答道，"我们马上就要出发了。"

B连的士兵全都认为，既然前一天的战斗大获全胜，那今天的作战肯定只是"消灭残敌"而已。但他们很快就发现，自己大错特错。进攻刚开始，他们就遇到了麻烦。道斯回忆道："我们向日军的地堡投掷各式各样的高爆炸药（炸药包），但日本人在炸药爆炸前就把导火索给拔了下来。"到后来，B连的士兵决定用汽油火攻，他们先是把35加仑*的汽油灌到地堡里，然后再用白磷手榴弹点火。手榴弹引发了巨大的爆炸，一时间火光冲天，土石和混凝土块四处横飞。

---

* 35 加仑约为 132 升。——编者注

"整座山似乎都颤抖起来，地堡里的日本兵肯定无人生还。"

然而，还是有不少日本兵活了下来。躲在隐蔽战壕里的数百名日本兵意识到，战斗到了关键时刻，于是纷纷出来向第三〇七步兵团一营发起冲锋。B连寡不敌众，撤退到钢锯岭北沿。来自爱达荷州马辛市、时年25岁的埃尔温·盖恩斯（Elwyn Gaines）回忆道："弗农上尉紧跟在我们排后面。当时我们守在一个小山包上，迫击炮的炮弹接连不断，日军全都冲了上来。中士说：'撤退，快离开这里。'我们扭头就跑。" [10]

原本有计划的撤退变成了仓皇的溃逃，B连的士兵逃下钢锯岭，把数十名受伤的战友丢在了山上。只有一个人没有丢下伤员，他就是戴斯蒙德·道斯。他后来说："我有不少战友都已经结婚成家，他们全都指望着我。我决不能丢下他们不管，哪怕搭上我的性命。"

道斯完全不知道怎么才能把所有伤员都救下山。日本兵一直都保持着距离，认为美国兵的散兵坑仍然有人驻守。然而，只要他们发现美军的阵地其实无人据守，肯定就会冲上前来，杀死所有的伤兵。因此道斯必须与时间赛跑。由于手头只有一副担架，所以他优先救援伤势最严重的伤员。他将伤员绑在担架上，用绳子吊着担架，把树桩当作支点，慢慢地把伤员放下35英尺高的悬崖，交给B连等在山下的战友。"快把他送到急救站！"道斯在山顶上喊道，"他伤得很厉害。"

战友刚把担架松开，道斯就把绳子拉上来，用自己在教会学校学到的方法在绳子的一端打两个单套结。他先用这两个绳结套住下一名伤员的双腿，再用绳子在伤员的腰部绑了一圈，然后把他缓缓地放下悬崖。接着，他又把另一名伤员拽到悬崖边，用相同的方法救下山。就这样，道斯继续不断地疏散困在山顶的伤员。"我当时完全不知道怎么才能把所有人都救下山，只是不断地祈祷：'主啊，让我再多救一个人吧。'"

道斯的运气不错，一直都没有被日军发现。之后整整五个小时，他疯狂地四处搜寻伤员，把他们一个一个救下山。难以置信，最终他解救了所有被困的伤员，至少所有被他找到的伤员，一个都没有落下。"救下最后一人后，我下了山，"他回忆道，"我浑身都是血，衣服已经完全被伤员的鲜血浸透。"回到营区时，他身上的斑斑血迹落满了苍蝇。而在师长安德鲁·布鲁斯少将闻讯前来向他表示嘉奖时，他换上了新军服，军容显得尤其整洁，根本就不像刚从火线上下来的样子。布鲁斯表示，他将为道斯申请荣誉勋章，"最起码"也得是杰出服役十字勋章。

有人认为道斯那天共救下100名伤员，但他本人认为实际上是50名左右，所以荣誉勋章的嘉奖令取中间数，宣布他总共救下75名伤员。在道斯看来，人数的多少只是无关紧要的细节，只要自己尽了一份力，他就心满意足了。他坚定地认为："医护兵的工作最有成就感。"[11]

5月6日，也就是道斯勇救战友后的第二天，美军终于攻占了钢锯岭，日军残兵不是战死，就是被活埋在反坡上的碉堡和坑道里。道斯所属的第三〇七步兵团一营满编是800人，到钢锯岭战斗结束时，伤亡人数已经过半，其中包括8位连长。据估算，日军阵亡人数"超过3 000人"。[12]

## 25  我们马上就意识到，我们完了

5月4日早晨，冲绳岛的日本守军发动全面反攻；计划的制订者长勇中将希望守军能够借此机会一举扭转败局。几天前，第三十二军的高级军官在长勇的办公室开会，敲定反攻计划，决定让部队离开"安如磐石的山洞"，向外推进发起反攻。第三十二军司令部所在的位置是一套巨大的地下坑道体系，从北向南横穿首里城下方的山体，总长1 280英尺，两侧开凿有洞穴，还设有一条向左的侧道。长勇的办公室是一个用粗木板做墙壁、用方木做顶梁柱的房间，与其他所有高级军官的房间一样，位于侧道的西北端，与首里城地表至少距离100英尺。[1]

这是一次争论不休的会议，要靠大量的清酒缓解紧张的气氛。除了牛岛中将，第三十二军的高级军官全体出席会议。牛岛一如既往没有参加讨论，准备等到会议结束后听取最终的结论，再做出决定。于是，长勇成为会议的主持者。他认为，美军现在占据上风，如果日本守军无所作为的话，那么敌人早晚会突破首里防线，全歼第三十二军。另外，趁着日军主要兵力尚且完整，是时候向敌人发出"致命"一击了。[2]

与此前一样，八原大佐仍然是进攻行动最主要的反对者；他认

为自己制订的防御策略取得了良好的效果。尽管美军的火力和兵力都占尽优势，但每天却只能向前推进不到100米。此外，到4月底，第三十二军已经成为唯一一支"在美军登陆三十天后仍然能够有组织抵抗"的日军部队。考虑到现实情况，守岛部队必须坚持之前的作战策略。他坚定地认为，"敌强我弱时强行发动进攻属于鲁莽之举，必将导致失败"；到那时，第三十二军就"无法在冲绳岛拖住美军以延缓美国入侵日本本土的步伐"。这无异于严重的失职。

然而，只有极少数参会的军官赞同八原的观点，其中大部分都是参谋人员。绝大多数军官士气低迷，不愿听到接连不断的战报汇报前线正在损失兵力和失守据点，不愿眼睁睁地看着逐渐逼近的美军炮火不断地炸死哨兵，也不愿忍受炮弹爆炸后沿着通风管道灌入坑道的毒烟；他们全都准备孤注一掷，发动突然袭击。就算反攻只有十分渺茫的希望能取得成功，也总好过不可避免的失败和死亡。长勇最坚定的支持者是思想保守的第六十二师团指挥官藤冈武雄中将；他在会上表示，"第六十二师团的官兵普遍希望在（师团的）防区内开展决定性的进攻行动"。考虑到长勇和大多数高级军官都支持反攻计划，牛岛下令5月4日发动全面反攻，宣称这是一次"值得敬佩的致命攻击"。[3]

最终的反击计划显示，日军的野心已经膨胀到了荒唐的地步：第三十二军动用所有尚能作战的陆地、空中和两栖作战力量，以美军第二十四军和停靠在冲绳岛周围的盟军舰队为目标，发动协同进攻。尽管藤冈中将的态度十分积极，但最初的战斗大都交给由雨宫中将担任师团长、建制相对完整的第二十四师团。首先，第二十四师团准备两路出击，在美军阵线的中部和左（东）翼打开两个缺口。

突破美军的前沿阵地后，更多的日军部队就可以沿着缺口长驱直入，不分昼夜开展一系列战斗，直至彻底摧毁美军的第二十四军。与此同时，日军还会派遣只携带炸药包和轻武器的士兵乘坐驳船，同时在冲绳岛东西两侧的海岸登陆，寻找并摧毁美军的坦克和火炮。此外，航空兵也会协同作战，再次向美军舰船发动海啸般的神风自杀式攻击。

八原大佐虽然并不情愿，但还是必须执行命令，制订反击计划。他对计划做出一项重大调整，把第四十四独立混成旅团从原先的预备队阵地后撤到位于首里东北方向的位置，从而把这支部队参加进攻的时间延后 1 天，即从原先的 5 月 3 日调整到 5 月 4 日。换言之，第四十四旅团并不能在 5 月 4 日那天赶到前线加入战斗，所以反击作战的参战兵力仅相当于原计划的三分之二。八原的目的显而易见，是想让第四十四混成旅团远离战斗，从而尽可能地减少部队的伤亡。最终的攻击命令要求日军士兵："发挥协作优势。每个士兵都必须杀死至少 10 个美国兵。"[4]

5 月 3 日黄昏，神风特攻队开始攻击美军舰船，7 架自杀式飞机击中了在 10 号雷达巡逻哨执行任务的亚伦·沃德号（*Aaron Ward*）驱逐舰，导致 45 人死亡、49 人受伤。多亏舰上官兵英勇无畏，不顾接连爆炸的弹药奋力救火，亚伦·沃德号才没有沉没，并等到救援，最终被其他舰船拖到庆良间群岛接受紧急维修。尼米兹海军上将发电报表扬亚伦·沃德号的舰长："我们所有人都钦佩这艘永不言败的战舰。你们的表现棒极了，请接受我的嘉奖。"[5]

是夜，日军第二十六船舶工程师联队的 700 名士兵携带反坦克炮、重机枪、轻武器以及上千个炸药包，在那霸附近登上驳船，趁夜色向位于美军大后方的登陆场大山（Oyama）驶去。然而，日军因计算方位出现失误，没能前往大山，反倒在距离美军前沿阵地不远处，也就是由第一陆战团的B连和C连严密布防的小湾登陆。凌晨2∶00，B连和C连的士兵发现近岸海面上有10艘驳船，立即用机枪扫射。B连的迫击炮队长借着海军发射照明弹的亮光，总共发射了至少1 000枚60毫米口径的迫击炮炮弹，"击沉驳船1艘，击毙日军不计其数，迫使剩余的日军溃逃"。B连的一个排架起机枪扫射残存的日军，"总共烧坏了6根枪管、1挺机枪，打光了50箱弹药"。按照一位在场军官的描述，接下来由E连的一位排长李·海特（Lee Height）中尉"率领全排士兵，穿过一片宽度50码、高度齐膝的矮棕榈灌木丛，冲向海滩与日军短兵相接。抵达海滩的日军寥寥无几……李中尉的排很快就消灭了这群残兵败将"。次日，美军消灭了侥幸逃过一死的登陆日军。"那天夜里的作战犹如神助，"B连的一位军官回忆道，"如果日军在靠北一点的地方登陆，那他们就会如入无人之境，但他们却正好撞到我们的枪口上，被杀了个片甲不留。"[6]

第二十三船舶工程师联队以同样的方式试图在冲绳岛东海岸登陆，结果遭到驻扎在岸边的美军士兵和停靠在海湾内的美军舰艇的夹击而被消灭。日军这两次两栖登陆作战全都以惨败告终：不仅至少有500名士兵阵亡，还损失了几乎所有的登陆艇。[7]

5月4日拂晓，日军动用榴弹炮和野战炮对美军前沿阵地猛烈轰炸，总共发射了至少1.3万发炮弹。三十分钟后，日军步兵向前进发，在最初一段时间内取得了一些进展。在进攻方向的右端，第八十九联队前进了至少2 000码，才终于遭到美军第七步兵师的阻击而无法继续前进，之后遭到美军航空兵发射火炮和舰炮进行猛烈轰击，损失过半。在进攻方向的正中央，第二十二联队忙着发射烟幕弹，耽误了出发的时间；结果，由于烟雾出乎意料被风吹散，整个联队都成了美军机枪和火炮的靶子。在进攻方向的左侧，第三十二联队原计划在坦克的辅助下突破位于前田高地以东的美军防线，然后一路向前拿下棚原高地。然而，进攻开始后，第三十二联队先是与第六十二师团部署在最右侧的部队纠缠到一起，耽误了进攻时间，之后又被美军火炮的轰击挫败锋芒。

此时，第四十四混成旅团已经进入位于首里西北方向的阵地，开始向陆战一师阵地背后的西海岸推进。然而，在旅团长铃木向指挥部发报、请求加入战斗时，八原拒绝了他的要求，指出"我军尚未完全控制前田山，第四十四旅团出击的条件并不成熟"。如果强行出击，"就只会增加不必要的牺牲，无论如何都无法实现战略突破"。

在5月4日的进攻中，日军航空兵取得了更大的战果，不仅击沉了包括鲁斯号（Luce）驱逐舰和莫里森号（Morrison）驱逐舰在内的4艘船，还击伤了其他13艘舰船。受损的美军舰船包括：被"傻瓜炸弹"击中的谢伊号（Shea）驱逐舰；被神风特攻队的自杀式飞机击中的伯明翰号（Birmingham）轻型巡洋舰——该舰是戴约海军少将的旗舰，自杀式飞机击穿舰上的医务室，共导致132人伤亡；还有机库被大火完全烧毁、损失21架飞机的桑加蒙号（Sangamon）护航航母。日军的空袭共造成660名美国水兵阵亡、500余人受伤。[8]

在位于冲绳岛以南200英里的海域，英国太平洋舰队的战列舰和驱逐舰刚刚开始轰击日军设在先岛群岛上的机场，神风特攻队的自杀式飞机就抓住英军防空火力网暂时削弱的机会，开始攻击英军航母。一架自杀式飞机击中了可畏号（Formidable）航母用钢板加固的飞行甲板，爆炸产生的碎片击穿了中央锅炉室，导致该舰的航速下降至仅18节。另一架自杀式飞机险些击中不屈号航空母舰。英国海军的一名水兵在日记中写道："在先岛群岛，可畏号被'自杀式飞机'击中，另一架飞机冒着火光，在不屈号飞行甲板的上方掠过，一头栽入海中，没有造成任何损失。今天总共击落15架日军战机。"可畏号有8人阵亡、47人受伤，还损失11架舰载机，但多亏加装过装甲的飞行甲板，可畏号当天晚上就恢复了作战能力。桑加蒙号航母采用木制飞行甲板，损失要严重得多，至少有160人伤亡，再也没能恢复作战能力[\*]。[9]

总的来说，5月4日的进攻以失败告终，发动进攻的日军损失惨重。5月4日至5日早晨，第三十二联队第一大队在伊藤康一（Koichi Ito）大尉的率领下前进至距离美军前沿阵地后方1英里的棚原高地，是极少数取得突出战果的日军部队。然而，伊藤无法与上级取得联系并汇报战果，第一大队一直都处于孤立无援的境地。尽管如此，伊藤还是率领手下的士兵接连击退美军第十七步兵团发起的进攻；直到5月6日晚，伤亡人数达到462人后，才被迫留下死尸和伤员，率领残兵败将撤退。[10]


5月5日早上6:00，正在第三十二军地下指挥部办公的八原大佐接到命令，奉命前往司令室与牛岛中将见面。他发现牛岛如往常

---

[\*]　6月12日，桑加蒙号抵达弗吉尼亚州的诺福克市，开始大修。8月15日，日本投降后，美国海军停止了该舰的维修工作，于同年11月1日将其除籍。——译注

一样跪坐在破旧不堪的榻榻米上。"八原大佐，"牛岛轻声说道，"正如你预料的那样，进攻彻底失败。你的判断完全正确。战斗开始时，你肯定会因我没有善用你的天赋和才能而备感挫折。现在，我已经下定决心停止进攻。毫无意义的牺牲不是我想要的结果。"

牛岛承认，1944年，在他离开东京前，陆军大臣阿南惟几（Korechika Anami）、陆军参谋总长梅津美治郎（Yoshijiro Umezu）再三叮嘱"不要轻易命令部队发起最后的自杀式冲锋"。所以，他现在准备听取上级的忠告。守岛部队虽然主力"折损大半"，但仍然保留一定的战斗力，还能得到"冲绳岛居民强有力的支持"。牛岛补充道："我们要利用剩下的所有资源，战斗至我们仅存的最南端的山头阵地，战斗至最后一寸土地，战斗至最后一兵一卒。我不会逃避战斗，但从此往后，我会把所有的事务都交由你处理。我的命令是，你要做所有你认为必要的事情。"

八原的情绪混杂着愤怒和沮丧——牛岛怎么能说出这么不负责任的话啊！现如今守岛部队已经伤亡殆尽，牛岛才终于承认八原最初提出而且一直都在坚持的意见是正确的。这简直"荒谬绝伦"，而更糟糕的则是，现在"就算想要亡羊补牢，也为时已晚"。尽管如此，八原还是很欣赏牛岛中将"真诚且愿意直面现实"的态度。

此外，八原还认为自己应当承担一部分的责任，至少他心里的确是这样想的。既然对自己制订的防御计划很有信心，那他就应当"用性命来为计划做保"，而不是处处退让，尤其不应向办公室就在司令室隔壁的参谋长长勇中将让步。他当然知道，他与牛岛对话的每个字，长勇都听得清清楚楚；仅凭想象，他就能猜到长勇此时此刻的感受。毕竟，长勇愿意"用性命来为进攻计划做保"，但结果却

"一败涂地"。八原"为长勇感到遗憾，但同时也认为这是意料中的结局"。从此往后，长勇作为参谋长反倒不得不给下属打下手，但他却仍然不失幽默感。几天后，他打趣道："嘿，八原，我什么时候切腹合适呢？现在怎么样？"

八原总结了日军为持续两天、以失败告终的进攻计划所付出的代价：第二十四师团损失了三分之二的作战人员；第五炮兵司令部"消耗了几乎所有的炮弹"，5月份剩余的弹药平均只够每门火炮每天发射10发炮弹；2个船舶工程师联队"全军覆没"；第三十二军"共有5 000名士兵伤亡，而且全都是身经百战的老兵"；如果没有发动进攻，那么冲绳岛守军就可以"再多坚持一个月，并减少数千人的伤亡"。[11]

为进一步减少损失，八原命令守军重新执行他之前制订的战略战术。这意味着，不仅第二十四师团要放弃进攻，撤至"原先的阵地"，其他所有部队也要一并后撤。为了补充进攻造成的兵员损失，八原下令让后勤支援部队的士兵作为步兵上前线作战。一道命令的内容是："每10人中留下1人，在后方继续负责后勤补给，剩余9个人必须全部接受反坦克作战训练。"尽管如此，守军的前景仍然一点儿都不乐观。八原记录道："县警察局的局长新居（Arai）造访司令部，证实岛上所有的人都因反攻失败而士气低落，不论军人还是平民。"[12]

日军的一名中尉在日记中也表达了类似的观点："在得知第二十四师团失败的消息后，我们马上就意识到，我们完了。"[13]

实际上，在经历长达一个月的激烈战斗后，被迫参军的冲绳岛平民早已士气低落到无可挽回的地步。在位于南风原地下的战地医院里，16岁的宫城喜久子必须与担任战地护士的同学一起照料源源不断从前线疏散下来的伤员。喜久子回忆道："伤员一个接一个地被抬进病房，所有的地下掩体和洞穴都人满为患，但伤员还是不断涌来。没过多久，我们就不得不让他们躺在空地上，之后连田地里都躺满伤员。一些伤员流血过多，不治身亡；另一些则躺在室外，被像雨点般落下的炸弹再次击中。因此，许多伤员迅速死去。"

即便是那些在洞穴内接受治疗的伤员，也绝不是安全无虞。伤员的绑带每周只能更换一次，伤口很快就感染化脓，爬满蛆虫。学生护士清理伤口时，伤口经常喷出脓血，溅得她们满脸血污。喜久子写道："气性坏疽、破伤风、脑膜炎屡见不鲜。得了脑膜炎的伤员没有了人样。他们疼痛难忍，不断地撕扯衣物、撕下绷带。我们只好把他们绑在柱子上，把他们的双手固定在背后。"最初，学生护士没见过这么多的"痛苦和挣扎"，全都感到悲惨，但她们很快就习以为常。

年龄稍大的学生护士被分配到手术室，任务是按住伤员的四肢，好让医生"在没有打麻药的情况下进行截肢手术"。喜久子与年龄稍小的学生一起打下手，不但要包扎伤口，还要倾倒排泄物，把断肢和尸体搬到洞外。"一，二，三！"她们会喊着号子，一起用力把尸体扔进弹坑，然后匍匐着返回山洞。她们"既没有时间哭泣，也没有时间哀悼"。除了照料伤员、处理尸体，她们还要奉命到洞外收集食物，从井里打水。当有炮弹在附近爆炸时，她们会扑倒在地，"却会一直扶着水桶，因为桶里是所有人的生命之水"。

她们虽然以护士身份加入军队，但正如喜久子所写的那样："实际上，我们什么稀奇古怪的工作都做。"[14]

学生护士们不可避免遭受伤亡。姬百合学生护士队的222名队员中，第一个死亡的队员名叫佐久川米子（Yoneko Sakugawa）。4月26日，她在第一外科手术室的山洞洞口处遭到美军飞机的低空扫射，中弹身亡。她的同学伤心欲绝。然而，还有更多的护士队成员像她那样命丧黄泉。5月1日，由于前线与后方的距离越来越近，17岁的屋比久好子（Yoshiko Yabiku）和其他14名学生护士，接到前往丝数（Itokazu）医务室的命令。丝数医务室位于南风原战地医院东南方向2英里处，是一个山洞，共有20名医护人员，伤员数量700人。好子回忆道："医务室工作环境难以忍受，几乎无法满足照顾伤员的需要……直至今日，我的耳边仍然时不时地响起手术台上濒临死亡的伤员凄惨的哭泣和尖叫。那景象简直就像身处地狱。医务室没有多少麻醉剂，所以医生尽量减少用量，只能最低限度地减轻伤员的痛苦。"

一个伤员再也无法忍受痛苦，哀求道："我受够了！医生！杀了我！快杀了我！"

"闭嘴！"外科医生怒斥道，"你还是大日本帝国的士兵吗？这点儿疼痛都忍不住，你还有资格说自己是大日本帝国的士兵吗？"[15]

另一些伤员则表现得不一样。17岁的岸本尚（Hisa Kishimoto）在南风原做护士时目睹了一个肩部被子弹射穿的军曹在没有注射麻醉剂的情况下接受手术的过程。外科医生手持手术剪在伤口处割开一串深度至少1英寸、长度至少4英寸的切口。那个军曹虽然疼得满头大汗、"泪流满面"，但始终都没有叫出声。岸本尚想握住他的手："但他把我的手推到一边，一直都紧握双拳独自忍受痛苦。他肯定疼得要死。"[16]

还有一些年轻的冲绳姑娘在第三十二军的地下指挥部工作，其中就有 17 岁的新庄雅子（Masako Shinjo）。还是个小女孩时，雅子就被穷困潦倒的父亲卖给那霸的妓院，之后又被分配到第六十二师团的参谋部做慰安妇。幸运的是，雅子与参谋长上野贞臣（Ueno）大佐的情妇交上了朋友，不用跟其他的姑娘一起"为士兵服务"，而只需要服侍上野大佐和其他一些军官。她回忆道：

> 掩体的规模令人瞠目结舌……走廊用电灯照明，似乎永无尽头。主走廊两侧有许多房间，还有更多的走廊通向更多的房间。我们刚搬进去时经常晕头转向。士兵搬着东西走来走去，而我们生怕碍了他们的事。掩体内有一个巨大的厨房，厨房的贮藏室里储存着大量的食物，堆放着许多袋大米。所有的姑娘都被安排到一个大房间，而我们就在这里生活起居。我们的房间里既没有可以用来洗澡的水，也没有厕所，所以只能在夜里跑到外面想办法洗漱和找隐蔽的地方解手。一到外面，我们就能听到爆炸声和枪炮声，看到远处的火光。

一天，雅子在走廊上迎面遇到一群士兵，看到他们"押送着一个蒙着双眼、弯着腰、双手绑在背后的人"。她侧身紧贴墙壁让士兵通过，结果发现那个俘虏长着一头红发。她后来才知道，红发俘虏是美军的飞行员<sup>*</sup>。

---

\* 八原坚称，守军抓获了 4 名美军飞行员，把他们押送到了东京接受审讯。他补充道："第三十二军司令部没有接到任何抓获（其他）俘虏的报告；如果作战队真的抓到了俘虏，那肯定已经把他们都处理掉了。"换言之，日军当场处死了所有被俘的美军。见 1945 年 8 月 6 日，美军审讯八原时留下的审讯记录，摘自八原博通所著《冲绳岛之战》（*The Battle for Okinawa*），原书第 216 页，审讯记录第 10 页。——原注

还有一次，雅子想要保护一个"十分年幼、只有十来岁的小姑娘"——一个日军中尉对她图谋不轨。雅子回忆道："我单独和她谈话，对她讲，她现在还太年轻，建议不要再和那个中尉交往了。她把我的话告诉了中尉。后来，那个中尉把我叫到地道里一个偏僻的地方，一边用手枪指着我，一边对我说，如果我继续给那女孩出主意，他就一枪崩了我。我吓坏了，一躬到地，不停地道歉。后来，我再也没和那个女孩说过话。"[17]

## 26 医生，这人还有救！

控制安谢川北岸制高点的60号高地是一个"小山包"，夹在由南至北贯通冲绳岛的铁路干线和泽岻台地（Dakeshi Plateau）之间。日军设在泽岻高地、泽岻岭、大明岭（Wana Ridge）以及安谢川南岸制高点上的阵地，都俯瞰着60号高地。此外，在位于60号高地以北200码处的南山（Nan Hill），日军仍然盘踞在反坡上的洞穴和坑道之中，同样可以支援60号高地。

5月6日，在动用迫击炮、火炮、海军舰炮进行炮火准备后，美军第一陆战团二营向60号高地发起进攻，结果马上就遭到来自前方、两翼、后侧的火力袭扰；F连负责夺取山头的几个排陷入孤立无援的境地，而支援他们的坦克全都被反坦克炮击毁。一个排攻上60号高地的山顶，却遭到"手榴弹、炸药包、白磷弹"的攻击，"膝盖迫击炮的炮弹更是不计其数"。午后不久，二营营长马吉中校命令F连在G连、E连的机枪的掩护下撤退。F连共有3人阵亡，32人受伤。

马吉制订的新计划是，首先由驻守在南山山顶的G连，在坦克的支援下摧毁日军残留在南山反坡上的阵地；之后再由E连攻下60号高地。进攻时间原定于5月7日早上8:50，但由于那天大雨滂沱导致能见度极低、地面湿滑，坦克无法执行作战任务，G连只得推迟进攻计划，转而集中火力轰击60号高地的反坡——之前的侦察发现反坡上驻扎着1个中队的日军。4个炮兵营和1艘负责火力支援的军舰加入了对反坡的轰炸；60号高地从山脚到山顶全都笼罩在炮弹爆炸掀起的烟雾之中。因此，到了下午1∶15，美军按计划向高地发起进攻时，E连"几乎没有遇到任何麻烦"就拿下山顶。然而，E连的活动范围主要局限于高地右侧，那里的地面上有一处狭窄陡峭的褶皱可以挡住来自南山的纵向射击火力。即便如此，南山反坡上的日军还是对E连攻上60号高地的那几个排造成了极大的压力。一排的一名士兵写道："我们架起两挺机枪，打死了许多想要冲上山顶的日本兵，把日本兵从反坡上扔过来的炸药包扔回去，还用步枪枪托棒击日本兵。"[1]

E连一排有一对来自内布拉斯加州威斯纳市一个农庄的双胞胎，其中一个叫唐·汉森（Don Hansen），已经在之前的战斗中负伤并撤到后方，而另一个是22岁的三等兵戴尔·汉森（Dale Hansen），他在E连争夺60号高地的白刃战中表现得尤其英勇。他先是"匍匐前往完全暴露在日军火力下的位置"，用巴祖卡火箭筒摧毁一个日军碉堡，之后又拿起步枪跃过山顶，向6个日本兵开枪。击毙4人后，他的步枪卡壳，面对剩下2名日本兵冲上来，他一边挥舞枪托自卫，一边后退。然后，他拿起另一杆步枪并携带更多的手榴弹，再次翻过山顶，摧毁日军的1个迫击炮阵地，击毙日军8人。战斗结束后，他因"坚定的决心、大胆的战术和浑然不顾个人安危的英勇精神"受到嘉奖，获得了荣誉勋章。[2]

曾经担任一排排长、如今担任营部助理作战参谋的布鲁斯·沃特金斯中尉，虽然身在指挥部，但一直都拿着望远镜，密切关注着山顶的战况。E连连长、外号"史密提"的罗伯特·W.施密特（Robert W. Schmidt）中尉负伤并撤下阵地后，沃特金斯冲上前线想要看看他能否帮上忙。他回忆道："刚到前线，我就发现局面相当混乱，E连的左后方（也就是G连所在那座山头的反坡）正遭受敌人的火力袭扰。"此外，他还看到好友李·海特"正在指挥二排，频繁起身站立，丝毫不顾自己侧方日军火力制造的危险"。沃特金斯让他"放低身子，但他却毫不在意"。

然而，最大的问题是，接替施密特暂时履行连长职责的那个中尉完全没有进入角色。他看起来"神情恍惚，不知道如何是好"。沃特金斯挺身而出，一把抓过连部无线电通话机的听筒，开始呼叫营部。"这里是E6，"他使用E连连长的呼号发出信息，"呼叫V6。"

马吉回应了呼叫，他认为跟自己通话的人是那个代理连长职务的中尉。沃特金斯冒充那个中尉简略地汇报了岌岌可危的战场局势，建议动用坦克"压制我们左后方的日军火力"。

"现在没坦克可用，"马吉答道，"要等到明天才行。"*

沃特金斯回答道："长官，如果是这样的情况，那么我建议先让E连撤退，等到有坦克可以协同配合时再发动进攻。"

马吉批准建议后，沃特金斯及时下达了撤退命令。他是最后一个下山的美军士兵。在下山的路上，二营的81毫米口径迫击炮发射烟幕弹，起到了一定的掩护作用。沃特金斯写道："E连撤下高地，没有遭受太大损失，我紧随其后，不断地利用所有我能找到的隐蔽

---

\* 实际上，5月7日那天，海军陆战队第四坦克营设法烧毁了南山反坡上的"好几个洞穴"，但反坡上仍然有日军躲在其他洞内袭扰美军。见斯托克曼所著《陆战一师的冲绳岛之战》（The First Marine Division on Okinawa），第14—15页。——原注

处。子弹不断击中周围的地面，掀起阵阵尘土。就在我前面，弗兰克·凯里（Frank Carey）站起来，端起汤姆森冲锋枪朝着日军方向打空了弹夹，大概是想表达对日本人的蔑视。几乎一瞬间，他就胸部中弹倒在地上。"

考虑到凯里200磅的体重，沃特金斯肯定无法单独把他救下火线；于是，沃特金斯手脚并用越过挡在自己与E连其他士兵之间的斜坡，抓起一副担架，命令距离最近的那个陆战队员跟着自己返回凯里倒地处。两人找到凯里时，他的情况已经十分糟糕。"只不过，当时根本就没有时间思考，"沃特金斯回忆道，"我们把他翻身滚上担架，然后一路狂奔爬上斜坡，又连滚带爬跑到坡底。然而，当我们抬着凯里赶到急救站时，他已经失去了生命迹象。"

急救站内躺着成排的伤员，其中有另一个排的排长，他腿部受伤严重。沃特金斯刚刚停下想和他聊两句，急救站"就遭到日军迫击炮地动山摇般的轰击"。沃特金斯"出于某种父性的本能"，毫不犹豫地扑倒在那个排长身上，用自己的身体保护他。炮击结束后，沃特金斯"站了起来，感到有些尴尬"，转身离去返回营部。

由于恶劣的天气迫使二营把下一次进攻时间延后24小时，沃特金斯在第二天中午再次来到前线，向E连的新连长介绍情况。二人正谈着，突然传来李·海特中弹负伤的消息。沃特金斯冲向二排的阵地，发现海特"躺在担架上陷入昏迷"。沃特金斯后来得知，二排副排长跳进海特的散兵坑时被日军狙击手瞄上，但子弹却击中海特。子弹在左眼上方留下一个小凹槽，乍一看似乎并不严重。然而，沃特金斯发现，伤口内有"灰色的东西"，又注意到海特嘴角出现白沫，马上就意识到情况不妙，必须立即寻求救援。

　　沃特金斯用无线电联系营部，汇报了海特严重的伤势，然后与其他3名士兵一起抬着担架，踩着泥泞的地面，以最快的速度向半英里开外的后方跑去；尽管"很快就精疲力尽"，但他们在路上连一刻都没有停留。一辆履带登陆车正等着运送海特。把担架安放在登陆车的钢质甲板上后，沃特金斯爬进了车内，坐在担架旁，陪着海特一起前往团部的急救站。到达急救站后，医护兵把海特抬到一张齐胸高的折叠床上。沃特金斯把手搭在海特的肩膀上，发现他"脖子附近的脉搏极不规律"。

　　一名医生正在检查伤员的伤情。轮到海特时，他对沃特金斯说："这应该是你的朋友吧。"

　　沃特金斯点了点头："医生，这人还有救！"

　　"别担心，我们会好好照顾你朋友的。"

　　沃特金斯又在床边陪了海特30分钟，但海特一直都没有恢复意识。沃特金斯回忆道："我拿走了他的钱包和私人物品，然后返回前线。虽然满怀希望，却心情沮丧。伤员实在是太多了。我只能祈祷医生能赶快为他治伤。"

　　海特来自新泽西州春湖市，1944年7月，他作为补充兵员加入E连，担任排长，很快就和沃特金斯交上朋友。"李是一个优秀的年轻人，"沃特金斯写道，"我们很快就发现，彼此的人生观十分契合。"在佩莱利乌岛战役中，海特中弹负伤，而沃特金斯则是全连唯一没有受伤的军官。这场战役结束后，无论执行任务还是休息，两人都形影不离。海特的性格有严肃的一面，沃特金斯时常看到他阅读《圣经》。然而，海特同时也是一个"喜欢闹着玩、显得有些鲁莽的人"，经常让朋友提心吊胆。沃特金斯写道："战斗时鲁莽，肯定没有好果子吃。"

离开乌利西环礁前往冲绳岛前夕，沃特金斯发现海特的性格发生了一些变化。"他变得沉默寡言，再也不和大家一起打打闹闹。他一直都没有明说，但我觉得，他肯定是有了不祥的预感，感到自己死期将至。我用尽浑身解数，也没法让他高兴起来。"沃特金斯拼尽全力把海特救下前线后，又过了几天时间，营里的军医告诉他，海特"在医疗船上接受手术时死在了手术台上"。此时，沃特金斯已经成了E连的指挥官，要为全连200人的生命负责，已经没有时间悲伤了。他必须等到战斗结束后才能悼念友人。[3]

5月9日，E连向60号高地发起第二次进攻。只是这次，不光G连发起进攻要消灭躲在南山反坡洞穴内的残余日军，装甲部队也派出支援，第一陆战团一营也在同一时间向泽岻高地发起进攻，这使得E连的进攻更为顺利。新战术取得了良好的效果。到下午1:00，第一陆战团一营实现了作战目标，但也付出了不小的代价：他们的营长"工作狂"小詹姆斯·C.默里（James C. Murray Jr.）中校和B连连长均中弹负伤，被担架抬下阵地。那天，克里斯·唐纳是第一团一营的前线炮火观测员：

我看到阵阵炮火。在对面那座山的半山腰，我军士兵被日军的火力压制得抬不起头，不断地向山洞内投掷手榴弹。日本兵跳了出来，但向前冲了不到50码就被子弹打成筛子。我们用了不到两个小时就消灭了山谷里的敌人。爆破小组冲上前去，用炸药包炸塌山洞的入口。我引导炮兵轰击了日军两处机枪阵地，也算为战斗的胜利尽了一份力。

默里把唐纳叫到前线，告诉他，"新前线的最高点是设立观察哨的绝佳位置"。因此，唐纳回到原先的观察哨，率领观测组一边铺设电话线，一边向新的观察哨前进。在路上，唐纳遇到"被担架抬着向后方撤退的默里。他在那个绝佳的位置观察敌情，结果中弹了"。[4]

与此同时，E连在一个坦克排的支援下攻占了60号高地，而G连则消灭了躲在南山洞穴内的残敌。随E连一起攻上高地的沃特金斯记录道："这一次进攻简直易如反掌，我们只用了几分钟就拿下高地的正坡和反坡，炸塌了一处山洞的洞口，活埋了在山洞另一端顽抗的日军。"持续四天的60号高地攻坚战就此结束。回到营部后，沃特金斯得到了意外的奖赏——营长马吉中校告诉他，从现在开始他就是E连的新连长了。沃特金斯写道："那个临时担任连长的中尉似乎和营长谈话了，告诉他其实一直都是我在指挥E连。"沃特金斯早就受够了营部的参谋工作，简直高兴得不得了。[5]

\* \* \*

在更西的位置，即陆战一师作战区域的左翼，第五陆战团的任务是消灭守卫安波茶口袋的日军，他们同样也面临重重困难。战斗持续了一周，第五陆战团的3个营，即一营、二营、三营，全都在坦克和重武器的支援下参加了战斗。安波茶口袋的东侧有一道由北至南的山谷，被陆战队员称作"死亡谷"，而前方则是一块名为威尔逊岭（Wilson's Ridge）的长方形高地。两者都是拿下安波茶口袋的关键所在。

第五陆战团三营A连的指挥官朱利安·杜森博瑞上尉虽然沉默寡言，但却深受士兵的爱戴；尽管他与恩尼·派尔接触时间不长，但还是给那位记者留下了深刻的印象。5月7日，A连向威尔逊岭发起进攻，杜森博瑞"接连冒着敌军猛烈的炮火以确保A连顺利前进"，并拔掉"敌军坚固的阵地"。一位排长严重受伤后，杜森博瑞"指挥该排的士兵重整旗鼓，率领他们冒着敌军猛烈的炮火继续发动进攻"。他毫不畏惧地沿着A连的前沿阵地与装甲部队协同作战，甚至还"亲自担任炮火观测员，引导坦克摧毁了日军数个据点"。尽管战斗刚一开始，他就"身负重伤"，但他仍然"拒绝撤下前线，而是继续指挥进攻作战，一直坚持到日军的抵抗彻底崩溃、阵地被我军攻占的时刻"。他表现出"积极主动、不屈不挠的战斗精神"，激励了A连的全体官兵。这是他第二次因为在战场上英勇无畏的表现而获得海军十字勋章\*（此前他已经在佩莱利乌战役中因表现英勇而获得过银星勋章）。[6]

次日，也就是第五陆战团三营准备向威尔逊岭发起进攻的前一天，爆破小组组长保罗·艾森与三营突击排的其他成员正在冲绳人的一座坟墓里躲雨，连长埃林顿中尉突然出现在墓穴的门口并说道："艾森，明天早点儿起来，带着你的小组上前线。史密斯上尉给你分配了任务。"

第二天早上，艾森与小组的成员用冰凉的C口粮充饥，然后前往弹药库，准备按照每人1个的配额领取炸药包，却被管理弹药库的中士打发了回去。中士说："我已经派了一个小队上前线，他们携带的TNT炸药包绝对够用。"

就这样，艾森率领爆破小队奔赴前线，抵达了"夹在两山之间

---

\* 美国海军及海军陆战队用来奖励英勇作战的士兵的勋章，地位仅次于荣誉勋章，相当于美国陆军的杰出服役十字勋章，以及美国陆军航空兵的空军十字勋章。——原注

的一道干枯河床"，也就是所谓的"死亡谷"。突击排的部分成员已经跑到山谷对面；看到艾森后，他们当中的一个人喊道："别一起跑，一次过一个人。"看到日军不断用机枪扫射、用迫击炮轰击，山谷内土石飞扬，艾森意识到战友的建议很有道理，于是命令小组的成员一次一个人，冲到山谷对面。轮到艾森时，他弯腰驼背，右手拿着前不久刚捡到的M1步枪，一溜烟地跑了出去。就在快要抵达山谷对面进入安全地带时，他右眼的余光注意到散兵坑里有人正拿着照相机，按动了快门。几秒钟后，他跳到另一个散兵坑里，跟躲在坑里的两个"好伙计"会合。"嘿，艾森，"其中一个人说，"你跑过来的时候，那人把你拍下来了。"

"那又怎么样？"艾森答道，"恐怕我还没看到照片就已经死翘翘了。"*

没过多久，艾森和爆破小组的成员就开始沿着山谷的一侧前进。在沿途的通信站躲避炮弹爆炸的冲击波时，他们看到一个年轻的陆战队员横穿山谷，想找到铁丝网的破口。艾森回忆道："炮弹爆炸后，他消失在烟雾和炙热的碎片之中，他的战友大声喊叫让他赶快停下来，原路返回。那个陆战队员真的很勇敢，我不知道他到底有没有顺利通过，因为事情发生得太快了。但我当然希望他安然无恙。"

到达前线后，艾森向L连的指挥官史密斯上尉报到，听取上尉下达的任务。

---

* 这张由海军陆战队的战地摄影师三等兵鲍勃·贝利（Bob Bailey）拍摄的照片成为太平洋战争中最著名的战地照片之一，同时也是本书英文版的封面。笔者查阅了弗吉尼亚州匡提科海军陆战队基地的档案，确定照片上的人就是一等兵保罗·E.艾森。——原注

"你收到后方送来的TNT炸药包了吗？"艾森问道。

"没有。"

艾森懒得解释，转头对小组的成员说："走吧，伙计们，看来我们得返回弹药库去取TNT炸药包了。"

于是，他们原路返回，再次横穿死亡谷，一路上心里都憋着火，盘算着返回弹药库后如何对那个管理弹药的中士破口大骂。那个中士算是运气不错，因为执勤的人已经换成了另一个中士。所以，他们"拿起TNT炸药包，准备再次横穿死亡谷"，而这也是艾森的小组在同一天内第三次经历穿越死亡谷的生死考验。艾森写道："我永远也想不明白，我们到底是如何做到连续三次冒着猛烈的炮火横穿死亡谷、结果无一伤亡的。要知道，据战报显示，我军在8小时内就在死亡谷伤亡了125人。"[7]

5月10日，第五陆战团的一营和二营在坦克的掩护下向安波茶口袋发起进攻，有3个连一度在威尔逊岭上站稳脚跟，而另一个连则沿着山脊清扫了许多藏有日军的山洞。然而，由于伤亡太过惨重，到天黑时所有参与进攻的连队全都后撤到出发位置。第二天，美军终于攻下安波茶口袋。E连的吉姆·约翰斯顿下士回忆，美军派出坦克和步兵"包抄左翼"，进攻部队"抢占有利地形，并向躲在山谷洞穴中的日军开火，于是日军再也无法利用洞穴阻止我军的两翼迂回行动了"。就这样，部署在右翼的步兵和坦克"翻过山脊，消灭了日军部署在山后的火炮"。趁此机会，E连穿过死亡谷。5月11日黄昏，第五陆战团终于占领安波茶口袋，获得了休整几天的机会。[8]

这次休整的确很及时。第五团的3个营全都伤亡惨重，元气大伤*。在 5 月 9 日那场没能取得决定性战果的战斗结束后，第五陆战团三营 K 连 21 岁的迫击炮手"长柄锤"尤金·斯莱奇（Eugene 'Sledgehammer' Sledge）也看到了"同样的惨状，令人悲从中来。满身是血的伤员，晕头转向，表情麻木，还没有从恐怖的战斗中恢复过来，他们或躺在担架上，或自己走路前往后方的急救站接受治疗。当然，映入眼帘的还有阵亡士兵，和那些战斗结束后肯定会出现的询问朋友下落的士兵。消息传来，在得知第五陆战团三营将会成为预备队撤下前线后，我们全都高兴得不得了"。那天晚上，斯莱奇在死亡谷对面放哨时收到父母的来信，得知自己的爱犬迪肯出了车祸。那是一只西班牙猎犬，它带伤爬回家，死在了父亲的怀里。"前方传来隆隆的炮火声，"斯莱奇写道，"周围有成千上万的人受尽苦难、命丧黄泉，但我却因得知迪肯死了而控制不住自己，大颗的泪珠顺着脸颊流了下来。"[9]

　　在攻打安波茶口袋的战斗中，吉姆·约翰斯顿的机枪小队有 6 人战死，其中 1 人死于迫击炮的炮击，而剩余的 5 人死于轻武器的射击。即将撤离安波茶口袋时，约翰斯顿和战友们遭到日军的炮击，在躲避炮火时身体"一阵抽搐"。他用上所有能想得到的办法试图止住抽搐，却无济于事。到最后，他彻底放弃，"任由抽搐自行结束"。他很清楚，自己正经历着激烈的战斗，精神高度紧张，抽搐是正常的生理反应。他后来写道："（战斗）令人身心俱疲，严重程度

---

\* 阵亡的美军士兵中，有一名年仅 19 岁的一等兵迈克尔·芬顿（Michael Fenton），是第五陆战团一营 B 连的侦察兵、狙击手。5 月 7 日，日军在安波茶口袋发动反攻，芬顿在战斗中阵亡。他的父亲、陆战一师工程兵部队的弗朗西斯·I. 芬顿（Francis I. Fenton）上校跪在他覆盖着美国国旗的尸体旁边，在下葬前做最后告别的场面是这场战斗中让人尤其伤心的回忆。芬顿上校起身看到周围全都是像自己的儿子那样年纪轻轻就要战死沙场的陆战队员，感慨道："实在是太可怜了，他们身边都没有父亲陪着。"——原注

常人根本就难以相信。严苛的战场环境终于开始超过我所能承受的极限。"尽管如此，他还是拒绝请病假，宁可死在前线，"也不愿因为抽搐而丢下战友"。[10]

这支声名远播、有着"老猎犬"称号的陆战一师渐渐认清现实，意识到夺取冲绳岛的战斗必将极其艰苦，未来的作战任务必将极其惨烈。就在此时，欧洲战场传来德国于1945年5月7日向盟军无条件投降、并于5月8日正式签订投降协议的消息（这天成了欧洲胜利日）。巴克纳中将在日记中写道："正午，我军所有负责炮火支援任务的火炮和舰炮全都向敌军发射了一枚炮弹。之后，我们将无线电发射频率调到日军的接收频率，告知日军刚才的火炮齐射是为了庆祝盟军在欧洲的胜利。"[11]

普通士兵对德国投降的反应并不一致。一些人坚信，这肯定会缩短太平洋战争的时间。5月9日那天，一个炮兵在给父母的信中写道："欧洲竟然实现了和平，这真是难以置信。毕竟战争已经持续那么久，一直在我们的脑子里，现在突然结束了，还真要过一阵子才能真正地接受现实。现在，我当然希望用不了多久，盟军就会全力对付日本。德国投降的消息还点燃了我们能够早日回国的希望……不知道现在日本还能坚持多久。"[12]陆战六师的前线炮火观测员乔·科恩（Joe Kohn）下士也在想着相同的事情；他在信中对家人说："现在可以全力对付日本了，我们短则一年、长则不超过一年半，就有希望回国了。"[13]

另一些士兵并不认为德国投降会影响到亚洲战场的局势。第五陆战团三营的斯特林·梅斯下士写道："说到底，德国投降的消息没有让阵地向前推进半步，没有让泥泞的地面变得容易行走，也没有减少我们每个人口袋里携带的弹药，更不会改变必将发生的事情。我们每个人心里都很清楚，过不了多久，我们就要再次进攻日军阵地，肯定会有更多的陆战队员战死沙场。"[14]

## 27 美梦结束了

日本陆军航空兵少尉荒木春雄用不断颤抖的手，给刚结婚一个月的妻子写了诀别信：

茂子：

近来可好？今天我们结婚已经一个月了。美梦结束了。明天，我将驾驶飞机冲向敌军舰船，带着一帮美国佬，渡过三途川\*，进入死后的世界。回想往事，我觉得自己对你太冷酷了。我只要做出对你不好的事情，之后心里都会十分后悔。请原谅我。

一想到你未来必须面对的漫长生活，我就肝肠寸断。请一定要坚强，要快乐地活下去。我死后，请代我照顾父亲。

为悠久的正义事业献身，我将永远守护这个国家\*\*。

荒木春雄　悠久队队长

---

\*　三途川（Sanzu no Kawa），又称三途河，是传说中生界与死界的分界线。因为河水会根据死者生前的行为，而分成缓慢、普通和急速三种不同流速水流，故名。——编者注

\*\*　这句话的日语原文是"悠久の大儀に生きてこの国を、永く護らん"，是一首短歌，也是荒木春雄的辞世句。荒木率领的自杀式飞机小队是第五十一振武队，又名"悠久队"，所以他的辞世句头两个字也是"悠久"。——译注

这封信写于 5 月 10 日晚，当时春雄正在九州知览（Chiran）航空兵基地。此前，他已经给父亲写了一封简短的家书。他在信中说：4 月末，他曾驾驶飞机在老家上空盘旋多次，希望父亲能够看到自己的飞机。然而，父亲只顾着忙地里的活，一直都没抬头。"父亲，"春雄写道，"我一直都没能引起您的注意。"春雄把这两封刚写好的家书托付给一位在基地采访的记者，记者承诺会亲手交给他的家人。

第二天一大早，记者赶在春雄出发执行任务前为他拍了几张照片。在一张照片中，春雄站在正中间，两侧是另外两个特攻小队的队长[*]。三人都只有 21 岁，同时也都是陆军士官学校第 57 期毕业生。在另一张照片中，春雄正在对悠久队的队员进行最后一次训话。他"在镜头前有些不好意思地"微笑着。他头上系着白色的头带，头带正中央是象征着日本的"旭日章"。知览航空兵基地附近有一所女子学校，而他们头带上的旭日章正是这所学校的学生"割破手指用鲜血染红的"。后来，那个记者把照片加洗并交给了春雄的妻子。[1]

早上 6:00，春雄终于登上飞机，他是第一个起飞的飞行员。与他一同起飞的共有 150 架飞机，这是 5 月 10 日至 11 日期间日军对停靠在冲绳岛附近的盟军舰船发起的第六波大规模神风特攻。没有人知道春雄到底是如何战死的，但也许有可能，他驾驶的飞机就是 5 月 11 日那天击中海军中将米彻尔的旗舰邦克山号（Bunker Hill）航母的两架飞机之一。邦克山号遇袭后燃起大火，共有 396 人阵亡（其中 14 人是米彻尔中将的参谋人员，多数为吸入浓烟而死）、264 人受伤。这是自富兰克林号航母遇袭以来，日军自杀式飞机对美军舰艇

---

[*]　与春雄同框的两人分别是第五十五和第六十五振武队的队长黑木国雄少尉和桂正少尉。——译注

造成的最严重的损失。邦克山号虽然没有沉没，但丧失了战斗力，直到战争结束也没能维修完成，所以米彻尔不得不把旗舰改为企业号航空母舰。[2]

修理舰罗慕路斯号（*Romulus*）的无线电操作员亚历山大·伯纳姆（Alexander Burnham）曾留下一份记录，其中描述了在冲绳岛周围作战的美国水兵面对怎样的严峻考验，他们每时每刻都要担心日军自杀式飞机从天而降。伯纳姆写道，船上的气氛紧张"到了极点，水兵们几乎彻夜不眠，或者仅在困得实在不行时稍微休息一下"。因此，毫不奇怪，一位舰长只好用这样的话来鼓励舰上的士兵：

> 日军的飞机正径直向我们飞来。如果你们以后还打算和金发美女共度良宵的话，最好给我打起精神，看到那帮混蛋就马上把他们打下来。

甲板上的水兵会看到敌机"从各个方向飞来，最初距离还有数千米，看起来还只是一群小黑点，但过几分钟就能清楚地分辨出敌机的样子，看着它们越飞越近"。战舰一边"全速前进"，一边采取"规避机动"，尽可能地让自杀式飞机找不到目标，而舰上的炮手则火力全开。虽然防空炮击落了许多敌机，但还是会有漏网之鱼，"一旦自杀式飞机击中目标"，那破坏力简直"惨绝人寰"。整艘船马上就会充斥着"死亡、火焰和毁灭"，动力会丧失，"雷达信号和无线电通信也会全部中断"。

甲板下的水兵"待在闷热的水密舱室内"，对战况一无所知，只能听到舰炮沉闷的轰响。他们深知死亡随时可能降临：只要船体被

"自杀式飞机穿透，海水就会一涌而入，淹没他们所有人"。

　　他们最大的噩梦是多架自杀式飞机同时袭来，就好像"一群黄蜂"。第一架"紧贴水面飞行直扑舰桥"，第二架"飞得很高，但机头冲下对准甲板中央"，第三架"虽然右侧机翼已经支离破碎，却没有偏离目标"，之后又飞来第四架、第五架。自杀式飞机击中目标后，"整个甲板"变成一片废墟，从船首到船尾熊熊燃烧的火焰吞没一切，轮机舱被海水淹没，船只失去动力，只有防空炮仍然隆隆作响。"军官室、食堂、医务室、炮位、船尾甲板、走廊"，到处都是伤员，到处都散落着尸体和尸块，水面上则全是"被爆炸冲击波掀到海里的船员，一边漂在海面上奋力挣扎，一边祈祷附近的友军舰船能够赶在鲨鱼循着血腥味蜂拥而至之前伸出援手"。

　　战斗结束后，被自杀式飞机击中的舰船通常都像"漂浮的垃圾堆"，还得运气好才能"被拖至冲绳岛沿岸安全的港口"。此时，甲板上的尸体和残骸都不见了踪影：死者全都已经海葬，而伤员则全部"转移到其他舰船的医务室"。同时，战斗发生的地方又变回"荷马口中暗酒色的大海"，交战双方的老兵都不会前来悼念死者，因为战场遗址"既没有纪念碑，也没有十字架，只有一片永远没有任何特征的大海"。[3]

　　日军反攻失败后没过几天，正在地下办公室工作的八原大佐被敲门声打断。一名联络官走进办公室，交给他一份由牛岛中将和长勇中将签署的命令。命令称，航空兵参谋神直道少佐将会奉命返回东京。八原询问为何要派神直道去东京，结果得知："我们派他前往大本营，请求上级批准动用航空兵攻击敌军舰队，迫使敌人撤离冲绳岛周边海域，从而结束冲绳岛战役。"

八原大惑不解。无论他本人还是其他将领都很清楚，海军航空兵和陆军航空兵的神风特攻飞行员早已竭尽全力试图"从空中消灭敌人的舰队"。正因为如此，航空兵才会声称他们"才是冲绳岛战役的真正主角"，而"第三十二军不过是一帮龙套罢了"。尽管如此，在冲绳岛上空，美军航空兵力量仍然占据着绝对优势。此外，八原也清楚，敌人已经有6个步兵师登陆，绝不会轻易打道回府。

另一个问题是日本本土的安全。八原早就提出，冲绳岛守军的正确战略应当是，"尽可能拖住敌人，消耗敌军的兵员和补给，从而竭尽所能为在日本本土的最终决战做出贡献"。在此时要求更多的航空兵力量参加守卫冲绳岛的战斗，无异于削弱日本本土的防御。出于上述原因，八原反对将神直道派往东京。

此外，考虑到神直道作为航空兵参谋，自然会倾向于在战斗中依仗航空兵力量，八原十分担心，神直道少佐向大本营汇报并分析如何指挥冲绳岛战役时会"曲解甚至无视"自己的意见。八原认为："如果真是这样，我将彻底失去战役的指挥权。"然而，由于派遣神直道返回东京的命令"已经签字盖章"，八原深知已无法改变现实。所以，他只好交给神直道一个笔记本，托付他将此物转交给自己的岳父*——一名退役的陆军中将。

按照计划，神直道首先前往冲绳岛南端的摩文仁（Mabuni），然后搭乘水上飞机前往东京。然而，由于天气恶劣导致水上飞机没有按时到达，他只好趁着夜色乘坐渔船离开冲绳岛。他最终抵达东

---

\* 八原的岳父是陆军中将清水喜重，曾经担任由良要塞（守卫大阪湾入口的要塞）的司令官、第十二师团的师团长。——译注

京，向大本营汇报冲绳岛的战况。但是，正如八原预料的那样，大本营认为，动用航空兵力量大举进攻美军舰队的请求完全无法实现。

与此同时，在首里，八原大佐命令所有的女人（不仅包括慰安妇，还包括护士）离开地下司令部，向南撤退。司令部洞穴内的情况已经"惨不忍睹"，不仅卫生条件极度恶劣，还出现食物短缺问题，就连士气也"大不如前"。所有人都很清楚，大家"全部玉碎"已是迟早的事情。因此，八原想要让女人远离这"令人沮丧的环境，送她到后方"。然而，这些女人得到命令后都不想撤走。她们抗议道："你们想让我们撤走，是因为你们认为我们只是女人。我们不仅是女人，也是士兵，我们想要以死殉国。"

尽管她们再三请求，八原还是认为"她们必须撤走"。5月10日傍晚，美军炮击的强度刚刚缓和，她们就背着行李、拿着少数几件守军赠送的纪念品——比如长勇中将"珍贵的茶壶"——走出洞口。一个日本兵对着一个美女远去的身影大叫道："你死便死了，可千万别把你那漂亮的脸蛋给弄坏了。"[4]

做过妓女的新庄雅子与其他姑娘一起被迫离开。她回忆道："我们只知道，在相对安全的司令部地道以外，战斗十分激烈。但敌军的位置或是日军的情况，我们就一无所知了……司令部命令我们必须离开地道，向南撤退到丝满。我们只得离开，就像是待宰的羔羊。"

雅子用一个词描述撤退的经历，那便是"地狱"。她们在夜里摸黑冒雨前进，"既不知道方向，也不知道走了多远"，只是随着人流行走。她回忆道："我们大都只在夜里走大路，小道和大路全都像沼泽一样泥泞不堪。道路两边除了尸体和伤员，还有许多精疲力尽走不动的人。"在路上，她看到"一具女尸，背上绑着的婴儿仍然有气儿"。她刚想去救那个婴儿，就有一个士兵走上前来，命令她继续前进。最后，她们抵达冲绳岛南端的丝满，终于能吃上一口热乎饭了。可雅子早已疲惫不堪，倒头便睡。

没过多久，雅子一行又踏上旅途。白天行军时，只要空中传来飞机的声音，她们就会一溜烟地躲进路边的壕沟，躺下来装死。"我们终于到达目的地米须村（Komesu），"雅子写道，"我们的藏身处离村子不远，那是一个深藏在悬崖内的山洞……悬崖上驻扎着无线电通信兵，还有一些士兵守在离洞口不远的地方。我们这些从司令部撤出来的姑娘现在只剩下19人。"山洞的环境糟糕透顶，地上有齐膝深的积水。雅子她们"几乎没有食物，完全没有换洗的衣物，距离洞口不远的一个小水塘是唯一的饮用水源"。雅子被任命为班长，负责带领其余的姑娘；每天上面都会给她们分配任务，"最主要的任务就是在夜里摸黑到周围的田里找吃的"。她们"在这片区域搜寻任何能吃的东西"，主要"靠村民收庄稼时落在田里的红薯填饱肚子，我们前几次搜索还是有些收获的"。[5]

与雅子一样，比嘉重友也历尽波折。自从3月末加入铁血勤皇队县立第一中学分队后，重友就与第二小队的战友一起，驻扎在首里的掩体内，负责为日本守军提供支援。在此期间，重友经历了许多事情：他的两个同学死于美军空袭，成为第二小队遭受的首批伤亡；重友那位在民兵部队服役的父亲来首里探亲，父子二人相拥而泣（这也是他与父亲最后一次见面）；美军的战舰炮轰县立第一中学，教学楼沦为一片废墟。重友回忆道："教学楼二楼的窗户火光四射，照亮了黄昏的天空，所有的学生排成一排，一脸茫然地站在教学楼前面。作为念书的地方，我们的教学楼已经有足足60年的历史，结果在一瞬间轰然倒塌，最后一刻发出的声音仿佛在求救一样。"

到了5月，重友已经看清局势，知道日军前线已经开始瓦解。5月12日，一个日军少尉带着几名士兵，闯进重友所在的第二小队的掩体。"滚出去，你们全都滚出去！"看到躲在掩体里的全都是冲绳人，日本兵大叫道。

一位老师出来求情，解释道："这是铁血勤皇队的掩体。"

"铁血勤皇队算个什么东西？"那个少尉厉声道，"管他呢，反正从现在开始，这里就是我们的掩体了。"

就在那个少尉开始赶人时，铁血勤皇队县立第一中学分队的指挥官篠原中尉赶了过来。篠原仗着军阶高一级，扇了那少尉一巴掌，说道："你个蠢货，你不过就是个少尉而已。"

那个少尉带着手下的士兵，灰溜溜地离开了掩体。

然而，没过几天，重友就接到离开掩体的命令。由于前线的伤亡越来越严重，他和第二小队的其他成员全都接到命令，成为战斗人员。第二小队在离开前举行了阅兵式，县立第一中学的藤野贤校长在仪式上说道："在战争中，形势瞬息万变。情况会变得极其艰苦，而且还并不一定朝着对我们有利的方向发展。现如今连让你们都待在一块也不可能了。"

校长的讲话结束后，重友与其他26个学生一同前往距离首里以南5英里的东风平（Kochinda），加入驻扎该地的第一野战重炮联队。重友感到有些失望。他写道："这样一来我可能会遇到危险。相比之下，我更想去炮火观测小队。我真是太羡慕那些加入炮火观测小队的同学了。"实际上，重友并不知道，炮火观测小队的工作极其危险，跟美军前线的炮火观测员没什么两样，他们必须观察炮弹落地的位置，再把相关信息发送给后方的炮兵部队。分配到炮火观测小队的12名成员，在战争结束前就已经全部阵亡了。

而重友的处境可就要好得多了。他所在的炮兵联队驻扎在远离前线的后方，只有美军战舰发射的炮弹偶尔在炮兵阵地附近爆炸。他与其他学生一起住在地道里，睡在两层或者三层的床上，除了洞顶会不断滴落水滴，条件还算比较好。重友获得了军队配发的钢盔、军刀、三八式步枪（配有15发子弹）。他认为自己终于成为真正的士兵了。[6]

## 28  被困在糖糕丘上，腿也动弹不得

"早上7:00进攻开始，"巴克纳中将在5月11日的日记中写道，"整条前线都取得了进展。我视察了两个军的司令部，给两位军长施加了点儿压力。"[1]

5月5日，罗伊·盖格少将指挥的第三两栖军接管美军前线右翼。之后，美军第一次动用2个军的兵力开启总攻，目的是在战线中部保持强有力的牵制攻击，同时从东西两侧包围首里。巴克纳的参谋人员坚持认为，日本守军在冲绳岛西侧的防御尤其薄弱，刚刚加入战斗的那几个陆战师极有可能突破日军防线。"这次进攻延续我们到目前为止实施的进攻策略，"5月10日，巴克纳解释道，"如果无法拿下日军据点，进攻部队就把它们交给预备队处理。我们不仅火力足够强大，也有足够的兵员，可以轮换作战，总是保持1个师在后方休整。"[2]

参加进攻的部队共有4个师，自西向东依次是陆战六师、陆战一师、第七十七步兵师、第九十六步兵师（5月9日，换下美军阵地东端的第七师）。5月5日，陆战六师离开本部半岛，踏上漫长的南下之旅，是最后一支抵达南部战场的美军部队。参加了攻占八重岳的战斗后，威廉·曼彻斯特中士和他手下的"新兵蛋子"原本准

备"好好休息，吃上几顿热饭，睡上几天好觉"，结果却与陆战六师其他单位一同接到命令，必须立即南下替换第二十七师，因为第二十七师"无法跟上其他陆军部队的步伐"。他们在名护的街上教当地小孩用英语不停地大喊"第二十七师去吃屎！第二十七师去吃屎！"，用这种微不足道的方式表达对第二十七师的不满。

　　陆战六师乘坐六轮驱动的军用卡车南下，花费了整整两天才抵达目的地。第二天，陆战六师的士兵就听到"地平线的方向传来阵阵闷响，然后先是变成重物落地的声音，之后又变成击鼓的声音，接着变成打雷的声音，最终变成震耳欲聋的巨响"。远处传来的巨响是炮兵部队轰击日军前沿阵地的声音。前线兵力的密度甚至超过第一次世界大战：在一战中，大多数营级部队前线的宽度为800码，而在这场战斗中，每个营的前线宽度则只有600码。曼彻斯特趁着卡车停下的机会，下车爬上附近的小山包俯瞰整个战场。他回忆道：

　　　　战场丑陋可怕，简直就是月球表面。山丘、山脊、悬崖沿着前沿阵地排列，仿佛已经发灰的蛀牙。眼前没有一抹绿色，炮弹早已摧毁了所有的植被，每一寸土地都伤痕累累。零星的火光突然闪现，突然消失。炮弹爆炸后弹片四射，掀起白里透蓝的烟尘。火焰喷射器喷出道道火舌。到处都是刚刚发生的爆炸，地面上碎石飞溅。就在我看得目瞪口呆的时候，一架美军用作侦察机的草蜢式联络机嗡嗡嗡地飞来，掠过日军前沿阵地上空，向停靠在岸边的美国战舰汇报方位信息，让强大的舰炮能够精准打击目标。突然，那架小飞机被高射炮击中，在空中支离破碎。在地面上，血腥的战斗几乎没有片刻停顿。[3]

当曼彻斯特所在的第二十九陆战团在新发起的进攻中担任预备队时，他得到了短暂的休整，暂时远离战斗。最初的作战任务几乎全都由陆战六师的另一个团——第二十二陆战团承担。5月8日，第二十二陆战团进入位于安谢川以北峭壁上的前沿阵地，把（隶属于陆战一师的）第七陆战团换下。按照作战计划，第二十二陆战团将会参加11日的总攻，任务是渡过安谢川，进攻南岸的日军阵地。陆战队的官方战史上写道："敌军阵地是一片缓缓抬升的坡地，一直延伸到2 000码开外的天际线。阵地以西是一道道寸草不生的珊瑚岩山脊，形成阻挡大海的屏障；以南是一道狭长的土岭，瞰制着通往那霸的道路；东南方向是一座座紧密相连的绿色低矮山丘，俯瞰夹在安谢川盆地和安里川（Asato River）走廊之间的地面；以东是几片区域组成的崎岖地形，从北至南依次是泽岻高地、大名高地、大名溪床，这里同时也是陆战一师的进攻方向。"[4]

5月10日清晨，第二十二陆战团的两个营开始向安谢川南岸进发，大部分士兵都会途经前一天刚天黑时工程部队趁着夜色赶工架设的小型步行桥。陆战一师师长莱姆·谢泼德的建议仍然在他们的耳边回荡：要善于利用隐蔽与伪装；要灵活机动包抄日军的侧翼，不要硬拼；要不断地向前推进。谢泼德总结道："敌人的头脑没你们的灵光，根本就不是你们的对手。我们对自己、对手中的武器都充满信心，是一群奋力进攻的陆战队员。"[5]

第一批过河的士兵中有一个时年20岁的三等兵霍华德·阿伦特（Howard Arendt）。阿伦特来自肯塔基州路易维尔，1943年高中一毕业就加入海军陆战队，并在圣迭戈新兵训练营完成训练，编入驻扎在夏威夷的第二十二陆战团，成为三营K连二排的战士。他回忆道：

"二排是一支勇猛的队伍，大部分战士都是不到20岁的小伙子，要么高中刚毕业，要么还没结束高中学业就加入陆战队。"阿伦特跟随部队在马绍尔群岛战役中参加了夺取埃尼威托克环礁的战斗，之后又参加了关岛战役。他经历过日军在夜间发动自杀式冲锋的极度恐惧，目睹过火焰喷射器向山洞内喷火后"两个日本兵被火焰吞没惨叫不止"的骇人景象。一名陆战队员建议举枪射击以结束他们的痛苦，但其他队员说道："不，他们活该。"

那两个日本兵就这样被活活烧死了。几分钟前，深受士兵爱戴的二排排长、参军前在得克萨斯州做老师的雷恩斯（Raines）中尉被山洞里的日本兵开枪击中，头部中弹，当场身亡。

尽管阿伦特在此前参加的两场战役中都毫发无伤，但他还是在关岛"染上了登革热，身上也出现了严重的丛林皮肤病（皮肤溃疡）"。再加上"一直都在蹚沼泽、穿丛林，不是踩在泥里，就是泡在雨里"，他的脚上还长了数不清的足底疣。接受手术切掉足底疣后，他在瓜达尔卡纳尔岛归队。美军在冲绳岛几乎兵不血刃的登陆行动"让人感觉棒极了，却好景不长"。

5月10日早晨，阿伦特所在的K连是第一支通过步行桥抵达安谢川南岸的部队。I连紧跟K连，是第二支抵达南岸的部队。与此同时，第二十二陆战团一营A连在稍微靠东的地方涉水渡河，同样也抵达了南岸。一天前，阿伦特跟着侦察队蹚过安谢川，前往南岸侦察敌情，结果遭到伏击。他们付出了1人阵亡、3人受伤的代价。那个阵亡的士兵叫富兰克林·库默（Franklin Coomer），来自得克萨斯州，是个穷得叮当响的采棉工。阿伦特帮忙把库默的尸体搬回侦察小队的出发点，"小队其他成员跟在我身后，日军不断地开枪射击"。

第二天，二排越过海岸的丘陵地带，刚刚接近侦察小队前一天遭到伏击的地方，"不知道躲在哪里的日军就开始用步枪和机枪疯狂射击"。阿伦特回忆道：

> 我们向一道小山坡跑去，想在另一侧隐蔽。然而，越是靠近坡顶，我们的身影在天空的映衬下就越显眼，我们就变成了活靶子。雷·吉莱斯皮（Ray Gillespie）跑在最前面，我紧随其后，身后还有另外3名陆战队员。就在我们爬到坡顶时，日军的机枪突然开火。我眼看着吉莱斯皮被一发子弹击中后背，一头栽到山坡的另一侧。我同样也被子弹击中。

子弹的冲击力把阿伦特掀了起来，并翻了个身，手中的步枪也飞得老远。发现自己仍然处在日军火力范围的那一侧，他首先想到的是：谢天谢地，吉莱斯皮倒在山坡的另一侧，"脱离了机枪手的视野"。尽管感觉不到疼痛，但阿伦特还是担心自己伤到胸部或腹部。他的粗布衬衫上既没有血迹，又没有弹孔。然而，他的裤子破碎了，双腿显然都被子弹击中了。幸运的是，他发现双腿和脚趾头还能稍微动一动，估计子弹并没有打断骨头。

环顾四周，他发现身后那3名陆战队员全都趴在地上一动不动，但并没有受伤。日军的机枪不断地射击，子弹打得前方地面上尘土飞扬，他们4人全都被困住了。阿伦特判断，要想活命就必须翻过山坡。他大声询问山坡另一侧有没有人，结果出人意料地听到另一侧有陆战队员大声回应，"并告诉我二排的部分战友就躲在这边，吉莱斯皮伤势严重"。阿伦特把他们进退两难的境地告诉另一侧的战友，请求他们投掷烟幕弹提供掩护。没过多久，另一侧的战友就投掷了好几枚烟幕弹，"让附近区域全都笼罩在浓烟中"。

阿伦特一边大喊让身后的那3名陆战队员跟上，一边"手脚并用地向山坡最高点前进"，其间日军机枪一直不停地扫射他们所在的地方。他与那3名陆战队员全都安全地翻过山坡。"我实在是太幸运了，"他回忆道，"上帝再次保佑了我。"他被安排撤回后方，直到冲绳岛战役尘埃落定才重新归队。到那时，全排只有一名战士在经历所有作战行动后一直没有受伤，其他人非死即伤。这些大难不死的幸存者就包括雷·吉莱斯皮，他后背中了两枪，子弹"贯穿他的胸部"，最终他还是完全恢复了。[6]

早上6:00前后，两个日本兵"抱着炸药包发动自杀式袭击"，破坏了步行桥靠近安谢川南岸的部分，给第二十二陆战团三营的渡河行动造成了极大的困难，好在第二十二陆战团一营不断向东扩展滩头阵地，缓解了三营的压力。傍晚，这两个营参与进攻的连队全都过了河，在安谢川南岸建立了一块长1 400码、宽350码的滩头阵地。当天晚上，工程部队架设了一座横跨安谢川的贝雷桥*，为坦克前往河对岸支援11日的进攻创造了条件，但直到次日中午11点多，才有第一辆坦克抵达安谢川南岸。

5月11日黄昏，第二十二陆战团三营已经推进到俯瞰安里川河口的高地，一览河对岸被战火摧残得满目疮痍的冲绳县首府那霸市。谢泼德少将在第二十二陆战团指挥所观战，见证了三营夺取高地的过程，并向营长多诺霍（Donohoo）中校发报，表彰"所有参与进

---

\* 贝雷桥由英国工程师唐纳德·贝雷设计，是一种用预制件装配的桁架桥，架设时不需要特殊器材和重型机械，在二战期间被英国、美国、加拿大的军队广泛使用。——译注

攻的官兵展现出了极大的个人勇气和优良的团队合作精神，一举攻下这块地形险要、防守严密的高地"。[7]在三营东侧，第二十二陆战团一营也高歌猛进。另外，陆战一师、第七十七步兵师、第九十六步兵师的进攻部队同样也进展迅速。如前文所述，5月11日这天，安波茶口袋的日本守军遭到重创，再也无法有组织地抵抗。5月12日到13日，整个前线仍然有战斗发生，但整体推进速度要慢一些。

举例来说，5月12日，在陆战六师的左翼，第二十二陆战团二营G连想要占领一块似乎并不起眼的高地。一名陆战队员写道："怎么说呢，描述那块高地最恰当的比喻就是：把西瓜切成两半，上边那一半差不多就是那个小山包的样子了……确实没有多高。"[8]

这块被第二十二陆战团二营营长霍拉肖·C.伍德豪斯（Horatio C. Woodhouse）中校称为"糖糕丘"的高地，是一个长方形的小山包。这种山丘在冲绳岛南部随处可见。据陆战队的官方战史描述，这些山丘"实在是太小了，在等高线间距为10米的军用地图上根本就看不到标示"。然而，它们将形成一道令人生畏的障碍。[9]

威廉·曼彻斯特中士所在的第二十九陆战团二营在这一看似微不足道的山坡上付出了巨大的代价，许多官兵在此丢了性命。曼彻斯特用生动的笔触描述了这个"毫无特色、如今在历史文献中被称作'糖糕丘'的小山包"，记录了进攻部队遭遇的困难。他的记述也许是迄今最优秀的：

> 这块高地由珊瑚岩、火山岩组成，长300码，高100英尺，形状实际上更像一条长面包。糖糕丘之所以至关重要，是因为它的防守几乎牢不可破。这并不是说高地本身坚不可摧；只要

能摸到坡底，就没有什么高地攻不上顶。可是，问题在于，这个像蜂巢一样布满防御工事的丑陋山包绝非孤立无援，东南方向有一块名叫半月山*的高地，正南方有一块名叫马蹄岭的高地。因此，虽然糖糕丘像矛尖一样挡在陆战六师前进的路上，但实际上陆战六师面对的是一个由3块通过暗道相连的高地组成的三角防御体系，而糖糕丘只是这个体系中最显眼的那个山头而已。

这三个山头可以相互支援，"马蹄岭的山坳里还有一道深谷，只有使用手榴弹和轻武器才能攻击到日军设在那里的迫击炮阵地，而我军的步枪兵根本就无法靠近，因为这三个山头周围都是光秃秃的平地，没有任何可供隐蔽的地方"。进攻任意一个山头的部队肯定会"遭到来自另外两个山头交叉火力的袭击"。更难办的是，"日军在东边首里山上布置了炮兵、迫击炮、机枪阵地"，以糖糕丘为中心的整片地区都在"阵地的射程之内，陆战六师被困在泥泞的前沿阵地寸步难行"。曼彻斯特认为，尽管首里的防御阵地规模更大，但在日军整个防御体系中，"真正令人头疼的"却是那个以糖糕丘为支点的铁三角。[10]

5月12日，第一次看到糖糕丘陡峭的珊瑚岩山坡，上边到处都是被炮火轰得七零八落的灌木、树桩和弹坑，第二十二陆战团二营G连连长欧文·T.斯特宾斯（Owen T. Stebbins）上尉觉得这块高地没什么大不了的，并不比他和G连官兵"在之前的战斗中遇到的溪

---

\* 一些历史记录和现代地图都把这座山称作"月牙山"（Crescent Hill）。——原注

床、沟壑、陡坡"更可怕。他补充道："我们当时认为自己不会遇到太大的困难。"

5月12日早上8:00，G连的两个排在A连的4辆谢尔曼坦克的支援下，向糖糕丘发起进攻，结果很快就遭到迫击炮、火炮、47毫米口径反坦克炮的猛烈轰击。参与进攻的坦克有2辆被击毁，1辆陷进沟里。指挥第4辆谢尔曼坦克的莫雷尔（Morell）上尉回忆道，陷进沟里的那辆坦克的车长乔治·贝拉尼克（George Beranek）上士爬到车外，想用牵引索把坦克拉到沟外，结果被一枪射穿喉咙，伤口血流如注，"就好像花园里用来浇花的水管……把我们的坦克和周围的一切都喷得鲜血淋漓"。

斯特宾斯发现前方负责进攻的那两个排被压制在糖糕丘的山坡上，他刚刚准备下令安排后备部队上前支援，就被子弹击中腿部，被迫撤回到后方。与此同时，在山坡上，一排排长爱德华·鲁埃斯（Edward Ruess）中尉试图确定日军火力点的位置，于是奋不顾身地把自己暴露在日军火力之下，"向左后方跳了一步，不再抵肩射击，而是把枪抵在腰间不断开火"。他虽然没有立即中弹，但好运气却并没有持续多久，不一会儿就被一梭子机枪子弹射中下腹部。一等兵梅索（Mezo）回忆道："他面色苍白，怕是痛苦不了多久了。"*

此时，G连副连长戴尔·W.贝尔（Dale W. Bair）中尉已经抵达前线，接过指挥权。贝尔是一个身高6英尺2英寸、体重225磅的彪形大汉，之前是一个普通士兵。他把后备排及其轻机枪小队分为两队，然后率领15名士兵沿着通向糖糕丘的山谷右侧前进，同时命令

---

* 鲁埃斯虽然被疏散到后方，但仍然伤重不治。由于作战英勇，他被追授海军十字勋章。——原注

副排长德马（DeMar）率领其他士兵沿着山谷左侧前进。德马回忆道："前进的过程中，敌军动用了所有的武器，原本就十分密集的火力变得更加恐怖，到处都有人中弹倒地。"

一个机枪手中弹后，贝尔端起机枪"不断地扫射日军阵地"。他站在山顶上，毫不在意自己成了日军的活靶子，极大地鼓舞了手下士兵的士气。一个士兵回忆道："只要看一眼他站在山顶的样子，你就会把一切恐惧都抛诸脑后。"贝尔连中三枪，胳膊、腿部、胸部全都挂了彩，但他却仍然不断向日军开火。直到一个医护兵坚持要给他处理伤口，他才放下枪来接受治疗。尽管身上缠满绷带，裤子被子弹打破，仿佛一件浴袍，他还是坚持为战友提供火力掩护，直到又一次中弹才终于不支倒地。一个陆战队员回忆道："他再也坚持不住了，一头栽倒在地。"

德马上士冲上山顶后腿部中弹。他回忆道："敌军的火力不断地击中我周围的地面，我的步枪卡了壳……直到那时，我才发现自己孤身一人，被困在糖糕丘上，腿也动弹不得。"幸运的是，其中一辆被日军击毁的坦克的驾驶员霍华德·佩罗（Howard Perrault）下士营救了德马，并将他送到最后一辆没有受损的坦克那里。之后，佩罗也中弹负伤，与其他伤员一起坐在坦克甲板上撤退，结果在坦克遭到日军扫射时中弹身亡。

日落时分，G连所有的幸存者都撤下糖糕丘。参与进攻的151人，只剩下72人可以继续作战。伤亡人员包括连长、副连长、2名排长、2名上士。一个陆战队员回忆道："我们被打得落花流水，三排已经覆没。连里实在是太缺人了，许多班和火力小组只好取消建制。"[11]

5月13日，第二十九陆战团三营在第二十二陆战团的东侧发动进攻，在可以俯瞰安里川上游河段的山区取得了少许进展。一天后，上级命令第二十二陆战团二营首先攻下位于糖糕丘西侧和北侧的高地，之后再向糖糕丘发起进攻。

向二营军官下达作战指令时，伍德豪斯中校给上级指定的那3个目标起了代号，分别是1号高地（位于糖糕丘以北，是距离美军前线最近的高地）、2号高地（糖糕丘）、3号高地（位于糖糕丘以西）。伍德豪斯说："作战任务是，首先拿下1号高地，然后攻下3号高地，最后集中所有的兵力夺取2号高地。有问题吗？"

"有，"一位连长答道，"为什么不按进攻顺序给高地编号呢？左边那个山头是1号高地，右边那个是2号高地，正对着我们的是3号高地。"

"办不到了，我已经把进攻顺序汇报给团部了，所以进攻顺序必须是1号高地、3号高地，最后轮到2号高地。"

然后，伍德豪斯询问手下军官，想知道他们还有没有其他问题。

"我还是想问问高地的排序问题，"那个连长还是不愿放弃，"我们就没有什么别的办法了吗？"

"好吧，算了，"伍德豪斯答道，"这样吧：右边的是1号高地，左边的是3号高地，正前方的高地就叫'糖糕丘'好了。"*

由于G连的兵力已降至一个加强排，F连和E连担当起主攻的角色，分别攻击位于糖糕丘右侧、左侧的高地。早上7:30，F连和E连发起进攻，虽然很快就攻下这两个保护糖糕丘侧翼的山头（1号

---

\* 这正是"糖糕丘"的来历——为了避免第二十二陆战团二营的军官被顺序问题搞混。——原注

高地、3号高地）的正坡，但之后却遇到困难：无论想绕到高地的后面，还是试图直接翻过高地，都会遭到日军猛烈的火力打击。攻上3号高地的E连处境尤其危险，因为3号高地位置前突，与附近陆战一师的前沿阵地距离较大，左右两侧和后方都会遭到日军的纵向射击。F连的代理连长埃德·佩斯利（Ed Pesely）中尉回忆道："3号高地上能够继续作战的士兵所剩无几，因为他们的左翼不断地遭到猛攻。"[12]

下午3:00，陆战六师师部命令伍德豪斯"不计一切代价"占领糖糕丘，并且派出第二十九陆战团二营K连协助三营的作战行动。[13]夜幕逐渐降临，由于进攻部队仍然没能拿下糖糕丘，三营副营长小亨利·A.考特尼（Henry A. Courtney Jr.）少校赶到F连的指挥所。29岁的考特尼来自明尼苏达州杜鲁斯市，以前是个律师，1940年加入海军陆战队的预备役部队并成为一名军官，之后担任连长，参加了瓜达尔卡纳尔岛战役。在威廉·曼彻斯特（他和考特尼很熟）的笔下，他是"一个长着金发的俊小伙，用当时的话说，他的样子像极了午后场电影里的偶像。他的外貌与擅长饰演硬汉的约翰·韦恩差了十万八千里。考特尼身上带有一点儿阴柔气质，举止优雅，几乎有点儿娇气"。[14]

考特尼决心掩饰他的外表，告诉连长佩斯利——他早在珍珠港事件以前就加入了海军陆战队，并从普通士兵晋升为军官——K连必须参加进攻糖糕丘的作战。他发现糖糕丘上有人，认为他们是美国士兵，于是说道："连长，你的兵已经攻上山了，我们快去助他们一臂之力吧。"

佩斯利很清楚，山上一个K连的士兵都没有。他后来回忆道：

"山上的那些人全都是日本兵，没有一个我军士兵。如果山上真的是我们的人，他们肯定就会挥动手臂，让我们赶快上山。"然而，由于考特尼坚持要率兵前往糖糕丘，佩斯利被他的热情感染，并没有提出异议。唯一的问题是，不断有人发射照明弹，把山坡照得像白天一样。考特尼说："照明弹一灭，我们就发动进攻。摸着黑上山也许能安全点儿。"

随着最后一颗照明弹的光照缓缓消失，F连那几个不满额的排，在考特尼的带领下开始向糖糕丘进发。在山脚下，他们与G连从3号高地下来的一部分战士会合。集合完毕后，考特尼告诫所有人多加小心，因为糖糕丘正坡上的山洞和坑道里仍然有日军驻守。说罢，他下令："出发！"

K连和G连的士兵依令行事，开始攀爬糖糕丘正坡。他们刚刚爬上山顶，排成一长溜的散兵线，日军投掷的手榴弹就落下并在散兵线中爆炸。他们卧倒在地，开始投掷手榴弹，回击日军。

"日军正沿着山坡另一侧向山顶前进，"佩斯利回忆道，"而我们就在山顶上。"[15]

没过多久，日军的膝盖迫击炮也加入战斗，美军的伤亡开始迅速增加。"炮弹不断在地面上掀起一小团又一小团的尘土，我们从一个弹坑跑到另一个弹坑。"来自新泽西州梅塔钦、当时20岁的乔·科恩下士回忆道。他隶属于一个由4名成员组成的前线炮火观测小组，任务是跟随进攻部队提供炮火支援。"中尉跑在前面，在靠近山顶处发现一个由迫击炮炮弹炸出的巨大弹坑。我们紧随其后，（负责通信的）人员开始接电话线。"然而，连接炮兵阵地的电话线路刚刚接通，中尉就背部中弹当场死亡。科恩回忆道："他滑到坑底，倒在我们中间，我们面面相觑。弹坑外一片混乱，我无法与后方取得联系。不是线路断了，就是出了其他什么问题。"

既然观测小组无法呼叫炮火支援，科恩只好命令其他组员撤到山下，并要求他们分散开来，否则日军一发炮弹就会把整个小组一锅端。小组照做了，在距离50码的范围内分别挖掘散兵坑。科恩写道："我们可以通过相互喊叫保持联系。但我要求，除非出现紧急情况，否则所有人都不要出声。"[16]

在靠近山顶的位置，进攻部队兵力不足，并且手榴弹和子弹也即将告罄。考特尼对F连连长说："佩斯利，我们就要没有弹药了，快去后方搞点儿回来。"考特尼上山时除了手枪没带其他武器，于是向佩斯利借了卡宾枪，并说等他回来就物归原主。佩斯利把枪递给考特尼，便转身下山。在路上，他经过K连丢在糖糕丘左侧的一个排，而这位排长决定一同下山。他说："你自己一个人肯定办不到，我和你一起去。"

二人经过3号高地的山脚时，山上精神紧张的美国兵举枪便射，还好没有击中目标。他们赶快大吼当天的口令，于是友军停止射击。终于抵达营部后，他们向伍德豪斯中校汇报糖糕丘上的情况。"好吧，"伍德豪斯答道，"营部刚收到一批弹药，就在那边那辆车上。你们还需要别的什么吗？"

"需要，"佩斯利说，"我们在山上没剩多少人了，可能也就10人，最多也不超过15人。"

伍德豪斯点了点头："好，我知道了。团里还派来22个援兵，你要把他们带走吗？"

"嗯，求之不得。"

　　佩斯利命令团里派来的援兵登上那辆装有弹药的履带登陆车，然后与那个排长一起进入驾驶室，并坐在驾驶员旁边。登陆车以最快的速度向糖糕丘的山脚驶去，并停在上山小路的路口附近。车上每个人都扛着一个装满子弹和手榴弹的弹药箱，上山支援考特尼和其他几个仍在山顶附近坚守的美军士兵。抵达后，他们用刺刀撬开弹药箱的金属封条，确保每个散兵坑都弹药充足。配给完弹药后，考特尼把卡宾枪还给佩斯利，然后大声说道："赶快消灭山顶的残敌，这样我们就能好好地休息了。"

　　两位军官刚刚开始向山顶发起进攻，就听到他们身后靠近最初阵地的位置传来手榴弹爆炸的声音。他们回头一看，发现一长列日本兵正在上山，不停地投掷手榴弹。佩斯利回忆道："我们拔掉拉环，开始向山下投掷手榴弹，把日本兵炸得哭爹喊娘地滚下山去，山坡上全是爆炸掀起的烟尘。"接着，天空中升起的照明弹照亮了反坡上"一列又一列正在上山的日军"——据后来估计，日军这次进攻投入了整整1个大队的兵力。佩斯利用无线电步话机请求炮火支援："向我前方500码处开炮。"

　　炮弹开始在反坡上爆炸，炸死、炸伤一部分日军。但大部分日军仍然蜂拥而至，所以佩斯利不断缩短炮击位置："400码……300码……200码……"

　　当他把距离缩短到100码时，步话机另一端的军官答道："天呐，距离只有100码的话，肯定会有炮弹落到你们头顶上的！"

　　此时，美军的火炮、迫击炮、轻型武器终于击退日军的进攻。大约也是在这个时候，日军开始用膝盖迫击炮还击。在战斗中表现勇敢的考特尼被弹片击中颈部，当场死亡。佩斯利接替指挥这些留在山顶、来自不同作战单位的大约50名美军士兵，在散兵坑之间"来回穿梭"，确保坑内士兵时刻保持警惕。5月15日凌晨2:00，伍德豪斯发来无线电信息，想要知道山上为什么那么安静。

"因为我们在山上已经没几个人了。"佩斯利答道。

"另一个营派了1个连来增援我们，"伍德豪斯把第二十九陆战团二营K连前来增援的消息告诉佩斯利，"你用得上他们吗？"

"当然了！"佩斯利答道。

大概半小时后，K连连长雷金纳德·芬克（Reginald Fincke）中尉按照佩斯利用无线电传达的指示，率领全连3名军官和99名士兵，沿着山坡向糖糕丘山顶前进。就在K连抵达靠近山顶处并开始布置阵地时，日军的膝盖迫击炮又来了一次齐射。一发炮弹击中了一处机枪阵地，机枪手当场死亡，而正在阵地上指挥战斗的芬克则身负重伤。不一会儿，佩斯利听到另一个声音："呼叫F连！"

"这里是F连，"佩斯利答道，"准确地说，这里是F连打剩下的部队。我是带队的埃德·佩斯利。"

"我是K连的副连长吉姆·罗（Jim Roe），"那声音说，"芬克中尉刚刚战死，我现在是K连指挥官。你想让我们怎么布置阵地？"

"在山顶分散开来，哪儿有地方就在哪儿挖散兵坑，挖的时候要尽可能地安静。你们上山蹚这浑水，真是太他娘的勇敢了。我们能见到你们太他娘的高兴了。"[17]

K连的增援来得正是时候。凌晨4:00，日军又一次向山顶发起进攻，虽然给死守山顶的美军造成了大量的伤亡，但没能攻下阵地。乔·科恩躲在距离山顶不远处的散兵坑内；每当坑外传来迫击炮炮弹爆炸的声音时，他都吓得缩成一团。他"能听到喊杀声"，知道阵地上肯定有士兵伤亡。他听到一个士兵向上帝求救，但大多数士兵都只知道"喊妈妈"。在他的记忆中，那天晚上是他"这辈子最长的夜晚，似乎永远也等不到天明"。黎明终于来临，科恩马上开始寻找小组其他成员，结果只找到一人。科恩指着后方，然后领着战友，连滚带爬向山下跑去。[18]

天刚亮，美军就派出履带登陆车，把糕糕丘上的众多伤员接回后方。佩斯利中尉的喉部和胸部被手榴弹弹片击中，同样也被疏散到后方。所以，罗成了新的指挥官。然而，由于时刻都在减员，上午8:30，罗中尉艰难地做出决定，放弃了他们好不容易攻下来的高地。

为扭转局面，伍德豪斯命令第二十九陆战团二营D连派出1个排，夺回糖糕丘山顶阵地。指挥进攻高地的军官乔治·墨菲（George Murphy）中尉，参军前曾是圣母院大学的足球球星。他们先是上刺刀与日军展开白刃战夺回山头，然后战斗又变得和之前一样——与躲在反坡上的日军互掷手榴弹。然而，由于手榴弹很快就用完了，墨菲意识到山顶阵地已经不牢靠了，只好请示连长霍华德·L.梅比（Howard L. Mabie）上尉以获得撤退的许可。梅比拒绝了请求，命令墨菲"不惜一切代价守住高地"。

然而，眼见迫击炮炮弹四处开花，部队被炸得七零八落，墨菲只得命令幸存士兵向山下撤退。下山路上，他一直都设法掩护战友，结果在救助一名受伤的陆战队员时，被迫击炮炮弹爆炸的冲击波击中，当场死亡。

看到墨菲指挥的那个排被赶下阵地，梅比立即命令D连上前接应，并保护幸存战士。同时，他向伍德豪斯发报："请求撤退。爱尔兰人乔治·墨菲中弹身亡。这个排上去整整60人，下来仅剩11人了。"

"你必须守住阵地。"伍德豪斯回答道。

然而，一切都已经太晚了。"守山头的那个排已经撤了下来，"梅比汇报道，"阵地守不住了，伤员也没能撤下来。日军多半已经占领了高地。"

在一条宽度900码的前沿阵地上，日军持续推进，到正午已经夺回伍德豪斯的二营在前一天取得的大部分战果。直到此时，第二十二陆战团二营的兄弟部队三营才趁着日军攻势逐渐减弱的当口，换下损失惨重的二营。自5月12日起，二营总共付出了伤亡400人的代价，但徒劳无功，未能占领糖糕丘。[19]

## 29　我们似乎被扔到了地狱的粪坑

5月13日，巴克纳中将在给妻子阿黛尔的信中写道："今天，我在前线观察哨待了五个小时，观察一个团夺取山头，战况一览无余。那场面实在是太振奋人心了。"[1]

他提到的是梅上校指挥的第三八三步兵团攻占锥形山的战斗。锥形山高度500英尺，是日军主防御阵地东端的支点。进攻前，第九十六师师长布雷德利研究了地形，坚信只有从西北方向发动进攻，"沿着连绵的山脊南下"，才能攻下高地。然而，5月11至12日，美军攻下附近的几个村庄，还拿下锥形山北边山嘴的一部分；于是，第二十四军指挥官霍奇少将打来电话，命令布雷德利从正北方向对锥形山发起正面进攻。"如果他能拿下锥形山，那我们就能得到打开首里防线的钥匙。"霍奇对他的一个参谋人员说道。

5月13日，在指挥部队前进时，梅上校命令第三八三步兵团二营派出两个连与坦克协同作战，攻击锥形山北坡。F连的两个排"意外轻松地"推进到东北山嘴的半山腰，然后主动向锥形山东北方向的山顶发起冲击，于下午1:00占领山顶。日军意识到阵地被美军包抄，于是发起猛烈的反攻，却遭到痛击，败下阵去。日落时分，奉命增援F连的E连和G连也抵达了山顶。梅上校手下的士兵"向地势更为险峻但防守相对薄弱的地方发动进攻"，像一根致命的楔子插入日军的防线。[2]

巴克纳自然喜出望外，在日记中写道，梅上校"带兵有方，指挥出色"，完全有资格晋升为准将。[3]在写给妻子的信中，他说自己前一天"不仅视察了全部2个军的指挥部，还接连前往4个前线指挥部、3个前沿观察哨，俯瞰了整条前线"。他补充道："我发现，只要深入了解前线部队遇到的问题，并且摸清战场地形，就可以更容易地指挥战斗，效果比其他任何方式都好得多。"

接着，他又解释了他那按部就班、平淡无奇的作战方案。他告诉妻子："我们步步为营，进展虽然缓慢，但十分稳定，击毙了不计其数的日军。战斗异常艰苦，在一段时间内估计会一直如此。但我仍然认为我们已经控制住了局面，能够应对任何反击。上一次日军发动大规模反击时，我们以极小的代价将其击退，并且毙敌无数。"

他在信中承认，他"急于肃清岛上所有日军，因为只有这样我才能前往其他战场，但不可操之过急，否则会造成严重的伤亡"。自从4月初麦克阿瑟成为太平洋战区美军总司令起，巴克纳会在未来的战斗中扮演什么样的角色"很难预料"。"他（麦克阿瑟）身边有一群共事已久的将军，"巴克纳写道，"我的机会肯定没法和克鲁格（Krueger）、艾克尔伯格（Eichelberger）相提并论。"然而，他还是自我安慰道，既然进攻日本本土的作战即将到来，"未来有足够的战斗让那些最好战的军人如愿以偿"。[4]

巴克纳如果知道麦克阿瑟对他的评价有多么不堪，也许就不会对自己的未来有这么高的期望了。麦克阿瑟对巴克纳颇有微词，部分原因似乎是巴克纳竟然愿意在海军的指挥下参与冲绳岛战役。罗伯特·艾克尔伯格中将是麦克阿瑟手下的高级指挥官；几天前，他在信中对妻子说："大老板说，一旦巴克纳成为他的手下，他就会给巴克纳降级，因为他已经背叛我们陆军的一支兄弟部队。"[5]

　　5月18日，陆战六师第二十九陆战团二营D连终于攻下糖糕丘，之后又在当天晚上守住阵地，击退了日军最后一次拼死反攻。攻打糖糕丘的战斗持续了整整一周，陆战六师伤亡2 662人，还有1 289人出现战斗疲劳的症状。实际参与战斗的2个团，也就是第二十二、第二十九陆战团，总共有3名营长、9名连长阵亡。[6]

　　对于威廉·曼彻斯特中士来说，这场战斗就好像一场噩梦，根本无法拼凑成"一个有条理的叙事"。相反，留在他脑海里的只有由许多小事和印象构成的"万花筒般的蒙太奇"，甚至连时间顺序都搞不清楚。例如，那个"狗交停战"事件——美军的一只战犬挣脱了绳子，"跑向糖糕丘以北的交战地带，偶然遇到一只冲绳岛的野狗，当场就交配起来；那两只狗就这样在杀戮场上创造着新生命，交战双方看呆了，都停止开火"。曼彻斯特还记得另一件小事："两个傲慢的陆军军官"来到前线，并询问"哪里是观战的最佳地点"。一名炮兵中士"指向马蹄岭，而他们转身离去，刚刚走了约30英尺，就被击毙了"。

　　然而，给曼彻斯特造成严重个人创伤的却是，他与手下的一名"新兵蛋子"切特·普雷扎斯塔沃基（Chet Pryzastawaki）前往阵地各连执行的例行巡逻任务。切特参军前曾在柯尔盖特大学做运动员。曼彻斯特回忆道：

我和切特按照从 F 连到 E 连再到 D 连的顺序，依次前往各连阵地，整个过程就像球从廷克（Tinker）传到埃弗斯（Evers）再传到钱斯（Chance）那样顺溜*。糖糕丘周围的阵地时刻都在发生变化，曾经一度共有陆战队的 9 个营在山上作战。并且，上级长官叮嘱我们在回去的路上要沿着敌军的前沿阵地前进，侦察所有在后续联合进攻中有可能派上用场的洼地、沟壑、裂缝、壕沟。

大概完成巡逻任务后，二人沿着一道名叫风之巷（Windy Alley）的岩石峡谷下山。此时，一名躲在他们与美军阵地之间、准备切断他们后撤路线的日军狙击手突然开枪射击。曼彻斯特虽然射击水准一流，却只携带了卡宾枪和点 45 口径的手枪，"在跟狙击手对决中都派不上用场"。所以，他只好借用切特的 M1 步枪。曼彻斯特抓住机会，趁切特投掷手榴弹分散日军狙击手的注意力时，从藏身的岩石后面冲出来，"一个侧滚翻，然后匍匐在地用肩膀紧紧地抵住 M1 的枪托"。尽管一枚迫击炮炮弹就在正上方爆炸，头顶附近的空气发出"布料撕碎般的飒飒声"，但曼彻斯特依旧纹丝不动地紧盯着日军狙击手藏身的那块"边缘呈锯齿状的岩石"。曼彻斯特深吸一口气，他回忆道：

> 然后我一点一点地呼气，始终稳稳地端着手中的枪，就在

---

\* 廷克、埃弗斯、钱斯都是芝加哥小熊队的队员，他们在比赛中完成双杀，帮助球队获得世界大赛的冠军。1910 年，富兰克林·皮尔斯·亚当斯（Franklin Pierce Adams）以《棒球的悲伤词典》（Baseball's Sad Lexicon）为题，创作了以这次双杀为主题的诗歌。——原注

那时那个日本兵的头盔圆顶出现了，紧接着又看到了步枪的枪口……我虽然没有任何隐蔽，但迎面趴在地上，尽可能地减小轮廓。而那个日本兵只能看到我右侧的情况。接着，我看到了他的喉咙、半张脸、另一只眼睛——时机已到。

曼彻斯特扣动了扳机……

子弹击中狙击手的脸颊，之后曼彻斯特又连开数枪，打死了狙击手。他回头看了一眼切特，"结果差点儿尖叫起来。他的头部面目全非，变成一摊鲜红的、黏糊糊的肉泥。情况大概是，他出于好奇抬头看了一眼，结果最后一发迫击炮炮弹正好就在那个时候在他头顶爆炸。他肯定是当场死亡"。切特的死讯让情报小队原本就麻木低落的情绪变得更加沉重；曼彻斯特写道，"但与之前不同的是，再也没有人悲痛欲绝，再也没有人不愿意相信战友已经牺牲，再也没有人怒气冲冲。我手下的陆战队新兵蛋子一个接一个全都战死沙场"。有一个战死的新兵本来"很有可能继承家族的证券交易生意"，"天刚暗下来，他独自一人离开阵地，前往糖糕丘侦察敌情"，刚穿过美军设置的铁丝网障碍，就遭到日军机枪的扫射而"肚破肠流"。"我们束手无策，无法上前救援，"曼彻斯特回忆道，"所以他就挂在铁丝网上，喊着妈妈，直到凌晨4:30，才咽下最后一口气。"

战争结束后，曼彻斯特拜访了那个新兵蛋子的母亲，得知那天晚上她一整夜都在为儿子祈祷。"上帝并没有回应我的祈祷。"她说。

曼彻斯特答道："他也从来没有回应过我的祈祷。"

后来，《新闻周刊》(Newsweek)把夺取糖糕丘的战斗描述为

"战争期间最关键的局部性战斗"，但曼彻斯特却认为，他和陆战队的战友们所做的事情并没有什么值得骄傲的地方。他写道："父亲早就警告过我，战争的残酷超乎我们的想象，现在我完全相信他的话了。"糖糕丘之战暴露了他在梦想中对战争和荣誉的渴望是多么"幼稚无知"。他回忆道："回想往事，我意识到，正是在糖糕丘山坡上的某个地方，我看到了战争的阴暗面，我对海军陆战队强烈的忠诚感也消失了……我看透了陆战队神气十足的做派，并意识到在珍珠港事件发生后，我在斯普林菲尔德那个征兵站立下的效忠誓言是多么的懵懂无知，就这样被无情地利用了。简言之，在糖糕丘上，我发现自己心中某种存在已久的病态思想灰飞烟灭了。"他会继续战斗，但他"很清楚，旌旗佩剑、军乐协奏、鼓号齐鸣，所有这一切繁文缛节都只是遮羞布，最终隐藏的只是肮脏的战争"。[7]

　　5月19日，第四陆战团换下曼彻斯特所属的第二十九陆战团这支"悲壮的残部"，然后花费了整整两天，扩大第二十九陆战团在马蹄岭上建立的阵地。马蹄岭的战斗与糖糕丘一样异常激烈。5月21日，第四陆战团一营B连的梅尔文·赫克特下士刚刚在一道夹在糖糕丘与马蹄岭之间的壕沟内布置好机枪阵地，就有一发迫击炮炮弹直接命中阵地，导致3人阵亡。赫克特在日记中写道：

　　　　雷德·麦吉实在是太可怜了，山坡上全都是他的尸骸，原先坐着的地方只剩下他红色的头发和头皮。詹宁斯（Jennings）是一个虔诚的天主教徒，是我们中间信仰最笃定的人之一。他在战死前曾说："现在还活着的人完全是靠上帝的恩典。"他根本不知道自己是怎么死的，因为杀死他的是爆炸的冲击波。他的尸体胀到了正常人的两倍那么大，几乎难以辨认。

5月24日，陆战六师向那霸外围挺进时，赫克特的机枪小队共有8人阵亡、9人受伤，还有1人因战斗疲劳被疏散到后方。小组的战斗人员只剩下5人。赫克特写道："压力实在是太大了，我们需要休息。真心希望我们能得到休整，否则肯定会有更多的人彻底崩溃。我反正是受够了，很想回国或者回关岛。战争就是地狱。与冲绳岛战役相比，关岛战役简直就是户外野餐。"

5月28日，赫克特所在的B连撤下前线。全连战斗人员已经从最初的240人减员到84人。赫克特在29日的日记中写道：

> 夜里暴雨滂沱，还好我和雷·考特尼及时搭好帐篷。今天早上，我们全都冲了澡，刮了胡子，换上新衣服。十天来，我第一次感到劳累，但至少身上是干净的。干净整洁地活着实在是太棒了。[8]

第二十九陆战团团部勤务连的志愿者承担起前往糖糕丘收回山坡上陆战队死者遗体的恐怖任务。一名来自布鲁克林的志愿者尼尔斯·安德森（Nils Andersen）回忆说，死者的尸体全都严重腐烂，已经出现绿色尸斑，轻轻一拽就会马上散架。在一个山洞里，他摔了一跤，倒在散发着尸臭的3名日本兵的遗骸上面，起身后"身上沾满了蛆虫和日本兵腐烂的皮肉"。他想要拉走一名陆战队员的尸体，结果直接把胳膊齐肩扯断，当时在场的战友们全都恶心得呕吐。志愿者搞不清楚哪条胳膊属于哪具尸体，只好在每个用来收尸的斗篷上放置"一个脑袋、一个身体、两条胳膊、两条腿",让坟墓登记处的工作人员"想办法把尸骸拼装起来"。

考特尼少校"率领50名士兵发起反自杀式冲锋",结果英勇阵亡。所以,搜寻他的尸体成了一项特别的任务。找到考特尼的尸体后,志愿者把他抬到担架上。然而,考特尼的个子实在"太高了",志愿者只好"把他的腿掰弯,压在他的身子下面以减少身长",这才把他抬下山。在集中收尸的地方,志愿者把考特尼的尸体单独安放。其他陆战队员的尸体全都像圆木一样堆放:最底层是4具尸体,上边是3具,再往上是2具,最上边是1具。安德森回忆道:"尸体堆在一起的样子像极了金字塔,我们堆了很多这样的金字塔。"

安德森抽到了下签,只能在返回团部的路上坐在履带登陆车后面——那里堆放了大约20具尸体。登陆车爬陡坡时,尸体把他压在底下,"尸水、蛆虫、小块的腐肉、脓血"差点儿把他活活淹死。登陆车引擎轰鸣,盖住了他声嘶力竭的喊叫——"不要!不要!我受够了!"回到团部后,他还没来得及洗澡换衣服,一名陆战队员对他和其他志愿者说:"老天呀,你们简直臭气熏天,看起来像死尸一样。离我们远点儿。"<sup>9</sup>

考特尼少校的遗体最初安葬在陆战六师的冲绳岛阵亡将士墓地,后来又在1948年移葬至他的家乡明尼苏达州杜鲁斯市。在移葬前几个月,考特尼的父母收到美国政府追授的荣誉勋章,授勋理由是:考特尼"面对敌人压倒性的优势,表现出敏锐的军事天赋、不屈不挠的领袖气质、勇敢果断的行动能力"。<sup>10</sup>战争结束后,威廉·曼彻斯特拜访考特尼的遗孀,当面表达了对逝者的哀悼。"考特尼阵亡后,我们都十分悲伤,"他写道,"此外,我仍然想搞清楚他为什么要那样做。我本以为他的妻子知道个中缘由，却发现她跟我一样一无所知。"[11]

　　如果说陆战六师在冲绳岛战役中最难熬的时刻是夺取糖糕丘的拼死战斗，那么对于陆战一师来说，那就是持续整整三个星期、夺取首里高地（Shuri Heights）的战斗。"首里高地"是陆战队员提出的概念，包括首里城以及日军第三十二军设在首里下方坑道及洞穴内的司令部，还有在西北方向防御首里的所有日军阵地——泽岻高地、大名高地、大名溪床、55 号高地等要地，以及早已化作废墟的泽岻和大名。

　　由于泽岻—大名一线的阵地至关重要，牛岛中将向承担防守任务的第六十二师团下了死命令，要求他们坚守阵地，"不得有误"。此外，他还调来负责机场建设的工程兵、1 支火炮部队、1 支自杀快艇部队以增援在此前战斗中损失惨重的第六十三旅团*，从而将该旅团的总兵力补充到 6 700 人；并命令第四十四混成旅团的一部坚守泽岻地区，要求他们战斗至最后一人。尽管第四十四混成旅团的确执行了牛岛的命令，但美军第七陆战团经过三天，也就是从 5 月 11日至 13 日的激烈战斗，还是攻下了泽岻高地和泽岻。一天后，第七陆战团二营与在右侧共同向前推进的第一陆战团配合作战，试图攻下大名高地，那是一道从首里市区北郊向西延伸的"狭长珊瑚岩山脊"，两侧全是被日军布置成防御阵地的墓穴。尽管第一陆战团从西侧发起进攻，推进至高地的半山腰，但第七陆战团二营却无法通过

---

\* 　第六十四师团下辖 2 个旅团，分别是第六十三、第六十四旅团。——译注

夹在泽岷高地与大名高地之间的低地，那里被日军火力覆盖。所以，陆战队员不得不在烟幕弹的掩护下向山下撤退。[12]

此后，从5月16日到19日期间，第七陆战团一营和三营连续四天向大名高地发起进攻，但一直没能取得成功。K连的"杰普"卡雷尔少尉率领1个突击排参加了5月17日的进攻。他写道："我们在炮火的掩护下出发，抵达大名高地的山脚后，敌军火力变得相当猛烈，除了轻武器和膝盖迫击炮，还有不少重武器。"卡雷尔率领的那个排在上山的路上一直都在遭受伤亡，但还是推进至"一块紧邻高地制高点的台地"，甚至还一度在台地上得到坦克的支援。然而，无论是卡雷尔的那个排，还是另一个突击排，都没能在山坡上坚持多久。卡雷尔回忆道："我们根本就没法在高地上站住脚，除了来自正前方的猛烈火力，在我们作战区域以外，还有来自左后方的猛烈火力。参加进攻的那2个排分别都损失了大约10个人。因此，K连那2个步枪排，人数都下降到只有大约20人，2个排加起来总共只剩下约40人。要知道，刚登陆时我们这2个排总共有129人。"

次日，卡雷尔在山下观看I连的作战行动。I连首先向右移动，然后进攻大名高地的山尖，"那里陡峭崎岖，几乎连炮弹都无法摧毁"。结果，他们发现整道山脊"好似一个蜂巢，内部有地道，还有许多可供射击的小开口"。对于进攻部队来说，"最令人头疼的问题"是，"除非前进到距离日军的火力点只有10到15码的地方，否则几乎无法确定火力点开口处的位置"。卡雷尔把无线电收报机调到I连的频率，听到I连的一个排长向连长报告："山脊上应该有2挺机枪居高临下向我们射击，好在我们现在还在峡谷里面，但到发动进攻时，我们肯定会完全暴露在机枪的火力之下。而我们只有这一条前进路线。"

连长答道："待在原地，等到我军炮兵完成炮火覆盖后再发动进攻。"

"收到，通话结束。"

然而，由于日本守军龟缩在山体深处的坑道和洞穴内，卡雷尔并不认为炮火覆盖会起到多大的作用。事实证明，他的预测分毫不差。炮火覆盖结束还没5秒钟，那个排长冲了出去，结果与手下2名士兵一起中弹身亡。卡雷尔写道："防守方的火力有着压倒性的优势。"[13]

5月19日，第一陆战团把第七陆战团换下前线。自5月10日起，第七陆战团总共有至少1 000人伤亡。由于在夺取首里高地的战斗中表现出色，第七陆战团后来获得了总统部队嘉许奖。[14]

与此同时，第五陆战团在5月14日接管了第一陆战团的阵地，之后就开始侧翼包抄，向55号高地和附近的大名溪床发起进攻，取得了不小的进展。5月17日，在坦克和105毫米口径自行火炮的支援下，E连的一个排在55号高地的西坡上站稳脚跟。三天后，E连发起全面进攻，彻底占领55号高地，而坦克和火力小组则"进入大名溪床，以近距离射击的方式拔掉了日军在55号高地的反坡上布置的许多阵地"。[15]

在这场战斗中，吉姆·约翰斯顿下士见证了一项自我牺牲的非凡壮举——"一名又高又瘦、有些驼背"、来自北卡罗来纳州或南卡罗来纳州的陆战队员扑向日军扔出的手榴弹，用身体掩护战友，"以牺牲生命的代价换取战友的安全"。约翰斯顿很清楚，"这种明确的、勇敢的自我牺牲行为"会受到嘉奖，已经有好几名战士"这样牺牲，后被追授"荣誉勋章。所以，他尽力想要找到其他证人，与自己一起证明那个陆战队员的英雄事迹，但他没能成功。约翰斯顿写道："大家要么在忙于其他的事情，要么与那个陆战队员关系一般，要么不赞同他这种不符合陆战队风气的事情。总之，其他人都不愿出面作证。"

不过，这个理由再次佐证了约翰斯顿的看法；他谴责当局为英勇事迹授予勋章，这其实是"一种不合格的误判和虚假的做法"。勋章背后隐含的意思是，"获得英勇勋章的人是勇敢的，而那些没有勋章的人则不勇敢"。然而，在约翰斯顿的亲身经历中，这显然不是真的。他指出："任何个人或团体，都无法以某种程度的一致性或对价值的尊重来奖励英勇。每一个真正经历过战争的人肯定都会意识到这一点。"在约翰斯顿看来，勇气"深藏于一个人的内心"，只有上帝才有资格将它与其他人比较。[16]

占领55号高地后，第五陆战团继续向南前进，取得了更大的进展，到达了可以眺望首里岭的位置。首里岭是首里城以西的最后一道天然屏障。尽管如此，第一陆战团还是耗时两天（5月20日和21日），付出了极大的代价，才终于在大名高地北坡上站稳脚跟。与此同时，第五陆战团以大名高地上一个高度较低的山头为起点，把战线推进至大名村。第一陆战团发动进攻时，布鲁斯·沃特金斯的E连承担了尖刀连的重任。沃特金斯率领E连沿着铁路的路堑向大名溪床前进，一路上间或出现狙击手向他们打冷枪，偶尔还会有迫击炮炮弹在附近爆炸。他注意到营长马吉正大步走来，并把行踪完全暴露给日军。沃特金斯喊道："长官，快趴下！子弹可不长眼，中校和三等兵一样会中弹！"

马吉对沃特金斯的忠告充耳不闻。他"不习惯像我们那样弓着身子东躲西藏"，沃特金斯回忆道："他是个有些自负的人，肯定是想以身作则，激励我们鼓起勇气。幸运的是，他并没有被子弹击中。"马吉刚过去不久，沃特金斯目睹了在自己右侧向前推进的两辆谢尔曼坦克被高速飞行的反坦克炮弹摧毁的情景。坦克乘员弃车逃生，有好几个人中弹身亡，而沃特金斯和一些E连士兵则赶忙跑上前去，连拉带拽把伤者转移到安全地带。"眼睁睁地看着坦克乘员中弹身亡，而自己却帮不上忙"，这让沃特金斯心里很不是滋味。然而，没过多久，E连就为阵亡的坦克兵报仇雪恨，用火焰喷射器和炸药包摧毁了那门反坦克炮。

5月22日下午，沃特金斯和E连官兵终于登上大名高地的最高点。他们刚登顶，迫击炮的炮弹和轻武器的子弹就像暴风骤雨一样迎面袭来。沃特金斯回忆道：

> 那是我遇到过的最猛烈的迫击炮炮击，90毫米口径迫击炮发射的炮弹四处开花，中间还夹杂着不少口径较小的膝盖迫击炮发射的炮弹。日军早就事先瞄准了山顶。尽管如此，我们还是尽力地挖散兵坑，准备坚守阵地……我刚跳到二排的一个散兵坑里，阵地就遭到十分猛烈的炮击。我们正在散兵坑周围堆放弹药箱，想要挡住横飞的弹片，结果一枚炮弹在坑口附近爆炸了，弹药箱被炸散，石块和泥巴把我们搞得狼狈不堪。[17]

前一天夜里，天降大雨，之后大雨时断时续，直到月底天气也没有彻底放晴。陆战队的官方战史上记录着："大名溪床积攒的泥水越来越多，变得像湖泊一样，坦克陷入泥潭动弹不得，就连履带登陆车也无法通行。前线的士兵在遇到恶劣天气时原本依靠履带登陆车来补充物资，可如今他们只能靠人力来运送物资、疏散伤员。"

　　恶劣的天气不仅导致美军的攻势不可避免地停滞不前，还让前线士兵的生存状况恶化到几乎难以忍受的程度。散兵坑被雨水淹没，甚至直接塌陷。士兵身上都又湿又冷。"夜袭时阵亡的日本兵曝尸散兵坑外，腐烂的尸体招来成群的苍蝇。卫生设施形同虚设。士兵动不动就要饿肚子。几乎没有人能睡得着觉。恶劣的战场环境正渐渐让士兵们承受越来越难以忍受的压力。"[18]

　　5月23日，迫击炮手尤金·斯莱奇所属的第五陆战团三营换下第四陆战团，接管了半月山上的一块阵地。前线的境况令斯莱奇震惊不已。他回忆道："从5月1日起，我们越是接近目的地，日军战死者的数量就越多，几乎随处可见。"然而，比起日军的尸体，更让人沮丧的是竟然有那么多陆战队员曝尸战场。斯莱奇很清楚，陆战队有一个不可破坏的传统，那就是一定要收回战死者的遗体，"有些时候甚至愿意冒不小的风险，也要把遗体运送到相对安全的地方，用斗篷遮盖起来，以便坟墓登记处的工作人员完成后续的丧葬工作"。然而，由于日军火炮和迫击炮的轰击无休无止，对于陆战队来说，收集战死者的遗体已经变成了一项不可能完成的任务。斯莱奇与K连的战友一起，蹚着泥水前往新阵地，在路上看到6名战死的陆战队员，"他们脸朝下，趴在泥泞不堪的山坡上，看起来应该是卧倒在地躲避日军炮击时被炸身亡的"。他们一个挨着一个趴在地上，相互距离连半米都不到，每个人都仍然紧握已经生锈的步枪。显然，他们全是"第一次上前线的补充兵员，之前从来都没有见识过什么才是真正的战斗"。奇怪的是，一具尸体的手腕上竟戴着一块闪闪发光的金表，而其他战死的战士都用绿色布表带搭配"朴素简单、表盘发光且防水防震的腕表"。斯莱奇心想，竟然会有陆战队员佩戴这样一块"华而不实、惹人注目"的手表，而更奇怪的是"竟然没有日本兵趁着夜色溜到尸体旁边，把手表据为己有"。

双方的炮弹你来我往，在头顶呼啸而过。同时，斯莱奇与迫击炮小队的战友，在山脊下方距离前线步枪排100码处布设迫击炮阵地。架设完迫击炮，插好瞄准标杆，备好弹药，斯莱奇开始仔细观察周围的情况。"这是我见过的最恐怖的地狱，"他写道，"这里曾经是一道绿草茵茵的低谷，谷底有一条蜿蜒曲折、风景如画的小溪，但如今这里泥浆遍地，令人望而却步。这里到处都是死亡、腐败、毁灭的气息，令人作呕。"斯莱奇右侧有一个浅浅的隐蔽处，那里摆放着20多具陆战队员的尸体，每具尸体都躺在担架上，身上都盖着斗篷。还有一些尸体则倒在弹坑里，"半截身子泡在泥浆和污水里面，手中仍然握着生锈的武器"。成群的苍蝇在尸体周围盘旋。

"为什么没人用斗篷给那些倒霉鬼遮盖一下啊？"与斯莱奇躲在同一个散兵坑里的战友问道。首里岭上的日军炮兵阵地发射了一枚75毫米口径的炮弹，震耳欲聋的爆炸声便是问题的答案。一旦有人离开散兵坑，日军就会马上开始炮击。斯莱奇写道：

> 所以，阵亡的陆战队员都倒在原地无人收尸，原因显而易见……在每具尸体周围数英尺的地方，烂泥里爬满蛆虫，然后被雨水冲走。山上连灌木丛都没剩下。到处都是旷野。炮弹把

地表的草皮炸得七零八落，以至于连一块完整的地皮都看不到。一到夜里，大雨就倾盆而下。映入眼帘的只有烂泥、炮火、被雨水淹没的弹坑，安静地躺在弹坑里那些凄惨无助、慢慢腐烂的尸体，坦克和履带登陆车的残骸，丢在地上的武器装备：一切都极度凄凉。

四周全是尸体散发出的恶臭。为摆脱这种"令人毛骨悚然的恐惧感"，斯莱奇只好"仰望天空，看着铅灰色的乌云在空中一掠而过，反复地"说服自己，"眼前的景象不是真的"，而是一场很快就会结束的噩梦，而到了梦醒时分，他就会发现自己身在"别处"。他曾经因佩莱利乌岛战役中无意义地消耗人命而感到沮丧，但现在的情况更糟。他写道：

> 我们身处深渊，看到极度恐怖的战争……参战的人在非人的作战环境中拼死搏杀，血流成河。我不禁觉得，我们似乎被扔到了地狱的粪坑。[19]

# 30  大家似乎已经忘记什么是恐惧

唐·马尔佩上士刚刚最后一次检查完当晚计划从读谷机场起飞的2架格鲁曼地狱猫战斗机的雷达设备，防空警报就响了。当时是5月24日晚上10：00，天气晴朗，月光明亮，极其适合日军发动空袭。马尔佩与其他在停机线上工作的战友径直向狭长的避弹壕跑去，然后在那里看到北边和西边有防空炮的炮火，但他们头顶上却空无一物。马尔佩回忆道："没过多久，我们就听到（也感觉到）炸弹在不远处爆炸，但探照灯却似乎没有找到敌机的踪影。"

那天晚上，日军总共派出7波轰炸机，袭击美军在冲绳岛上的机场和停靠在周围海域的舰船，而轰炸读谷机场的日本军机只是这其中的第一波。前6波攻击中，至少有4波突破美军的拦截，轰炸了读谷机场和嘉手纳机场。一枚炸弹击中距离马尔佩不远处储存有7万加仑*航空燃油的燃料库。马尔佩被剧烈的爆炸震得晕头转向，不得不继续待在避弹壕内，而此时好几枚炸弹在"附近爆炸，飞溅的尘土不仅把我们弄得灰头土脸，还落在停放的飞机上"。然而，由于没有人受伤，再加上飞机看起来也没有受损，所以马尔佩和战友都

---

*　7万加仑约为265立方米。——编者注

待在原地。避弹壕周围防空炮的火力似乎变得越来越猛烈，曳光弹明亮的轨迹在夜空中留下纵横交错的图案。

不久，在那条东北—西南走向跑道*尽头附近的陆战队防空营也开始还击，他们位于马尔佩那个飞行中队所在位置的不远处。根据曳光弹的轨迹，马尔佩判断防空炮的目标是低空飞行的飞机。他写道："突然，一架敌机被防空营的炮火击中，发出刺眼的光芒，化作巨大的火球，撞向防空炮台的护墙。我们后来得知，这座炮台的操作人员无一生还。"低角度的防空炮火不停地射击接近跑道位置的上空，但还是有一架敌机突破火力网，用机腹降落，在跑道的碎石路面上滑行，最后停在距离马尔佩藏身处仅有200英尺的地方。飞机刚刚"停止滑行"，就有十几名日军跳下来并"聚成一团"。马尔佩听到他们"大叫大嚷，好像是在接受最后的指示，要不就是在最后时刻相互鼓劲"。

他们要么是没看到第五四二中队停放在附近的深蓝色地狱猫战斗机，要么"就觉得主跑道对面并排停放着许多大型飞机对他们来说是更好的目标"。于是，尽管跑道对面的飞机要比地狱猫战斗机远一些，但他们还是径直向跑道对面跑去，开始以最快的速度，用燃烧手雷和炸药包破坏停放在那里的飞机。马尔佩和战友们束手无策。他回忆道："所有躲在避弹壕里的人都没有像样的武器，仅有几把螺丝刀，也许还有那么一两把折叠式小刀，所以我们什么办法都没有，只能待在原地，尽可能不被日本兵发现。"这也是因为马尔佩手下的人手寡不敌众，"很可能无论怎样也无法阻止他们"。[1]

---

\* 见第 15 章第 121 页。——译注

在几百米外的中队营地，顺利结束夜间巡航任务的第五四二中队的新任中队长布鲁斯·波特（Bruce Porter）少校当时正在帐篷里休息，突然听到爆炸的声音。波特参军前是南加州大学水球队的队员，1941年参加了美国海军的飞行员培训计划；到美军登陆冲绳岛时，他已经是参加过瓜达尔卡纳尔岛战役和拉塞尔群岛战役的老兵，驾驶海盗战斗机总共执行了30次作战任务，已经获得确认的战果是击落3架日机（还有4架日机有可能被他击落）。他重新接受训练，成为夜间战斗机飞行员。在日军突袭读谷机场的前一天，他刚刚接替前任中队长凯勒姆少校，成为第五四二中队的新任队长。凯勒姆少校主动提出申请，要求上级"取消其飞行资格"，他的做法沉重打击了整个中队的士气。该中队的一名上士曾写道："我认为，海军陆战队在训练时精益求精，这让我们充满了自豪感。所以，当得知队长竟然'选择退出'时，感觉就好像被人打了腰下拳，或是背后被捅了一刀。"然而，波特一上任就挨个与中队所有的成员谈心，包括厨师、叠伞员、军械师、机械师，以及任何与飞行相关的人员。"谈话的效果立竿见影，"波特回忆道，"只要有管事的对普通士兵的作为表现出一点儿兴趣，大家就会立马打起精神。"

读谷机场遇袭时，波特的中队指挥部接到电话，得知"日军飞机正在机场降落"。他命令手下士兵拿起武器躲进散兵坑。他写道："场面一片混乱，我们根本不知道发生了什么。"实际上，他手下的士兵甚至都不知道如何正确地使用汤普森冲锋枪。幸运的是，尽管当时"子弹横飞"，但战斗却发生在机场的另一端。[2]

与此同时，马尔佩听到着火飞机的另一侧传来枪声，他"判断出至少有人采取了行动，正在对付这群发动自杀袭击的日军"。陆战队的坦克和步兵终于抵达现场，开始消灭入侵者。最终，枪炮声渐渐平静。拂晓，美军开始清理战场，"发现除了少数人，大多数日本兵都已经自杀身亡。那些没有自杀的日本兵被全部俘虏"。[3]根据第五四二中队的另一名队员乔·萨马（Joe Sama）的日记，事实上，还有一名日军躲在附近，在上午伏击了4名前来检查飞机受损情况的美军士兵："就在他们低头查看日军（的尸体）时，一个藏在附近的日本兵突然扔出手榴弹，除了离得比较远的杰里（Jerry），其他3人都被弹片击中。杰里打死了那个日本兵。李奇（Leehy）瞎了一只眼睛，文斯（Vince）的一条腿受了重伤，斯坦（Stan）被好几个弹片击中……我们都觉得，要不了多久……肯定还有日本兵冒出来搞突袭。这实在是太伤脑筋了。"[4]

实际上，总共有9架双引擎九七式重型轰炸机*从日本本土起飞，执行自杀式袭击任务，而在读谷机场强行降落的那架则是唯一一架飞抵冲绳岛机场的飞机。剩余8架全都在途中被击落，其中有4架在抵达读谷机场附近的空域后才被防空炮火击中。每架飞机上都载有14名义烈空挺队（Giretsu）的突击队员；他们的任务是在降落后尽可能地对美军机场造成最大的破坏。在这次事件中，仅此1架日军轰炸机的突击队员就摧毁或损伤了美军多架飞机，其中包括1架B-24解放者轰炸机、4架C-54运输机、3架地狱猫战斗机和24架海盗战斗机。此外，在疯狂的行动结束前，他们还打死2名美军士兵，击伤18人。[5]

巴克纳中将在机场附近的司令部目睹了2架九七式重型轰炸机

---

\* 三菱公司生产的重型轰炸机。——译注

起火坠毁，随后还注意到，美军从日军突击队员身上搜到了"读谷机场的地图和照片，上面画满了箭头、圆圈，标注着突击队应当破坏的地点"。令巴克纳略感宽慰是，日军突击队还没有造成更严重的损失；他在日记中写道，那8架完全被毁的飞机大都是"运输机"。这固然没错，但势单力薄的十几名突击队员竟然取得这等战果，的确是不小的成果。[6]八原大佐从首里城眺望读谷机场方向的炮火，"想象着特别攻击小队代我们出击重创敌人的情形"。这次袭击让八原和第三十二军参谋部的其他成员"都坚信，在这场绝望的战斗中，我们并不是孤身奋战"，而八原也"深受感动"。[7]

几天前，八原大佐意识到，首里前方的防线很快就会被美军攻破，所以他原本打算劝说牛岛中将和长勇参谋长同意采取新的作战方案，即命令守岛部队且战且退地撤向冲绳岛南端。然而，由于这与他最初提出的方案，即在首里死战到底截然相反，再加上他也很清楚长勇肯定会对此大做文章，所以八原安排长勇的副手长野（Nagano）少佐首先提出该方案，因为长野也认为这是当前的最佳方案。

过去的几天里，在第三十二军司令部，八原和他的上级们都很清楚，他们正在"输掉"这场战役。他们甚至还向大本营发电报，希望得到更多的空中支援。求援电报中写道：

> 敌军已经有3个师被我们重创，溃不成军。敌军的另外3个师也遭到我们猛烈的攻击。我们虽然损失了许多精锐部队，但仍然坚信大日本帝国必将万古长存。我们虽然身陷重围，但仍

然斗志昂扬。请继续发动空袭作战，摧毁敌军部署在冲绳岛海域的所有海军力量。

这次对冲绳岛上美军机场发动的突袭，以及在同一天发起、共有165架飞机参加的大规模神风特攻作战——这是自冲绳岛战役开始后的第7次大规模自杀式袭击——在一定程度上都是大本营对守岛日军求援信号的回应。尽管如此，八原很清楚，这种孤注一掷的举措根本无法扭转战局。他承认，袭击的作用不过就是提振守军的士气。事到如今，他主要关注的是怎样尽可能地拖住美军。他认为守军有三种选择。第一，死守首里，但这样第三十二军很快就会有被美军侧翼包抄并全军覆没的危险。第二，撤退到冲绳岛东南部的知念半岛（Chinen Peninsula）；这是一处三面环水的紧凑阵地，有利于反坦克作战，但是半岛不仅因面积太小无法容纳剩余的守军，而且还容易受到敌军从各个方向发动的轰炸，再加上半岛内部缺乏良好的道路体系，无法快速有序地撤退。第三，撤退到冲绳岛南端的喜屋武半岛（Kiyan Peninsula），这个半岛拥有面向北方的天然屏障，还有良好的道路交通、许多天然洞穴以及数量可观的地堡和地道。八原认为南撤至喜屋武半岛是最佳方案，但又很清楚他需要小心行事。所以，在起草作战方案分别陈述各种方案的利弊后，他说服了长野少佐在文件上署名。

5月22日，长勇中将征求八原对新方案的意见。八原答道："一直以来，我都坚持认为应当坚守首里，所以想让我放弃之前的主张很难。但是，我还是认为撤退，尤其是撤到喜屋武半岛的计划，是目前最可行的。"

实际上，八原认为撤到喜屋武半岛是唯一可行的方案，但他"并不想显得太过积极"。他也不想给长勇留下自己仓促做出决定的印象，于是又补充道："自从去年，第九师团被调到台湾岛开始，我们就制订了固守冲绳岛南部的作战计划。当时，一些师团长认为他们不应当发表自己的意见。当前这个决定事关重大，关系到第三十二军全军的命运，所以我能否建议您征求各师团指挥官的意见呢？"

长勇接受了八原的建议。当天晚上，包括第二十四师团、第六十二师团、第四十四混成旅团、第五炮兵部队、海军基地驻军，各主要作战单位的参谋长及其副手都"冒着大雨和敌军猛烈的炮火"来到司令部所在的山洞，在紧邻牛岛中将办公室的军官宿舍与八原和另一名参谋会面。作为会议主持，八原可以看到所有参会人员熟悉的面孔上都显得有些焦虑。不过，他们还是"彬彬有礼地相互寒暄，保持平静的气氛"。茶点端上桌后，与会人员享用着菠萝罐头、蛤蜊和清酒，而八原"陈述了战场的总体形势"，并要求他们"就这三个选项坦率地发表意见"。

第六十二师团参谋长上野大佐首先发言，并第一个明确地表示他们师团虽然已到穷途末路，却仍然斗志昂扬。"毕竟我们历经千难万险，实在难以接受撤退的命令，"他用嘶哑的声音急促地说道，"第六十二师团严格执行司令部之前的命令，在首里构筑了坚固的防御工事。并且，就算我们愿意放弃阵地并设法后撤，可我们的运输能力也难以满足撤退的要求。我们无论如何也无法运送上千名伤兵和弹药储备。从一开始，我们师团就下定决心，要战斗到最后一刻。我们没法丢下数千名已经为国捐躯和负伤的战友。我们想要死在首里。"

接下来的两个发言人——第二十四师团参谋长、第五炮兵部队参谋长——全都赞同撤到喜屋武半岛,而第四十四混成旅团参谋长京奏(Kyoso)少佐则希望守军撤到知念半岛。只有海军基地驻军的参谋长仁加保(Nikao)大佐没有表态他倾向于哪一个选项。就这样,八原搞清楚了各部队的想法,用他的话来说就是,"每支部队坚持要守住他们那一亩三分地",或者至少留在他们以前驻守过的、地形比较熟悉的地方。

为避免无休无止的争论,八原宣布:"我不知道牛岛中将的最终决定,但很可能会选择撤到喜屋武半岛。"接着,八原列出每个选项的利弊,并补充道,运送伤员和弹药由运输联队负责。他坚称,只需五天就可以完成所有前线部队的后撤任务。

会议结束后,参会人员又喝了些清酒,然后返回各自部队。八原带着醉意回到他的办公室,向下属讲述会议的过程,还自夸道:"上军校的时候,教官们就称赞我在战术和战略上的能力。我的判断和决策能力都很出色。"八原瞥了一眼在隔壁办公室阅件的牛岛,继续说道:"我们必定在喜屋武半岛与敌最后一战。"

八原在说话时看到牛岛嘴角微微上翘。牛岛中将一言未发,但八原知道自己已经获得他的支持。八原非常兴奋,马上就去向长勇中将汇报会议的结果。"第六十二师团想要在首里战斗到最后一刻,"八原说,"这可以理解,但我们根本无法把部队都集中在首里。如果想要为本土决战做贡献,我们就必须继续战斗。因此,继续留守首里不可行,而撤到喜屋武半岛最符合形势,也有助于实现全军的作战目标。"

长勇马上就接受了建议。所以八原认为，长勇肯定早已考虑过这些选项。做出决定后，八原开始制订计划，并把撤退日期"X日"定在5月29日。撤退计划的目标是"全军后撤至喜屋武半岛的防御工事"，并"效仿德军的作战方式尽可能地拖延时间，充分利用首里防线与新防线之间总长12千米的崎岖地形和众多洞穴"。八原精心制订的时间表如下：第三十二军司令部将在X日前两天（5月27日）率先后撤至其以前所在的地下指挥所津嘉山，指挥所位于首里正南方，距离南风原战地医院不远，然后继续南撤并于X日当天晚上抵达喜屋武半岛南端的摩文仁山（Mabuni Hill）；炮兵部队将在X日前一天（5月28日）开始撤退，除了一些部署在途中用于协助撤退的火炮，其余所有火炮将直接前往喜屋武半岛；剩余部队的精锐第二十四师团和第四十四混成旅团的主力将在X日当晚撤退，只留下少量兵力守卫当前阵地，以阻挡敌军追击（该部应当在X日后两天即5月31日撤退）；部署在小禄半岛的海军基地驻军将向东移动至国场川（Kokuba River）南岸的阵地，协助第三十二军撤退；最后，损失惨重的第六十二师团残部将按照师团指挥官的意愿，"继续执行当前的任务，如有可能须驱逐进入与那原地区的敌军"，"尽一切努力阻挡敌军的追击部队"。

八原把他制订的撤退计划称为一次"进攻性撤退"，并幻想着该计划能够像"拿破仑指挥的马伦哥战役、一战期间法军发起反击的马恩河战役和1920年波兰军队向苏军发起的反击"那样为后世所铭记。计划已经得到牛岛中将、长勇中将以及参谋长们的赞同，剩下的就是首先组织数万平民向南转移。这些冲绳人将被困在岛屿南端的陷阱里。在第三十二军做最后的困兽之斗时，许多平民注定会成为陪葬品。但这并不是日军关心的问题，因为在日军看来，为天皇陛下献出生命不仅是所有日本人应尽的义务，也是一项崇高的荣誉。[8]

对于姬百合学生护士队的成员来说，这次艰难的被迫撤退始于5月26日凌晨。她们冒着瓢泼大雨离开医院山洞向南进发，"与能够行走的病人同行，用担架抬着受伤的同学，还要背着医疗用品和医院的档案文件"。[9]当16岁的宫城喜久子和同学们得到撤离命令时，一个同学问日本兵，她们该如何处理重伤员。"别担心，"那个日本兵答道，"我会帮他们走得很轻松。"直到后来，喜久子才发现，日本人给重伤员发放了添加了氰化物的炼乳以充当最终的饮品，并告诉他们"要像大日本帝国的士兵那样迎接他们光荣的结局"。日本人还给另一些重伤员留下手榴弹以便自杀。"就算他们被美军俘获并透露日军的位置，事情就真的会变得那么可怕吗？"喜久子写道，她对日军为了保密而采取的极端措施痛心疾首，"所有的重伤员都是出于要保守军事秘密而被谋杀"。

喜久子写道，南下前往喜屋武半岛伊原（Ihara）的旅途"真的非常可怕，道路泥泞难行，到处都是弹坑，坑里漂浮的尸体已经膨胀到正常人体的两三倍那么大"。她们只能在夜间行进，但即便天黑之后，美军也会发射照明弹为炮兵寻找目标。颇具讽刺意味的是，照明弹给逃跑的平民"照亮了前行的道路"。一名受伤的同学一直都跟在喜久子身旁，并把她的肩膀当作拐杖。另一个同学患有夜盲症，经常被尸体绊得跌跌撞撞，一路上哭哭啼啼。喜久子写道："我们早就习惯了山洞里粪便、脓水、蛆虫的恶臭，但路上的尸臭还是让我们难以忍受。并且，一路上每天都是大雨倾盆。"

她们只是那数万"像蚂蚁一样前行"的撤退队伍中的一部分。他们当中既有爷爷奶奶辈的老人，也有背着小孩的母亲，全都"浑身泥泞，匆匆前行"。如果有孩子受伤，那么大人就会把他丢在路边，任其自生自灭。喜久子回忆道："那些小孩看得出我们是学生，会大喊'Nei, nei'，想要黏上我们。'nei'是冲绳岛的方言，意思是'姐姐'。他们实在太可怜了。时至今日，那叫喊声仍然在我耳边回荡。"

喜久子和她的同学大都只有十五六岁，在白天时寻找任何能够藏身的隐蔽处。她们对老师哭喊道："我害怕！"

"坚持住！你们能行的！"老师总是这样回答。[10]

另一名向南撤退的学生护士大城志津子（Shizuko Oshiro），同样也只有16岁，此前是南风原战地医院第一手术室的护士。撤离后没多久，她就注意到"一个失去双腿的士兵跟着撤退的队伍拼命地爬行"。志津子认出，他是被他们留下的重伤员。不知怎的，他就跟着走了。志津子承认："我担心他会认出我，所以不敢往他那儿看，只顾向前走。"[11]

那年18岁的金城伸子（Nobuko Kinjo）撤退前是第二手术室的护士。在她的回忆里，这次撤退是一场噩梦般的经历。她回忆道："白天，战斗机和水上飞机从天而降，低空扫射撤退的人群。每次低空扫射后，都会有很多人倒地不起，但人们却像没看见一样，只顾着往前走。大家似乎已经忘记什么是恐惧。"[12]

## 31　敌军的整条战线似乎正在瓦解

　　5月27日黄昏，八原大佐销毁了办公室里最后一批文件，然后蹚着齐膝深的积水来到5号坑道入口处，发现一大群士兵正耐心地等待离开第三十二军司令部的山洞。他们全副武装，每人都背着沉重的背包，里面装着总重量多达130磅的弹药和给养。八原一边强行穿过人群，一边大喊："让一让，我是高级参谋八原！"

　　八原走到洞口附近，看到牛岛中将正在一队卫兵的护送下离开山洞。炮弹迫使不少士兵躲回洞内，但牛岛并没有回头。八原"后悔没能与牛岛一起离开，只能祝愿他一路平安"。二十分钟后，八原趁着美军炮击暂停的机会，与长勇中将和另外两名参谋一起离开山洞。八原回忆道："我们立马就向左转，爬上一个坡度不大的山坡。爬了大概30米，就在我们快要抵达坡顶时，一声巨大的爆炸撼动着整个山体。我们赶忙钻到灌木丛里，匍匐在地。我扭头朝阪口（Sakaguchi）大尉的方向看了一眼，听到他对长勇说：'长官，快爬上来。'他帮着长勇爬到坡顶。长勇经过我时一言不发地向前走。"

　　差点儿被炮弹击中的八原惊魂未定，撒腿向山洞方向跑去，在洞口遇到第四十四旅团指挥官铃木少将。看到八原狼狈的样子，铃木打趣道："嘿，勇敢的八原，你怎么又跑回来了？"

　　一小时后，八原终于恢复平静，与其他几名参谋再次离开山洞，在执勤士兵的引导下，沿着泥泞的道路向津嘉山方向行进。他回头望去，透过硝烟看到"首里城高地令人肃然起敬的轮廓"，向这个他本以为将会葬身于此的地方道别。

　　他们在路上看见一名"阵亡的士兵，全副武装地倒在路边"，那情形让八原"心里尤其难受"。敌军的照明弹照亮了前进的道路；尽管一些舰炮的炮弹在附近爆炸，但一行人全都安然无恙。他们找到一间农舍，休息了一会儿，然后冒着时断时续的炮火继续前进，终于抵达津嘉山地下指挥部的入口。接着，他们又沿着地道走了数百米，在山洞深处找到了正与军需官佐都（Sato）一起用餐的牛岛中将和长勇中将。"真高兴又见到你，"长勇对八原说，"在山坡上你突然不见了，我真的很担心。我刚刚还在和在座这几位先生说，要是你遇到什么意外，我就得把你的工作扛下来了。"

　　八原祝贺两位将军安全抵达，然后前往自己位于隔壁的小房间。这个小房间4米见方，摆着2张床、1张桌子，而一根孤零零的蜡烛就是房间里唯一的光源。长野少佐拿来了清酒和3个菠萝罐头，准备与八原共进晚餐。两人边吃边喝，八原借着酒劲抱怨自己最后悔的事情，就是让第三十二军发动反攻。他对长野说："只有傻子和疯子才会做白日梦，妄图战胜占据绝对优势的敌人。我们只有2个半师团，而敌军有6个师的兵力。我军既不能补充兵力，又没法获得弹药补给，而敌军可以源源不断地补充兵员和弹药。敌军每个师都可以持续获得海上和空中的支援。我军应当直面现实，我们无法取得这场战役的胜利。我们就应当专注于消耗战，以帮助日本本土的防御。"

八原抬头一看，结果吃惊地发现牛岛和长勇就站在门口。"二位还好吧？"长勇问道。

八原觉得他们肯定听到了自己的牢骚，只是"碍于颜面才没有面露不悦"，这让他尴尬得面红耳赤。

"我们两个好得很"，八原答道，然后又说天快亮了，他还有不少情报没有处理。两位将军离开后不久，八原就栽倒在床上，"把远处的炮声当作摇篮曲，进入梦乡"。[1]

第二天早上，前线部队递交的战报一份比一份悲观。八原意识到，自己制订的"以退为进的计划只是不切实际的梦想"。他认为，第六十二师团的指挥官们"并不是真的想发起进攻"，在部署兵力时"只想着怎样可以随时撤退"。不过，他也很难责备他们。第六十二师团不仅损失了大多数精锐部队，而且就连军官也都"损失殆尽"。正如八原所写，他们所能做的"也就只是阻挡敌军追击我们的后撤部队。这有助于我们全军安全地向南后撤"。

5月28日，征得牛岛的同意后，八原做出另一个关键决定：他同意铃木少将的请求，允许第四十四混成旅团的大部分兵力留守当前阵地，直到5月31日夜再"立即撤到喜屋武半岛"。[2]与此同时，海军基地驻军先是明智地无视陆军的撤退计划，在两天前就撤到喜屋武半岛，然后又按照大田海军少将的命令返回位于那霸以南的小禄半岛——这是一次致命的行动。大田手下的军官认为喜屋武半岛并不适合防御作战，提出部队应当返回小禄半岛，并说服大田："这里有我们修筑的阵地……是整个冲绳岛唯一真正属于海军的地方，我们理应在这里战斗到最后一刻。"[3]

5月29日，牛岛、长勇、八原与司令部其他人员在午夜乘坐卡车，一同离开津嘉山，趁夜前往摩文仁。他们在路上遇到之前在第三十二军右翼作战的第二十四侦察联队，看到行军队伍正"井然有序"、悄然无声地行进。八原写道："（第二十四侦察联队）在绝境中伺机撤退，但他们还是出现在我们眼前，撤退就像我计划的那样顺利。"

在前方的一座桥上，八原发现周围遭到了猛烈的炮击，"弹坑遍布，遍地都是士兵的尸体"。尽管尸体散发出的恶臭令人难以忍受，但让八原一行更为担心的是，不断有美军的炮弹在卡车周围爆炸，其中一枚炮弹击中并摧毁了附近的一处房屋。接着，八原又在路上看到"一个只有七八岁、头上顶着包裹的小女孩"，她用一双小手捂住脸，不停地流泪。卡车停在小女孩旁边，八原问小女孩，是妈妈去世了还是只是走丢了，但他的话却湮没在"炮声和哭泣声之中"。八原刚要把小女孩抱上车，车上的人就对他说："别，你可千万别这样。她父母说不定就在附近。就算我们把她带到摩文仁，也没办法照顾她。"他们把小女孩留在原地，继续乘车前进，途经更多的尸体、逃难的平民以及修筑防御工事的士兵。

最终抵达摩文仁后，他们发现村庄仍然"完好无损"。附近的第69号高地的山顶就是第三十二军新司令部洞穴的入口。八原回忆道："我们爬着梯子沿着中央竖井一路向下，到达一条水平的通道，向前行走六七十米后，向右拐弯，就来到西山洞的入口。在有些地方，很难挤过这个天然形成的洞穴。低悬的钟乳石不断滴水。不戴头盔在山洞里行走很危险。这地方简直糟糕透了。"

两位将军和他们的参谋人员挤进坑道北端的一个小房间，发现地上全是烂泥，马上面露不悦。

"这是什么情况？"长勇冲着沓野（Kutsuno）副官大声吼道。"叫你提前来做准备，结果你却什么都没干！"

沓野羞愧难当，答道："对不起，长官，我们实在找不到家具和办公设备。"

天亮后，八原爬到山顶眺望。"在这些向北绵延至首里的缓坡上"，八原可以看到八重濑岳（Yaeju-Dake）、与座山（Yuza-Dake）。两山位于喜屋武半岛北端，长度只有5英里，宽度只有2.5英里，保护这片区域的是那些可以"充当理想天然要塞"的悬崖峭壁。一想到这里将会成为第三十二军"最后决战"的战场，八原就开始向"即将见证最后一战的山神与河神"祈祷。一架美军侦察机在头顶掠过，但南边海面上却没有美军战舰的影子。八原停下来感受周围的宁静。他写道："幸亏我们撤退迅速，再加上敌军进展缓慢，我们才能静享这一方乐土，但很快这里就会变成血肉横飞的战场。"[4]

尽管种种迹象表明第三十二军正在战略撤退，但巴克纳中将及其参谋人员还是过了许久才搞清楚日军的意图。例如，5月26日那天，多架美军侦察机发来报告称，大量的部队和平民从前沿阵地向冲绳岛南端移动。美军用战斗机低空扫射、用舰炮轰炸这些队伍。而巴克纳则同时命令第十集团军的两个军"立即施加强大的压力，以确定他们的可能意图，不要给他们任何喘息之机"。

然而，这些都只是预防性措施。到5月28日，第十集团军的情报主官路易斯·B.埃利在一次参谋会议上指出，"就目前来看，日本人似乎认为坚守首里以北的防线才是他们最好的选择"。同样也是在这次会议上，巴克纳表示，他担心日军有可能向驻守与那原的第七步兵师发起进攻，并问道："阿诺德（少将）在应对日军反攻时有什么准备吗？"

一天后，巴克纳在另一次参谋会议上指出，日本人似乎试图向南撤退，但这个时候才决定撤退已经太晚了。然而，直到30日晚上，在与第三两栖军、第二十四军的情报主官讨论战场局势后，埃利才终于得出结论：敌军只留下一支兵力有限的掩护部队"负责守卫首里防线"，"敌军主力已转移至其他地方"。他估计，在他所期望的"首里包围圈"中大概有5 000名日本士兵；但是，他对日军主力的确切位置一无所知。5月31日，在另一次参谋会议上，巴克纳坚称牛岛中将"撤出首里的决定晚了两天"。[5]

如前文所见，巴克纳的判断与事实相去甚远。早在5月27日，第三十二军剩余的主要作战部队就已经开始从首里防线的中心区域撤出，而其中某些部队甚至在5月26日那天就已经离开防区；到6月初，第三十二军已经依托八重濑岳、与座山建立了新的防线。但巴克纳却对此毫不知情。尽管撤退的日军在美军战斗机的低空扫射和海军的舰炮轰击下伤亡惨重，一些负责殿后的部队最终被彻底消灭，但日军在撤退过程中基本上没有遭到美军地面部队的袭扰，因为巴克纳及其参谋人员没有意识到日军撤退的意图，等到采取行动却为时已晚。

根据奥利弗·史密斯准将的记述，5月22日至30日，也就是"岛屿南部的前线因连日阴雨而泥泞不堪"的那段时间，巴克纳对部队"进展缓慢甚为恼火"。此时，巴克纳"承受着相当大的压力"，必须尽快结束战斗，因为"海军被迫滞留在冲绳岛附近海域，一直遭受着严重的伤亡"。他失去了耐心，命令史密斯去前线搞清楚第三两栖军进展如此缓慢的原因。军长盖格少将不以为然，并告诉史密斯，冲绳岛战役是他"第一次被一位将军责难"，这位司令官"不断地打电话催促他加快进攻的节奏"。盖格说，如果再这样下去，那他就只好"与巴克纳中将打开天窗说亮话了"。当史密斯与霍奇交谈后，他发现霍奇"也经常遭到责难"，巴克纳认为第二十四军"没有拼尽全力"。[6]

然而，史密斯的任务直到6月3日才完成。5月末，在日记和信件里，巴克纳都没有真正表现出丝毫紧迫感。例如，5月26日，他在日记中写道，"一整天都在下雨"，第七师只取得"有限的进展"。那天晚上，当他的战士们正在被尸体环绕、被雨水淹没的散兵坑里摸爬滚打时，巴克纳却在"一座装饰华丽的冲绳民房里"招待到访的约翰·德威特（John DeWitt）*中将，"并与3名海军护士共进晚餐，餐后还在东京广播电台的节目和炮火声的伴奏下跳舞"。

次日，他得知，"由于过去四十八个小时大雨倾盆，降雨量达到6英寸"，部队"仍然困在泥沼里，没有取得任何进展，坦克寸步难行，补给输送困难重重"。5月28日，日军"激烈抵抗，美军仅在前线两端取得一些进展"。[7]当天，他在信中对妻子说：

> 我军仍然受困于大雨……这雨下得真不是时候，因为我抓住了日军打盹的机会，用1个师（第七师）的兵力包抄了他们的右翼。然而，道路太过泥泞，我军的重武器行动困难，以至

---

* 约翰·德威特是美国西海岸军区的指挥官，珍珠港事件爆发后，主持美国政府关押生活在美国本土的日裔美国人的工作。——译注

于无法乘胜追击，给了敌人喘息之机，使他们进入早已修建完毕但当时无人驻守的防御阵地。尽管如此，包抄侧翼的行动还是在很大程度上拉长了日军的防线，削弱了他们匮乏的兵力。日军守军的兵力远超我们最初的估计，但我军已经消灭超过5.5万日军，也有实力继续消灭更多的日本兵。

他接着写道，日军的空袭仍然"像之前一样不要命"，迫使他在一次空袭中不得不暂时停笔躲到"散兵坑"里。然而，他使妻子确信，一枚高射炮弹失误，并没有造成任何损失，"只是掀起了大量泥浆，给那些站在旁边看别人东躲西藏的人制造些许乐子"。[8]

5月29日，巴克纳终于在日记里写道，美军取得了重大进展。"日军显然已经放弃那霸和首里两地的防线，而陆战六师、陆战一师推进了1 000到1 800码；六师占领了那霸的大部分地区，一师则占领了首里城*，几乎没有遭遇任何抵抗。"他又补充道："日军似乎是因为害怕被第七师抄后路才撤退的，但他们到现在才决定撤退，已经太迟了。"

实际上，促使日军决定撤退的原因是多方面的，而其中主要因素就是首里的许多关键阵地已经失守。至于日军能够有序撤退，几乎没有遭到美军的袭扰，陆战队的官方战史对此做出的解释是，"美军低估了敌军战术计划的规模，更没有想到敌军竟能如此彻底地实施计划"。[9]

---

\* 5月29日上午10:15，朱利安·杜森博瑞上尉率领第5陆战团A连占领了首里城的残垣断壁。杜森博瑞是南卡罗来纳州人，据传他亲手在被炮弹炸得千疮百孔的城垣上升起了邦联旗。"听说有人在日军抵抗的中心升起了邦联旗，"一等兵尤金·斯莱奇回忆道，"我们南方人全都大声喝彩，而北方佬则全都面露愠色。"见斯莱奇所著《老猎犬从军记》(*With the Old Breed*)，第300页。——原注

5月31日，巴克纳在日记中写道："敌军的整条战线似乎正在瓦解。"直到此时，他才表现出些许活力，命令霍奇指挥的第二十四军向东南方向前进，"阻止日军向喜屋武半岛撤退"。同日，他还命令盖格指挥的第三两栖军尽快"占领那霸的港口和机场"，并在发现第三军进展缓慢后牢骚不断。奥利弗·史密斯因此被派到盖格的指挥部。然而，这些举措不仅力度不够，而且还为时已晚。[10]

日军早已开始部署新的防线。在之后的几天内，残余的殿后部队陆续加入守军行列。八原大佐估计，日军在撤退前的总兵力是4万人，其中有3万人撤退到喜屋武半岛，分别是第二十四师团（1.2万人）、第六十二师团（7 000人）、第四十四混成旅团（3 000人）、第五炮兵部队（3 000人）以及包括冲绳民兵在内的其他部队（5 000人）。然而，八原十分清楚，兵员数量并不能完全反映部队的战斗力。第三十二军的主力部队，包括第二十四师团、第六十二师团、第四十四混成旅团，"已经损失了最初建制的85%"，而现在主要由"缺少训练的后勤士兵和冲绳岛本地的征召兵"组成。第五炮兵部队的火炮损失过半，而步兵部队的机枪、重武器数量分别减少到原先的五分之一、十分之一。同样严重的问题还有，日军不仅十分缺乏有线及无线通信设备，还失去了所有的建筑设备，因而无法有效地加固新的防御阵地。此外，第三十二军还与海军基地驻军失去联系；后者在提前撤退到喜屋武半岛后又返回小禄半岛，剩余的2 000名官兵决定在那里做最后的抗争。

但是，八原也并没有气馁。他写道："我们的防御策略是，集中全部兵力坚守位于八重濑岳、与座山的主防御阵地，战斗至最后一刻。如果敌军在南部海滩登陆，那我们就必须在滩头阵地上消灭他们。"[11]

## 32 光是想一想，就令人恐惧

"先生们，早上好。"战争部长亨利·L.史汀生说，"欢迎出席过渡委员会的第四次会议。委员会成员由我提名、经总统批准后生效，任务是就包括战时控制、信息公告、立法、战后组织在内所有与曼哈顿计划相关的议题提出建议。"[1]

1945年5月31日，星期四，上午10点刚过，与会人员聚集在史汀生办公套间的一张长会议桌旁。这里是刚刚落成的五角大楼，位于弗吉尼亚州阿灵顿县，坐落在波托马克河西岸，与华盛顿特区隔河相望。除了史汀生，坐在前排的成员是其他7名委员会成员，包括范内瓦·布什、詹姆斯·科南特、卡尔·康普顿、吉米·伯恩斯在内。此外，出席会议的还有美国陆军总参谋长乔治·马歇尔将军、"曼哈顿计划"负责人莱斯利·格罗夫斯少将，以及4位在原子弹研发过程中起着关键作用的物理学家。这四位物理学家分别是：洛斯阿拉莫斯实验室的科学主管罗伯特·奥本海默；出生在意大利、1942年设计建造人类历史上首个受控链式核反应堆的恩里科·费米（Enrico Fermi）；与费米及其他科学家一起在华盛顿州汉福德设计建造全球首个钚生产堆的亚瑟·康普顿（Arthur Compton）；在加州大学伯克利分校任教，发明回旋加速器，并在此基础上解决铀浓缩问题*的欧内斯特·劳伦斯（Ernest Lawrence）。除了奥本海默，其他几位物理学家都是诺贝尔奖获得者。[2]

史汀生接着说道："首先，我要高度赞扬我国所有参与'曼哈顿计划'并做出卓越贡献的科学家，尤其是今天在座的4位科学家。他们对原子弹的研发做出了重大贡献，并愿意就委员会面临的诸多复杂问题建言献策，我对此表示由衷的感谢。"

然后，史汀生指着马歇尔说道："今天，美国陆军参谋长也出席了会议，因为他和我都肩负着从军事角度向总统出谋划策的责任。因此，他最好当面听取科学家们的看法。但是毫无疑问，我和马歇尔将军都同意，'曼哈顿计划'不应仅从军事武器的层面去考量，而是应当作为人类与宇宙的一种全新关系来考虑。从这个意义上讲，'曼哈顿计划'足以与人类历史上其他伟大的科学发现相提并论，如哥白尼的日心说和万有引力定律。然而，它对人类生活所造成的影响，绝非这些发现所能比拟。"

史汀生停顿了一下，又接着说道："想必也无须我提醒，在座诸位都很清楚，'曼哈顿计划'意义重大，绝不仅限于赢得当前这场战争的短期需要。因此，我们必须善加控制，让其在未来成为和平的保障，而不是文明的威胁。"

开场白结束后，与会人员开始讨论原子弹的未来发展阶段，包括未来3年内在现有爆炸当量仅相当于2 000到20 000吨TNT的基础上，制造出当量相当于1 000万到1亿吨TNT的原子弹。会议还讨论了下列议题：战争结束后，是否有必要继续在国内开展原子弹计

---

\* 用来浓缩铀的设备名叫电磁型同位素分离器，是在回旋加速器的基础上研发出来的。——译注

划，并建立核武库和储备制造原子弹所需的物资；是否会与世界上其他国家分享一部分与计划相关的信息；应当如何设立拥有检察权的国际核控制机构。正是在最后一次交换意见时，布什博士向委员会保证，未来无论发生任何军备竞赛，民主国家都一定会战胜极权国家，因为民主国家拥有"团队合作机制和信息自由交换能力"。他补充说，这一观点的证据就是刚刚从德国传来的情报：无论在核武器方面，还是在其他科学领域，希特勒政权的"技术都远远落后于美国"。

午餐过后，委员会于下午2:15继续开会，讨论对日本使用新武器原子弹的可行性。罗伯特·奥本海默指出，尽管使用一枚原子弹轰炸兵工厂的"实际破坏效果与航空兵部队现有规模的轰炸没有太大的区别"，但原子弹的视觉效果会"非常可怕"。奥本海默又高又瘦，颧骨很高，眉毛浓黑，蓝眼睛炯炯有神，是一个容貌出众、极具魅力的人物。他补充说，原子弹爆炸后"会发出耀眼的亮光，能够照亮1万甚至2万英尺的高空。爆炸产生的中子效应至少会对半径三分之二英里范围内的生命造成威胁"。

然后，委员会就是否应当事先警告日本政府、应当选择何种类型的目标以及爆炸可能产生的效果展开了激烈的讨论。最终，史汀生总结讨论，得出共识："我们不应在投掷原子弹前警告日本政府。我们不可以轰炸平民区。并且，我们应当尽可能让更多居民在心理上受到极大的震慑。"史汀生对科南特博士的看法表示赞同，指出"最适合的目标应当是雇佣大量工人、周围全是工人宿舍的重要兵工厂"。

最后的问题是：是否同时投掷不止一枚原子弹？尽管奥本海默

指出，这在技术上是可行的，但是格罗夫斯少将却对此泼了冷水，提出三项反对理由：第一，他们"在连续投掷中无法收集单个原子弹的相关信息"；第二，投掷多枚原子弹"需要组装人员加班加点赶工"，结果可能"效率低下"；第三，同时投掷多枚的效果"与航空兵目前的常规轰炸区别不大"。[3]

6月1日，过渡委员会会晤了参与"曼哈顿计划"的4位主要工业家，并提出下列具有重大历史意义的建议："应尽早对日本使用原子弹；攻击目标应当是四周环绕着工人宿舍的兵工厂；使用原子弹前无须警告日本政府。"此外，委员会还打算把"小炸弹"用于计划在7月中旬开展的核试爆，而"大炸弹（枪式构型）"则会用于"对日本的首次打击"。[4]委员会提出，采取任何其他策略都会令"促使日本迅速投降这一主要目标"面临风险。包括奥本海默在内，这群杰出的核物理学家也都赞同该观点，并在报告中写道："我们无法提出任何有可能结束战争的技术论证；除了直接在军事上应用，我们没有其他任何替代选项。"

鉴于过渡委员会的职能"完全是咨询性的"，所以最终负责向杜鲁门总统建议的人还得是战争部长史汀生。史汀生的结论虽然是"独立思考"的结果，但与委员会的结论"十分相似"。在史汀生看来，"迫使（日本）天皇及其军事顾问真正投降"的唯一途径就是实施"沉重的打击"，把美国"有能力摧毁日本帝国的确凿证据摆到他们面前"。他认为，这种"有效的打击虽然会造成一定的伤亡，却能挽救美日双方数倍于此的生命"。[5]

事实上，把委员会的建议告知杜鲁门总统的人并不是史汀生。同日晚些时候，吉米·伯恩斯在白宫与杜鲁门临时会晤，向总统汇报委员会的讨论结果。杜鲁门震惊不已。没过多久，杜鲁门就向总统公关顾问伦纳德·赖因施（Leonard Reinsch）透露了他的担忧："伦纳德，我刚得到一些重要信息。我必须做出一个史无前例的决定。当然，我会做出决定，但这件事光是想一想就令人恐惧。"

　　他不止一次地对伦纳德补充说："我真希望能和你谈谈此事。"当然，杜鲁门不能将此事告诉他。[6]

## 33  既没有战术思维，又缺乏进取精神

6月3日下午1:15，一架波音B-17"空中堡垒"轰炸机在读谷机场降落，绰号"毒舌乔"的约瑟夫·W.史迪威（Joseph W. Stilwell）上将走下飞机。他是以美国陆军地面部队司令官的身份视察太平洋战区的美军部队，但他此行的真实目的却是游说道格拉斯·麦克阿瑟，以获得即将到来的进攻日本本土行动的指挥权。

史迪威是17世纪早期定居北美的英格兰移民的第八代后裔。时年62岁的史迪威出生在佛罗里达州，但成长于纽约州扬克斯；家人都用中间名"沃伦"称呼他。他上学时是一名有天分的学生和运动员，但后来却因抵触父母严格的宗教式培养而开始叛逆，并与赌徒、捣蛋鬼为伍。他那个做医生的父亲的反应是，坚持要让他就读西点军校，而不是原定的耶鲁大学。在校期间，他曾是校足球队队员，还担任过越野赛跑队队长。他是西点军校1904届毕业生，在所有124个毕业生里排第32名（但他的法语成绩位列第一）。

一战期间，他先是担任美国驻法国陆军的联络官，之后又担任美国第四军的参谋，协助策划了圣米耶勒战役，并在取胜后获得杰出服役勋章。一战后，他在佐治亚州本宁堡的美国陆军步兵学校任教，（在副校长乔治·C.马歇尔的手下）担任首席战术教官，因为经

常在野外训练时不留情面地严厉批评学生，被人起了"毒舌乔"这样的绰号。同样是两次世界大战之间，他曾在3次中国之行期间掌握了汉语的口语和书写。1939年，他不再担任美国驻北京公使馆的武官，返回美国担任第二步兵师的副师长，一年后又在第七步兵师恢复建制后担任师长。

他的恩师马歇尔将军原本准备让他策划并指挥盟军进攻北非的作战（"火炬行动"），但他却在1942年被转派到中国，以确保国民政府能够继续抗击日本侵略者。他先是担任中缅印战区的美军总司令，后来又在路易·蒙巴顿勋爵（Lord Louis Mountbatten）手下担任东南亚战区的副总司令。他通常看不起英国和英联邦的盟友，更对所有外国人都抱有偏见，比如称法国人为"青蛙"，称德国人为"方头佬"，称日本人为"长相丑陋、圆脸龅牙、罗圈腿的王八蛋"。

他在1944年被召回美国。而此时，当年接替他成为北非战场指挥官、当时还只是少将的德怀特·艾森豪威尔已经成为欧洲战场上盟军的最高指挥官，也是希特勒的掘墓人之一。因此毫不稀奇，1945年6月，史迪威想要担任美军野战部队的指挥官，以抓住战争结束前最后的机会。[1]

离开华盛顿前，史迪威拜访了马歇尔将军，结果发现自己的老上司"也帮不上什么忙，仅能允许我前往并自己想办法"。史迪威由此得出结论："道格（麦克阿瑟）显然已经不受摆布；战争部都对他忌惮三分。所以，我也只能先走出去，看看情况了。"他的确也是这样做的。5月26日，他在马尼拉与麦克阿瑟会面，但没能得到任何有关未来任职的承诺。在检阅麦克阿瑟麾下的部分作战部队后，史迪威离开马尼拉飞往冲绳岛。在读谷机场，他搭乘一位海军准将的吉普车，在路上发现冲绳岛的新道路网虽然"耗费甚巨"，但泥泞的路况实在"很糟糕"。下午3点刚过，他"未经事先知会"就到第十集团军司令部，与巴克纳"长谈"。第二天早上，他开始视察前线作战部队。[2]

6月4日，冲绳岛的战局仍然很不稳定。一天前，陆战六师的2个团（第四陆战团、第二十九陆战团）乘坐履带登陆车，从那霸出发南渡安里川的河口，在小禄半岛北岸登陆，开始与大田海军少将率领的兵力仅剩2 000人的海军基地驻军作战。然而，尽管"敌军训练不足、缺少制式武器、缺乏组织以及完全没有取得最终胜利的希望，但他们拥有强大的自动火力、成体系的地下阵地……并决心与阵地共存亡"。所以，陆战队仍然花费了十多天，才终于消灭龟缩在小禄半岛上的残敌。[3]

在陆战六师肃清小禄半岛期间，盖格麾下的另一个师，即陆战一师，与霍奇指挥的第二十四军部署在前方的2个师保持步调一致，一起向南推进并攻打日军在喜屋武半岛上设立的新阵地。起初，他们根本无法做到这一点，因为糟糕的天气导致后勤补给体系彻底崩溃，迫使给养和弹药只能依靠空投和运输队送上前线。陆战一师只得放慢前进的步伐；结果，到6月3日结束时，它与相邻的第九十六师之间已经出现了一个宽达3 000码的缺口，导致第三八三步兵团的右翼暴露在日军的火力袭扰之下。为补上缺口，霍奇派出第七十七师的第三〇五步兵团。同时，由于受到巴克纳抱怨的鞭策，陆战一师同样也取得一些进展：6月4日，第五陆战团二营向西南方向发动进攻，拿下57号高地和宜次（Gisuchi）以南的高地。这样，陆战一师与第二十四军之间的缺口被缩小到只有1 000码。

在靠近东侧的位置，史迪威的旧部第七步兵师已经抵达知念半岛南端百名（Hyakuna）附近的东南海岸，成为6月3日那天推进距离最远的部队。巴克纳大喜过望，在参谋会议上称第七师取得了"辉煌的成就"。巴克纳特别高兴地收到第七师师长阿诺德少将在6月3日当天派人送来的"一瓶海水和沙子，以及两名士兵在南部海滩上洗脚的照片"。[4]

当然，史迪威的职权范围仅限于美国陆军部队。所以，6月4日，他仅视察了第二十四军的部队。他先是前往霍奇少将设在一座老旧堡垒内的指挥部，然后又赶去他的旧部第七师的指挥部。由于吉普车在一个十字路口陷到泥里，史迪威只得换乘一台"拖着两拖车炮弹的M-5拖拉机"；抵达阿诺德少将的指挥部时，正好赶上"开饭"。然后，他又搭乘各式各样的交通工具视察前线作战部队，如自重2.5吨的卡车和履带登陆车，见到了许多团长、营长。史迪威记录道："到处都有人认出我来，大家和我打招呼时都很友好。"晚上9点，史迪威回到阿诺德的师部，在补上一顿晚餐后就寝。

第二天，他视察了冲绳岛东海岸的一些情况，然后返回读谷机场乘机俯瞰冲绳岛。他在日记中写道：

> 下午1:30，乘坐"幼兽"（轻型飞机）[*]起飞。先飞往那霸，然后横穿冲绳岛，前往与那原。那里看着像凡尔登，悬崖峭壁肯定很坚固，到处都是山洞、坑洼、墓穴。可怜的冲绳人，他们祖先的遗骸也被炸得粉碎。岛屿中部彻底变成了废墟。沉船

---

[*] 即L-4草蜢式联络机。——译注

堵塞了那霸港口。陆战六师正在攻打港湾以南的山头。绕着东南方向的那个半岛的海岸飞了一圈，然后在南部的港口上空飞过。第七师的阵地被烟雾笼罩，战斗似乎十分艰苦。

随后，史迪威返回第十集团军司令部，并听闻前线刚刚传来第三八三步兵团团长埃迪·梅上校阵亡的消息[*]。史迪威发现巴克纳"令人厌烦"，他这样写道："我想把所见所闻都告诉他，结果发现他什么都知道，还不停地重复他的俏皮话。'上帝说，要有泥，于是就有了泥。'就这样没完没了。"

就在这两天的视察期间，史迪威显然对巴克纳指挥战役的能力没什么好感。他写道："岛上估计还剩有1.5万到2万的日军，还得两周才能解决掉他们。他们都龟缩在冲绳岛西南角……而我军的战术只有正面进攻。陆战六师在那霸以南登陆是唯一还算说得过去的战术。但他们就没想着去复制这次成功的经验。巴克纳嘲笑布鲁斯（少将）满脑子都是疯狂的想法。'十五个主意，也就有那么两个还像回事，剩下的全都不切实际。'但也许听取布鲁斯的意见才是正确的做法。"

次日早晨，史迪威把巴克纳的参谋人员的警告——"你可能到不了第九十六师和第七十七师的师部""你可能被困一整夜都回不来"——当作耳旁风，决定前往布雷德利少将、布鲁斯少将的指挥部。他没有被"足足有2英尺深的泥海"吓倒，下车走了最后半英

---

[*] 梅上校就是那位5月中旬率兵攻占锥形山，因为"指挥无可挑剔"而受到巴克纳高度赞扬的指挥官。他来自俄亥俄州克里夫兰市，阵亡时48岁，在团指挥所前方被机枪子弹击中。他被追授了杰出服役十字勋章。——原注

里路，抵达第九十六师师部，见到师长布雷德利后，感觉他"看起来还不错"。午饭时，布雷德利抱怨说，陆战一师本应保护第九十六师右翼，结果却落在后面；"他们连自己的后勤问题都搞不定。"史迪威前往第七十七师师部的过程要顺利得多。他与布鲁斯少将谈了很久。他后来在日记中写道："布鲁斯是我见过的唯一一个还记得打仗要讲战术的指挥官。"

当天晚上回到第十集团军指挥部后，史迪威记述了他对巴克纳及其参谋人员的极低评价，尤其是作战主官杜马准将和情报主官埃利上校。他在日记中写道：

> （杜马）和那个叫埃利的蠢货每天都在全体参谋会议上嘀咕，但简直就像幼儿园过家家一样……他们不过是一帮行政管理人员，对作战行动没有任何影响力。巴克纳显然什么事都向着海军。他推荐盖格担任集团军的候补司令官；他认为尼米兹无可挑剔，他的参谋人员非常均衡，各单位配合完美，陆战队那几个师很棒；一切都顺利得不得了……这简直令人作呕。既没有战术思维，又缺乏进取精神；开会时从来不讨论如何想办法推进战斗或者帮助作战部队。攻打高地的任务全压在第九十六师身上，而陆战六师马上就要"脱离苦海"。[5]

他最后一句话提到巴克纳最近做出的决定：第二十四军改为主攻西南方向，这样就把进攻八重濑岳、与座山的重任全都压在第九十六师的肩上。根据美军官方战史的记录，八重濑岳、与座山是"两道天然屏障，与东海岸的95号高地一同形成一堵从具志头

（Gusichan）到与座（Yuza）的巨墙，挡在第二十四军整条战线的正前方"。这条总长4英里的悬崖的最高点是八重濑岳，其与谷底的落差高达295英尺。与座山"位于第二十四军战线的西端，然后落差逐渐缩小并延伸至国吉岭（Kunishi Ridge），而此处正对着第三两栖军的战线"。[6]

显然，史迪威并不赞同巴克纳的决定。因为大部分的攻坚战都丢给陆军部队，而在他看来海军陆战队的任务较为轻松，只需攻下小禄半岛（由陆战六师负责）和国吉岭（由陆战一师负责）。由于没有管辖权限，史迪威也无权干预。在公开场合，史迪威全力支持巴克纳。比如，在6月7日上午召开的新闻发布会上，他就向到场记者指出，新闻界"对冲绳岛战役的报道力度不够，既没有讲清楚前线将士都克服了哪些困难，也没有反映出战斗的激烈程度或精彩的战斗故事"。然而，他的日记证实了他对巴克纳指挥战役的手法的蔑视，还表示他决心在下次到马尼拉会见麦克阿瑟时当面讲述自己的看法。6月7日上午11:15，史迪威乘机离开冲绳岛。此时，巴克纳还蒙在鼓里，根本没有意识到这位老将军已经盯上他的职位。

在没有史迪威碍事的情况下，巴克纳亲自搭乘"幼兽"在空中观察战场局势，先是沿着美军前沿阵地飞行，然后又侦察了日军"高地上的防御阵地"。他在日记中草草写道，敌军的新阵地"是块难啃的骨头"，特别是从东南方向逼近的陆军师所面临的悬崖峭壁。然而，他对陆战队的感觉可就要好多了——陆战一师突破小禄半岛南端的日军防线，前进到西海岸，"重新振作了起来"。他又写道："盖格的心情也好多了。陆战队的那两个师之前挨了点批，今天我终于稍微表扬了他们。"[7]

## 34  而在这里，人命似乎一钱不值

6月3日下午晚些时候，吉姆·约翰斯顿下士的好运终于到头了。当时，第五陆战团二营 E 连率先进攻山体突出的57号高地，那里位于日军第三十二军此前设在津嘉山的司令部以南1英里处。E 连采用侧翼迂回包抄战术，越过第三两栖军的防区边界，之后又向西前进数百米，终于来到57号高地。这是一个"相当突出的小山包"。

"我们必须在前面设置几个火力点，"一排的排长对约翰斯顿说，"你觉得你们能做得到吗？"

"我觉得没什么问题。"

约翰斯顿带领2个机枪小组，在一些步枪兵的护送下，开始攀爬山脊，途中遇到各式各样的山洞。其中一个山洞看起来"尤其令人不安"：一个相当大的洞，站在洞口处可以"看到洞底"，左右两侧还分出好几条地道。几名陆战队员朝着洞口扔了手榴弹，洞内马上就传来日本士兵"发疯一般的叫喊声"。

突然，"洞口飘出一股气味刺鼻的黑烟"。约翰斯顿意识到，洞内马上就要引爆炸药，命令手下赶快后撤，但还没跑出去几米就感到地动山摇，像火山喷发一样，巨大的爆炸把山坡都给炸没了。许多美军士兵都被炸死了。约翰斯顿被冲击波掀了起来，摔了个狗吃

屎。他顾不得像雨点一样落下的石块和泥土，马上检查自己有没有受伤。他回忆道："我的后背刺痛发麻，仿佛被针扎一般，但似乎仍然可以动弹，于是我开始查看手下士兵的情况。" 3人阵亡，其中2人就分别在约翰斯顿的左右两侧。

约翰斯顿帮忙治疗伤员。有4人受了重伤，第一个双目失明，第二个被炸掉一节胳膊，第三个的一条小腿不见了，第四个腰部以下的身体失去知觉。此外，还有数名士兵也遭受了不同程度的轻伤。医护兵简单处理完伤员后，约翰斯顿又帮忙把伤员送回连部。军士长叫住约翰斯顿，问他是否也需要治疗。

"需要。"

"出什么问题了？想要休息一下？"

"见鬼，我的确需要休息，"约翰斯顿答道，言语中对军士长的推测有些不满，"但这并不是我跑回来的原因。有什么东西击中了我的侧腹。"约翰斯顿仍然身着作战服，背着全套作战装备，所以军士长还以为他只是太累了而已。

直到凌晨3:00，约翰斯顿手下的士兵才全部在后方急救站接受完治疗。军医忙完手头的活，问约翰斯顿："你哪儿受伤了啊？"

"医生，我也不是很清楚，但我的后背、侧腹现在疼得挺厉害的。"

"把衣服脱了，让我看看。"

约翰斯顿仍然拿着卡宾枪，背着背包，只有工兵铲在爆炸中不知所踪。他放下枪，取下背包和子弹带——发现上面有一个弹孔，然后脱光了衣服。

军医检查他的上身，说道："孩子，躺在担架上，我不让你动，你就千万别动。"

　　约翰斯顿躺在担架上，思索着机枪小队的"那帮孩子"和那个叫威利·布朗（Wiley Brown）的"老家伙"。过去的七个月，他使尽浑身解数照顾手下的士兵。他们有些时候的确会把他气得够呛，要么是因为太过懒惰，要么是不够积极，但大多数情况下，他们都让他"深感骄傲"。他拼命地向他们传授战场生存法则，还觉得自己做得"相当不错"，带领他们"渡过不少难关，一直都没有遭受太大的伤亡"。直到遭遇57号高地，在那里，"他的人几乎损失殆尽"。他感到既无助又无奈，"深吸一口气，沉沉地睡着了"。

　　约翰斯顿乘坐救护车来到陆军战地医院，接受手术，取出了嵌在背部和侧腹部的弹片。一天后，他写信给远在内布拉斯加州的父母："我正在住院，但很快就会出院。我受了点儿小伤，但没什么好担心的，只是侧腹和背部刮破了点儿皮。我在医院里住上几天就要回部队报到了。"[1]

＊　＊　＊

　　6月5日上午，第二十九陆战团二营的威廉·曼彻斯特中士正站在一个冲绳坟墓前面的院子里。突然，他听到炮弹"熟悉的尖啸声"。一天前，曼彻斯特所在的二营离开那霸，渡河前往小禄半岛，之后他挑中这座坟墓充当情报小队的驻地，因为坟墓的位置在山的反坡上，不易被日军炮火击中。据他的计算，炮弹飞过山顶击中院子的概率只有千分之一。即便如此，他还是出于本能向坟墓的门口处跑去，那里稍微更安全一些。而其余两个"新兵蛋子"伊兹·利维（Izzy Levy）、里普·索普（Rip Thorpe）仍然在露天的院子里用

"热盒子"*做饭。

出乎意料的是，那枚8英寸口径的炮弹落在了院子正中央，把索普炸得粉身碎骨。曼彻斯特回忆道："索普四分五裂，我身上全都是他的碎肉、鲜血、脑浆、内脏。伊兹被炸瞎了。其实我也暂时失去视力，而当时我根本就没有意识到。我脑袋里声若雷鸣。这很奇怪，因为我的双耳鼓膜破裂，按理说应该什么也听不到。"

更为严重的则是曼彻斯特的背部和左腹部嵌进了"大块弹片和里普的骨头"，还有严重的脑震荡。他站起来，跟跟跄跄走出这惨不忍睹的院子，并倒在地上。接下来的四个小时，他就像死尸一样倒在地上。幸运的是，一名医护兵上前查看情况，发现他"还有一口气"。医护兵先给他打了两针吗啡，然后安排他撤到一艘用作伤员集散中心的登陆艇上。

三天前，就在二营穿过靠近国场川河口的那霸南郊时，曼彻斯特的右腿"被子弹射中，受了点儿皮肉伤"。"我能获得紫心勋章**（Purple Heart）吗？"他询问医护兵。

医护兵点了点头。

曼彻斯特高兴得不得了。他终于受了"每个步兵都梦寐以求、价值百万美元的伤***"。他可以撤到后方的战地医院，躺在干净整洁的病床上，吃着热饭，坐等冲绳岛战役落下帷幕。然而，当他得知

---

\* 即石蜡块。——译注

\*\* 紫心勋章是目前仍在颁发的历史最悠久的军事荣誉，并且是第一种向普通士兵颁发的勋章；它于1782年8月7日由乔治·华盛顿将军设立，专门授予作战中负伤的军人，也可授予阵亡者的近亲属。尽管这枚勋章在今天的美国勋章中级别不高，但它标志着勇敢无畏和自我牺牲精神，在美国人心中占有崇高地位。这种勋章几乎就是鲜血与牺牲的代名词。它是美国历史上最为悠久的军事勋章，被美军官兵称为"永远的紫心"。——编者注

\*\*\* 此处意思是指足够严重、负伤者必须疏散到后方接受治疗但不会留下终身残疾的伤。——译注

二营要前往小禄半岛、在日军防线后方登陆时，他立马翻身下床，"逃离医院，搭便车前往前线，参加星期一的登陆作战"。一天后，他差点儿一命呜呼。

为什么要这样做？他承认，在战争开始时的确十分莽撞，但他"很快就变成了一名经不起风霜的战士和一位见不得阴霾的爱国者"*，不再看重军衔和赢得荣誉。"（他）还没发表过短篇小说，没有结婚成家，甚至都没有与女人上过床。"因而，他只想"混日子"，变成了"最不英勇的战士，只想着保命，从不逞英雄，更像一只猎犬而非雄狮"。既然如此，他为什么会在明明不需要上前线的情况下也要返回前线，还差点儿阵亡呢？直到许多年后，他才终于意识到，"那是战友的情谊。那些人是我的家人，那里是我的归宿。他们与我的亲密程度无以言表；无论过去还是未来，我都没有如此亲近的友人了。他们从未让我失望，所以我也不会让他们失望。我必须与他们在一起；绝不能让他们认为，我本有可能带领他们脱离险境，却任由他们自生自灭"。他想明白了，人之所以会战斗，"既不是为了旗帜，也不是为了国家；既不是为了海军陆战队，也不是为了荣誉；更不是为了其他任何抽象的观念。他们只会为彼此而战斗"。[2]

三等兵"瘦子"卡尔顿所属的第一八四步兵团一营部署在美军阵线的东端，侧翼紧邻冲绳岛东海岸，此时正以极快的速度向前推

---

* 此处英文原文为"a summer soldier and a sunshine patriot"，该语出自托马斯·潘恩（Thomas Paine）在独立战争期间撰写的系列小册子《美利坚的危机》（1776—1783）："The summer solider and the sunshine patriot will, in this crsis, shrink from the service of his country; but that stands it now deserves the love and thanks of man and woman." 此话的意思是："那些经不起风霜的战士和见不得阴霾的爱国者会在当前的这场危机中畏缩不前，但那些坚持战斗的人理应受到人们的爱戴和感激。"——编者注

进。"敌军正在迅速撤退，"他回忆道，"我们现在衡量推进速度的单位不再是英尺，而是英里。经常听到身边有人兴高采烈地说：'嘿，那帮狗娘养的终于夹着尾巴跑了。'实际上，战斗还远远没有结束。日军刚刚后撤到另一道防线，而我们不得不再次掘地三尺把他们挖出来。"

由于桥梁都遭到破坏，再加上地形复杂难以通行，如何获得补给成了最让一营头疼的问题。空投部分解决了补给问题。某天晚些时候，卡尔顿和机枪小组的战友刚在一道山梁上挖好散兵坑，就听到飞机的声音。卡尔顿记录道："在我们右侧山坡的空中出现了6架海军鱼雷轰炸机……轰炸机第一次经过是为了确定投放补给的方位。第二次飞过，每一架飞机都飞得很低，而且都打开了鱼雷舱的舱口。我们先是看到降落伞，之后看到一大包又一大包的补给跟着滑出机舱。有几包补给缠到一起，还没等降落伞完全打开就落到地上。只要降落伞没打开，补给包就肯定会重重地摔在地上，连蹦带跳滚上数米才停下。"

然而，这次空投的物资"全都落到"了无人地带。一两名"勇敢的战士"打算前去取回一部分物资，但很快就被日军轻武器的火力赶了回来。卡尔顿回忆道："天色渐暗，我们眼睁睁地看着数米以外的食物和饮用水，却只能幻想自己吃饱喝足的样子。当然，这也不是我们第一次饿肚子了。"到了早上，空投的补给连渣都没剩下；肯定是日本兵在夜里趁着卡尔顿机枪小组的值夜哨兵"不太警惕"，悄悄溜到"距离散兵坑只有数米远的地方"，把补给全都搬走了。第二天，航空兵又来了一次空投。虽然这次空投物资降落的位置要比上回准了一些，但由于一些降落伞没能打开，一些补给"摔了个稀巴烂"："水罐裂开，食物散落一地，一个装有250发机枪子弹的弹药箱侧面被子弹头齐刷刷地戳破，变得跟筛子一样。"

当侦察队不断向前推进，卡尔顿的任务就是用机枪提供火力掩护，确保"不断有子弹越过侦察队的头顶，射向前方山顶"。一天早上，当一支侦察队在前方刺探敌情时，卡尔顿与机枪小组的战友架好机枪，开始扫射。他回忆道："子弹的弹道在侦察队的头顶飞过，在空中划出一道美丽的弧线，消失在前方的丛林。侦察队正沿着一道山梁的顶部前进，两侧都是茂密的丛林。他们刚走数百米，我就看到队伍右侧的树丛里窜出一枚膝盖迫击炮炮弹。炮弹的飞行轨迹不太正常，在空中不停地翻个儿。我扯着嗓子大喊：'小心！'然而，距离实在太远了，他们根本听不到我的警告。"

卡尔顿惊恐地望着迫击炮炮弹落在毫无戒备的侦察队那边。"哦，我的天哪！"他嘟囔着，"炮弹要在他们正中间爆炸了！"

炮弹落到率领侦察队的军官头上，击中了他的头盔，把他砸得双膝跪地，却没有爆炸。"难道是运气？"卡尔顿不敢相信，"难不成有天使守护着他？侦察队立即举起武器，开始疯狂地扫射四周的密林。"多年以后，侦察队的一个成员告诉卡尔顿，"那个军官把那顶被炮弹砸坏的头盔当成了宝贝，还给它起了绰号：'凹痕'。"

一两天以后，当卡尔顿前进到一个小山包的顶部下方时，他被命令就地隐蔽，因为海军陆战队的海盗式战斗机马上就要向前方的日军阵地投掷凝固汽油弹。由于已经来不及挖一个标准的散兵坑了，他只好以最快速度发疯似的在地上挖了个浅坑，赶紧躲进去。听到飞机的轰鸣声后，趴在他右边的一个士兵叫道："快看，飞机来了！但愿那帮孙子知道自己在干什么！他们飞得也太低了吧！"

卡尔顿抬头看到第一架飞机刚刚投下"长长的流线型凝固汽油弹"。汽油弹似乎正径直向卡尔顿飞来，把他吓呆了，"感觉几秒钟后自己就要被活活烧死"。然而，就像发生了奇迹一般，燃烧弹"呼啸着"飞过他的头顶和山顶，在山的另一侧爆炸。"山下的丛林冒出暗红色的火光和黑烟，"卡尔顿写道，"从山那边传来的惨叫来判断，燃烧弹肯定正中目标……第二天，我们前进到山的另一边，目睹了凝固汽油弹爆炸后的惨状。地上散落着烧得黢黑、已经开始膨胀的尸体，有一些甚至仍然冒着烟。尸臭味让人难以忍受。"

大多数士兵都会在行军时收集纪念品，比如日军的旗帜、武器之类，而一些特别冷酷的士兵却盯上了日军尸体嘴里的金牙，比如卡尔顿的"好哥们儿"弗兰克。弗兰克用一个大口袋盛放他的收藏。一天早上，卡尔顿正在散兵坑里用装在铁罐头内、凉冰冰的C口粮充饥，而弗兰克在完成检查诡雷的任务后返回散兵坑。

"运气咋样？"卡尔顿问道。

"还好，昨天夜里找到了两颗。"弗兰克答道，然后也拿起罐头开始用餐。通常，弗兰克就是个"开心果"，但那天早上他却看起来心事重重。

"弗兰克，你怎么了？你今天有点儿反常啊。"卡尔顿问道。

"有个杂种的嘴里有一个纯金的固定桥，看着不错。我想把它抠出来，结果手一抖，它就顺着嗓子眼滑进去了。"

"见鬼，弗兰克，"卡尔顿开起了玩笑，"他早就死了。你把手伸到他嗓子眼里，一抠不就抠出来了。"

弗兰克把玩笑当真了，放下罐头和勺子起身就走。一分钟后，他回来了，用食指和中指夹着"一个镶着四颗金牙、沾满黏液的纯金固定桥"。他脸上洋溢着笑容，"我把他的下颌骨掰断了，才好不容易把这玩意抠出来，"他一本正经地对卡尔顿说，"虽然挺费劲的，但也算没白忙活。"

弗兰克又拿起罐头和勺子，继续吃早餐。卡尔顿反而吃不下了，他已经没胃口了。[3]

随着战线向南推进，后方梯队的部队中，一些人趁机在冲绳岛观光。他们中间有一个22岁的技术士官哈罗德·莫斯（Harold Moss）。他来自内布拉斯加州米纳泰尔市；1941年9月，他刚进入大学就接到征召令。他是参加过塞班岛战役和天宁岛战役的老兵；在美军登陆冲绳岛后，他在隶属第二十四军炮兵部队的第二二五野战炮营的营部人事办公室任职。

莫斯喜欢写信。当兵打仗的4年期间，他总共给家人写了340多封信，最后一批信件都是他在冲绳岛战役期间写的。而在其中一封1945年6月寄出的信中，莫斯用生动的语言描述了冲绳岛上两座主要城市受到战火摧残后的样子。他写道：

> 今天，我外出旅行，不仅看到了首里和那霸，还看到了首里城——准确地说，是它的断壁残垣。众所周知，夺取这两座城市的战斗异常激烈。荒凉和破败无法用语言描述。几乎没有一座像样的建筑，到处都是瓦砾和碎木。那霸这座有6.5万居民

的城市，如今只剩下一座长方形的两层砖房。推土机推着残骸
在废墟穿梭，清理道路，清除瓦砾，准备修建居住区。

首里同样也沦为一片废墟。它是一座坐落在山谷中的城市，
被山丘、山脊环绕，掩蔽着山上用作连接洞穴和日军火力点的
地下墓穴。每一道山梁都布满了这种洞穴。从高处俯瞰，地上
全是密密麻麻的圆形弹坑，偶尔还能看到航空炸弹、大口径舰
炮留下的巨型弹坑。我还看到了我军坦克的残骸，许多被击毁
的坦克停放在洼地上；日军很可能在那些洼地处使用了自杀式
袭击，抱着炸药包与坦克同归于尽。首里城还有几根柱子仍然
矗立着，一看就让人联想到希腊古城的废墟。

莫斯又补充道，日军的残兵败将"被逼进了一个很小的包围
圈"，很可能"会发动自杀式冲锋，而其余的人则会像塞班岛战役
时那样跳海自尽"。*他继续写道，美国人极为珍视生命，而日本人
对生命价值的看法"截然不同"。为了证明这一点，他讲述了自己
的亲身经历。他曾经在一个山洞里看到4个"刚死不久"的日本兵，
其中一个人"似乎是在最后一刻抱着手榴弹自杀的，因为此人胸
腔外露，脸也给炸没了"。他当时就想到，在和平时期，美国政府
会"花费数千美元来追查谋杀案的真凶。而在这里，人命似乎一
钱不值"。

在谈到一些家事时，他表示同意父母的看法：妹妹南希应当进

---

* 1944 年 7 月，塞班岛战役接近尾声时，1 000 多名日本平民服从裕仁天皇的命令跳崖自尽。大
约在同一时刻，包括许多伤员在内、岛上残存的 4 000 名守军发起了最后一次冲锋。他们突破
了美军防线，在全军覆没前给（隶属于第二十七师的）第一〇五步兵团一营、二营造成了至少
650 人的伤亡。塞班岛守军的自杀式冲锋是二战期间规模最大的自杀式冲锋。——原注

入他之前就读的那所大学学习，因为她"毕业肯定没问题"。他很后悔自己当年没有认真学习，很懊恼自己"永远也拿不到学位"。

在信件的结尾，莫斯承认，登陆冲绳岛以后，他时常感到"怕得要死"。[4]

## 35　你必须坚持住

6月5日，就在E连返回前线的前一天，布鲁斯·沃特金斯中尉时隔一个月再次给妻子琼写信。他回忆道："她寄来了好多信，每封信我都不知读了多少遍。考虑到自己生还的概率越来越低，我写信时字斟句酌，生怕说错话。这封信很有可能就是我的最后一封信。我倒没有什么预感，只是感觉自己时日无多。"

即便补充了兵员，E连也只有不到100人，远远少于战役开始前的满编235人。尽管如此，由于天气好转，并且只有零星的日军狙击手要对付，沃特金斯率领的E连，作为第一陆战团二营的先头部队，在南下挺进国吉岭时仍然取得了较快的进展。一天晚上，E连的战士听到前方有动静，马上发射照明弹，结果发现了一批日本平民。幸亏E连开火的纪律严明，没有发生误伤平民的事件。沃特金斯写道："当时大概有30个平民，他们叽里咕噜地冲我们说话，显然是想要让我们明白他们的意思。其中一名平民明显就是怀孕了，其他平民则不停地对着她比画，直到我们搞清楚状况：那个孕妇快要生了。"于是，沃特金斯赶忙命令手下的士兵搭起帐篷。刚搭好，孕妇就爬了进去。

"医生，"沃特金斯对E连的医护兵说，"你得帮下这位女士啊。"

　　医护兵一点儿也不想蹚这浑水，强烈地表示自己"没有助产经验"。幸运的是，其他妇女懂得怎么接生，于是孕妇很快就当上了妈妈，抱着刚出生的婴儿从帐篷里出来。沃特金斯回忆道："他们喜笑颜开，不停地点头鞠躬，对我们千恩万谢，然后继续向后方走去。那是一个特殊的时刻。我知道，没有哪个陆战队员的心肠会硬得无动于衷。"

　　在几乎能望见国吉岭的地方，E连经过一块被铁路路基分隔开的台地，经历了一场"短暂而激烈的战斗"，消灭了30多个日本兵。沃特金斯命令前沿的2个排爬上前方高地，把剩下的1个排留在路基附近充当后备部队。自两个半月前登陆时起，沃特金斯唯一一次真正的洗澡就是在嘉手纳机场附近的海里游泳。就连他本人也在回忆时承认："我们就是一帮邋遢的糙汉，肯定早就习惯了不洗澡的气味，没人注意到自己和身边的人都臭得不得了。另外，我们身边一直弥漫着尸臭味，掩盖了其他一切气味。这几天又闷又热，周围那30多个日本兵的尸体腐烂得更快了。"[1]

　　6月10日，陆战一师部署在前方的2个团（第一团在前方左侧，第七团在前方右侧）已经推进至国吉岭以北不到1 500码处，受制于东边与座山上日军的俯瞰和火力袭扰。当天，第一陆战团一营为了攻下与座村以西的一座小山，付出了125人伤亡的代价。同日，第七陆战团抵达照屋村（Tera）附近的高地，伤亡要比第一团少得多。次日，第一陆战团二营攻下大里（Ozato）以西的69号高地。

　　此时面临的难题是平坦的地形。陆战一师从照屋到大里的前线，与国吉岭相距仅1 000码，但这中间的地形大都是平坦的低地，进攻部队在推进过程中很难找到掩护。6月11日，第七陆战团的2个营首先发起进攻，结果很快被日军猛烈的机枪火力击退。当天夜里，他们再次发动进攻，担任先锋的C连、F连全都抵达国吉岭西端，整个过程没有遇到太大困难。然而，6月12日拂晓，他们的阵地就遭到日军的轰击，迫击炮、火炮、机枪如暴风雨一般。团长爱德华·W.斯内德克（Edward W. Snedeker）上校派出2辆坦克增援，结果一辆坦克被击毁，另一辆被迫撤退。上前增援的2个连虽然在烟幕弹掩护下越过那片开阔地，但伤亡惨重，也同样被迫撤退。

就在那时，第七陆战团团部和勤务连的三等兵比尔·尼亚德尔（Bill Niader）自告奋勇，与其他3名战士冒着敌人的炮火，上前营救一名双腿被子弹射穿、困在开阔地的战友。比尔出生于宾夕法尼亚州，成长于新泽西州克利夫顿市，刚刚在六个月前辞去特罗布里奇传送带公司的工作并加入海军陆战队。登陆冲绳岛后，他经常给父母写信，最后一封信的落款日期是5月28日，也就是他19岁生日的第二天：

> 我只能简单写几句话，向你们报个平安。我一切都好，身体什么问题都没有，希望你们也一切都好……再过上一周半或两周，我们就攻下这座岛屿了……昨天我收集了各式各样的纪念品——日军的头盔、步枪、刺刀、防毒面具、军服、钱币、帽子、弹壳、折叠刀以及许多其他物件。我搞来这些东西，却没地儿放，因为我身边只有那个日常使用的背包了……
>
> 德国投降后，国内都在庆祝欧战胜利日吧。那的确是好消息，但我的战争却还在继续。德国人没有日本兵那样聪明、狡

诈、强大。日本兵藏身的洞穴异常坚固，深度有40英尺，我们必须掘地三尺才能把他们彻底消灭。国内的人们都在庆祝胜利，而我们则必须待在这满是泥水的散兵坑里。有天晚上，散兵坑里的水多得待都待不住了。还好我跑得快，要是再晚十分钟，说不定就淹死了。他们经常把你逼得发疯，让你做事不计后果。但我还是能搞得定。我只需低下头，张开耳朵，睁大眼睛。老爸请别担心，我好着呢。过不了多久，一切就都结束了。[2]

进攻国吉岭的前几天，比尔和他的好哥们儿三等兵哈里·斯威策（Harry Switzer）待在一个散兵坑里。斯威策回忆道："我们一个人睡觉，另一个人警戒，防着日本兵趁夜渗透到我们的阵地。大约到了午夜，我一觉醒来，发现比尔和我们旁边散兵坑里的战友正在与日本人交火。8个日本兵摸了上来，要是不能阻止他们，我们的麻烦可就大了。"天亮后，斯威策看到，在以两个散兵坑为中心、半径不超过25英尺的范围内，躺着7具日本兵的尸体。比尔率先向日本兵开火，至少打死2个。

12日，斯威策还与尼亚德尔和其他2名战友参加了救援任务。他们把伤员抬到担架上，并顺利返回，所有人都"松了一口气"。斯威策接着写道，就在那时，"一枚迫击炮炮弹正中目标，我和比尔全都被击中。比尔陷入昏迷，再也没能清醒过来。五分钟后，我们把他送到了急救站。医生竭尽所能地抢救"。然而，医生也无力回天，比尔·尼亚德尔终究没能恢复意识。战友取不下比尔手指上的陆战队指环，只好锯断指环，把残片与其他私人物品一并寄给他的家人。[3]

比尔死后，美军调来更多的坦克，用来给困在国吉岭上的士兵运送血浆、饮用水和弹药。此外，坦克还运送了援兵，每辆坦克搭乘6名士兵，第一批9辆坦克把54名士兵送上高地，回程又把22名伤员运回后方。此后，在夺取国吉岭的整个战斗中，美军一直都用这种办法来运送补给和人员。当天晚上，美军又派出2个连支援高地上的部队，其中一个连是"杰普"卡雷尔少尉所在的K连。卡雷尔回忆道："我们涂黑了脸，天黑后沿着照屋的正坡走去……我们一路上被要求不能开火，保持极低声的耳语，迈步也必须谨慎。我们悄无声息地沿着遍布碎石的山坡，抵达山脚的平地。月色明亮，我们能清楚地看到百米开外的东西。当然这也意味着，只要日本兵凑巧朝我们这边瞅一眼，就能轻易地看到我们。"

幸运的是，日本兵没有看到他们。通过一座桥后，2个连队抵达山脊最高点附近的预定地点，被命令在那里挖掘散兵坑。天亮开火时，已有6个连的兵力在国吉岭地势较低的一端站稳脚跟。卡雷尔写道："部署在我们前方的陆战队被日军火力压制得抬不起头，不少射向他们的子弹也打到了我们这里。伤亡人数居高不下。大约到中午，坦克开上来了，取得了不错的效果，给我们减轻了一些压力。我们一点一点地扩大立足点。到此时，全连所有人都上了火线。"[4] 6月13日，第七陆战团付出了140人伤亡的代价：重伤员乘坐坦克返回后方；轻伤员留在原地；战死者的遗体被集中在一个山脚附近。[5]

第七陆战团遭受的大部分火力来自前方和左侧。为减轻第七陆战团的压力，师部命令第一陆战团二营攻占国吉岭地势更高的东端。6月13日晚，布鲁斯·沃特金斯中尉率领的E连"挖好散兵坑"，本想着可以"安稳地过上一夜"，却在晚上9∶00接到营长马吉中校用无线电发来的命令：E连、G连须在凌晨3：00向高地发动进攻，进攻部队由沃特金斯全权指挥。沃特金斯写道："我询问马吉中校，想要知道上级为什么会选我来指挥这次进攻。马吉答道：'（师部的作战主官）罗素·E.洪索韦茨（Russell E. Honsowetz）上校点名要你来指挥进攻。'我当时冒出两个想法。一个是洪索韦茨上校仍然对我在佩莱利乌岛战役中拒绝执行他的命令而感到不满\*。另一个想法就要乐观多了——洪索韦茨真的认为我是执行这项任务的最佳人选。"

　　他们排成单列纵队出发。走在最前面的是E连三排，跟在后面的依次是E连一排、沃特金斯及E连连部、E连二排以及最后面的G连。这2个连的兵力约有240人，大致相当于满员时的一半。尽管上级禁止发射照明弹，但海军的照明弹仍然不断在上空爆炸，迫使沃特金斯和手下士兵停止行军，就地隐蔽，这影响了他们的速度。E连、G连刚刚抵达山岭脚下，天就亮了，日军立即开枪射击。第一批阵亡的美军士兵中有一名补充军官怀特少尉，他前一天刚担任三排排长。沃特金斯写道："战斗刚开始了大约五分钟，他就阵亡了。"

　　尽管遭受了不小的伤亡，E连的3个排还是全都攻上高地的顶部，但仅得到G连一个排从左侧的支援。沃特金斯留在山脚下，在一个4英尺高的陡坡后面设立了指挥所。隔在他与士兵之间的那段长度100英尺的山坡，"很快就变成无人地带。哪怕只是从陡坡后面探头

---

\*　在佩莱利乌岛战役中，洪索韦茨是第一陆战团二营的营长。沃特金斯担任排长的那个排刚刚"遭到日军猛烈的炮击，从一个山头上撤下来"，洪索韦茨命令他率领士兵重新上山。沃特金斯写道："（我当时）情绪激动，这辈子头一次，也是唯一一次拒绝执行上级的命令。我对他说，除非想办法拔掉那个把我们轰下山的炮兵阵地，否则我绝不会命令我的士兵重新上山。只不过，我也对他说，要是他觉得上山真的能解决问题的话，我愿意陪着他一同上山。他当时狠狠地瞪了我一眼，转身就走。"见沃特金斯所著《战场兄弟》（*Brothers in Battle*），第27页。——原注

看一眼山上的情况，也会马上引来日军的炮火"。然而，沃特金斯面临的更大问题是，在E连的右侧与第七陆战团的阵地之间有一个相当大的缺口，使得日本守军"可以依托掩护从前方和两侧射击我军阵地，而我军几乎所有部队都暴露在对方的火力之下"。伤亡人数"惊人的速度攀升"，阵亡者的尸体"裹在斗篷里被抬下山"，安放在陡坡后面的隐蔽处，"看起来就像是装食物的口袋"。

沃特金斯请求坦克支援，想让伤员坐在坦克上向后方疏散。但是，日军狙击手"躲在我们两侧和后方茂密的草丛里"，把伤员全都打死了。因此，他只好让伤员通过坦克底部的逃生口进入坦克。"对于重伤员来说，这样做实在太粗暴了，"沃特金斯记录道，"因为首先要把坦克开到伤员的正上方，然后再通过一个只有18英寸见方的小口把他们拉到车内。然而，这是唯一可行的方法。"这还得益于日军没有更多的反坦克炮了。

中午，沃特金斯试图到前方视察E连那三个排的情况。他冒着日军轻武器的火力，连躲带闪来到一排的阵地。他赞同排长勒丰（LeFond）少尉的看法，"在白天无法开展进一步的行动"。他返回连指挥所，深知全连伤亡率已大约30%，形势"岌岌可危"。

天快黑时，沃特金斯用无线电联络马吉中校，请求他派遣援兵，扩大前沿阵地的宽度。沃特金斯指出："如果阵地正面不够宽，日军就会不断地绕到我们的两侧和后方，向我们开火。"

"办不到，"马吉答道，"我派不出援兵。"

"长官，那我们不如先撤下来，这样至少还能减少一点儿伤亡。"

"对不起，沃茨。你必须坚持住。我会安排航空兵给你空投物资。"

"长官，我们不需要空投，只需要援兵。"

尽管如此，航空兵还是空投了弹药和饮用水，但糟糕的是，三分之二的空投物资落到日军那一侧。沃特金斯回忆道："此时，我心里是有一点儿怨言的。我们的处境与准备最后一搏的卡斯特\*如出一辙。面对这种局面，我在天黑后前往前沿阵地，尽可能地给E连士兵鼓劲儿。没有人嬉笑，他们都是训练有素的战士，都像斗牛犬一样毫不畏缩。"沃特金斯给各排排长打气，称明天援兵就到了。实际上，当天夜里，F连就已经赶到前线，但沃特金斯却决定"把他们部署在我们后方的平地上，形成第二道防线"。这样一来，即便日军突破第一道防线，E连也可以后撤到F连的阵地上。他自我安慰道，幸好日军无法使用90毫米口径的迫击炮和火炮，否则情况会更糟。"即便如此，"沃特金斯写道，"我们还是不断遭到膝盖迫击炮和手榴弹的袭击，一整夜都没消停过。"

黑夜"被照明弹和零星的炮火照亮"，日军发动的一次夜袭迫使G连后撤数百米。拂晓，美军在高地上的防御阵地已经大幅缩减，变成了"一个指向前方、直径只有大约150英尺的半圆"。与此同时，日军进入了更为有利的射击位置，沃特金斯手下的士兵"在半睡半醒间还没来得及寻找更好的掩体，就在散兵坑里中弹身亡"。然而，E连那三个排剩余的官兵仍然"拼命地坚守阵地，既无法向前推进，也没有向后撤退"。两名士兵会用斗篷把大家的水壶运到后方，用坦克带的给养补充饮用水。但是，由于天气十分炎热，口渴一直都是

---

\* "卡斯特"是指美国陆军第七骑兵团团长乔治·阿姆斯特朗·卡斯特（George Armstrong Custer）中校。美洲原住民在小巨角河战役中重创卡斯特率领的第七骑兵团，卡斯特顽强抵抗，直至被原住民击毙。——译注

个问题。前线战士吃得很少，全靠"罐装的午餐饼干和淡水"充饥。

　　沃特金斯没精打采，脑袋昏沉。他知道 E 连必须坚守，如有必要就只能战斗到最后一人。6 月 15 日下午晚些时候，他打算"再次上前线视察，哪怕只是为了鼓舞士气"。然而，一梭子机枪子弹飞过，以惊人的速度击中他正前方的岩石，他赶紧寻找掩护。沃特金斯惊喜交加，庆幸自己没有中弹，也"再没有勇气越过那块岩石了"。

　　马吉的无线电报成了 E 连的救命稻草——第五陆战团二营将在当天晚上换下 E 连。"我把援军将至的好消息传了下去，"沃特金斯回忆道，"午夜前后，第五陆战团二营如约而至，我见到在第五陆战团担任连长的迪克·斯特鲁格里克（Dick Strugerik）中尉。他是我在预备役军官训练班的同学，我很高兴见到他。我们沿着前线走了一圈，挨个儿检查散兵坑，并实施换防。我向迪克强调，如果兵力充足，他就应当设法扩大阵地；如果兵力不足，他就应当请求上级派遣援兵。然而，第二天早上他就阵亡了。"

　　此时，沃特金斯已经率领 E 连的残存兵力沿着开阔地安全返回。当最后一个人撤离前线后，沃特金斯发现马吉正在营部等着自己。他说："沃茨，我压根儿就没想到你能活着回来。"

　　E 连乘坐卡车行驶 1 英里后抵达后方，沃特金斯清点人数：全连只剩下 3 名军官、52 名士兵。他写道，登陆冲绳岛时"E 连总共有235 人，加上后来补充的兵员，花名册上总共有大约 450 人。现在剩下的这 55 个人里，可能有一半是伤愈后归队的"。包括沃特金斯在内，全连毫发无伤的官兵仅有 25 人左右。沃特金斯很自豪，E 连在"日军最后的防线上"站稳了脚跟，但"他们也付出了巨大的代价"。[6]

## 36  我们太天真了，那么容易就受骗了

巴克纳中将在6月9日的日记中写道：

> 计划明天空投传单敦促日军投降，这样做在很大程度上只是应那帮心理学"专家"的要求，我们并不指望能得到什么结果。[1]

6月10日，美军按照计划向日军前沿阵地空投传单。传单把牛岛中将当作收信人，用日语写道：

> 阁下指挥的部队作战勇敢，表现出色，您的步兵战术已经赢得对手的尊重……与我一样，您也是步兵将领，长期地研习步兵战法并久经沙场……因此，我认为阁下肯定也跟我一样，已经清楚地意识到，用不了几天工夫，美军就会摧毁守岛日军的抵抗力量。

随后，巴克纳向牛岛伸出橄榄枝，邀请对方参加投降谈判。日军没有给出任何回应。两天后，美军飞机散发了3万份传单，强调

牛岛出于一己私利想要拉整支军队陪葬，并呼吁牛岛手下的官兵自主决定是否放下武器。6月14日，美军再次空投了内容相似的传单。尽管大多数日军都对美军的呼吁充耳不闻，但到6月12日以后，随着日军处境的无望日趋明显，日军投降的人数的确出现了明显上升。

实际上，直到6月17日，牛岛才收到巴克纳的劝降书。他和长勇都觉得，这有点儿滑稽，完全违背他们作为武士的义务——战斗至最后一刻，然后切腹自尽。[2]牛岛笑着说道："敌军将领给我戴高帽，称我是步兵作战专家。"[3]

此前大概两周，坏消息接连不断地传到第三十二军设在摩文仁的司令部山洞。例如，6月5日，牛岛接到率领海军基地驻军在小禄半岛与陆战六师作战的大田海军少将的电报。大田说道：

> 在阁下的指挥下，正如你们所闻，我们海军部队在首里作战英勇，战斗至最后一人。我们又协助你们陆军成功地从首里撤退到喜屋武半岛。我履职尽责，问心无愧。接着，我将指挥海军剩余的部队坚守小禄半岛，作为勇敢的武士奋战至死。对于阁下为我们所做的一切，我表示最为深挚的感谢。愿武运长久。
>
> 我虽然即将战死在冲绳岛这凄凉的战场上，但会始终守护伟大的大和精神。

至少八原大佐就对大田的做法感到极其失望。他原本计划把大田指挥的海军基地驻军部署在喜屋武半岛，而现在"一想到海军孤军奋战，即将被敌军彻底消灭，我们却只能袖手旁观，心里就很难受"。牛岛也有同样的感受，发出了最后的呼吁。他在回电中说道：

> 大田海军少将，你光荣地履行了职责，对此我必须表达由衷的感谢。你率领的海军部队与我率领的陆军部队并肩英勇战斗，为冲绳岛战役做出了极大的贡献。我们由衷地钦佩海军完成使命，赞赏海军坚守小禄半岛并战斗至死的气概。然而，我无法接受海军部队孤军奋战至最后一刻，而我们却只能作壁上观。你还有机会撤退。我希望我们的部队能够合兵一处，共同迎接战死的时刻。

然而，大田早就下定了坚守小禄半岛的决心。6月6日晚些时候，他目睹了冲绳岛平民悲惨的处境，并向远在东京的海军省提出了一个非同寻常的请求：

> 从战斗开始的那一刻起，陆军和海军就一直进行防御战，无暇顾及冲绳岛的平民。因此，由于我们的失职，无辜的冲绳岛平民在敌人的进攻中失去了家园和财产，老幼妇孺被迫躲藏在狭小的、废弃的地下掩体内，或者暴露在敌军的炮火之下，忍耐恶劣的天气。此外，岛上的女孩还担负起照顾伤员、为士兵做饭的任务，有的人甚至还自愿为前线运送弹药，或者参与上阵杀敌……
>
> 现如今，战斗已经接近尾声，但平民做出的牺牲却没有得到承认，没能获得褒奖。我对此深感沮丧，不知该对他们说些什么。岛上所有植物都毁于战火……到6月末就会出现粮荒。

这就是冲绳岛平民的战斗经历。为此，我请求你们从今天起给予冲绳岛平民以特殊的优待。[4]

然而，大田的请求没有得到任何回应。

与此同时，大田率领的海军基地驻军"在兼城（Kanegusuki）、丰见城（Tomigusuki）以及小禄半岛的山地中作战，取得了出色的战果"。尽管如此，到6月11日，海军基地驻军的残部还是被美国海军陆战队3个团的兵力包围在一块只有1000码见方的阵地内。最后时刻已近在眼前。当天深夜，大田最后一次向牛岛发送电报："敌军已经开始向司令部发起总攻。这是我们最后一次与阁下联系。6月11日23∶30。"[5]

大田率领的残余部队被困在那霸湾附近的平地上。到6月13日，大部分被困日军不是战死，就是自杀，仅有159人缴械投降。但这也是美军登岛以来第一批大规模投降的日军。其中有一名海军少佐和他的妻子，两人都已经受伤了。美军在小禄半岛北端的丰见城下方发现一处总长450米的结构复杂的地道体系，并在地道内找到大田以及4名参谋人员"还没有凉透"的尸体。他们在被枪杀前曾举行过切腹自尽仪式。另有200具日军尸体散落在"通风良好、配有电力、门廊和墙壁均用混凝土加固的"坑道里。隶属于第四陆战团二营、当时18岁的三等兵托马斯·麦金尼（Thomas McKinney）回忆道：

尸臭味变得越来越强烈。我们拐了个弯，发现眼前的坑道里面紧靠两侧墙壁的全是日军水手和士兵的尸体……再向前走一点儿，我们发现一个房间。房间是一个在珊瑚岩里开凿的洞穴，内有一个很大的平台，上边铺着榻榻米……榻榻米上躺着5名军官。中间的那个……是一名海军少将。少将的左右各有2名军官，都是海军大佐。这5个人身着全套制服，但没穿鞋子……每个人都紧握用来切腹的短刀，刀口在皮带下方约一寸的位置，整个刀刃都捅进了腹部。每个人的太阳穴位置都中了一枪。[6]

攻占小禄半岛的战斗持续了10天，陆战六师的伤亡人数达到惊人的1 608人，还损失了30辆坦克，战损率超过了他们攻占由牛岛的陆军守卫的首里防线的战斗。[7]

然而，筋疲力尽的第四十四混成旅团残部的表现可就没有那么出色了。日军在喜屋武半岛设立新防线后，铃木少将率领的第四十四混成旅团承担起防守新防线右半部分（即东侧）的任务。6月9日，美军第十七步兵团三营在八重濑岳南端紧靠安里镇（Asato）北侧的位置建立了立足点。同日，第三十二步兵团一营开始向牛岛防线东半部分的支点——95号高地发起进攻，并最终在11日攻下高地。八原从第六十二师团派出一部分兵力前去增援反攻，却没能收复失地。由于天气好转，地面更为坚实，美军可以部署更多的装甲部队，日军的任务因此更加艰难。美军官方战史记录道：

喷火坦克成了美军解决日军珊瑚岩洞穴的法宝，每摧毁一门日军火炮，我军遭到的炮火袭扰就会相应减轻；更为重要的是，我军的步兵和坦克兵凭借经验形成了近乎完美的协同作战。在攻占冲绳岛南端的战斗中，战场上到处都可看到喷火坦克橘红色的火舌，并可听到机枪、炮弹、火箭弹、炸弹雷霆般的轰鸣。[8]

6月11日到12日的夜间，美军第七师取得了新的进展：第十七步兵团扩大了在八重濑岳上的立足点，甚至还攻上山顶。与此同时，（隶属于第九十六师的）第三八一步兵团推进到位于八重濑岳和与座山之间的鞍部，并在6月12日与八重濑岳上的第十七团会合。牛岛试图挽回败局，命令部队歼灭主防线八重濑岳上的所有敌军。然而，这只是牛岛的一厢情愿。美军击退了日军发动的所有反攻。[9]

6月15日，第四十四混成旅团的参谋长京奏少佐没有事先打招呼就前来司令部与八原大佐见面。八原见到京奏后大吃一惊：他的朋友原本是一个身体健康、充满活力的人，但现在却显得"心力交瘁"，满是灰尘的脸上布满了"悲伤和痛苦刻下的皱纹"。京奏对八原说："第四十四旅团完蛋了。我们的右翼彻底崩溃。部队已经无力再战。我必须遗憾地汇报，眼看着手下的士兵白白地送死，各级部队的指挥官全都号啕大哭。我们无论做什么都无法阻挡敌人前进的步伐。大本营自始至终都没有给我们足够的支持。各级指挥官纷纷发问，日本本土是不是难以避免与冲绳岛相同的命运。这是为什么啊？难道就没有其他选择了吗？"

八原知道京奏想说什么：白白送死毫无意义。然而，上级早已决定要战斗至最后一人。二人吃着菠萝罐头，喝了点儿清酒。然后，京奏连头盔都没戴，就"消失在黎明前的黑暗之中"。

大约在同一时刻，第三十二军司令部收到了第四十四旅团的指挥官铃木少将发来的最后一封电报。铃木写道：

> 落樱在 109 号高地上优雅地凋谢，
>
> 将会在九段坂的樱树上再次绽放。[*]

　　为了稳住眼看就要分崩离析的防线，牛岛命令第六十二师团指挥官藤冈中将接手防线东侧的防御任务。然而，面对无可挽回的局势，藤冈同样也无能为力。[10]

　　"下雨的时候，我就回来了。"4 月 10 日，陆军航空部队的荒木春雄少尉在本州岛国府津火车站与妻子茂子告别时这样说道。

　　从那以后，只要遇到下雨天，茂子就会对父母说："他今天肯定会回来的。"

　　茂子家一直都敞着房门，为的是春雄什么时候回家都能进门；他们还经常熬夜等待最后一班火车。然而，春雄一直都没有回来。这段时间，茂子经常恶心反胃，只好去看医生。"你有什么要跟我讲的吗？"医生问道。

　　"没有。"

　　"你结婚了吗？"

　　"结了。"

　　"噢，那就对了，你也许是怀孕了。"

　　茂子惊呆了。她只与春雄睡过一夜，但仍然怀上了孩子。她回

---

[*]　九段使馆区，紧邻靖国神社。——原注

忆道："从那一刻起，我就更想见到春雄，告诉他这个好消息。我们不停地打探，但音讯全无。"

终于，在6月中旬，一位著名的作家兼记者\*拜访了茂子一家。"我在知览与荒木春雄见过一面，"记者面色凝重地说道，"他把遗嘱连同自己的头发、指甲托付给我。5月11日那天，他在战斗中阵亡。"

茂子失声痛哭。肚子里的孩子现在成了她活下去的唯一理由。茂子父母的想法也与她一模一样。随后，茂子读完春雄简短的绝笔信，十分感激春雄把自己当作妻子，在书信开头处直接使用"茂子"这样的称呼，而不是像以前那样称她为"亲爱的茂子小姐"。春雄在信中请求茂子原谅他的"残忍"和"冷酷"。茂子想知道，为什么"一个将死之人要请求我的原谅？我才是那个想要得到原谅的人"。

对于茂子来说，最令人心碎的是，她"没有办法回应春雄的请求"。她只能祈祷，只能"感到同情和痛苦"。

至于春雄的牺牲，茂子相信丈夫没有白白死去，而是击沉了一艘美军战舰。她后来写道："否则，他葬身冲绳岛海域冰冷的海底，不就没有任何意义了吗？"

听闻春雄战死的消息后，家里的亲朋好友都会说："太好了，可喜可贺。"

"没错，的确值得庆贺。"茂子故作坚强地这样回答，却在回家后以泪洗面。[11]

---

\* 即第27章提到的那个记者。——译注

\* \* \*

6月10日，宫城喜久子与学生护士队的同伴抵达伊原，终于结束了这段噩梦般的漫长旅途。然而，新的战地医院仍然设在山洞里，太过拥挤且卫生条件糟糕，因此也并没有给喜久子带来些许安慰。她回忆道："只要抓一把头发，就会发现手上全是虱子。我们的身上也爬满跳蚤。之前，我们满身污泥；现在，我们浑身污垢，指甲越来越长，脸色黝黑。我们身体虚弱，身上止不住地痒。"

食物大都是"发霉的糙米"。护士队的成员必须在山洞外生火，用饭盒煮饭。然而，由于美军战斗机不断投掷炸弹，离开山洞总是有风险的。有一次，喜久子又遭遇了血腥的场景。她的耳边则回荡着同学的哭喊声："我的腿没了！""我的胳膊没了！"

喜久子仿佛坠入一片"血海"，看到许多被爆炸波及的护士、学生、士兵躺在地上，要么身负重伤，要么已经死亡。喜久子的一个朋友胜子（Katsuko-san）大腿受伤，一直都在喊："好疼啊！"

另一名高年级的学生肚破肠流，一边拼命地想把肠子塞回去，一边低声说道："我不行了，请先去照顾其他人吧。"

与此同时，老师一边抹着眼泪，一边把死去学生的发绺剪下来，放到口袋里保存。老师也不知如何是好，只是不停地念叨着："尽力！别死，你们谁都不许死！"

护士队的成员曾经听信日本兵的谎言："打胜仗了！""我们的军队永远都是最强大的！"

如今，她们终于看清真相。喜久子说："我们太天真了，那么容易就受骗了。"

## 37 我能看到弹道轨迹径直向目标飞去

6月14日，巴克纳中将在给妻子阿黛尔的信中写道：

> 我今天在前线待了一整天，仔细观察敌军阵地，发现敌人
> 的防御有削弱的迹象。要不是突破首里防线时天降大雨，重武
> 器全都陷在泥淖里耽误了追击，日军根本就没有机会后撤到现
> 在这块四周几乎完全环绕着悬崖的阵地上。然而，我们今天从
> 一个似乎令敌人感到意外的方向发起进攻，现在已有两个营和
> 一些坦克抢占了（八重濑岳）高地的顶部。如果今天晚上能守
> 住阵地，那么明后两天我们就可以突破眼前这道防线。到那时，
> 日军就不得不退守冲绳岛南端的最后一道山脊，并且很快就会
> 全军覆没。[1]

最近美国国内媒体的负面报道加剧了巴克纳的不耐烦。例如，
《纽约先驱论坛报》（*New York Herald Tribune*）首先发难，刊载了经
验丰富的战地记者霍默·比加特（Homer Bigart）的文章，批评巴
克纳拒绝了第二次两栖登陆作战的建议，称他的战术"极其保守"；
此外，联合专栏作家戴维·劳伦斯（David Lawrence）发表了两篇

措辞更为严厉的文章，一再强调巴克纳缺乏作战经验，能力不足，坚称第二次两栖登陆作战可以减少美国士兵的伤亡。[2]作为回应，巴克纳拍着胸脯对妻子说："尽管国内某些不爱国的媒体搬弄是非，企图引起争议，但我指挥的陆军、海军和陆战队之间建立起极佳的协同作战。"他还对妻子说，他看到一篇劳伦斯写的文章，那家伙说他"没有按照'陆战队的方式'行事，导致整个战役变成了一场巨大的失败"。然而，在寄送那篇文章的同一个邮包中，还有一封陆海军参谋学院（Army–Navy Staff College）寄出的信件，其中指出，"他们研究了冲绳岛战役，认为战役的指挥无可挑剔。到底是谁的话有道理，就看你们怎么选了"。[3]

第二天，即6月15日，巴克纳在第十集团军司令部召开新闻发布会，为其指挥方式辩护。他对到场记者说，攻占冲绳岛的目的是利用岛上的机场空袭日本本土，并为即将到来的攻打日本本土的战役建立基地。鉴于上述作战目标和冲绳岛南端的地理环境，第二次两栖登陆作战并不明智。珊瑚礁可能会给两栖登陆造成困难，而岛屿南部多山的地形则可能让守军轻易就把登陆部队困在滩头阵地上。巴克纳指出："如果分散兵力，我们就有可能吃败仗，或者可能过度延长战役的持续时间，或者可能被迫请求援军，而这正是我们想要避免的事情。"让更多部队登岛只会拖延机场的建设进度。他进一步解释道："我们没必要赶时间，因为我们已经控制了足够的机场来完成后续的作战任务。"

巴克纳提出的每个论点都缺乏说服力。并且，令人惊奇的是，他竟然没有提及第十集团军参谋人员否决第二次登陆作战的主要原因：后勤补给困难。尽管如此，尼米兹海军上将还是站在巴克纳这边，并发表声明，指责劳伦斯的文章"严重误导"和不爱国。尼米兹指出："在不同的兵种之间比较，既不合时宜，也不可取。"然而，在私底下，不仅许多海军和陆战队的将领认为没有尝试第二次登陆作战是重大失误，而且就连以布鲁斯少将为代表的一部分陆军将领也持有相同的看法。霍默·比加特也同样这么认为。他在文章中写道，劳伦斯把冲绳岛战役与"惨败"画等号的做法"很荒谬"——比加特报道过意大利战场的安济奥战役、卡西诺战役\*，他知道什么才是真正的"惨败"。然而，他仍然认为："在冲绳岛南岸两栖登陆能够更好地发挥陆战队的作战能力。"[4]

与此同时，6月15日，巴克纳在第十集团军的一次参谋会议上指出："战役的试探阶段已经结束，只剩下最后一击了。"[5]此时，他每天都会前往各营的前线观察哨，督促部队尽快完成作战任务。6月16日，他在写给他那个就读于西点军校的18岁的次子克莱本的信中说："我亲自上前线，仔细观察敌军防御阵地目前的情况。敌军阵地是一座堡垒，正面大部分区域被珊瑚岩峭壁环绕，还有设在地道、洞穴、隐藏在岩壁里的炮兵阵地、机枪暗堡……我认为他们坚持不了多久了；除非发生意外，否则我们在一周内就可以彻底粉碎日本第三十二军有组织的抵抗。这是一场艰苦的战斗，但我军士兵的表现无可挑剔，日军与我们的战损比达到了12∶1。考虑到日军拥有强大的防御工事，这的确是一项了不起的成就。"巴克纳的愿望是，等到他的士兵从"连续三个月的持续战斗"中恢复过来，"就指挥他们作为先头部队参加进攻东京的最后决战，因为没有什

---

\* 卡西诺战役指盟军在 1944 年 1—5 月向冬季防线（由 3 道防线组成，以卡西诺山为中心的防御体系）发起的一系列进攻，目的是向罗马进军。——译注

么比这更光荣了”。[6]

　　尽管冲绳岛战役已经接近尾声，但日军却仍然没有放弃以冲绳岛海域的盟军舰船为目标的神风特攻作战。截至6月中旬，日军一共发动了9次大规模的神风特攻作战[*]，总共动用1 420架飞机（830架海军飞机、590架陆军飞机）。如果加上零星的小规模自杀式袭击，那么从冲绳岛战役打响开始算起，日军用来神风特攻作战的飞机总数就达到1 850架。自杀式飞机总共击沉20余艘美军战舰，而被击伤的战舰数量则达到150艘。此外，其他类型的自杀式攻击和常规轰炸也造成了11艘军舰沉没、60艘军舰受损。[7]

　　由于可调用的战机数量持续下降，而且日军航空部队的指挥官渴望保存实力以便为即将开始的本土决战做准备，自杀式袭击的次数和频率都有所下降。然而，对于负责守护水面舰艇安全的美军飞行员来说，自杀式飞机仍然是必须时刻提防的威胁。其中就有海军航空兵布鲁斯·波特（Bruce Porter）少校，他是由格鲁曼F6F地狱猫夜间战斗机组成的陆战队第五四二飞行中队的指挥官。他继承了前任中队长比尔·凯勒姆（Bill Kellum）原先驾驶的地狱猫战斗机，并把这架飞机改名为“黑死病”（Black Death）。事实证明，“黑死病”的确名副其实。

　　6月15日晚上9:00，波特正在最靠近日本本土的伊江岛区域开展例行的单机巡逻任务，机上的无线电收到警报信号：一架身份不

---

[*] 这9次神风特攻作战的时间依次是：4月6—7日（355架飞机）；4月12—13日（185架）；4月15—16日（165架）；4月27—28日（115架）；5月3—4日（125架）；5月10—11日（150架）；5月24—25日（165架）；5月27—28日（110架）；6月3—7日（50架）。见阿普尔曼等人所著《冲绳岛》。——原注

明、可能是敌机的飞机正从1.3万英尺的高度朝东向冲绳岛飞来。波特立即改变航向拦截敌机，不久就发现机载雷达屏幕上紧贴着外沿的地方出现一个光点。为确保不会错过这架飞机，他把飞行速度降低到"慢速接敌的水平"。晚上9:15，波特目视发现目标，认出敌机是一架绰号"尼克"的二式复座战斗机。他飞行至敌机后方的位置，用机载的4挺点50口径机枪和2门20毫米口径航炮"短速射击"。枪炮的声音和振动仿佛飞速旋转的电锯。波特回忆道："我能看到弹道轨迹径直向目标飞去，并击中敌机，整个过程只用了短短几秒钟。敌机先是向右急转，然后机头冲下，好像是飞行员向前倒伏压住了操纵杆。敌机着火坠落。几分钟后，雷达操作员发来消息，确认敌机被击落。"

波特在肾上腺素的作用下仍然异常兴奋，而那个雷达操作员又发来消息："我又发现一架敌机。"

"哦，天啊！"波特吃了一惊。"你没搞错吧？"在一次巡逻任务中连续两次遭遇敌机前所未闻。第五四二中队还没有任何一个飞行员在同一次任务中击落2架敌机。

"敌机高度1—4（1.4万英尺），航速180节，"操作员补充道，"方向145，高度1—3（1.3万英尺）。"

波特驾机穿过云层，担心在他接敌之前敌机就进入冲绳岛防空火力的覆盖范围。他从东南航向判断，敌机已经接近目标。随着波特的飞机逐渐接近冲绳岛西海岸，他可以看到远处防空阵地正在打开探照灯。如果他不能马上发现敌机，就会失去这只猎物。波特一边把飞行速度增加到260节，一边瞪大眼睛寻找敌机的踪迹。突然，夜空中冒出一架一式陆上攻击机。照明瞄准镜一锁定敌机，波特马上就用机上所有的枪炮再次短速射击。波特回忆道："我能看到许多弹道轨迹照亮夜空。它们在前方爆炸，并撞到舰船。这架敌机同前一架一样突然起火，先向右急转，然后机头冲下栽向海面。雷达操作员同样也确认我击落了第二架敌机。"<sup>*</sup>此时是晚上10∶25。

回到基地后，波特用中队军医送来的白兰地庆祝胜利。过了一阵，回想起战斗经历，他才"浑身直打冷战"。第二天早上，波特站在停机线上，他的一个朋友开着吉普车赶来，问他作为新晋王牌飞行员（授予至少击落5架敌机的飞行员的荣誉称号）感觉如何。

"你什么意思？"波特问道。

"加上昨晚的那2架，不就够5架了吗？没错吧！"

波特张着嘴巴，呆呆地站在那里。尽管以前从来没有想到过，但他还是很高兴。他不仅成了王牌飞行员，而且还是第一个驾驶海盗战斗机和地狱猫战斗机均能多次击落敌机的海军陆战队飞行员。他获得了杰出飞行十字勋章。[8]

尽管巴克纳急于尽快结束战斗，但日本人的抵抗还没停止。唐·登克尔显然充分地认识到了这一点。6月16日，他所在的第三八二步兵团L连返回前线，在第二十四军阵地右侧、大里村正南方的位置重新投入战斗。第五陆战团二营的一个连部署在L连右侧，而登克尔则与他的组员在几座房屋的废墟后面布置迫击炮阵地，为第二天的"大推进"做准备。

---

<sup>*</sup>　一份文献记录认为，波特击落的这架一式陆上攻击机"携带着一架樱花攻击机（一种人操飞行炸弹）。母机爆炸后，这架樱花攻击机脱离母机，坠入大海"。见蒂尔曼所著《暗夜猎手》（*Hunter in the Dark*），第15页。——原注

6月17日早上7：30，美军火炮开始轰击位于正前方与座山上的日军阵地。没过多久，4.2英寸口径榴弹炮、81毫米口径迫击炮也开始轰击日军阵地。快到发起进攻的时刻，即上午8：00，登克尔与他的组员开始用60毫米口径迫击炮发射高爆炮弹。登克尔回忆道："我们弹药充足，所以从150码的射程开始，每隔几分钟就向南调整炮弹落点，每门迫击炮都发射了大约100枚炮弹。"

到了预定时间，谢尔曼坦克和装甲喷火车开始向日军阵地前进，而L连的两个步枪排则紧随其后，任务是防止坦克遭到日军的自杀式袭击。登克尔的迫击炮小组也开始前进，与他们一起前进的还有部署在L连左侧的I连和K连，以及右侧的海军陆战队。登克尔记录了当天的战况：

> 地形崎岖，到处都是露出地面的岩层和巨石，严重影响着我们推进的速度。前进大约100米后，日军开始用机枪和步枪射击，给我们造成了伤亡，而我们的坦克则用大炮和火焰喷射器摧毁了日军。躲过火焰喷射器的少数残敌全都被我们的步兵解决掉了。

守卫阵地的日军隶属于第二十四师团，也就是目前日军建制仍然完整的那支部队。登克尔写道："日军没有人投降，全都战斗到了最后一刻。整个上午我们都在缓慢地向前推进，并发射炮弹、使用火焰喷射器、投掷手榴弹、用炸药包摧毁日军阵地。"到了中午，进攻部队向前推进了300码并攻下了预定目标——一个紧邻与座山的小山包。但是，L连却"损失惨重"，有一名刚刚调来的候补军官阵亡，连长弗格森中尉也在战斗中负伤并被疏散到后方。哈里·约翰尼斯（Harry Johannis）中尉接替弗格森，成为自4月1日以来L连的第6任连长。L连的步枪排也同样损失惨重：例如一排，从登陆冲绳岛起一直战斗到6月17日的士兵仅剩2名。[9]

6月17日，同样在发动进攻的还有第七陆战团三营，以及从小禄半岛南下接替第七陆战团二营的第二十二陆战团（隶属于陆战六师）的一个营。第七陆战团三营由K连担任先锋，从国吉岭出发斜插至西南方向，穿过一道1 600码长的开阔山谷，抵达真荣里岭（Mezado Ridge），一路上除了偶尔被狙击手打冷枪，几乎没有遇到任何抵抗。攻下高地后，K连由"杰普"卡雷尔少尉担任排长的一排打头阵，开始向东进军，攻击第69号高地。卡雷尔回忆道："这是一个制高点，就好像一个挡在路中间的圆锥体。制高点位于范·戴尔（Van Daele）那个班负责的区域。由于过去在遇到类似的珊瑚岩地貌时吃过不少亏，所以他们在接近制高点时都小心翼翼。"

枪声突然响起，子弹从一个隐藏的射击口飞出，击中范·戴尔手下的一名步枪兵。卡雷尔写道："范·戴尔就在那个士兵的旁边，看清楚了射击口的位置，他一边向射击口射击，一边跑到伤员身边。射击口飞出一枚手榴弹，范·戴尔纵身一跃，趴到那个伤员身上保护了战友。"接着，借助全班士兵提供的火力掩护，范·戴尔先是把伤员转移到安全地带，然后连续投掷两枚手榴弹，消灭了躲在地堡里的日军。另一个地堡，同样也让一排遭受了伤亡。一排使用手榴弹和炸药包，动用火焰喷射器，再次消灭了躲在地堡里的日军。[10]

K连在攻打第69号高地时，得到I连、L连的支援。I连二排的排长马里厄斯·布雷苏（Marius Bressoud）少尉信奉罗马天主教，他的父亲是一个在新泽西州定居的法国商人。布雷苏在雪城大学刚念完大三，就加入海军陆战队。1944年末，他登上运兵船前往帕武武岛时已经结婚成家。抵达目的地后，他成为I连迫击炮小队的成员。然而，自冲绳岛战役打响的那一刻起，I连的伤亡居高不下，而这已使布雷苏成为排长，接管了I连仅剩的两个步枪排中的一个。关于6月17日那天的进攻，布雷苏曾回忆道："K连、I连在位于最前沿的高地上挖掘散兵坑，我就是在此时率领I连二排抵达靠近他们左翼的位置……我们站在高地上，前方能见度极佳。天黑前，我有充足的时间组织全排士兵布置阵地，确定机枪火力点的位置，并与邻近各排的排长商量协同防御（的行动）。"

布雷苏带着一名传令兵上前侦察，寻找适合布置防御阵地的位置，登上了真荣里岭上第52号高地的顶点。他站在高地上举目远眺，可以望见3英里以外的冲绳岛东南海岸。在紧邻布雷苏右边的位置，也就是第69号高地的方向，负责防守阵地的那个排的排长肯·菲利普斯（Ken Phillips）既是他的好友，又是他就读特别候补军官培训学校时的同班同学。然而，由于第五陆战团当天没有攻下第79号高地，布雷苏的左翼门户大开。布雷苏写道："我用无线电*联系肯，先确定他左翼的确切位置，然后商定机枪火力点的位置。我用无线电联系左侧的友军，但找不到任何人，很可能因为那个方向根本就没有人。"

布雷苏先是命令传令兵原路返回，带领全排士兵前进至当前位置，然后就压低身子隐蔽起来。此时，菲利普斯发来无线电信息：

---

\* 布雷苏使用的无线电通信设备是一种装有电池的手持式短距离无线电通话机，又名"步话机"，使用者是连长、副连长、排长、小队长。——原注

"小心，布雷斯，我刚看到你那边冒出几个日本兵。"

布雷苏稍稍抬头张望，但山坡的前方和坡下都没有日本兵的踪迹。然而，在距离大约300码的山谷内，他发现一名日本兵。他举起卡宾枪瞄射，但马上又放下枪，"不禁讪笑自己实在太荒唐了，竟然想用卡宾枪这种轻武器击中300码开外的目标"。他根本就没想到应该回头看一眼。毕竟，他就是从那个方向来的，传令兵也刚刚原路返回，再加上二排全体士兵就在后方距离不到100码的地方。

布雷苏被子弹击中，感觉就好像后背被棒球棒狠狠地敲了一棒子。他被子弹击倒在地上。恢复意识后，他发现自己的左臂瘫在地上，角度很不自然。他用右手把左臂拖回身边，发现胳膊仍然连在身上，便长舒一口气。然而，他同时也发现，军服左边袖子上臂的位置很快就被鲜血染红。他立即压住左腋窝，试图止住流血。他回忆道："我不太想用无线电求救，因为（开枪的日本兵）有可能仍然在搜索该区域，我只要一吱声就会被发现。我有点儿指望他找到我，走到我跟前，把我一枪了结。"布雷苏担心自己会因为流血过多而死亡，"于是在战场上忏悔，承认自己的过错，确信能获得上帝的宽恕和爱"。

最终，二排抵达布雷苏所在的位置，把他疏散到三营的急救站。急救站只是布雷苏的第一站，之后他又几经周折终于进入战地医院，获得输血并接受适当的伤情评估。伤势比布雷苏预想的要严重。弹孔位于背部上方靠近脊椎左侧的位置，子弹射穿布雷苏的身体，从左腋窝的位置飞出，然后又击碎左上臂的骨头。他能捡回一条命，也算是相当幸运了。[11]

当天晚上，部署在国吉岭上的第七陆战团一营、真荣里岭上的第七陆战团三营分别被隶属于陆战二师第八团的部队替换下前线。在得知三营即将撤下前线的消息后，"杰普"卡雷尔和他手下的士兵全都大声欢呼，希望三营被派到后方，免受战场上的枪林弹雨。但实际上，他们只是被向东转移了1英里，要清除一片"一直都没有美军进入的区域"。在这场战斗中，三营营长爱德华·赫斯特（Edward Hurst）中校身负重伤。卡雷尔刚刚发现危险，提醒赫斯特"快趴下"，赫斯特就被日军狙击手击中脖子。但他活了下来，而卡雷尔也同样坚持到了最后；在一排的43名官兵中，只有5个人自始至终参加了冲绳岛战役的所有战斗，并毫发未伤，而卡雷尔正是其中之一。此外，卡雷尔还成了第七陆战团全部27位步枪排排长中唯一一位参加了整场战役的幸运儿。他写道："我真可谓是九死一生。"[12]

## 38 将军，您要回家了

6月18日上午11:00，乔·史迪威上将终于等到在马尼拉与道格拉斯·麦克阿瑟见面的机会，商讨自己在即将开始的对日作战中应当担任什么样的职位。麦克阿瑟提出请他担任自己的总参谋长，但史迪威拒绝了。"我给自己的定位是作战部队的指挥官。"史迪威宣称。

"集团军的指挥官可以吗？"麦克阿瑟问道，"你愿意屈尊降贵吗？"

"当然愿意。只要让我带兵打仗，当师长都可以。"

接着，麦克阿瑟询问巴克纳指挥冲绳岛战役期间的表现。史迪威一点儿情面都没留，指出巴克纳的表现乏善可陈：他既没有冲劲，又没有想象力，只知道使用会造成重大伤亡的正面进攻战术，根本就不考虑在冲绳岛进行第二次两栖登陆，把部分下属的相关建议当成耳旁风。更过分的是，他与海军的关系过于亲密。史迪威的一席话进一步加深了麦克阿瑟对巴克纳的不满。史迪威后来在日记中写道，"麦克阿瑟告诉我，在他认识的将领里面，没有谁比我更适合担任集团军指挥官了，如果GCM（美国陆军的参谋长乔治·C.马歇尔）同意，那他本人就没有任何意见。"

史迪威非常满意地结束了会面。麦克阿瑟更愿意让他而不是让巴克纳指挥进攻日本本土的作战；只要让马歇尔了解到这个情况，那么史迪威就很有希望能取代巴克纳的位置。然而，最终还是得看马歇尔的决定。史迪威写道："如果海军放弃了（第十集团军），而巴克纳又没有被免职，那么我可就一无所获了。"[1]

这起发生在冲绳岛以南900英里外的马尼拉的密谋，巴克纳中将完全不知情，他还在同日再次亲临前线视察部队。早上8:30，他与副官哈伯德少校在护卫队的陪同下离开集团军司令部，并在临走前对集团军参谋长 E. D.波斯特说，他想要看看"小伙子们"干得怎么样了。据波斯特称，巴克纳那天显得"尤其积极"，因为他"热切期盼部队取得决定性的战果"。[2]他决定视察陆战队，因为他们17日取得了极大的进展，而第二十四军的"大兵"则"没有取得任何进展"。[3]

途经那霸，他在陆战一师师部停留了一会儿，与师长戴尔·瓦莱少将说了几句，然后继续南下。接着，他又在路上遇到第二十二陆战团团长鲍勃·罗伯茨（Bob Roberts）上校*。罗伯茨建议巴克纳不要在那个地方视察前线，并指出第二十二陆战团和邻近的第八陆战团当天早上快速前推，一路上肯定"绕过了许多日军；另外，第九十六师前方高地上的敌军火力仍然对陆战队侧翼造成相当大的威胁"。巴克纳回应道，"手下的士兵打到哪里，他就要跟到哪里，因为他要亲眼看看在前线的士兵们都会遇到些什么样的困难"。[4]

---

* 与巴克纳交谈后刚过1小时，罗伯茨上校就在前往前线观察第二十二陆战团进攻小波葳岭（Kuwanga Ridge）的情况时被日军狙击手射中心脏，当场阵亡。——原注

巴克纳决定视察的部队是刚刚抵达冲绳岛的第八陆战团。2月初，巴克纳曾前往塞班岛视察第八陆战团所属的陆战二师，当时他对该师印象很深。虽然第八陆战团两天前刚刚抵达冲绳岛\*，但据戴尔·瓦莱和罗伯茨称，他们已经"迅速"取得了"进展"。[5]

大约在中午，巴克纳抵达了第八陆战团设在真荣里岭反坡上的团部附近。他跳下吉普车，发现周围全是由弗雷德·黑利（Fred Haley）上尉率领的A连士兵。他们在当天的作战任务中担任预备队。巴克纳停下脚步与A连的一些陆战队员握手交谈，这一举动对普通士兵"意义重大"。黑利评论说，肩章三颗星的中将亲临前线，"极大地鼓舞了部队的士气"。

逗留几分钟后，巴克纳与随行人员在士兵的护送下来到A连连部，发现黑利和手下军官一起，正在与一营负责后勤的军官、绰号"公爵"的戴维斯中尉讨论补给问题。在场军官看到巴克纳走来，纷纷立正敬礼。黑利写道："很明显，巴克纳将军与视察塞班岛时一样……仍然颇具大将风范。他给人印象深刻，颇有威严。"然而，令人担心的是，巴克纳仍然戴着那顶镶着三颗银色将星、十分显眼的钢盔。黑利写道："我突然想到，为什么没有人向巴克纳建议换个头盔，以免在前线暴露他的将领身份呢？"

黑利不知道奥利弗·史密斯准将早就提出过这样的建议。但是巴克纳压根儿就没打算像其他将领那样采取折中方案，即在前线时把头盔换成上面画着小白星的内盔。

---

\*　完成伴攻任务后，第八陆战团所属的陆战二师返回塞班岛。此后，巴克纳提出要求，希望第八陆战团增援在冲绳作战的部队。第八陆战团首先在冲绳以北的一个岛屿登陆（见第21章第245页及该页的译注）。6月中旬，第八陆战团在抵达冲绳岛后暂时编入戴尔·瓦莱少将指挥的陆战一师。——译注

就算巴克纳认出黑利就是那个在塞班岛检阅部队时闹出大笑话的军官，他也没有旧事重提，只是与黑利握手。巴克纳讲明来意，黑利用无线电联系营部，请示上级。由于营长与承担进攻任务的连队一起上了前线，与黑利通话的是副营长唐·肯尼迪（Don Kennedy）少校。肯尼迪命令道："把巴克纳将军和随行人员护送到团部的观察哨，我会告诉华莱士上校，将军想要在观察哨与他会面。"

离开黑利的连部时，巴克纳在一名年轻军官的尸体旁停了下来。那名军官隶属B连，在前一天阵亡。巴克纳询问了军官的名字和背景，得知他在参军前是艾奥瓦大学知名的全能运动员。巴克纳似乎很受感动，要来军官家的地址，表示要亲自给他的家人写信。巴克纳在尸体旁跪了一小会儿，并伸手擦掉了尸体额头上的一个"小泥点"。

黑利带着A连的无线电操作员和两个传令兵，陪同巴克纳和随行人员，沿着陡峭的山路前往第八陆战团设在第52号高地正坡上的观察哨。此处距离马里厄斯·布雷苏前一天中弹负伤的地方不远，虽然能够"俯瞰夹在真荣里岭和伊原岭之间的山谷"，但"完全暴露在伊原岭山顶北侧、向北搜索的日军望远镜的视野内"，并且"几乎没有植被"可供隐蔽*。

巴克纳一行走了大约1 000码的迂回路线，到达团部时发现团长"公牛"克拉伦斯·R.华莱士（Clarence R. Wallace）上校和负责

---

\* 黑利上尉在巴克纳阵亡后写道："第八陆战团的观察哨太过'靠近前线'。团部本应更多地考虑观察哨内人员的安全，把哨位布置在更偏静、更隐秘、更有利于隐蔽的地方。"见黑利所著《将军在正午阵亡》（*The General Dies at Noon*），第28页。——原注

作战的团参谋比尔·钱伯林（Bill Chamberlin）少校正在团部等待他们。华莱士是一个进取心强、英勇无畏的军官，"既不愿同情又无法理解下属的难处"。他命令黑利返回A连，然后就带着巴克纳、哈伯德、钱伯林以及A连的那两个传令兵，翻过第52号高地的峰顶。为避免吸引太多的注意力，巴克纳一行的其他成员没有翻过高地的峰顶，而是分散躲进靠近峰顶的散兵坑。[6]

观察哨由两块珊瑚岩巨石组成，其间有一个宽度大约1英尺的间隙。巴克纳站在间隙后边，观察"战争的全景"——第八陆战团二营的步枪兵从谷底出发进攻伊原岭。华莱士及其他人员则躲在巨石后面，这里比间隙后面更安全。[7]

在巴克纳观察过战况后，华莱士提出，巴克纳镶有将星的头盔太过显眼，建议还是换一顶不那么显眼的头盔比较好。巴克纳拒绝了，并轻声说道："我上前线可不是来东躲西藏的。"他又补充道："我要让日本人认识到，继续抵抗毫无意义。这种认识可能会说服他们，允许那些跟他们待在一起的冲绳岛平民向我们投降。"

在发表这番评论后没多久，第八陆战团的无线电操作员向华莱士汇报，他收到第八陆战团一营作战参谋皮克特（Pickett）上尉发送的电报——只要回头向观察哨方向看一眼，就可以看到巴克纳头盔上那三颗"清晰可见"的将星。听到华莱士与操作员的对话后，巴克纳微微一笑，摘下那顶惹是生非的头盔，放到身旁的珊瑚岩上。然后，他戴上一顶钱伯林递过来的、没有任何军衔标识的头盔。"下面的人烦心事儿已经够多了，"他自嘲道，"我还是别给他们添麻烦了。"

几分钟后，下午1:15，巴克纳已经在观察哨观战了大约1小时，此时日军发射的一枚型号不明的炮弹（可能是一枚47毫米口径反坦克炮炮弹）没有任何预警，突然在珊瑚岩巨石间隙的下方爆炸，爆炸产生的大量弹片和碎石击中了巴克纳的右胸[*]。华莱士和钱伯林分别站在巴克纳的左右两边，但都毫发无伤。观察哨内的其他人员中，只有哈伯德鼓膜穿孔，算是受了点儿轻伤。巴克纳虽然身负重伤，但首先想到的仍然是那些陪同他的人。"还有其他人被击中了吗？"他问道。在得知其他人都安然无恙后，他似乎松了一口气。

随行人员用斗篷抬着巴克纳，翻过峰顶把他运回相对安全的反坡，在那里找来一副野战担架抬着他。当黑利上尉收到无线步话机的消息赶到现场时，一营的外科医生、海军中尉汤姆·沙利文（Tom Sullivan）已经开始紧急处理伤口，并在一名医护兵的帮助下尝试给巴克纳输血浆。然而，黑利很清楚，巴克纳将军"已经没救了"。当生命特征渐渐从他身上消失时，巴克纳试图站起来，却怎么也做不到。黑利写道："他那双锐利的双眼仍然凶猛且威严，粗布军服衬衫破破烂烂，沾满血污，一头银发也溅满泥浆。"

一部分随行人员想用无线电联系集团军司令部，汇报巴克纳严重的伤情，而其他人则试图说服一架执行任务的炮兵侦察机在附近降落，把巴克纳空运到战地医院。然而，没有可供侦察机降落的地方；总之，想要把巴克纳抢救回来为时已晚。临死前，巴克纳伸出右手，好像是想让人把他扶起来。一时间，无人回应。终于，黑利手下的一个传令兵，"一名非常聪明又很勇敢的陆战队员"，用双手

---

[*] 黑利记录道："大多数目击者都认为，日军拥有性能优异的望远镜，看到了巴克纳头盔上的那三颗将星，马上就用火炮或者迫击炮向观察哨发射了一发炮弹。"见黑利所著《将军在正午阵亡》，第31页。——原注

紧握住巴克纳的手，直至巴克纳去世才松开。

巴克纳死后，那个传令兵一边把手放回自己的胸前，一边说道："将军，您要回家了，您已经在回家的路上了。"

在场所有人都呆若木鸡。华莱士不知如何是好，就好像一头关在笼子里的狮子来回踱步，并对任何凑上来的人大吼："退后！"

最后，巴克纳带来的一名随行人员开始吟诵《诗篇》第23篇。[8]

下午1:30，波斯特准将收到巴克纳身负重伤的消息，马上动身前往现场，看自己是否能帮上忙。下午2:45，他赶到现场，得知巴克纳已经牺牲。他向巴克纳的妻子阿黛尔这样描述当时的情景："（我）命人把他伟岸的身躯抬下救护车，安放在帐篷里。我掀开遮尸布，想要最后再看一眼多年来我一直都很仰慕的人。他看起来仍然仪表非凡，想必你也可以安心了。只有一块弹片击中了他，伤口在胸部。他的脸看起来很安详，就好像安然入睡了，脸上还带着一丝笑意。"

第二天上午9:00，美军按照"安葬在战斗中阵亡的普通士兵的礼仪"，把巴克纳葬在靠近渡具知海滩的第七师墓地。巴克纳的"许多朋友和仰慕者"都出席了这场朴素的葬礼。波斯特代表巴克纳的家人出席葬礼，接收了用来覆盖灵柩的国旗，后来又将国旗转交给阿黛尔·巴克纳。波斯特在信中安慰阿黛尔："美国失去了一个伟大的人，军队失去了一位卓越的领袖，而我则失去了一位我认为各方面都完美无缺的挚友。我对您所遭受的巨大打击深表同情。"[9]

巴克纳战死后被追授为上将，成为第二次世界大战中军衔最高的美国阵亡军人。此外，他的死还引发了一场有关第十集团军指挥权的激烈竞争。盖格中将<sup>*</sup>暂时获得了胜利。尼米兹从波斯特准将处得知，巴克纳曾希望盖格接任第十集团军指挥官，于是在 6 月 19 日确认了盖格的任命。这令冲绳岛驻军的指挥官华莱士少将火冒三丈，因为他认为自己作为集团军的资深将领，理应成为优先人选。盖格成为第一位指挥陆军集团军的海军陆战队将领，然而他在这个位置上连屁股都没坐热。在马歇尔将军征求意见时，麦克阿瑟表示他倾向于第十四军军长奥斯卡·W.格里斯沃尔德（Oscar W. Griswold）中将，而如果马歇尔认为格里斯沃尔德不合适，那他就推荐史迪威上将<sup>**</sup>。马歇尔最终选择了史迪威。麦克阿瑟马上就把好消息告诉史迪威。史迪威喜不自胜，在日记中写道："收到道格的电报，电文是：'指挥第十集团军。立即返回关岛。'"[10]

---

\*　他在获得任命后被晋升为中将。——译注

\*\*　史迪威获得任命的时间是 6 月 23 日。——译注

## 39　战斗至最后一刻

　　在巴克纳中将战死的那一天，冲绳岛日军有组织的抵抗结束了。八原大佐意识到全完了。当时，他在第三十二军设在摩文仁山的司令部接到前线发来的电报，得知左右两侧的防线"同时崩溃"：在战线右侧，美国第七步兵师的坦克、步兵先是攻下第四十四混成旅团设在第89号高地上的指挥部，然后又拿下"摩文仁山以东1 500米处的一座低矮山丘"；在战线左侧，"敌军的陆战队员"突破第八十九联队的防线，出现在位于第二十四师团指挥部东北方向的真壁村。美军坦克已经突破日军防区，并深入到第三十二军司令部以西仅2英里处的米须村（Komesu）附近。八原很清楚，"全军崩溃的时刻已经近在眼前"。[1]

　　听着山洞外传来的机枪声，八原回想起坚守首里的最后那几天。所有通往前线作战部队的电话线路都已经被切断，甚至无线电信息也断断续续。传达命令不得不靠传令兵，而返回来的消息无一例外全都是"指挥官阵亡，整个大队全军覆没"。八原回忆道，这"让人心灰意冷"，"每次传来这样的消息都令我的血液凝固"。

　　长勇中将意识到，最后时刻即将来临。他喃喃地说道："就这样吧，我也该知足了。"仿佛任务已经完成了，他终于可以解脱了。

此时，牛岛中将仍然在下达命令。其中一道是加盖印章的手写指令，接收人是第三十二军的情报主官益永董（Tadashi Masunaga）大尉。它命令益永董在"第三十二军结束有组织的作战行动后"指挥冲绳岛的游击战。这项任务包括刺杀美军将领、破坏军营、制造混乱。益永将北上前往国头村，而铁血勤皇队千早队的幸存者则紧随其后。千早队的一员、当时19岁的二等兵大田昌秀回忆道："我们将在岛屿北部集合，开展'情报战'。用现在的话讲，就是游击战。我们奉命主动被美军俘虏，然后就可以在美军的后方四处收集情报了。"然而，大田昌秀刚一离开山洞就负伤了，只好与其他掉队士兵在摩文仁附近躲藏*。[2]

铁血勤皇队的其他成员被分成小队，被派遣使用简易爆炸装置发起自杀式袭击，包括年仅16岁的比嘉重友。重友跟大多数勤皇队的成员一样，没有去执行毫无希望的自杀任务，而是丢弃了爆炸装置，返回真壁村附近的山洞。[3]

同时，牛岛正在口述最后一道向全体守军下达的命令：

> 亲爱的士兵们，你们勇敢地战斗了将近三个月，已经履行了你们的职责。你们的勇敢与忠诚照亮了未来。如今，战场一片混乱，所有的通信都已中断。我已经无法继续指挥部队。所有阵地上的士兵都必须听从各自上级的命令，为祖国战斗至最后一刻。
>
> 这就是我最后的命令。
>
> 永别了。

---

\* 战争结束后很久，直到10月末，大田才终于与其他一些逃亡者向美军投降。——原注

长勇阅读了草稿，蘸着红墨水补充道：

*不要忍受被俘的屈辱。你们将获得永生。*

牛岛签字后，这道最终命令随时都可以发出。八原不用再履行高级参谋的职责了，"他突然卸下世间的一切负担，感到一身轻松"。[4]

黄昏降临，在位于第三十二军司令部以西2英里处伊原战地医院的山洞群里，解散姬百合学生护士队的命令传来了。此时，宫城喜久子与一大群学生、老师正逗留在第一手术室的山洞内。她们接到命令，化整为零分头逃走，因为敌军"距离很近"，集体行动容易暴露目标。喜久子回忆道："所有人都流下了眼泪，但我们又能说什么呢？我们都不知道该怎么办。我们那些身负重伤、躺在地上的朋友也听到了命令。她们很清楚，自己会被留在山洞里。我们无法把她们带走。没有任何办法。"[5]

18岁的岛袋登美（Tomi Shimabukuro）刚走进第一手术室的山洞，就听到医生大喊着要求所有护士尽快离开。她看到手术室里有一堆米袋子，就先给自己舀出一些，然后把剩下的分发给其他学生。就在她们准备离开山洞时，第二手术室的两个老师进来说，第二手术室的山洞遭到"夹叉射击"和敌军士兵的进攻，许多学生被打死打伤。

一名学生护士回答道："老师！上级解散了护士队，所有的老师和学生都必须离开山洞，只留下伤势严重的学生。"

"真的吗？"一名老师显然很震惊。然后，他就走到山洞里面，安慰那些不得不留下的受伤学生。

一名伤者是登美的朋友，她一把抓住登美的裤脚，哀求道："别走！别把我们丢在这里。"

登美不知道该怎么办，只好用碗接了一点儿顺着洞壁流下的水，开始给朋友喂水。就在这时，一名军医冒出来，一边挥舞着武士刀，一边吼道："出去！否则我就要砍了你们的脑袋！我会照顾病人的。你们留在这里只有死路一条。"[6]

于是，她们就都离开了。宫城喜久子没有遵守单独行动的命令，与其他16名学生和3名老师一起离开山洞。她们还没走多远，一个大炸弹在附近爆炸，炸伤了4人。剩下的15人手脚并用匍匐前进，其间炸弹不停在附近爆炸。到第二天早上，她们仍然能看到昨天晚上逃离的那个山洞，而四周到处都是美军的坦克和士兵。喜久子回忆道："我听到了巨大的轰鸣声，然后就失去知觉。等到终于恢复意识，我发现自己浑身是血，耳朵什么都听不到。在我的前方，两名同学也倒在血泊中。然后，我就听到她们的惨叫。三年级的晶子（Akiko）躺在地上一动不动。她死在了那里。两名二十多岁的老师不见了。我们再也没看到过他们。"

附近的日本兵大叫道："装甲车！装甲车！"

喜久子看到美军的喷火坦克一边前进，一边"喷出一股火焰"。她吓得浑身发抖。

"跟我走！"仅剩的那名老师叫道。这名老师就是副校长。学生们紧跟着副校长，并鼓励受伤的同学跟上。"我做不到，"一名受伤的同学答道，"我走不动了。实在是太疼了。"[7]

与此同时，在第三手术室的山洞里，一些学生犹豫再三，一直都没有离开。18岁的森下琉璃（Ruri Morishita）回忆道："我们想要等炮火停歇再出发，但外面却一直炮火连天。"

终于，他们听到洞外传来脚步声，声音越来越近。一名日军信号兵摸到洞口查看情况。"敌军！"琉璃小声说道，"是敌军！他们就在洞外。我能听到他们说话的声音。"

洞内的学生尽量保持静默，但由于山洞太过潮湿，他们中不少人都不停地咳嗽。"别咳嗽！敌人会听见的。"洞内的日军警告说。

于是，当有学生实在忍不住时，其他学生就会把她团团围住，不让咳嗽声传到洞外。

一个用日语传来的声音打破了寂静。"洞里有平民吗？有士兵吗？如果洞里有人，赶快出来！否则，我们就会把洞炸塌。听到了吗？"

警告又重复了一遍，却没有得到回应。琉璃担心接下来会发生的事情，建议几个朋友到山洞深处躲一躲。只有一个朋友愿意跟她一块去。另一个朋友说："里面又黑又窄，都已经这样了，再发生什么事情我都不在乎了。"

琉璃与朋友小心翼翼地向山洞深处走去，身后传来一声爆炸，"整个山洞一瞬间充满了白烟"。琉璃和朋友担心遭到了毒气袭击，但实际上这只是白磷手榴弹产生的烟雾。

琉璃回忆道："我感觉就好像被掐住脖子一样，几乎无法喘气。我一边大喊着求救，一边在地上爬行，想要找个石头缝或岩石的凹陷处，把脸塞进去。"

她周围所有的人都在大喊："喘不上气！我无法喘气了！""妈妈，救命啊！"

琉璃沿着洞穴深处的斜坡滚了下去，并自己念叨着："你可不能死在这种地方！要是就这样死了，谁会去告知你的父母？"就在她拼命喘气的时候，一名老师唱起了《海行兮》*。然后，那个老师用手榴弹自杀，爆炸的声音震耳欲聋。而琉璃听到一声巨响，晕了过去。[8]

难以置信的是，琉璃活了下来。但是，山洞里的其他人却大都没能幸免，包括39名学生、4名老师在内的80人，要么窒息而死，要么自杀身亡，他们宁愿死也不愿被俘。他们既是军国主义教育的牺牲品，被灌输了每个人都应当"为国家献出生命"的思想，又是轻信日军谎言的受害者，误以为美军士兵会把"男人劈成两半"，会强奸妇女并把她们折磨致死。[9]

包括宫城喜久子在内的许多学生，都向南边的海岸线逃去，躲到了山洞里面。有一次，她们看到美军的一艘小艇靠近，听到船上有人用日语喊话："会游泳的，赶快游过来！我们是来救你们的。不会游泳的，往港川（Minatogawa）方向走！要在白天走，不要夜里走！我们这里有吃的！我们会救你们的！"

喜久子和她的朋友并不相信这话。她们自幼就不断被政府灌输仇美情绪。喜久子相信，美国人会"扒光女孩子的衣服，随意折磨，最后再用坦克轧过她们"。直到后来，她才意识到，她们被灌输的这些谎言不知害死了多少学生。6月21日，喜久子的逃亡生活迎来

---

* 《海行兮》是日本海军的军歌，歌词取自《万叶集》。——译注

了最后时刻——山洞外有人用"口音奇怪的日语"喊话："出来！快出来！"

躲在山洞里的人拒绝后，美军向洞内开火，打死了1名日本兵、3名学生。一名老师拉响手榴弹，炸死了自己和9名学生。在喜久子看来，眼前的景象"简直就是地狱"。那个老师倒在正中央，"肠子被炸得到处都是"。其他人也"几乎面目全非"。喜久子回忆道：

> 我坐在摔倒的地方一动不动。一名美国兵用枪管戳了我一下，叫我朝着他比画的方向走。我不会说英语，不知道该怎么办，只好照做。令我惊讶的是，美国兵已经用担架把3名高年级学生抬了出来。她们身上的伤全都经过处理，并缠上绷带，甚至还有人给她们注射生理盐水。在那之前，我一直都以为美国人全都是恶魔。我呆若木鸡，不愿相信自己看到的一切。[10]

最初被动员前往战地医院的姬百合学生护士队共有222名成员、18位随队老师。到战役结束时，只有104人活了下来。喜久子就是这些幸存者中的一个。[11]

# 40 原子弹肯定会成功

6月18日下午3:30*，哈里·杜鲁门总统在白宫会见他的高级军事顾问，讨论如何迫使日本无条件投降以结束太平洋战争。出席会议的有参谋长联席会议的成员陆军五星上将乔治·C.马歇尔、海军五星上将欧内斯特·金、航空部队中将伊拉·艾克（Ira Eaker，代表美国陆军航空部队的五星上将亨利·"哈普"·阿诺德参会，后者突发心脏病正在休养）。另外还有杜鲁门的首席军事顾问海军五星上将比尔·莱希、海军部部长詹姆斯·福里斯特尔（James Forrestal）、战争部部长亨利·史汀生以及战争部助理部长约翰·J.麦克洛伊（John J. McCloy）。

杜鲁门解释道："我召开此次会议，意在听取更多的细节，更好地了解莱希上将在四天前向参谋长联席会议提交的备忘录中提出的对日作战计划。马歇尔将军，你怎么看？"

美国陆军的参谋长开门见山地指出，对日作战的形势与诺曼底登陆前欧洲战场的形势"几乎一模一样"：要想彻底击败日本，就必须像击败德国那样发动地面进攻。接着，马歇尔补充说，参谋长联

---

* 华盛顿与那霸有十一个小时的时差，会议开始时冲绳岛的时间是6月19日凌晨4:30。——原注

席会议已经与太平洋战区高级军事指挥官麦克阿瑟将军、尼米兹将军就登陆的地点和时间达成一致，决定于1945年11月1日在日本本土最南端的九州岛登陆。这样，美军将会有足够的时间"摧毁日本境内几乎所有值得轰炸的工业设施，并轰炸日本一些城市的大片区域"；日本海军"即便还存在的话"，到那时也会"完全无能为力"；美国的空中和海上力量将会"切断日军的增援，把日军从本州岛调派部队增援的能力降至可以忽略不计的程度"。然而，如果到11月1日还不采取行动，那么受到冬季恶劣天气的影响，登陆计划将有可能大幅延后，"最长可达六个月"。

马歇尔指出，登陆九州岛是"实现绞杀策略的关键"，同时似乎也是"冲绳岛战役结束后代价最小、最划算的选择"。九州岛紧邻本州岛，可以成为进攻关东平原（Tokyo Plain）的跳板。

至于可能造成的伤亡，马歇尔给出了一些可供参考的战例。在吕宋岛，美军伤亡3.1万人，日军伤亡15.6万人（大多数都是战死者），双方战损比是1∶5。然而，在太平洋战场上最近的几场战役中，美军付出了更为惨痛的代价。在硫黄岛，美军伤亡2万人，日军伤亡2.5万人；在冲绳岛（这是到目前为止美军在太平洋战场上经历过的最血腥的战斗，而且当时还没有结束），美军目前总共有4.17万人伤亡（这是美国陆军和海军的伤亡总数），而日军的伤亡则是8.1万人。考虑到在硫黄岛和冲绳岛，双方的战损比分别为1∶1.25和1∶2，美军很清楚，越靠近日本本土，日军的抵抗就越激烈。马歇尔并不认为美军在九州岛战役头三十天的伤亡会超过"攻占吕宋岛时付出的"代价，即3.1万人伤亡，但他补充说："赢得战争胜利没有简单的、不流血的捷径，这是我们必须认识到的残酷事实。所以，哪怕这是一件吃力不讨好的事情，领导者也必须在公开场合保持坚定的态度，因为只有这样才能让下级保持坚强的战斗意志。"

然后，马歇尔宣读道格拉斯·麦克阿瑟发来的电报——后者支持在九州岛登陆，并指出"九州岛行动与其他任何建议的方案相比，造成重大伤亡的风险更小"。马歇尔接着说，他个人认为"登陆九州岛是唯一可行的方案"。仅仅空袭无法击败德国，同样也"无法迫使日本投降"。此外，九州岛登陆也并不比"进攻诺曼底的行动"更加困难。他坚定地认为，所有在太平洋战场作战的美国军人都必须"强化坚定的决心，以确保他们能坚持到底"。

金上将支持马歇尔的观点，称"在冲绳岛战役后进攻九州岛很合理"，是"顺理成章的事情"。当杜鲁门问及意见时，莱希指出美军在冲绳岛伤亡率达到参战总兵力的35%，预计在九州岛的伤亡率将会与冲绳岛持平。因此，他想知道美军将在九州岛投入多少兵力。

金上将打断了莱希的发言，提出九州岛与冲绳岛没有可比性：在冲绳岛，部队只有"一条进攻路线"，必须"以正面进攻拿下守军相当坚固的防御阵地"；而在九州岛，部队可以在三条不同的战线上同时登陆，因而可获得"更多的机动空间"。因此，他估计，九州岛的伤亡数字应当"介于"吕宋岛战役与冲绳岛战役的伤亡数字之间。金上将的意思大概是，美军与日军的战损比大约应为1∶3。

为了让这种残酷的计算更直观些，马歇尔称美军计划投入76.67万人攻打九州岛。据估计，他们将遭到日军8个师团（35万人）的抵抗。虽然的确有可能派出增援，但"日军的增援会越来越不可能"。尽管没有人把话挑明，但马歇尔给出的数字和统计意味着，单单为了攻下九州岛，美军至少也要付出12万人（日本守军兵力的三分之一）伤亡的代价，甚至有可能翻倍。然而，这还只是开始，因为杜鲁门早已从参谋长联席会议提交的备忘录中得知，美军还计划于1946年春天在本州岛关东平原附近实施更大规模的登陆，而日本有可能一直坚持到1946年秋季才会投降。所以，这两次登陆作战的总伤亡人数可能高达75万至100万人\*。

杜鲁门充分意识到，占领九州岛并不一定会结束战争，九州岛登陆很可能只会制造出"另一个距离日本本土更近的冲绳岛而已"。参谋长联席会议的成员均承认情况的确如此。

接着，杜鲁门询问代表航空兵出席会议的艾克将军的意见。艾克表示，他和阿诺德将军完全同意参谋长联席会议其他成员的观点。他补充道："任何封锁本州岛的行动，都取决于能否控制九州岛的机场。"

亨利·史汀生被问及意见时，表示支持登陆九州岛的计划，但他作为政治家，也感到"日本国内有一股意见和影响从未被感知到的势力"。如果美军"进攻日本本土"，即便是这一部分日本人也会"死战到底"。因此，关键在于"在必须与这部分日本人为敌之前"，设法"激发他们发挥出最大的影响力"。

杜鲁门表示同意，指出政府一直都在研究这种可能性。他在思索后大声地问："我想知道，如果白人入侵日本本土，日本人会不会变得更加团结呢？"

史汀生认为"这很有可能"；所以，尽管他也认为参谋长联席

---

\* 战争部部长史汀生在战争结束后写道，联合登陆计划将使美军投入兵力达到500万，伤亡人数有可能"超过100万"。见史汀生所著《现役》（*On Active Service*），第618—619页。——原注

会议提出的计划是"最佳选择"，但仍然希望"通过其他途径取得一些可观的成果"。

轮到詹姆斯·福里斯特尔发表意见时，他提出即便围攻日本的战斗要持续一年甚至一年半的时间，攻占九州岛也是很有必要的，所以九州岛登陆计划是"明智的"。而战争部助理部长约翰·J.麦克洛伊赞同他顶头上司的意见，指出"现在正是应当研究所有可行办法的时候"，让史汀生刚才提到的那股"隐忍蛰伏的势力在日本发挥出真正的影响力"。

莱希的意见是，放弃自珍珠港事件爆发以来几乎成为信条的"无条件投降"。他说："我担心的是，坚持要求无条件投降，只会把日本人逼得走投无路，结果反倒会增加我军的伤亡。在我看来，完全没有必要要求日本无条件投降。"

杜鲁门对莱希的提议表现得很谨慎。他很清楚，有条件投降或谈判投降，都会被美国公共舆论视为失败，是对罗斯福总统的背叛，因为罗斯福一直都坚持要求日本必须彻底投降。然而，他也比较认同莱希的看法，这也正是他"一直都没有在国会把后路切断，而随时准备采取恰当行动"的原因。接着，杜鲁门又说道，"在现在这个时间点"，无法"改变公众舆论对这个问题的看法"。

总而言之，杜鲁门说道，他邀请参谋长联席会议成员参与本次会议，就是为了了解"我们到底可以为进攻日本本土承受多大的代价"。他本希望"有可能避免冲绳岛的惨剧在日本本土再次上演"。但是，既然参会人员给出了完全相反的答案，那他现在"相当确定地认为参谋长联席会议应当继续推进登陆九州岛的作战计划"。[1]

就在参会人员即将开始讨论其他议题时，杜鲁门询问在会上发言最少的约翰·J.麦克洛伊，除了地面进攻以外是否还有其他替代选项。麦克洛伊转向史汀生，似乎想要在得到上司的首肯后再发表意见。史汀生说："就说说你的想法吧。"

"好吧，我的确认为我们还有替代选项，"麦克洛伊答道，"在我看来，这是一个值得探讨的替代方案。说实话，如果我们没有仔细研究其他方案，仅靠再次发动一场常规进攻和登陆作战来结束战争，那就得检查各自的脑袋是不是出了问题。"

麦克洛伊的第一个建议是，如果允许裕仁天皇保留国家元首的地位，那么日本政府就有可能投降。代理国务卿约瑟夫·C.格鲁（Joseph C. Grew）之前在另一次会议上已经向杜鲁门提出过相同的建议。这当然也是杜鲁门准备考虑的一种选项。然而，麦克洛伊提到的原子弹问题引起了所有参会人员的关注。麦克洛伊回忆道，他刚刚提及原子弹，"大家虽然全都是精英中的精英，但还是感到有点儿震惊"。"没人会把原子弹摆到台面上讨论；这就好像没有人会在耶鲁大学的社交场合谈论骷髅会*一样。只是还没有这么做罢了。"

麦克洛伊没有在意与会人员不满的眼神。他指出，应当首先警告日本政府，宣布美国拥有原子弹；如果日本人仍然拒绝投降，那么就使用原子弹。他补充说："我认为，如果明确警告了日本政府，那我们就会处在有利的道德立场。"

一位参会人员回应说，没有人知道原子弹到底是否靠谱。"要是它没有引爆成功呢？那我们岂不是颜面扫地？"

麦克洛伊答道："所有参与计划的科学家都告诉我们，原子弹没

---

* 骷髅会是 19 世纪时耶鲁大学的学生成立的秘密学生社团。——原注。此时在场的战争部部长亨利·史汀生就是骷髅会的成员。——编者注

有问题。现在只剩下试爆了，但根据我目前看到的报告，他们都很有把握，认为原子弹肯定会成功。"

当然，史汀生和过渡委员会早就向杜鲁门建议，"应当尽早对日本使用原子弹"，"使用前不应事先警告日本政府"。麦克洛伊的区别在于，他认为应当事先警告日本政府，这一点与杜鲁门不谋而合。杜鲁门已经得知原子弹将会在三十天内、也就是7月中旬前后进行试爆。于是，他在会上表示，如果试爆成功，就应当"给日本人一个通过投降结束战争的机会"。换言之，杜鲁门决定发出最后通牒以暗示拒不投降的后果：若日本政府无视警告，那就使用原子弹。

与此同时，参谋长联席会议应当继续推进11月1日登陆九州岛的作战方案。[2]

# 41　多么美妙的最后时刻啊！

6月20日黎明，八原大佐站在第三十二军司令部所在山洞的洞口，看到数百平民成群结队离开摩文仁山。八原回忆道："一切看起来都那么平静，似乎就不像战场，但这种平静并不会持续太久。"

当天晚些时候，20辆美军坦克缓缓地爬上摩文仁山，开始向日军残存的阵地开火。此外，美军还攻入附近的米须村、大度村（Odo）和真荣平村（Maedera）。其中，真荣平村是第二十四师团司令部的所在地，同时也是师团长雨宫中将准备做最后抵抗的阵地。在烟雾、噪音和混乱之中，八原已经分不清敌我。夜幕降临时，美军坦克已经撤退，但八原知道，这只是暂时的喘息。

当天晚上，八原刚刚睡着，首席译电员就跑进他的房间，大叫道："大本营发来嘉奖电！"

八原浏览了电文，心里很高兴。他知道，冲绳岛战役从一开始就必败无疑。但是，这封电报却证明，他们的努力已经"远超大本营的预期"。

他立刻拿着电报去见牛岛中将、长勇中将，并在"副官、卫兵、年轻女人以及周围在场的其他人的仔细倾听下"，大声宣读了电文：

在牛岛满中将的指挥下，自敌军登陆冲绳岛以来，你们已经与强敌英勇奋战了三个月。你们在各个战场上重创敌军，并给其造成重大伤亡。你们真正展示了帝国军队的伟大。此外，你们不仅牵制住了敌人占据绝对优势的海军力量，还为我军以消灭敌军舰队为目标的空袭做出了重大贡献。

八原读完电文后，两位将军不约而同闭上眼睛，似乎心满意足。接着，八原用铅笔记录了长勇口述的回电：

就在所有幸存者准备向占据压倒性优势的强敌发起最后的自杀式攻击之际，我们收到大本营的嘉奖电。没有什么比这封电报更让人感到光荣的了。我们感激不尽。在冲绳诸岛流血牺牲的将士终于可以安息了。在这最后一战的剩余将士深受鼓舞，将会战斗至最后一刻。我们将竭尽全力，奋勇作战，不负大本营的期望。我们不胜感激。

长勇又做了几处细微的调整——添加了一句宣称他们永远都是"天皇陛下忠诚的臣民"的话，然后命令八原发送回电，并要求抄写嘉奖电文下发至各部队。

次日，即6月21日，美军第七步兵师的部队攻上摩文仁山的山顶，找到通向第三十二军司令部的竖井的入口，并向内投掷爆炸物，炸死了多名参谋人员。八原早就命人封死了朝向摩文仁村的洞口。现在，司令部唯一的出口，位于面向大海、290英尺高的悬崖岩架上。当天晚上，司令部收到东京发来的另一封电报，来自陆军大臣阿南惟几大将、陆军参谋总长梅津美治郎大将。电文不仅祝贺牛岛和第三十二军出色地对抗着实力远胜于己的强敌，还提到守军"击毙了敌军指挥官小西蒙·巴克纳中将，重挫了他指挥的8个师"。

东京方面的消息来源是美国的无线电广播，这是第三十二军第一次得知巴克纳阵亡的消息。八原写道："这是整场战役最激动人心的好消息。我军在我方指挥官切腹自杀前击毙了敌军指挥官，仿佛我军才是真正的胜利者。"

长勇与八原一样喜不自胜，但牛岛却高兴不起来。八原回忆道："他面色凝重，就好像是在悼念巴克纳。牛岛从来都不说别人的坏话。我一直觉得他是个了不起的人物，现在我比以往任何时候都更加钦佩他。"[1]

时间已经所剩无几，牛岛和长勇开始为切腹自杀做准备。晚上10:00，他们召集剩下的参谋人员举办诀别宴，享用了"米饭、肉罐头、土豆、煎鱼饼、三文鱼、豆腐汤、新鲜的卷心菜、菠萝、茶和清酒"。[2]长勇与八原在宴会上追忆往事。长勇说："战争开始前，我们曾在西贡喝酒。你还记得我们在大华饭店（Majestic Hotel）对面的电影院看的那场动人的电影吗？你我总是循规蹈矩。我们一起经历了许多苦难，现在又要一起迎来最后的时刻。"

牛岛和长勇虽然决定切腹，但没有要求年轻的参谋人员追随他们。尤其是长勇，他一直觉得，"太平洋战场上的参谋人员切腹自尽"毫无意义，还严重地影响了日本陆军的战斗力。因此，他早就命令第三十二军所有参谋人员设法逃走：一部分人在冲绳岛上开展游击战，而另一部分人须返回东京并前去大本营汇报，比如八原。此时，长勇再次提醒八原服从命令。长勇继续说道："从抵达冲绳岛的那一刻起，我就说过你不会死在这里。很高兴我实现了诺言。你必须突破敌军防线，逃出生天。要多加小心，不到万不得已，千万不要鲁莽行事。这个药丸是给你生病时吃的，保证药到病除。"

除了药丸（八原认为这个药丸像是某种中药），长勇还把一张500日元*的纸币塞给八原。尽管他们很少在战略上达成一致，两人的观念更可谓"截然相反"，但八原还是被长勇的慷慨感动得流下眼泪。

宴会结束后，八原回屋休息。凌晨3:00，他被传唤到司令室。他发现牛岛和长勇已经穿上全套军装，佩戴着他们的勋章。牛岛盘腿而坐，而长勇则喝着他最喜欢的万王之王威士忌，看起来醉醺醺的。他给了八原一杯威士忌和一些菠萝，然后用军刀的刀尖插着一块水果伸给八原。八原困惑地取下并吃了水果。

长勇对牛岛说："将军阁下，您休息得挺好啊。我一直耐着性子等着您起床。时间可不多了。"

牛岛笑道："你鼾声如雷，我哪儿睡得着啊！"

长勇不理会牛岛的嘲讽，直接问道："我们谁先来，您还是我？要我先行一步引您赴黄泉吗？"

"还是我领你吧。"牛岛答道。

"阁下，您会上天堂的，而我要下地狱。所以，我无法与您同往死后的世界。我们的大英雄西乡隆盛**在切腹前一边与担任介错***的

---

亲兵下棋，一边说道：'你只要准备好，我随时都可以赴死。'至于我，我要一边喝着威士忌，一边迎接最后的时刻。"

互致辞世句后，两位将军与"共同经历战争磨难的"幸存军官和士兵做了最后的道别。然后，长勇脱下外套，拿起蜡烛，领着牛岛和其他人，沿着昏暗的坑道向洞口走去。八原回忆道，他们抵达洞口后，"月色在海上照耀，云朵快速飘过。夜空一片寂静。深谷里的晨雾正沿着山坡缓缓爬升。大地上的一切似乎都在颤抖，怀着深厚的感情等待着"。

凌晨4:10，黎明前夕，牛岛和长勇来到洞口处狭窄的岩架，跪坐在覆盖着象征死亡的白布的垫子上。由于岩架的空间无法满足面朝北方遥望皇居的要求，二人只好面朝南方俯视大海。长勇白衬衫的背上，写着：忠则尽命，尽忠报国。

二人默默地解开衬衫的衣扣，露出他们的腹部。接着，副官吉野（Yoshino）中尉递给牛岛一把刀身下半截裹着白布的短刀。牛岛双手紧握短刀刺进腹部，而站在他右后方的阪口副官则挥起武士刀砍向牛岛的脖子，一刀"砍断了脊柱"。牛岛一头栽倒在垫子上，一动不动。然后，长勇也按照相同的仪式，切腹自杀。

据八原回忆，两位将军死后，"剩下的士兵一哄而散，顺着陡峭的岩壁爬下"。3名勤务兵把两位将军的遗体葬在附近，而八原则与阪口一起坐在山洞外边。阪口虽然脸色苍白，但显得兴高采烈，大叫着："我做到了！"

二人精疲力尽，望着渐渐转亮的天空。"多么美妙的最后时刻啊！"八原回想着，"这标志着我们长达三个月的艰苦战斗、我们引以为傲的第三十二军以及我们两位将军的生命，就这样光荣地画上

了句号。"³

同一天，6月22日下午1:05，第十集团军代理司令官盖格中将在集团军司令部宣布，冲绳岛守军已经停止一切有组织的抵抗。作为第十集团军的代表，第二十四军、第三两栖军以及参战各师列队观礼；在第二海军陆战队航空军乐队演奏的《星条旗永不落》的乐声中，宪兵护旗队在冲绳岛升起了美国国旗。当旗帜接近旗杆顶端时，一阵微风突然拂过，"星条旗在蓝天的映衬下迎风招展"。⁴

当然，美军必须肃清冲绳岛上仍然数量可观的日军残余部队，才能真正控制全岛。一份6月23日的《情报摘要》估计，岛上还躲藏着4 000名日本兵，其中许多人躲藏在"摩文仁南边和东北方向沿海的山丘和峭壁中"，而另一些则"试图逃到岛屿北部"，据说那里食物"充足"，并且"还有更好的藏身处"。根据战俘的供述，日本兵接到的命令是，"乔装作平民，单独行动或2至5人一组，前往名护周边地区开展游击战"。⁵

6月23日，美军开始清理残敌。同日，史迪威上将抵达冲绳岛就任第十集团军指挥官，指定2个军各自的行动区域和他们需要抵达的3条进攻阶段线。第一阶段南下清剿残敌的行动取得了最为丰硕的战果。美军"使用火焰喷射器和爆炸装置，有条不紊地封死了"藏有日军的山洞，还与全副武装、试图突破美军防线向北逃窜的小股日军部队发生了"数次激烈的遭遇战"。此外，广泛的侦察还发现不少躲在甘蔗地、水稻田里的日本兵。然而，到了第二阶段，美军开始向北前进，发现的残敌数量越来越少。到了第三阶段，美军在6月30日抵达预定的阶段线——那霸—与那原一线，比原定计划提前整整三天。据估计，在清剿残敌的行动中，美军总共击毙日军8 975人、俘获日军2 902人，另外还有906名非军人的劳工也被俘虏。而美军伤亡783人。[6]

在清剿残敌的过程中，美军士兵看到了一些令人发指的惨象。史迪威刚刚登岛四天，就迫不及待地前往摩文仁山，顺着陡峭的岩壁"爬下"，想要看看"牛岛司令部的山洞"里面是什么样。他在日记中写道："入口狭窄。日本兵的尸体臭气熏天。我赶紧后退。所有的指挥官都死在了洞里。牛岛和长勇埋在山顶。军号手吹响'升旗曲'，国旗在山顶飘扬。接着，我向第七师参加升旗仪式的大约1 000名士兵发表演讲。最后，我返回简易跑道，乘机踏上归途。"[7]

一两天后，隶属第十集团军司令部和美国海军的情报官弗兰克·吉布尼（Frank Gibney）中尉跟随一名工程兵队长，进入真荣平村附近的一个山洞。他回忆道："我们穿过一条很长的隧道，来到一个巨大的地下岩洞。我这辈子从来都没有看到过如此恐怖的景象。日军第二十四师团前指挥官雨宫中将倒这个岩洞里，周围是他的参谋和大约200名军官及士兵的尸体。他们全都抱着手榴弹自杀身亡，而雨宫不想遭切腹的罪，周到地选择了注射致命的毒药。岩洞的地上到处都是日军尸体。"二人发现了一个幸存者：雨宫中将的勤务兵。他被命令"要活下去，并汇报他们是怎么死的——大概是要让他向天皇汇报吧"。

据吉布尼讲，那个带领他进入岩洞的工程兵队长"被这种刺激搞得精神失常"，"过了许久才恢复过来"。然而，那个日军勤务兵"一从岩洞里出来似乎就摆脱了这种折磨"——当天下午晚些时候，吉布尼甚至看到他在战俘营里"与其他战俘一起打排球"。[8]

听闻冲绳岛战役结束，温斯顿·丘吉尔给杜鲁门发了一封贺电：
"美国在这场战役中表现出强大的战斗意志、牺牲精神和技术实力，
再加上日军拼死作战——据称阵亡人数达到9万，足以使这场战役
成为军事史上最激烈、最著名的战役。"[9]

《纽约时报》的军事编辑、普利策奖获得者汉森·W.鲍德温
（Hanson W. Baldwin）对此表示赞同。他写道：

> 战机在空中激战，舰艇与战机殊死搏杀，如此激烈的战斗，
> 以前从未有过，以后大概也不会再有了。美国海军从未在如此
> 短的时间内损失过如此多的舰船；美国陆军也从未在如此短的
> 时间内、在如此狭小的战场上遭受过如此重大的伤亡：从这场
> 战争（第二次世界大战）中任意选择三个月，敌人可能都没有
> 遭受过如此巨大的损失，而美军的伤亡也创下了对日作战的
> 新高。在这场战争中，虽然发生过规模更大的陆战、时间更长
> 的空战，但冲绳岛战役却仍然是在陆海空各个战场上"你死我
> 活"、规模最大的协同作战行动。[10]

鲍德温所言非虚。冲绳岛战役不仅是太平洋战场上最血腥的战
斗，同时也是美国历史上损失最大的战役之一。美军总共损失36艘
舰船（另有368艘舰船受损）、763架飞机，伤亡人数接近5万人*，其

---

\* 美军伤亡总数为49 151人，其中12 520人阵亡或失踪、36 631人负伤。陆军4 582人阵亡，
93人失踪，18 099人负伤；海军陆战队2 938人阵亡或失踪，13 708人负伤；海军4 907人阵
亡，4 824人负伤。此外，美军还有26 211人的非战斗减员，其中陆军和海军陆战队分别为
15 613人、10 598人。——原注

中有四分之一阵亡或失踪，而剩余的全都在战斗中负伤。此外，美军还出现了至少2.6万人的非战斗减员，其中许多人不是饱受战斗疲劳的困扰，就是患上我们现在称为"创伤后应激障碍"（PTSD）的精神疾病。[11] 5月末，奥利弗·史密斯准将视察一所设在北谷村附近的精神病医院，记录了一个病患的情况："他在南部前线参加了激烈的战斗，很可能既睡不着觉，又吃不好饭。一天晚上，他和战友在散兵坑里休息，日军发射的一枚迫击炮炮弹在散兵坑边缘爆炸……当时，（他）精神高度紧张以至于昏迷过去。恢复意识后，他精神彻底失常，不得不撤到后方。"史密斯十分同情这名病患，但同时也认为，许多其他"号称出现战斗疲劳症状的人根本就不该被疏散到后方的医院，应要求他们继续留在部队，直到他们摆脱症状或者无法继续装病"。[12]

守岛日军和冲绳平民的伤亡更加触目惊心。到6月30日战斗结束时，除了10万日军士兵、民兵阵亡（其中有1.5万是冲绳人），还有12.5万冲绳平民死于战火，相当于战前冲绳岛总人口的三分之一。此外，美军还俘虏了7 400名日本兵，其中许多人都是被日军强征入伍的冲绳平民。幸存的冲绳平民大田昌秀，曾作为铁血勤皇队的一员与美军战斗，战后成为冲绳县知事。在他看来，冲绳岛平民死伤惨重完全是日军的责任。他写道：

> 日本帝国陆军的作战目标不是保护冲绳平民，而是尽可能地拖住美军，为日本本土防御备战争取时间。日军既没有疏散平民，也没有为平民划出安全区，反而把冲绳人当作劳动力用来修建掩体、坑道以及其他防御工事，并为作战部队运送给养、

照顾伤员……

　　日军残酷无情地逼迫平民离开山洞的恶行，足以与他们杀害数百甚至数千因伤势过重而无法从医院避难所南撤的伤兵的行径相提并论。[13]

随着战斗接近尾声，日军士兵虐待平民的情况屡见不鲜。从日军的角度记述这场战役的人有托马斯·休伯（Thomas Huber），他这样写道：

　　日本兵自知死期将至，开始肆意强奸。有些时候，（他们）害怕被发现，就逼迫母亲杀死号啕大哭的婴儿，或者亲自动手杀害婴儿。日本兵有时会杀死想要与他们一起躲进山洞的冲绳（岛上的）人，因为害怕他们是间谍。日军普遍的暴行给冲绳人留下了难以磨灭的创伤。时至今日，冲绳人与日本人之间仍然因此心存隔阂……禁止士兵投降的政策不仅灭绝人性，还无意间令不计其数的日本平民深受其害。[14]

可证实休伯记述的证据，包含在许多幸存平民的目击证言之中，而这些证词保存在位于摩文仁的冲绳县和平祈念资料馆的档案中。以下是3个典型例证。来自丝满、当时19岁的前田叶琉（Haru Maeda）在离开藏身的山洞找水喝时遇到了奄奄一息的弟弟和妹妹。他们对前田说，日本兵砍了妈妈的头，然后又刺伤了他们。前田回忆道："我给他们喂了点儿水，然后握着他们的手。他们临死前浑身颤抖，牙齿不停地打战。他们说自己马上就要死了，担心我在他们死后该怎么办。我告诉他们别担心，因为我很快就会赶上他们。我尽可能地让他们舒服一点儿。其中一个真的很痛苦，颤抖着、哭喊着，直到咽气。"

然后，前田想要勒死自己，却下不去手。她找到并质问犯下暴行的日本兵为什么要这样做。他们的回答是，他们只是"忍不住"，因为"正在打仗"。

另一位是冲绳岛的年轻女性平民仪间登代（Toyo Gima）。当时她在真壁附近的一个山洞里藏身，这时一个小男孩突然哭了起来。一名日本兵担心哭声引来美国兵，便询问男孩的父母在不在山洞里。仪间回忆道，等了一会儿发现没人回答，"日本兵就把男孩带到山洞深处，准备下毒手"。最初，他们"想用包扎伤口的三角绷带勒死男孩"。他们发现绷带不趁手，于是就把绷带剪成布条使用。"在场所有平民都哭了起来，"仪间说，"我亲眼看到他们把布条勒到男孩的脖子上。这实在是太残忍了，我没能看到最后。"

第三段证词的提供者是当时16岁的喜屋武半岛山城村（Yamagusuki）村民中条三敏（Mitsutoshi Nakajo）。他也和日本兵一起藏在山洞里。日本兵突然提出要杀死躲在山洞里的5个不到3岁的小孩，因为他们"有可能把敌人引过来"。中条和其他平民表示愿意带着小孩一起离开山洞，但遭到军官的拒绝。中条说："那个军官说，我们会变成间谍，他在洞口设置岗哨，禁止我们离开。然后，四五个日本兵走过来，一个接一个地抱走我们的小孩，并给他们……注射（毒药）。其中就包括我的弟弟。"

第二天上午，日本兵对中条和躲在山洞里的其他平民说，他们要"赶在美国人抓住并用坦克轧死我们之前"把我们"处理掉"。实际上，这只是日本兵为得到平民携带的食物而想出的诡计。幸运的是，日本兵还没来得及动手，美军就发起进攻，向山洞内投掷炸弹，炸死了大多数日本兵。中条这才侥幸逃生。[15]

## 42 他提到妻子和未出生的孩子了吗？

6月15日，第一陆战团二营E连撤下国吉岭后，连长布鲁斯·沃特金斯中尉和其他45名幸存战士再也没有在冲绳岛上遇到激烈的战斗。在经过数日休整后，他们奉命驻防一道"横贯冲绳岛的防线，拦截抓捕敌军的所有散兵"。他们从防线附近的海蜂工兵队营地搞到不少"可口的美食"。作为回报，E连让工兵队的士兵在夜里操作他们的机枪和步枪。沃特金斯写道，那帮工兵"认为整夜向黑影开火射击的感觉简直棒极了"。

数天后，两位从国内调来的补充军官加入E连，而一些受轻伤的士兵也伤愈归队。沃特金斯利用这段时间写信给E连45名阵亡官兵的家属。给阵亡者家属写信是一件悲伤而艰难的任务，但他还是尽可能地告知家属"自己掌握的所有事实，还会向所有幸存者打听当时的情况"。对于沃特金斯来说，写信成了一个"治愈伤痛的过程"；写完信后，他的"情绪明显好多了"。[1]

7月初，美军清理完残敌，E连与陆战一师的其他部队一同前往本部半岛西北海岸的一座兵营驻扎。"兵营周围的乡村干净开阔，松林茂密，的确景色宜人，"一位军官回忆道，"但现在这个季节实在是热得难受。地势从珊瑚岩悬崖缓缓抬升至一条山岭，然后逐渐下降，穿过一片土地肥沃的宽阔平地，另一边是相当陡峭的山地。"[2]

这座兵营是陆战一师的训练营，旨在为下一步登陆日本的行动做准备。第一师的官兵住在形似金字塔的大帐篷里，还配有行军床和毛毯——这简直是"奇迹中的奇迹"。沃特金斯写道："我们甚至还搭建了一座用帆布做墙壁、白铁皮做屋顶的餐厅，相当奢华。食物越来越丰盛，士气也提高了。"然而，兵营里的小道消息可就不那么受欢迎了。据传，6个陆战师将全都参加登陆九州岛的作战，行动时间定在11月1日。沃特金斯打听到的消息是，登陆部队的伤亡比例据估算将会达到80%。他写道："我心里很清楚，这个消息对我打击很大，心情实在是好不起来。生还的概率变得越来越渺茫了。"[3]第七陆战团三营K连的卡雷尔听说，陆战一师将是"第一波"登陆九州岛的部队，而伤亡将会超过50万人[*]；于是，他本人和其他"在冲绳岛战役幸存下来"的战友"情绪都极其低落"。[4]

那些在海外作战超过30个月并且符合点数[**]要求的幸运儿被轮换回国。前线炮火观测员克里斯·唐纳就是这样的幸运儿。他不停地自言自语："要回家了。两年半了，我终于可以平平安安地回家了。"他祈祷自己不需要再参加"击败日本的大决战"。[5]

沃特金斯前往位于读谷机场附近的陆战一师军人公墓，向阵亡的

---

[*] 沃特金斯和卡雷尔打听到的消息都不怎么准确。只有第五两栖军（由第三、第四、第五陆战师组成）被调遣参与1945年11月1日登陆九州岛的"奥林匹克行动"，并隶属于克鲁格上将指挥的第六集团军。第十集团军（包括第三两栖军在内），直到1946年春季进攻本州岛的"小王冠行动"开始前，都不会被启用。第十集团军将与第八集团军、（从欧洲战场调来的）第一集团军以及一支由英国和英联邦国家的士兵组成的大军共同参与作战。两次行动统称"毁灭行动"。——原注

[**] 美军用来评估士兵服役状况的计分体系，计分依据包括服役时间、战斗次数、立功受奖情况、未成年子女的人数等。——译注

战友们表达最后的敬意。公墓里成排地竖立着一模一样的白色十字架，让他不禁想起加拿大炮兵军官约翰·麦克雷（John McCrae）创作的诗歌《在弗兰德斯战场上》（*In Flanders Fields*）*。他首先找到挚友李·海特的墓地，发现墓碑是"一个简单的十字架，上面刻着'利昂·哈特森·海特中尉，美国海军陆战队后备队'"。他在墓碑前站立许久，静静地缅怀逝者。接着，他又来到其他战友的墓碑前回忆战友，"一等兵卡斯特罗——他阵亡前最后一刻还在向日军山洞开火；雷·蒂斯科尼亚上尉——去年圣诞节他曾接到我的传球并触地得分；一等兵戴尔·汉森——他即将被追授国会荣誉勋章；弗兰克·凯里——我至今还记得他举枪射击时蔑视日军的身姿；此外，还有40多位E连的其他战友"。对于沃特金斯来说，这些战友都与自己情同手足，他们在"人生最美好的时期离开人世"，实在是太让人伤心了。"我与他们共同经历了一切，但我却活了下来，这到底是为什么？"他不禁问道，"我找不到答案，只好默默地与他们道别，静静地离开墓地。"[6]

那些刚刚在冲绳岛军人公墓下葬的阵亡者，他们在美国国内的家属收到了自己一直担心的消息。家住新泽西州开普梅市纽约大道1214号的琼·麦金（June Mackin）就是这样一位收到噩耗的家属。她是哈罗德·J.麦金（Harold J. Mackin）少尉的妻子，她家是一座木结构的独立式住宅，距离大海只有几个街区。1945年5月末，麦金少尉作为补充军官加入第五陆战团二营。头一天上战场的麦金指挥机枪小队，全力冲锋距离最近的日军迫击炮阵地，直到他手下

---

\* 这首诗的创作时间是1915年，头两行诗文是："在弗兰德斯战场上，罂粟花迎风开放／开放在十字架之间，一行又一行。"——原注

的班长、老兵吉姆·约翰斯顿下士对他说"在夜里发动进攻太过鲁莽"。约翰斯顿说，麦金是"一个身材魁梧、作战勇敢、平易近人的爱尔兰人，是那种'九十天奇迹的产物'*，这是他第一次上战场"。他又补充道："麦金是个不错的家伙。要是我们能救活他，给他足够的时间了解战场，并与书本知识相结合，我觉得他肯定能成为一名优秀的军官。"[7]不幸的是，麦金抵达后没几天，约翰斯顿就在战斗中负伤，所以没有办法继续帮助麦金这位新手上道。这个噩耗经西联公司**递送的电报在7月7日传到麦金太太那里：

> 我们非常遗憾地知会您：您的丈夫、美国海军陆战队后备队的小哈罗德·J.麦金少尉在琉球群岛的冲绳岛为国效力，在执行任务时负伤，不治身亡。我们收到与葬礼相关的信息后，会另行通知您。为避免信息被敌人利用，请不要透露他所在的船只或驻地。请接受我诚挚的慰问。
>
> 海军陆战队司令A.A.范德格里夫特上将。[8]

无论任何时候，得知丈夫阵亡都是很糟糕的事情。但是，对于琼·麦金太太来说，这消息尤其令人心碎，因为她怀着他们的孩子。在最初的震惊之后，她急切地想要知道丈夫阵亡的具体情况：他有没有留下遗言？都说了些什么？他提到妻子和未出生的孩子了吗？

直到10月初，曾经在麦金少尉手下当兵、后来又随第五陆战团前往中国的鲍勃·迈尔斯（Bob Miles）下士寄来一封信件，琼·麦

---

\* 此处指只接受了九十天（三个月）的训练，就成为军官的军校学员，通常含有贬义。——译注
\*\* 即现在的西联国际汇款公司。电报曾经是该公司的主要业务。——译注

金才终于第一次了解到相关细节。迈尔斯写道：

> 我早就应该写信了，但我自己也是刚刚伤愈出院。
>
> 我很荣幸能在您丈夫哈罗德·麦金少尉手下服役。我和麦金关系很好，平常都管他叫"麦克"。我们两个被同一颗子弹击中，一起被疏散到同一处战地医院。麦克是在那里要我给您写信的。
>
> 麦金太太，我想告诉您，所有认识麦克的士兵都很爱戴他。他虽然是军官，但被我们当作自己人。麦克活着的时候、战斗的时候和死去的时候，始终都是顶天立地的男子汉。
>
> 我作为麦克最要好的朋友，谨向您表达诚挚的哀悼。如果有什么我能够帮上忙的事情，您尽管吩咐。

琼·麦金不满足于迈尔斯下士对丈夫战死的简略叙述，所以决定让迈尔斯兑现承诺。她做了一件成千上万遭遇同样不幸的军人遗孀不敢做的事情：回信询问丈夫战死的"详细情况"——不管事实多么令人痛苦。迈尔斯从中国寄来第二封信，把详情告诉了琼·麦金：

> 麦金太太，6月20日下午晚些时候，我们当时正在进攻第81号高地，您丈夫受了伤……日军把进攻部队的第一个班放了过去，然后突然开火切断了我们的后路……我们距离己方的前沿阵地大约700码。我和麦克跳进一个很浅的弹坑。一名狙击手从我们身后开枪，另一名狙击手从右侧开枪，而一挺机枪在

正前方开火。右边的狙击手能看到我们,并瞄准射击。他射出的头两颗子弹打到我和麦克之间的地上。所以,我们只好跳出弹坑,向一个大土堆跑去。就在这时,日军的机枪开始扫射。

我和麦克都被机枪射出的第一颗子弹击中。当时我们正在向己方阵地跑去。子弹击穿了我的右胸,又打中了麦克的左臀。我们一起倒在了土堆的后面。

迈尔斯继续说道,战友借着烟雾的掩护,用担架把他们抬到二营的急救站。他们两个在那儿"还开玩笑说,这下可以回家了"。迈尔斯注意到麦克皱着眉头,就问他是不是伤得很厉害。"他什么都没说,"迈尔斯回忆道,"只是笑了笑。直到这时,我才知道,子弹击中他的臀部后,向上又击穿了他的腹部。我一直都不知道他竟然伤得这么严重。可他从来都没喊过疼。"那天晚上,军医在战地医院给麦克做手术,用尽全力地想救他一命。迈尔斯写道,麦克返回病房后"不停地乱动,医生一点儿办法都没有"。幸好,他还分辨得出迈尔斯的声音,记得他是自己手下的下士,于是"便按我说的做"。迈尔斯补充道:"他张口闭口都是你,还有自己马上就要当爸爸这件事。他不停地和我说,你和他以前经常在木板道上吃汉堡。我对他说,用不了多久,他就能跟你还有你们家的小宝宝一起去吃汉堡了。"

然而,麦克早就意识到,他"时间不多了","自欺欺人"也无济于事。麦克就是在这时请求迈尔斯给妻子写信的。迈尔斯承诺,"只要我能挺过去,我就会把所有自己知道的事情"都告诉她。几分钟后,迈尔斯乘飞机离开了冲绳岛。临行前,医生向他保证会"尽全力拯救麦克的生命，但是麦克生还的可能性十分渺茫"。医生所言属实，第二天麦克就死了。

在结尾处，迈尔斯先是为自己在信中直言不讳地叙述道歉，然后又提出最后一个请求：

> 不管什么时候，要是小宝宝降生了，能告诉我是男孩还是女孩吗？麦克想要个男孩。请不要因为我打听小宝宝的事情就觉得我很冒昧。[9]

7月中旬，沃特金斯离开冲绳岛北部的训练营，拜访一位海军军官朋友。他朋友所在的舰船停靠在巴克纳湾——因美军纪念他们阵亡的前任指挥官巴克纳而更名。沃特金斯很快"就拦下一辆吉普车，跟一名司机、一名翻译和一名被俘的日军大佐同行"。一路上，他们大都"在单行的土路"上行驶，但到了首里，道路被拓宽成"用压碎的珊瑚岩铺路的四车道公路"。在看到"各式各样的军用卡车绕着一个巨大的环形交叉路口通行的景象"后，那名大佐用日语说："现在我总算知道我们为什么输掉这场战争了。"[10]

沃特金斯直到后来才得知，那名大佐就是八原博通，也就是日军的"冲绳岛防御作战方案"的制订者。6月23日，他身着便衣离开了位于摩文仁山洞的司令部，数天后被美军士兵抓获。起初，他设法让美军认为自己只是逃难的平民，直到7月中旬才被一名曾经在他手下任职、现在为美军效力的投降日军认出他就是日本陆军的大佐。他当时正被押送前往第十集团军设在冲绳岛中部越来村（Goeku）附近的新司令部，因而布鲁斯·沃特金斯才与他有了一面之缘。

八原被关进一个特殊的监狱,由精通日语的情报人员肯·拉莫特(Ken Lamott)中尉及其副手弗兰克·吉布尼中尉审问。拉莫特和吉布尼很清楚,第十集团军很快就要参加登陆日本本土的作战,所以他们急于从八原口中问出尽可能多的有用情报。吉布尼写道:"冲绳岛的守军拼死抵抗,让我们吃了不少苦头,这似乎预示着,进攻日本本土的战斗肯定会更加血腥残酷。"

吉布尼回忆道,尽管八原"很愿意从日军的角度回顾和解释冲绳岛战役的过程",但"一谈到任何涉及未来作战的事情",他就"三缄其口"。他们只逼迫了他一次。他们刚刚参加过一场漫长的参谋会议,讨论了进攻本州岛时可选的登陆地点。他们装出漫不经心的口气问八原,如果让他制订进攻本州岛的作战计划,那么他会选择在哪里登陆。"这还用问吗,当然是九十九里滨(Kujikuri-hama)啊。"八原答道。其实,参谋会议经过多次争论也得出了同样的结论。当然,他们并没有把会议讨论的结果告诉八原。[11]

就在八原大佐在冲绳岛接受审问时,盟军在柏林近郊的波茨坦召开会议,而这次会议将会对上百万即将登陆日本本土的美国军人的命运产生重大影响。本次会议的东道主是苏联,盟军"三巨头"哈里·杜鲁门、温斯顿·丘吉尔、约瑟夫·斯大林将在会上见面,磋商诸多全球问题,包括战后欧洲的政治和领土解决方案以及苏联在太平洋战场加入对日作战的可能性。7月6日,杜鲁门乘机飞往欧洲前在白宫与战争部部长亨利·史汀生会面,讨论迫使日本投降的可选方案。此次会面的目的是向杜鲁门提交一份由史汀生起草并参考海军部部长、代理国务卿、参谋长联席会议意见的备忘录——《日本问题拟议方案》。

备忘录开篇就指出，根据6月18日会议的决议，登陆日本的准备工作"现在实际上正在推进"。然而，它又指出，"有理由认为，登陆后占领日本本土的作战，对我们来说，可能会是一场旷日持久、代价沉重和异常艰苦的战斗"。部分原因在于日本本土地形复杂；在史汀生看来，"那里不仅可以用来进行与硫黄岛、冲绳岛类似的负隅顽抗，而且面积当然也比硫黄岛、冲绳岛大得多"。另外部分原因在于日本人的"军国主义"情绪高涨，很有可能会"疯狂抵抗"。对于美国来说，进攻日本本土的作战甚至会比"进攻德国的作战更加残酷"，会造成巨大的人员伤亡，还会把日本的基础设施彻底变成废墟。

所以，史汀生问道，有没有一种可行的替代方案，避免用武力占领日本，但仍然可以为美国争取到"相当于日本所有武装力量无条件投降的结果，并确保日本再也没有能力发动侵略战争、危害'太平洋地区的和平'"？史汀生认为，这个问题的答案是肯定的；只要指出"拒不投降的严重后果"，给出"明确的投降机会"，就能迫使日本政府就范。毕竟，许多因素都对美国有利：日本"没有盟友"；日本海军"几乎全军覆没"，日本随时都会遭到海上封锁，将会失去"粮食和物资"的来源；日本没有制空权，会遭到盟军的集中轰炸；日本除了要面对英美联军，还要应对"实力越来越强大的中国军队和苏联的致命威胁"；美国拥有"源源不断、完好无损的工业能力"；美国作为遭到日本"偷袭的受害国"，"占据着极大的道德优势"。

备忘录没有提到原子弹，主要是出于保密的考虑；除非绝对必要，否则绝不会随意谈论原子弹。然而，杜鲁门在与史汀生会面时讨论过这个问题。史汀生希望警告日本政府，美国将会"动用多种压倒性的力量攻击日本四岛"，"只要完全释放这种力量，日本本土将会不可避免地遭到完全毁灭"。当然，史汀生说的就是原子弹，但问题却在于，美国政府还没有决定是否要在警告中明确提到原子弹的存在。史汀生坚信，这种警告可能会奏效，尤其是因为日本人"在这样一场危机中对理性的敏感程度远比现在美国国内新闻媒体所描述的要高"。他写道："日本并不是一个完全由狂热分子组成、思维与美国完全不同的国家。"

然而，如果日本政府没把警告当回事并拒绝投降，那么他认为，美国就可以名正言顺地使用原子弹了。现在，一切都取决于7月16日凌晨原子弹试爆能否取得成功。杜鲁门基本同意备忘录中即将成为《波茨坦公告》的那部分内容。在备忘录中，唯一让杜鲁门仍然拿不定主意的是，史汀生建议应当允许日本保留天皇，以安抚日本国内的保守派。然而，杜鲁门的确同意：一旦原子弹试爆成功，就应当告知斯大林，美国已经制造出原子弹，并"准备对敌国日本使用"。[12]

现在，一切都取决于新墨西哥州沙漠的核试爆了。

## 43　即将予日本以最后之打击

　　7月16日早上，钟表的指针快要指向5:29，前来观察核试爆的科学家越发局促不安。所有人的眼睛都紧盯着一座100英尺高的铁塔顶部。这座铁塔耸立在新墨西哥州阿拉莫戈多陆军航空兵基地的偏远地区，距离设在掩体内的控制中心以北1万码。这是人类历史上第一次原子弹试爆即将发生的地点。原子弹的个头与大众汽车一样大，看起来就像是一个插满天线的大铁球。这枚原子弹名叫"瘦子"\*，是内爆式的钚弹，使用的是汉福德反应堆浓缩的钚元素。

　　由于雷电天气，原定于凌晨4:00的试爆已经延后一个多小时。一些科学家甚至认为，有必要继续延迟试爆。然而，曼哈顿计划的负责人罗伯特·奥本海默博士十分淡定，天气也开始好转。

　　倒计时进入最后几秒，奥本海默"紧张起来"，"几乎上不来气儿"。当发令员大声喊出"引爆！"的口令时，奥本海默抱着立柱保持站立并盯着正前方。

　　一道巨大的亮光"相当于好几个正午的太阳，一团如蘑菇状的巨大火球冲上1万英尺的高空，然后亮度才开始减弱"；紧接着又传

---

\*　此处原文是"胖子"（Fat Man），与史实有误，已更正。——译注

来"爆炸的低沉咆哮"。阿尔伯克基、圣菲、埃尔帕索以及方圆180英里之内的许多地方的人都看到了这团火球。爆炸的巨响也传到了100多英里以外的地方。随后，爆炸产生的大量烟尘形成了一片带着巨大力量"向上翻滚的"乌云，"只用了几分钟就上升到4.1万英尺的高空，抵达亚平流层"。铁塔所在位置只剩下一个直径1 200英尺、坡度平缓的巨大弹坑，"所有的植被都消失得无影无踪"。铁塔已经"蒸发了"。

一名目击者对爆炸的描述是"前所未有、宏伟壮丽、惊天动地、令人胆寒"。整个大地都被"金色、紫色、蓝紫色、灰色和蓝色"的光芒照亮，一派清晰美丽的景象难以形容。三十秒后，一股"气浪猛烈地冲击着人们和物品，紧接着又传来强烈、持续、可怕的巨响，仿佛警告着世界末日降临，让我们感到自己的渺小"。

看到原子弹引爆后，奥本海默"紧张的神情一扫而空，变得一脸轻松"，但是站在掩体后边的许多观察人员都"被爆炸的冲击波击倒"。室内紧张的气氛消失了，在场的科学家纷纷相互祝贺。一位参观试爆的准将写道：

> 每个人都感觉到，"没问题了！"无论现在发生什么，大家都知道这个看似不可能的科研任务已经完成了。核裂变再也不会深藏在理论物理学家的梦想之中了，而是在诞生的那一刻就展现出几乎所有的威力。作为一种全新的巨大力量，核裂变既可用来行善，也可用来作恶。掩体里所有的人都感到，凡是参与原子弹研发的人都应当奉献自己的生命，以确保原子弹用于正义的事业。

为原子弹研发"极其特殊的爆炸装置"的基斯佳科夫斯基博士（Dr Kistiakowsky）是一个"性格冲动的俄罗斯人"。他一把抱住奥本海默，不停地大笑。那位准将写道："几分钟之内，所有压抑的情绪全都释放出来了，所有人似乎都马上意识到，试爆结果远超科学家最乐观的预期和最狂热的希望。所有人似乎都感觉到，他们见证了一个新时代，即原子能时代的到来。"此外，他们全都感到，"不管发生其他任何事情"，美国现在已经获得了"迅速结束"太平洋战争的手段，能够"拯救成千上万美国士兵的生命"。[1]

杜鲁门总统与随行人员乘坐奥古斯塔号（*Augusta*）重型巡洋舰，经过九天"愉快"的航程横渡大西洋，于7月15日抵达比利时首都安特卫普。之后，一行人乘机前往柏林加图机场。杜鲁门在机场见到了亨利·史汀生、海军上将金以及一名苏联代表，并在检阅了绰号为"车轮上的地狱"的美国陆军第二装甲师的仪仗队后，乘车前往位于距离机场不远的巴伯尔斯贝格镇（Babelsberg）的临时居所。那是一座舒适的"灰泥饰面的三层建筑"；这之前是德国电影业巨头的居所，在杜鲁门入住后被称作"小白宫"（虽然居所外墙使用的是黄色涂料）。

7月16日上午，英国首相登门拜访。这是二人的首次会面。杜鲁门对丘吉尔印象深刻，他后来写道："丘吉尔是一个为自己的祖国和盟军事业做出了卓越贡献的人，我与他一见如故。他向我打招呼的方式非常坦率诚恳。"尽管他们没有就会议的细节进行任何讨论，但杜鲁门还是告诉丘吉尔，他准备了一份议程，并且询问丘吉尔是否也准备了议程。

"没有，我不需要议程。"丘吉尔答道。

杜鲁门原定与斯大林的会面被推迟到第二天（美方后来才知道，这位苏联领袖的心脏出了点儿小问题），于是他整个下午都在柏林观光。当乘车经过位于威廉大街上被夷为废墟的德国总理府时——希特勒总是在这里向纳粹党的支持者慷慨陈词，杜鲁门有感而发："这就是不自量力的下场。"[2]

当天晚上，杜鲁门晚餐后正在喝咖啡，突然被告知，史汀生和马歇尔将军正在赶来的路上，要讨论一个重要的问题。杜鲁门在二楼的办公室接见了他们。刚刚被任命为国务卿的吉米·伯恩斯也在场。史汀生把他的特别助理、过渡委员会成员乔治·L.哈里森（George L. Harrison）从华盛顿发来的一份电报交给杜鲁门。电文如下：

> 今早已做完手术。诊断尚未完成，但结果似乎令人满意，已超出预期。消息传得很远，当地媒体需要发布新闻。格罗夫斯医生很高兴。他明天返回。有新消息我会另行通知。

杜鲁门和伯恩斯喜出望外。他们终于等到期待已久的好消息：原子弹试爆取得成功。史汀生还汇报了另一条好消息：日本似乎向苏联发出求和试探，但消息的可靠性还有待证实。无论消息真伪，时机已然成熟，可以按照他们在杜鲁门临行前讨论的结果，向日本政府发出最后通牒。如果日本置之不理，那么美国政府就可以让日本人领教他们新式武器的"全部威力"了。[3]

7月17日，杜鲁门首次见到斯大林。他对这位苏联领导人矮小的身材感到惊讶——"斯大林的身高在165到168厘米之间，但他对会谈结果总体上还算满意"。杜鲁门写道："斯大林似乎心情很好，他彬彬有礼，在准备离开时对我说，他很高兴能登门拜访。"当天晚些时候，杜鲁门与斯大林在波茨坦会议第一次会议的会场塞西林宫（Cecilienh of Palace）再次会面。这是一座四个侧厅环绕着一处庭院的两层褐石建筑。然而，直到7月24日，他才"轻描淡写地"对斯大林说，美国拥有一种"破坏力非同寻常的新式武器"。斯大林似乎并不是很感兴趣，只是这样回应：他很高兴得知美国拥有这种新式武器，并希望美国"能在对日作战中把它派上大用场"。[4]

丘吉尔从一开始时就知道"曼哈顿计划"。7月17日，他从史汀生口中得知原子弹试爆成功的消息。他毫不怀疑，只要有助于结束战争，原子弹就必须使用。他后来写道：

> 到目前为止，我们已经形成了通过大规模轰炸、大规模部队登陆作战进攻日本本土的想法。我们已经考虑到，崇尚武士道的日本人必将在激烈的战场上乃至每个山洞和防空洞里拼死抵抗。冲绳岛战役的景象在我头脑中历历在目：数以千计的日本士兵宁死不降，在指挥官切腹自尽后，排成一排用手榴弹自杀。想要粉碎日本人的抵抗，也许要付出阵亡100万美军、50万英军的代价；如果我们能走到那一步，伤亡肯定会更多，因为我们已经下定决心分担这痛苦的代价。现如今，所有一切噩梦般的景象都烟消云散了。取而代之的是，只需一两次剧烈的爆炸，就可以结束整场战争。这似乎十分合理，让人眼前一亮。[5]

现在，摆在杜鲁门及其顾问面前的只有两个问题：最后通牒应当如何警告日本政府？如果日本政府不予理睬，那么日本的哪些城市该成为目标？关于第二个问题，杜鲁门同意过渡委员会的意见，也认为周围全都是工人宿舍的兵工厂是最理想的目标。他对史汀生说，把原子弹投向"具有重要军事意义的军工中心"符合"战争法则"。许多城市都被纳入考虑范围，包括日本的旧都京都。然而，由于史汀生指出，京都对于日本人来说是地位十分重要的"文化和宗教圣地"，所以它被剔出名单。在征求史汀生、乔治·马歇尔、"哈普"·阿诺德的意见后，杜鲁门批准了最终被选作目标的4座城市：广岛、小仓、新潟、长崎。杜鲁门写道："选择的顺序是依据这些城市的军事重要性，但轰炸机在执行投弹任务时也应当考虑实际的天气状况。"[6]他在日记中还写道："我对史汀生说……使用原子弹，要把军事目标、士兵、水兵当作攻击对象，不要伤害老幼妇孺。就算日本全都是野蛮、无情、冷血的狂徒，我们也绝不能对日本的旧都和新都（东京）使用这种可怕的炸弹。"[7]

7月24日，美国陆军战略航空兵司令官卡尔·斯帕茨（Carl Spaatz）上将接到命令："8月3日之后，只要天气情况允许，就尽快"投掷第一颗原子弹。杜鲁门告知史汀生，除非史汀生通知他说，日本政府对最后通牒给出"令人满意的"答复，否则投掷原子弹的命令就一直有效。[8]根据白宫地图室的值班军官乔治·埃尔西中校的记述，杜鲁门之所以会把时间定在8月初，是因为到那时他就已经离开德国。埃尔西回忆道："他想远离俄国人，赶在第一枚原子弹真正落下以前回家*。"埃尔西中校当时也在波茨坦。[9]

---

\* 波茨坦会议的时间是 1945 年 7 月 17 日—8 月 2 日。——译注

7月26日晚，杜鲁门签发了要求日本投降的最后通牒，即《波茨坦公告》。公告开篇的文字是："余等：美国总统、中国国民政府主席及英国首相代表余等亿万国民，业经会商，并同意对日本应予以一机会，以结束此次战事。"兵力数倍于对德作战的庞大部队"即将予日本以最后之打击"。所以，"现时业已到来，日本必须决定一途，其将继续受其一意孤行计算错误，使日本帝国已陷于完全毁灭之境之军人之统制，抑或走向理智之路"。

尽管史汀生存有保留意见，但公告还是要求"日本政府立即宣布所有日本武装部队无条件投降"，否则日本"即将迅速完全毁灭"。尽管公告全文没有特别地指出原子弹的存在，但公告的威胁意味不言自明。此外，公告也没有表示允许日本保留天皇。相反，公告警告道，"欺骗及错误领导日本人民使其妄欲征服世界者之威权及势力，必须永久剔除"。此外，日本之主权将限于本土四岛"及吾人所决定其他小岛之内"。盟军承诺，日本军队在完全解除武装以后，"将被允许返其家乡，得有和平及生产生活之机会"。公告接下来指出：

> 吾人无意奴役日本民族或消灭其国家，但对于战罪人犯，包括虐待吾人俘虏者在内，将处以法律之裁判，日本政府必须将阻止日本人民民主趋势之复兴及增强之所有障碍予以消除，言论、宗教及思想自由以及对于基本人权之重视必须成立。

日本将被允许维持其经济所必须及可以偿付货物赔款之工

---

\* 文中所引用《波茨坦公告》的原文，来自中国政府网：http://www.gov.cn/test/2006-02/28/content_213259.htm——译注

业……日本最后参加国际贸易关系当可准许。[10]

杜鲁门并不指望日本政府就范，他在7月25日的日记中写道：

> 我们会发布警告声明，要求他们投降以拯救生灵。我敢肯定他们不会屈服，但别说我们没给过他们机会。希特勒的帮凶或斯大林都没有发现原子弹的秘密，这对全世界来说显然是件好事情。原子弹是人类历史上最恐怖的发明，但能派上大用场。[11]

正如杜鲁门所料，日本政府没有对最后通牒做出任何正式回应，反而在7月28日通过东京广播电台宣布，日本会继续战斗。[12]

## 44　天哪，我们都干了些什么!

1945年8月6日凌晨2:45，一架经过改装、绰号"艾诺拉·盖（*Enola Gay*）"的B-29超级空中堡垒轰炸机从北马里亚纳群岛的天宁岛起飞，向广岛飞去。广岛位于日本本州岛，是一座拥有24.5万居民的城市。轰炸机的机长、30岁的保罗·蒂贝茨（Paul Tibbets）上校是第五〇九混编大队的指挥官。他以母亲的名字为自己的座机命名。除了机长蒂贝茨，飞机上还有7名机组人员和一颗代号"小男孩"*的原子弹。"小男孩"是一颗铀-235弹，使用枪式构型，长度10英尺，直径28英寸，重量接近4.5吨。

由于担心轰炸机在起飞时坠毁引爆原子弹、炸毁半个天宁岛，武器专家威廉·S.帕森斯（William S.'Deak'Parsons，绰号"迪克"）上校一直等到飞机升空后才开始给"小男孩"安装引爆装置。

---

* 用来组装"小男孩"的浓缩铀和其他部件由美国海军的印第安纳波利斯号（*Indianapolis*）重型巡洋舰负责运输。该舰从旧金山出发，只用了74.5小时就抵达珍珠港，创下了平均航速29节的记录，直至今日也没有被打破。此后，该舰又从珍珠港出发，于7月26日把舰上的绝密物品运送到了天宁岛。四天后，印第安纳波利斯号在从关岛出发驶向莱特岛的途中被日军伊58号潜艇发射的2枚鱼雷击中，爆炸沉没。300名船员与印第安纳波利斯号一起沉没，其余近900名船员跳海逃生，在海上等待救援，其中很多人都没有救生衣。到8月2日美军侦察机发现幸存者时，这900人中只有316人仍有生命迹象。其余近600人要么死于风吹日晒，要么死于盐中毒，要么脱水而亡，要么被鲨鱼撕咬致死。印第安纳波利斯号沉没是美国海军历史上最严重的灾难。——原注

起飞后四个小时，帕森斯完成安装引爆装置的工作后，蒂贝茨用飞机的内部通话系统宣布："一切就绪，我们马上就要投掷第一颗原子弹了。"[1]

早上7:00前后，日军雷达探测到，艾诺拉·盖号与另外2架搭载摄像机和科研仪器的观察飞机一同向本州岛飞去。广岛及周边地区拉响防空警报，但由于空中只出现1架美军气象飞机，广岛的市民认为危险已经解除，便继续忙各自的事情。

负责投弹和观察的那3架B-29轰炸机接近广岛后，日本的广播电台再次发出防空警报，要求市民进入掩体避难。许多市民都没把警报当回事。早上8:09，广岛上空能见度极佳，艾诺拉·盖号的机组人员可以清楚地看到3.1万英尺下方的市区。飞机朝着预定目标飞去，预定目标是一座丁字形桥梁，位于广岛市中心，坐落在本川与元安川的交汇处。早上8:15，投弹手托马斯·费尔比（Thomas Ferebee）少校投下了"小男孩"。

由于突然失去原子弹的重量，艾诺拉·盖号的机头剧烈抬升，而蒂贝茨则操纵飞机"拐了一个大弯"，准备逃离核爆现场。"小男孩"会在离开机舱后的第四十三秒坠落到距离地面1 900英尺的预定引爆高度。投弹前，蒂贝茨请求操控机尾机枪塔的技术士官鲍勃·卡伦（Bob Caron）把原子弹爆炸时的景象描述给其他机组成员。"那一幕实在令人叹为观止。"卡伦回忆道。一朵巨大的蘑菇云从广岛市区腾空而起，外层是白色，内侧是紫黑色，中间是火红色的。飞机远离爆点后，卡伦不但能看到蘑菇云，还能俯瞰广岛全貌，发现整个市区笼罩在一片"低矮的、冒泡的"、像糖浆一样的乌云下面，而这团"乌云不断扩散、升高，笼罩着郊区的丘陵"。一道道火焰从

"这团乌云的不同地方"蹿了出来。卡伦回忆道，就在此时，"蒂贝茨调转机头，让所有机组人员都能一睹核爆的场面"。

蒂贝茨回忆道，"爆炸产生了一朵可怕的蘑菇云……令人毛骨悚然，高度也让人难以置信"。一时间，所有机组成员都哑口无言，"然后，每个人都在说话"。副驾驶罗伯特·刘易斯（Robert Lewis）上尉一边捶打蒂贝茨的肩膀，一边大叫："快看！快看！快看！"

费尔比想知道核辐射是否会让所有机组人员"失去生育能力"，刘易斯则说他能"尝到核裂变的味道"，感觉有点儿像"铅"。

负责记录飞行日志的刘易斯草草地写道：

> 就算活到一百岁，我也永远不会忘记这几分钟。尽管飞机上所有人都已经知道爆炸会十分猛烈，但我们还是目瞪口呆。说真的，我当时不知道该说什么，或许我可能会说：天哪，我们都干了些什么！

领航员"荷兰人"西奥多拉·范·柯克（Theodore van Kirk）上尉的心情估计与成千上万美国士兵听到这个消息后的想法一样：

> 感谢上帝，战争结束了，我再也不会被人当靶子了。我能回家了。[2]

中村初代（Hatsuyo Nakamura）是个寡妇，丈夫去世前是个裁缝。8月6日那天早上，她正站在厨房的窗前，看着邻居拆除自家房屋以形成一条防空隔火通道。突然，她眼前出现了一道刺眼的白光*。她首先想到的是孩子的安危，但刚迈出一步就被冲击波掀到空中，随着气浪飞进隔壁的房间，飞过凸起的床铺，紧随她身后的则是各种房屋碎片。木屑和砖瓦碎片落在她身旁。她刚从瓦砾堆中脱身，就听到5岁的小女儿美也子（Myeko）的哭喊："妈妈，救救我！"

就在她拼命抢救齐胸埋在瓦砾下的小女儿时，瓦砾下方又传来呼救的声音："救命！救命！"

"俊雄（Toshio）！八重子（Yaeko）！"她大喊10岁儿子和8岁大女儿的名字，但几乎听不到他们的回应。

她离开部分身体埋在瓦砾下但仍可以呼吸的美也子，拼命地挖掘掩埋其他两个孩子的瓦砾。俊雄的脑袋刚一露出来，她就一把抓住脑袋，把他拽出来。俊雄告诉她，他被抛出3米多远，落到了房间另一边的大妹妹身上。中村太太继续向下挖掘，一看到八重子，就拉了一下她的胳膊。

"好疼啊！"八重子叫道。

"别管疼不疼了，没时间了。"中村太太一边说着，一边用尽全身的力气把女儿从废墟中拉了出来。最后，她把美也子救了出来。三个孩子身上很脏，还都受了点儿皮外伤，但没有其他大碍。

中村太太把孩子们带到街上；虽然那天很热，但她还是返回已经变成废墟的家里，给孩子找了几套衣服，还拿上几顶填充棉絮的防空头盔。美也子不停地问："为什么天早早地黑了？为什么房子塌了？发生了什么？"

---

\* 中村初代家距离爆炸中心只有 0.75 英里。——原注

中村太太四处张望，发现附近的房子全都塌了。那个为了大家的安全自愿拆除自家房屋的邻居躺倒在地，当场死亡。[3]

在广岛市的红十字医院，25岁的外科医生佐佐木辉文（Terufumi Sasaki）正拿着血样，沿着医院的走廊行走，突然窗外出现了一道刺眼的白光，吓得他赶紧跪下。"佐佐木，勇敢点！"他对自己说。

片刻过后，原子弹爆炸击中了整个医院；佐佐木的眼镜不见了，手中装有血样的试管也摔得粉碎。他跑向主治医师的办公室，发现外科主任被碎玻璃击中，伤势严重。一份描述这样写道：

> 医院陷入惊慌失措之中，沉重的隔断、天花板倒塌掉落砸在病人身上；病床被炸翻了；窗户的碎玻璃四处飞溅伤人；墙壁、地面血迹斑斑；地上到处都是七零八落的医疗器械；许多病人吓得尖叫，四处乱跑；更多的病人倒地身亡。

佐佐木是唯一一个没有受伤的医生。他收集绷带开始为不幸受伤的人包扎伤口。与此同时，在医院外面，"严重受伤和濒临死亡的市民步履蹒跚，向红十字医院走来"；最初前来就诊的只是三三两两的人，犹如涓涓细流，但到天黑时，已经有1万人像洪流一样涌进医院。[4]

一名年轻女子听到飞机的声音，抬头看到眼前有一道"巨大的闪光"。她立即向前扑倒，想要护住脸，结果被震昏。在恢复意识后，她发现与自己同行的朋友全都不见了。她们"要么被炸得粉身碎骨，要么被烧得尸骨无存"。这名女子回忆道："除了贴身的内衣，我全身的衣服一点儿都没剩下。我的皮肤刚刚剥落，挂在身上……我忍受不了剧烈的高温，一头扎进附近的河流，也就是那条穿城而过的小河。我所有的朋友都在河里。"[5]

19岁的士兵纪藤初（Hajimi Kito）当时能听到许多声音，尤其是小孩子向他跑来的声音。他后来回忆道：

> 我记得最清楚的是，所有人都在喊着要水。要水喝的人实在是太多了，哪怕只给一小部分人喝水也做不到。我们完全做不到。很多人都死了。我们必须把尸体搬走烧掉，无论怎样总要把他们火化掉，因为他们现在只是尸体而已。[6]

\* \* \*

当原子弹在2英里以外爆炸时，在郊区，卫理公会（Methodist Church）的牧师谷本清（Kiyoshi Tanimoto）正站在一个好心人的家门口卸下手推车上的物品\*。他看到一道巨大的闪光从东向西、从市区照到郊区的丘陵。他被甩到花园里两个大石头中间，然后马上就感受到扑面而来的冲击波，接着是房子摧毁后崩落的碎木和瓦片。尽管烟尘蔽日，几乎目不能视，但他还是跑到街上，看到一队士兵从地下掩体里钻出来。"这样的防空洞成千上万，日本人似乎准备躲在防空洞里抵抗入侵，一命抵一命，绝不放弃一个山头。"照理

---

\* 谷本担心市区遭到轰炸，便拜托一个住在郊区的好心人帮忙暂存教堂的物品。——译注

说，地下掩体应该足以保护躲在里面的士兵，但他们的头上、胸口、后背全都鲜血直流。他们个个晕头转向。当天晚上，谷本在给幸存者喂水时，一个人对他说："我妹妹埋在房子下面，我没能把她救出来，因为我不得不照顾眼睛受重伤的母亲，我家的房子很快就着火了，我们差点儿就没逃出来。唉，我的家没了，家人也没了。"但是，他对谷本说，他仍然决心献出自己所有的一切，只要"能为祖国"赢得战争的胜利。

第二天早上，谷本牧师帮助过的许多人都伤重而亡。虽然他们全都痛苦不堪，但没有一个人哭喊。"他们咬紧牙关忍受痛苦，"谷本写道，"没有一声怨言，最终在沉默中死去。所有这一切都是为了祖国！"[7]

20岁的高藏信子（Akiko Takakur）也许是最不可能幸存的幸存者。她当时正在距离爆炸中心只有300米的广岛银行上班，背部严重划伤。她跟跟跄跄走到银行外边，发现街道变成了废墟，地上全都是尸体。她回忆道："遗体的指尖着火，火焰渐渐蔓延开来，吞没了整个身体……我震惊地看到手指和身体能像那样着火，能被火焰烧得如此扭曲变形。"爆炸产生的热浪，令信子难以呼吸。"也许是大火消耗了所有的氧气，"她猜测道，"我也不是很清楚。到处都是浓烟，熏得我睁不开眼。"[8]

"小男孩"爆炸的威力相当于2万吨TNT，完全摧毁了这个城市超过4平方英里的区域。建筑损毁率达到70%。爆炸和随之而来的大火导致大约8万人丧生，其中有四分之一是军人。美军B–24轰炸机"孤寂淑女"的6名机组人员也在爆炸中丧生。7月28日，"孤寂淑女"在前往广岛附近的吴港轰炸日本海军榛名号战列舰时被高射炮击中，机组人员跳伞逃生并被俘虏，被关押在设在广岛的中国地方（Chugoku）*宪兵司令部。大多数机组人员仍然关押在宪兵司令部，并全都在大火中丧生**。唯一的例外是21岁的机长，他在数天前被押送到东京的审讯中心，因此躲过一劫。⁹

哈里·杜鲁门总统搭乘奥古斯塔号巡洋舰回国，在横穿大西洋第4天的午饭时收到一条信息：

> 华盛顿时间8月5日晚上7：15，大炸弹在广岛爆炸。初步报告显示，行动大获成功，效果甚至超过此前的试爆。

杜鲁门高兴得跳了起来，大叫道："这是最伟大的历史事件。我们该回家了。"

不到几分钟，奥古斯塔号的无线电接收器收到来自华盛顿有关原子弹的新闻公告和杜鲁门在离开柏林前授权发表的新闻声明。总统的新闻声明宣布："16个小时前，一架美国战机在广岛投下了一颗炸弹，彻底破坏了这座城市的军工生产能力。这枚炸弹爆炸的威力超过2万吨TNT，相当于战争史上威力最大的炸弹——英国'大满

---

* 中国地方又称山阴山阳地方，是日本本州岛西端的合称，包括5个县，分别是鸟取县、岛根县、冈山县、广岛县、山口县。——译注
** "孤寂淑女"的9名机组成员在被高射炮击中后跳伞逃生，其中1人因降落伞没有打开而坠亡，其余8人均安全落地。除了机长托马斯·卡特赖特少尉，操控机尾机枪的威廉·埃布尔上士也死里逃生——他是第一个跳伞的人，落点与其他人距离较远，所以没有被押送到广岛，而是被押送到了吴港。——译注

贯炸弹'*——的2 000多倍。日本人空袭珍珠港挑起战争。现在，他们已经为自己的罪行付出了数倍的代价。"接着，公告又指出：

> 这是有史以来人类有组织的科研活动取得的最伟大成就。研发过程在高度压力下顺利完成。
>
> 现在，我们已经准备更迅速、更彻底地摧毁所有日本城市设在地面上的生产设施。我们将会摧毁他们的码头、工厂和通信设施。毫无疑问，我们将会彻底摧毁日本继续战争的能力。
>
> 7月26日在波茨坦发布的最后通牒，旨在使日本民众免于彻底毁灭。日本的领导人断然拒绝最后通牒。如果他们现在不接受我们的条件，那么一场在地球上前所未有的毁灭之雨就会从天而降。空袭结束后，大量的海上、陆地作战力量将会发起进攻；虽然日本人还不曾见识过他们的数量，但早已领教过他们的作战能力。[10]

广岛的原子弹爆炸后，由于东京当局仍然没有宣布投降，斯帕茨上将接到按照计划继续行动的命令。这意味着，在准备工作完成后立即向日本投掷第二颗原子弹；即便苏联在8月8日向日本宣战，计划也不会改变。一天后，由查尔斯·W.斯威尼（Charles W. Sweeney）少校担任机长的博克斯卡（*Bockscar*）号B–29超级空中堡垒轰炸机向九州岛的长崎市投下了第二颗原子弹"胖子"。这是一枚结构比"小男孩"更加复杂、重量接近5吨的钚弹。第二颗原子

---

* 　二战中英国空军用来轰炸战略目标的炸弹，重量为10吨。——译注

弹的首选目标是小仓市，但由于8月9日那天小仓市上空乌云密布，斯威尼驾机在市区上空来回飞行了3次，也没能找到合适的投弹时机，只好把目标改为长崎。"胖子"在距离地面1 800英尺的高度爆炸，爆炸中心紧靠三菱兵工厂北侧，爆炸的威力估计相当于2.2万吨TNT。

与广岛不同，长崎的原子弹爆炸后没有引起大火；再加上长崎多山的地形限制了爆炸的威力，被毁城区的总面积也比广岛小一些。然而，长崎核爆还是造成了4万人当场死亡，还有大约4万人受伤。在之后的数月内，还有大量的长崎市民因为烧伤、辐射病以及其他各类核爆引起的伤病而死亡。幸运的幸存者包括英国皇家空军第二四二中队的三等兵比尔·富兰克林（Bill Franklin）。他在1942年被日军俘获，当时正在位于长崎以南、距离市区三四英里的一处船坞干活\*。他回忆道：

> 监工的手表显示，时间大约为上午10:50，几名学生把我们的注意力引向一个遥远的物体，在我们那片蓝天的范围内清晰可见。它似乎悬挂在降落伞上。片刻之后，我们都被一道刺眼的白光所淹没，亮度超过上千个升起的太阳。
>
> 白光消失后，远处并没有传来响亮的爆炸声。实际上，有一段时间完全静默，只能听到敲锣\*\*的声音。我与台阶的距离有900英尺，中间隔着许多障碍物，比如成堆的废弃物、立杆、龙骨墩以及遍地的废金属。我们一群人撒腿就跑，每个人都只

---

\* 日本在东南亚击败英国和美国后，把一部分战俘运回本土，强制劳动。——译注
\*\* 富兰克林所在的码头用锣声当作防空警报。——译注

想着逃命，生怕沉箱*四分五裂，海水奔涌而来把我们卷入海底。我抬头看到夹在混凝土墙之间的那不怎么结实的五层墙壁渐渐地膨胀，然后突然炸裂。建筑的整个侧面看着像一个巨大的蜂巢。

在被守卫押送返回战俘营的路上，富兰克林遇到一群又一群惊慌失措的平民，他们"挤作一团相互踩踏"，只想着逃得越远越好。这时，在长崎的上空，"爆炸产生的烟尘、气体已经形成一朵蘑菇云"，看起来"仿佛一把打开的雨伞"。富兰克林准确地猜到这是一种新型炸弹，心里既感到满足，又如释重负。他写道：

> 我们挨了三年半的打，现在终于等到报仇雪恨的时刻。这算是为我们众多死于饥饿和虐待的战友报了仇。现在，毫无疑问，战争即将结束。[11]

8月10日上午7:33，一则广播消息预示着战争即将结束：东京广播电台宣布，日本政府"遵循天皇陛下（裕仁天皇）实现全面和平的圣意"，"愿意接受中、美、英三国1945年7月26日在波茨坦发表的宣言中列出的条件……该宣言不能损害任何天皇作为主权统治者的特权要求"。换言之，只要裕仁能保住皇位，日本政府就愿意投降。

杜鲁门召集海军上将莱希和主要政治顾问，征求他们的意见。

---

\* 沉箱多用于码头和防波堤。采用有顶无底的箱形结构，内部设置隔板，可在水中漂浮，通过调节箱内压载水来控制箱体下沉或上浮。——译注

莱希和战争部部长亨利·史汀生认为，应当允许裕仁保留皇位，天皇的存在将会消除死硬分子不顾一切的抵抗。国务卿吉米·伯恩斯"不太确定"美国是否可以接受非无条件投降，并指出只有美国才有资格提条件。海军部部长詹姆斯·福里斯特尔提出了一项折中方案：原则上接受日方的提议，但前提是每一项投降条款都必须详细讲明，并完全符合《波茨坦公告》的要求。实际上，裕仁天皇只要在无条件投降书上签字，就可以保住皇位。

福里斯特尔的提议得到了杜鲁门的支持。英国新任首相克莱门特·艾德礼（Clement Attlee）*和新任外交大臣欧内斯特·贝文（Ernest Bevin）对美国政府的提议做了少许修订，指出"裕仁天皇应当向日本政府和大本营授权，以确保日方在能够满足《波茨坦公告》各项条款的投降书上签字"。此后，该声明如期在8月11日通过瑞士转达至东京。

两天过去了，日方一直都没有给出任何答复。到8月14日，东京方面终于通过瑞士派驻华盛顿的代办转达了回应：裕仁天皇已经"下诏，表示日方愿意接受《波茨坦公告》的条款"。此外，天皇还"愿意授权"政府和军队高层以确保他们"在投降书上签字"，承诺遵守《波茨坦公告》的规定，并命令所有武装部队"停止作战行动，缴械投降"。

日本投降了，第二次世界大战就此画上句号。在胜利的时刻，杜鲁门想到了罗斯福，写道：

---

\* 克莱门特·艾德礼领导的工党在大选中大胜温斯顿·丘吉尔爵士领导的保守党，于7月26日接替丘吉尔成为英国首相。——原注

　　他没能活到见证这胜利的时刻。他一定会因为我们兑现了他在1941年12月我们的国家被拖入战争时做出的承诺而感到欣慰。我拿起电话，拨通罗斯福夫人的号码。我告诉她，在这个庆祝胜利的时刻，我真希望向人民宣布这个好消息的人不是我，而是罗斯福总统。[12]

## 45　我们能活着回家了！

时至今日，哈里·杜鲁门对日本使用原子弹的这一决定仍然极具争议。这也成为美国总统引发道德争论最多的问题之一。有些人问道：既然日本无论如何都即将投降，那有必要杀死那么多的非战斗人员吗*？难道对日本使用原子弹是为了打响冷战第一枪以警告斯大林吗？美国会对欧洲的敌国如德国使用原子弹吗？或者，对日本使用原子弹的决定掺杂了某种种族主义倾向吗？

海军上将莱希虽然在广岛投放原子弹之前没有提出反对意见，但后来写道，"使用这种野蛮的武器"不会对战争进程产生任何影响，因为"我们的海上封锁很有效，常规武器的轰炸也很成功"，日本"败局已定，早就准备投降了"。接着，他又写道，作为第一个使用原子弹的国家，"我们的道德标准已经沦落到黑暗时代蛮族的水平"。[1]这简直是一派胡言。美国陆军航空部队使用燃烧弹轰炸日本城市所造成的平民伤亡，远高于原子弹造成的伤亡，但莱希却并未对此做法提出异议。此外，谁也不能保证，在使用原子弹之前，日本已经愿意按照盟军提出的条件签署和平协议。即便是急于结束

---

* 尽管不同的资料给出了不同的数字，但可以肯定，美国投下的那两颗原子弹至少杀死了20万日本平民。实际上，死于核爆的平民可能远超20万。——原注

战争的日本外务省大臣东乡茂德（Shigenori Tōgō）也在战后承认，1945年夏季，日本没有人愿意考虑"无条件投降"。他指出："我们最关注的问题是，应当采取什么样的举措才能获得合适的和平条件；换言之，就是我们如何才能通过谈判实现和平。"[2]既然盟军绝不会与日本政府谈条件，那么如果美国没有对日本使用原子弹，战争就一定会持续下去。即便在原子弹爆炸后，以陆军大臣阿南惟几、陆军参谋总长梅津美治郎、军令部总长丰田副武\*为代表的军方高层也全都拒绝投降。东乡回忆道：

> 军方硬要说日本没有战败，军队还可以再战，他们要打一场最后的决战，否则不想结束战争。我拿他们一点儿办法都没有。我能理解他们的感受，他们很有把握让美军在登陆后遭到迎头痛击；只要还认为军队可以与美军一战，甚至有可能把美军部队彻底击退，他们就不愿放弃一切备战工作、不愿屈膝求和。

主和派赢得了胜利。一定程度上这是因为东乡获得了大多数内阁成员的支持，但更重要的是，裕仁天皇在原子弹爆炸后终于认识到，继续抵抗只有死路一条。然而即便如此，主和派也只是险胜。东乡写道：

> 从（8月）12日开始，陆军的青年军官就变得越来越躁动不安，有消息传出有人准备发动政变，保护天皇陛下……从12

---

\*　1945年5月下旬，丰田副武接替因为对天皇拒绝和谈做法不满而辞职的海军大将及川古志郎，成为新任军令部总长。——原注

日到 13 日晚，种种迹象表明，军队有异动。直到 14 日前后，情况也仍然十分危急。但幸运的是，没有发生任何严重的事件……如果真的发生政变，那么和谈就肯定彻底告吹。[3]

东乡在 1949 年给出的这些证词几乎毫无疑问地表明，如果美国没有使用原子弹，日本肯定会继续战斗。

杜鲁门本人从来都没怀疑过自己是不是做出了错误的决定。他在 1963 年写道："我知道我在做什么，当时我停止了一场战争。如果没有使用原子弹，战争将会杀死双方 50 万年轻人。我一点儿都不后悔；在相同的情况下，我还是会做出同样的决定。"[4]

实际上，授权使用原子弹时，杜鲁门已经充分考虑了政治、军事、科学各领域所有高级顾问的意见。战争部部长史汀生给出了最有说服力的论据。他在 1947 年这样写道：

> 7 月 28 日，日本首相铃木贯太郎拒绝最后通牒《波茨坦公告》，宣称公告"不值得公之于众"。既然日方拒绝的态度如此坚决，我们也就只能用实际行动证明，最后通牒绝非空谈……
>
> 广岛在 8 月 6 日被轰炸，长崎在 8 月 9 日被轰炸。这两座城市都是日本战争机器的重要组成部分。前者是日本陆军的中心，而后者则是重要的海军基地、工业中心。广岛不仅是日本南部守军的司令部所在地，同时也是重要的军需物资储备处、部队集结地。长崎既是重要的海港，又拥有数座极其重要的军工厂……
>
> 如果战争一直持续到原定 11 月 1 日发起的登陆作战，那么在此期间，与次数十分有限的原子弹轰炸相比，派出大量 B-29

轰炸机用燃烧弹轰炸日本城市的做法肯定会造成更严重的生命及财产损失。此外，原子弹不仅是一种破坏力巨大的杀伤性武器，更是一种能够在心理上震慑敌人的武器。1945年3月，我们的航空兵对东京地区发起了第一次大规模的燃烧弹空袭。这次空袭对城市的破坏和对平民造成的伤亡，都超过了广岛核爆……之后，我们又发动了类似的空袭，把日本的大片城市地区烧成了一片废墟，但日本人却仍然继续战斗。8月6日，一架B-29轰炸机在广岛投下了一颗原子弹。三天后，另一架B-29在长崎投下了另一颗原子弹。紧接着，战争就结束了……正如卡尔·康普顿博士所言，"迫使日本投降的并不是那一两颗原子弹；真正有效的是，日本人体会到了原子弹对城市造成的实际影响，再加上他们害怕有更多的原子弹从天而降"。

史汀生确信，原子弹起到了应有的作用。他写道："日本国内的主和派得以转到投降的路线，天皇也动用全部的威望以支持和平。当天皇下诏投降时，反对投降的极少数危险的狂热分子被控制住了，日本人彻底屈服了；因此，占领日本和解除日军武装的艰巨工作出乎意料地顺利完成。"史汀生的主要目标是，"在取得战争胜利的同时，尽可能地减少军人的伤亡"。考虑到可供他和同僚选择的其他方案，史汀生坚信，"无论何人，只要他处在我们的位置上，肩负着与我们相同的责任，同时手中又握有这样一种能够结束战争并减少伤亡的武器，那他就肯定会使用这种武器，否则就无法面对自己的同胞"。[5]

温斯顿·丘吉尔赞同史汀生的观点。丘吉尔后来写道：

最终决定……主要取决于掌握原子弹的杜鲁门总统，但我过去从未怀疑，以后也永远不会怀疑，杜鲁门总统做出了正确的决定。一个仍然存在但只能在事后评判的历史事实是，是否应当使用原子弹来迫使日本投降的决定从来都不是一个有争议的问题。所有的决策者都自发地得出一致的、显而易见的结论；我也从来没有听到任何建议我们不应该那么做的声音。[6]

一个促使杜鲁门做出决定但往往被忽视的关键因素是，日本人在硫黄岛和（尤其是）冲绳岛的狂热抵抗，更不要提严重的平民伤亡，对杜鲁门总统及其顾问产生了影响。但丘吉尔倒是承认这一点。白宫地图室的值班军官乔治·埃尔西中校很好地总结了杜鲁门的困境：

在太平洋战场，我们不幸地损失了大量的士兵、水兵、陆战队员和航空兵。我们已经在硫黄岛和冲绳岛遭到了激烈的抵抗，深知日本人肯定会疯狂地守卫本土。我们已经见识过神风特攻作战的后果。我们正在为预定在秋季开始的日本本土登陆作战做准备，而陆军和海军的伤亡估计都令人心碎。不单是我们美国人会伤亡惨重，日本人同样也会尸横遍野……所以，尽管原子弹是一种可怕的武器，但如果战争继续蔓延到日本本土，那么跟攻占日本本土的伤亡相比，我们对日本投掷两颗原子弹所造成的伤亡简直就是九牛一毛。[7]

不光是杜鲁门的顾问和盟友一致认为使用原子弹是正确的决定，

还有那些负责投掷原子弹的航空兵以及一旦进攻日本本土就有可能阵亡的士兵，他们也持有相同的看法。艾诺拉·盖号的机长蒂贝茨上校在2007年去世，享年92岁。他一直坚称，他从来都没因投掷原子弹而感到后悔。2000年，他在接受电台采访时说道：

> 我当时就想："哎呀，要是成功了，我们就能让日本人认识到继续抵抗不过是徒劳，因为我们能对他们使用威力如此强大的武器。而他们却没办法应对原子弹的威胁。"看到原子弹爆炸的景象后，我更加确信，日本肯定会退出战争。

蒂贝茨的机组成员也持有相同的看法。雅各布·贝塞尔（Jacob Beser）中尉是陆军航空部队的雷达专家，同时也是唯一一个（先后搭乘艾诺拉·盖号和博克斯卡号）参加了两次原子弹投掷任务的人。1985年，在被问及是否愿意再一次执行相同的作战任务时，他回答道：

> 在相同的历史背景下，面对相同的条件，我的答案是，我会再次执行相同的任务……我们集结了300万兵力进攻日本本土。日本方面也有大约300万兵力严阵以待，守卫本土。双方的总伤亡有可能超过100万人。原子弹避免了这样一场惨剧。如果把史料中那两座城市的最大伤亡数字加起来，总共有30万人死亡……我很抱歉地说，跟牺牲100万人的生命相比，这样做是值得的。

艾诺拉·盖号的领航员"荷兰人"范·柯克上尉同样也认为投放原子弹"从长远角度来看拯救了许多生命"，尤其是"日本人的生命"，但他在某种程度上也表示有些后悔。2005年，他在接受采访时说：

> 这真是草菅人命，这么多人就这样死了。我们投掷了第一颗原子弹，我希望以后再也不会使用原子弹了。我期望我们能永远吸取教训。但我不确定我们是否记住了这一教训。[8]

对于那些在冲绳岛战役的腥风血雨下幸存下来、再也不想重复这噩梦般经历的老兵来说，几乎没有人像柯克上尉那样感到良心不安。第五陆战团二营E连的吉姆·约翰斯顿下士写道：

> 在我看来，如果一个国家不得不参战并把年轻人派到遥远的鬼地方去送死，那么任何可以减少伤亡的办法就都是可行的……
>
> 日本人本来的想法是，无论我们从何处发起进攻，他们都要尽可能让我们付出最高的代价以换取对他们来说更好的和平条件——原子弹把他们的如意算盘炸得稀巴烂……我恨不得把冲绳岛炸沉，让那帮狗娘养的日军全都葬身海底。我肯定会毫不犹豫地用同样的办法对付日本本土。
>
> 在战争即将结束之际，在这个人类即将跨入原子时代的时刻，成千上万年轻优秀的美国军人战死沙场。如果能用不同的方式来处理战事，那么许多忠诚奉献的美国年轻人就可以返回

祖国与家人团聚，也就不会令美国军人长眠于这块东方土地上的众多角落了。[9]

听到原子弹摧毁广岛市的消息时，布鲁斯·沃特金斯中尉仍然身在冲绳岛，当时正在"排队打饭"。他回忆道："我们全都对这消息嗤之以鼻，因为我们对原子弹根本就没有概念。然而，渐渐地，随着越来越多的消息传来，我们开始充满希望。"当日本投降的消息传来后，我们感到很兴奋，又觉得难以置信。

对于那些在冲绳岛上奋战三个月、失去无数战友的美军士兵来说，日本投降的消息的确听起来不像真的。沃特金斯写道：

> 我们的希望经常破灭，以至于用了好几天才消化事件造成的冲击。轻松的心情慢慢涌入我们的全身，我们开始大胆地想回家的事。进攻日本的计划在我们心中引起的恐惧也渐渐消失。[10]

一等兵尤金·斯莱奇同样也有"一种难以描述的解脱感"，但同时也感到了一丝忧伤。他写道：

> 我们都认为，日本人到死也不会投降。许多人不相信日本投降的消息。我们呆呆地坐在那里，一言不发，想着死去的战友。有那么多的人战死，有那么多的人因伤致残。有那么多光明的未来变成了过去的灰烬。有那么多的梦想丧失在把我们吞噬的疯狂之中。除了寥寥的几声欢呼，我们这些险些坠入深渊

的幸存者坐在那里目光呆滞、哑口无言，试图思考着没有战争的世界将会变成什么样子。[11]

当听说广岛原子弹爆炸的消息时，迫击炮手唐·登克尔正跟随第三八二步兵团L连前往菲律宾群岛的民都洛岛（Mindoro Island）。他回忆道：

> 可想而知，L连久经沙场的老兵一点儿也不同情日本人，全都认为我们应该"用原子弹狠狠地轰炸"日本；如果他们不投降，就让他们彻底消失。

L连的老兵认为，投掷在长崎的第二颗原子弹是"大救星，因为谁能知道我们当中有多少人会在登陆日本本土的战斗中有去无回呢"？然而，他们在听闻日本投降的消息时，跟冲绳岛上的美军士兵一样产生了复杂的情绪。登克尔回忆道：

> 我们盼望这一天已经很久了，但出人意料的是，庆祝活动竟然如此平淡无奇。我们这些老兵没有一个人鸣枪庆祝，反倒是那些一直都待在后方的部队不断地鸣枪。我们这些在前线作战的人深知自己是多么幸运。我和其他人都想起了那些战死的或身受重伤的战友。[12]

然而，"杰普"卡雷尔少尉的脑子里只有一个念头："我们能活着回家了！"[13]

# 后记　那些阴影一直都挥之不去

1945年8月15日下午3：00前后，宇垣缠海军中将在九州岛大分市（Ōita）第五航空队司令部写下了最后的记录：

> 国外的广播宣称，日本已经无条件投降，天皇陛下将在今天中午玉音放送。因此，我决意亲自率领特攻战机撞击停靠在冲绳岛附近的敌舰，并下令大分基地立即准备"彗星"轰炸机。
>
> 中午，奏完国歌后，天皇陛下开始玉音放送。广播信号太差，陛下的声音不是很清楚，但我还是猜出了大概。我从来都没有如此惶恐不安……我将紧随众多为国捐躯的忠勇将士的脚步，我要在特攻队的崇高精神中获得永生。

刚过下午4：00，在同参谋人员喝完诀别酒后，宇垣乘车前往大分机场，并在此见到了在机场等候的第七〇一海军航空队的分队长中津留达雄（Tatsuo Nakatsuru）大尉和其他21名飞行员。他们每个人的额头上都系着一根白色头带。头带上边的红色圆圈代表着象征日本的旭日。附近的跑道上停着11架正在预热的"彗星"俯冲轰炸机，"轰鸣的引擎不断地排出废气，吹拂着夏天的草丛"。

看到飞机和飞行员的数量都超过了命令的要求，宇垣问中津留为什么有这么多飞机准备起飞："队长，命令只要求提供5架飞机。"

中津留答道："尽管司令官阁下准备独自发起特攻，但我们绝不能袖手旁观，让阁下率领区区5架飞机出击。本支队将会追随阁下，全队出击！"

听到此话后，宇垣登上一处高台，问在场的飞行员："你们都要跟我一起去吗？"

"是的，长官！"中津留支队的飞行员全都高举右手，振臂高呼。

"太感谢你们了。"宇垣回应道。然后，他从高台上下来，开始与随从做最后的道别。

几分钟后，宇垣与其他飞行员登上飞机，滑行并起飞升空。在向南飞行的途中，宇垣在晚上7:24发出了最后一条信息：

> 过去的六个月，我指挥的各支部队都奋勇作战，但我们却仍然没有消灭骄傲自大的敌人以保卫我们神圣的大日本帝国。这完全是因为我的无能。然而，我还是坚信，大日本帝国一定会国祚永存，航空部队的天号特攻（即天号神风特攻作战）精神将永垂不朽。我将前往我军将士生命像落樱一样凋零在那里的冲绳岛，撞击美国军舰，展示真正的日本武士精神。所有我指挥的部队都应当继承我的遗志，克服一切困难，重建强大的军队，让大日本帝国国祚永存。天皇陛下万岁！

没有任何记录表明，宇垣乘坐的飞机\*或者与他一同起飞的其他飞机击中了美军的舰船。他们要么被防空炮火击落，要么就是坠入了大海。[1]

宇垣缠是日本死硬派军国主义者的典型代表，他们不愿承认战争失败。有不少人都与宇垣一样，宁可自杀也不愿接受战败的耻辱。其中就有陆军大臣阿南惟几大将，他于 8 月 15 日上午切腹自杀。

1946 年 1 月，八原博通大佐结束了战俘生涯回到东京，并（按照长勇生前最后的嘱托）前往已经更名为第一复员省（First Demobilisation Ministry）的旧帝国军队总部，汇报冲绳岛战役的情况。一名当值的中将态度冷淡地接待了八原，"脸上带着表面上的同情听完汇报，就说自己要去吃午饭"。八原并没有被邀请一起吃午餐，并无意中听到那名将军提到他的名字并说他是"战俘"。接着，就是刺耳的笑声。

数年后，八原拒绝帮助日本政府训练新成立的日本自卫队。他再也不愿为军队效力了。然而，他撰写了一本书，是有关这场战役的一手记述：《冲绳决战》（Okinawa Kessen，《沖縄決戦》）。该书于 1972 年出版，后来被翻译成英文。由于八原处在第三十二军司令部做出所有关键决定的核心决策圈，所以，《冲绳决战》一书是关于冲绳岛战役最权威的日方资料。八原撰写此书的主要目的是记录历史原貌，"尤其是因为其他那些与他一样没有战死的军人却对他的逃脱

---

\*    宇垣并没有亲自驾机，而是坐在中津留达雄大尉所驾飞机的后座上。——译注

大加口诛笔伐"。1981年，八原去世，终年78岁。[2]

1945年圣诞节那天，荒木茂子诞下一子，取名"悠久"，用来纪念丈夫春雄率领的神风特攻队"悠久队"。茂子对养父说："这孩子就是转世重生的春雄！"

茂子和她的父母都对新生儿"关怀备至"，但他们全部的希望还是破灭了——这个小家伙在次年11月未满周岁就突发疾病去世了。"我紧紧地把他抱在怀里。我才22岁，一切就都结束了。"茂子失去了信仰，认为世上"没有神，也没有佛"。她在悠久的葬礼上因为悲伤过度而晕倒在地。

后来，茂子再嫁，并生下两个孩子。她经常会问自己：如果春雄回来了，我该怎么办，该和谁一起过日子呢？直到第二任丈夫去世后，她才如释重负。"现在，春雄什么时候回来都没问题了。"她对自己说。

很久以后，已经做了祖母的茂子前往冲绳岛西岸的嘉手纳湾。她认为春雄就在那里战死。她回忆道："走到海边后，我大喊他的名字——'春雄！'"她带着一些沙子和石头回到家中，摆放在春雄的牌位前，并发誓再也不会去了。她对采访的记者说："春雄是为了保卫冲绳岛而战死的，可冲绳人竟然认为他们是受害者，一想到这里，我就气得要死。他们竟然焚烧了我们的国旗，你听说了吗？我再也不想踏上冲绳岛半步了。"[3]

\*　\*　\*

年轻的回天潜艇驾驶员横田宽一直都没等到为天皇献身的机会。

在第三次也是最后一次出击时，他驾驶的回天鱼雷因为主输油管道破裂而无法完成任务。任务被迫取消后，他"恨不得躲到角落里"找个地缝钻进去。"但这没用，"他回忆道，"这一次，他们把我揍得鼻青脸肿，说我活着回来是回天部队的耻辱！由于这次暴揍，到现在我左耳也听不清楚，左手也还留着当时的伤疤。"

从一个机修工口中得知日本投降的消息后，他破口大骂："你说什么？你这个该死的王八蛋！"

在指挥官确认消息属实后，他流下了伤心的眼泪，但并不是因为日本输掉了战争。"我流眼泪是因为那些战死的回天驾驶员，"他有些不情愿地承认，"我的战友。我甚至想要自杀……我找来了一些炸药，却鼓不起勇气。"[4]

学生护士队的成员宫城喜久子在冲绳岛北部的难民营住了3个月，终于等到与父母团聚的时刻。一看到喜久子，妈妈就光着脚跑出帐篷，大喊道："你还活着！你还活着！"

过了很久，喜久子才终于能够谈论那段悲惨的经历。在晚年，她不时地被冲绳的年轻人问道："你为什么要参加那场如此愚蠢的战争呢？"

她的回答是：在当时，对于她和同学们来说，"天皇陛下和大日本帝国至高无上"；她们随时准备为天皇和帝国牺牲生命。她承认："从向美国宣战那一刻起，我们就在接受训练为冲绳之战做准备。我虽然不愿承认，但精神训练教会了我们忍受苦难。"

喜久子参与了姬百合和平祈念资料馆的创建工作。资料馆位于冲绳岛南端的伊原，于1989年在战时第三手术室的山洞遗址上开放，旨在纪念姬百合学生护士队和弘扬和平理念，馆内收藏了冲绳师范学校女子部和第一高等女校227名在冲绳岛战役中失去生命的师生的照片*。[5]

　　布鲁斯·沃特金斯中尉听到战争结束的消息后感到如释重负，但没高兴多久便听说他还不能马上回国。他必须跟随陆战一师被派往中国，遣返那里的大量日本驻军。沃特金斯写道："我们的任务是解除剩余日军的武装，同时还要驱散那些想要处死这些日本兵的中国人。这样的民众人山人海，只消几分钟，人群就会把街道堵得水泄不通。驱散（人群）是一件相当难办的差事。"

　　凭借"海外服役时间、参加战斗次数、立功受奖和受伤情况"所累计的点数，沃特金斯终于在1945年11月初返回美国，与妻子琼久别重逢。数月后，他在故乡康涅狄格州曼彻斯特镇举行的授勋仪式上被授予第二枚银星勋章，以表彰他在冲绳岛战役中的英勇表现。这不禁让他想起"在默默履行职责中死去的所有人"。由于他幸免于难，感到实在是"谢天谢地"，所以他向上帝承诺会藐视未来的一切麻烦。沃特金斯和琼在曼彻斯特定居，育有三子一女，以经营家族的家具生意——沃特金斯兄弟公司——为生，闲暇时间以修复古董家具为乐。他在2013年去世。[6]

　　"杰普"卡雷尔少尉同沃特金斯一样，也跟随部队前往中国，直到1946年春末才返回美国。他在当年8月退伍并转为预备役，但又被召回作战部队参加朝鲜战争，之后以上尉军衔退役。后来，他获得了宾夕法尼亚大学的硕士、博士学位，之后开始为市政府工作，

---

\* 在这227名死于战火的师生中，有136人（包括13名老师）接受动员成为姬百合学生护士队的成员；剩下的91人（包括3名老师）不是护士队的成员。——原注

撰写了许多与自己的战争经历相关的书籍和文章。在他的笔下，步兵战斗是一种"令人煎熬的经历"：

> 战斗漫长而激烈，惨剧一幕又一幕地发生，并且往往发生在无人能忍受的恶劣天气和污秽环境下。因此，人们无法想象在战斗中能够获得满足感。然而，事实却是，我确能获得一种满足感。
>
> 能与全排士兵一起战斗，我感到无上光荣、无比荣幸。我发现，他们虽然十分害怕，但表现得异常勇敢。他们身体强壮、精神坚定。他们愿意冒着生命危险营救战友，深知团队合作的重要性，并决心履行各自的职责。此外，他们无一例外，都对自己做出的贡献非常谦逊。他们是一群可爱的人。

卡雷尔退役后的大部分时间都在俄亥俄州奥伯林市度过。他曾担任诺信基金会的主席，育有3个子女，是7个孩子的祖父。他在2007年去世，享年84岁。[7]

唐·登克尔在晋升为中士后回国，于1946年1月末返回明尼阿波利斯与父母团聚。他的父母看到"独生子安全回家，高兴得流下了眼泪"。登克尔在明尼苏达大学完成学业，获得了土木工程专业理学学士学位。之后，他还参加过朝鲜战争，在一个航空工兵营担任少尉军官。1952年，他返回美国，供职于一家工程咨询公司。结婚后，他育有4个女儿，并成为一名土木工程师。此后，他又在威斯康星州麦迪逊市的一家食品公司担任经理。2002年，他出版了《L连》（*Love Company*），以纪念那些在莱特岛、冲绳岛上与自己并肩作战的"公民士兵"。他在前言中写道：

> 第二次世界大战的大部分英雄都在英勇作战中阵亡或负伤。
> 我显然算不上英雄。我只是尽力活着。[8]

坦克车长鲍勃·迪克中士在腿部伤愈后退役，于1945年9月末回到位于加利福尼亚州艾尔蒙地市的父母家中。他回忆道：

> 我深吸一口气，敲了敲门，然后打开纱门，走到屋子里。他们扭头看到我，脸上的表情从吃惊变成狂喜。我向前走去，与他们紧紧抱在一起。我们站在那里一动不动、一言不发，胳膊搂着对方，眼里噙着泪花。我们就这样站了好久。

迪克加入了加利福尼亚州亚凯迪亚市的消防局，一干就是二十七年，退休时已成为消防局局长。在妻子琳达·梅（Linda May）的鼓励下，他以形象生动、毫无保留的语言如实记录了他作为一名坦克驾驶员在太平洋战场上的作战经历。2006年，迪克的记述出版问世，书名是《割喉者》（*Cutthroats*），也就是他驾驶的那辆谢尔曼坦克的名字。[9]

医护兵戴斯蒙德·道斯在钢锯岭英勇作战后刚过两周，就在另一场战斗中为了救助伤员导致胳膊和腿部严重受伤。他被遣送回国后光荣退役。1945年10月12日，他在白宫举行的授勋仪式上获得了哈里·杜鲁门总统颁发的荣誉勋章。一向看不起依良心拒服兵役者的杜鲁门写道：

在所有我打过交道的依良心拒服兵役者里，只有那个瘦小的医护兵，也就是接受我颁发的国会荣誉勋章的那个小伙子货真价实……他冒着敌军的炮火，一个接一个把受伤的战友从阵地上转移到安全地带，即便是自己中弹负伤后也仍然在照顾其他伤员。他说，他认为只要自己没有杀人的想法，那么即便上战场也可以侍奉上帝。他在冲绳岛完成了英勇的壮举。[10]

1946年，道斯确诊肺结核，接受了长时间的住院治疗，失去了左肺和5根肋骨。尽管身体残疾，但他还是与妻子多萝西一起在佐治亚州的赖辛福恩经营小农场，并且育有一子。2006年，道斯去世；十年后，美国影片《血战钢锯岭》（*Hacksaw Ridge*）大获成功，使道斯成了家喻户晓的人物。他作为依良心拒服兵役者的坎坷经历和在冲绳岛战役中的无私和勇气也广为人知。

1945年6月18日，第五陆战团一营A连在进攻真荣里村以西的第79号高地时，极具人格魅力的连长朱利安·杜森博瑞被日军狙击手射中了背部，子弹先是打断脊椎骨，后又损坏了他的肝脏和肾脏。此后，他经历了漫长的恢复期，终于在1946年返回家乡南卡罗来纳州弗洛伦斯市，并在轮椅上度过余生。但是，这并没有妨碍他作为农民和州议员过着积极的生活——他曾代表民主党两次当选南卡罗来纳州下议院的议员。此外，他也同样结婚成家，育有一子两女。他一直在美国退伍军人组织中颇有声望；直到1976年，他因战时受伤引起的并发症去世，享年仅54岁。三年后，他的独子、美国海军陆战队飞行员蒂姆在希腊的一场直升机坠毁事故中不幸遇难。[11]

威廉·曼彻斯特中士被弹片击中身负重伤后在圣迭戈的一家医院

接受康复治疗。那天，一名护士闯进他的病房，哭喊着说："战争结束了！日本投降了！"他当时脑子一片空白，只说出一句："谢谢你。"他后来成为一名记者和著名作家，创作了18部作品，包括小说和纪实作品，其中记录约翰·肯尼迪遇刺事件的《总统之死》（*The Death of a President*）和五星上将道格拉斯·麦克阿瑟的传记《美国的凯撒大帝》（*American Caesar*）更是成为畅销书。然而，其中最为感人的一部作品是1980年出版的《再见，黑暗》（*Goodbye, Darkness*）。这部作品以半虚构、半写实的方式反思太平洋战争。他写道：

> 这就是我所理解的生命，死神追寻着我，把我从一个莽撞的少年变成了一个忧郁的成年人。三十多年来，我一直压抑着自己不去回想那段不堪回首的经历。

《再见，黑暗》是有关第二次世界大战的最为优秀的历史记录和回忆录。对于曼彻斯特本人来说，撰写该书更是个人情感的一种宣泄。2006年，他获得了美国总统乔治·W.布什颁发的美国国家人文奖章。三年后，曼彻斯特去世。[12]

吉姆·约翰斯顿也是一名很难面对自己战争经历的老兵。在冲绳岛养伤期间，他被晋升为中士。此外，只要愿意继续服役到下一场战役，那么他立即可以获得第二次晋升并成为枪炮士官，即全排军衔最高的士官。约翰斯顿有些经不住诱惑，但一想到自己就要与家人见面，他还是决定回国。他回忆道：

> 我虽然回到了内布拉斯加州，但无法回到过去的生活。我

把自己最好的一切都献给了陆战队，而陆战队也让我拥有了一套新的价值观。我一点儿也不想重返校园，更没有打算成为那种得到社会认可的成功人士。财富和影响力在我这里已经变得一文不值。在我内心的阴影里，上帝之下对我来说唯一具有效力的就是点30—06子弹*，或者要是你离得够近的话，点45手枪的子弹也可以。那些阴影一直都挥之不去。

约翰斯顿从事过零售业，后来又做过石油勘探员、地产商。1998年，他出版了一本书名为《漫漫战争路》（*The Long Road of War*）的回忆录，用直白到近乎残酷的语言记录了自己的战斗经历。他承认，战争永远地改变了他。他写道：

> 你走在大街上，看起来（跟随便哪个人）都没什么两样，但感觉或想法却截然不同。大多数传统的、社会的、道德的、经济的考量对你来说全都荒唐透顶。你只能期望自己能够保持正常的言行，不要违反和平社会正常的行为准则以免惹上麻烦，但又尽可能不要太过违背自己的信念。你的内心仍然留在丛林里，而非城市的街道上。[13]

---

\* 即点30—06斯普林菲尔德步枪弹（一种美国陆军所开发使用的子弹，可用于多种武器，比如M1903斯普林菲尔德步枪、M1加兰德步枪、勃朗宁自动步枪），其中"30"是指子弹口径为0.3英寸，"06"则是指子弹的推出年份是1906年。——译注

# 致　谢

冲绳岛战役是第二次世界大战最后一次大规模战役。这场血腥的战斗持续了三个月。在此期间，美国的传奇总统富兰克林·D.罗斯福因病去世，欧洲战场的战斗宣告结束，而在日本统治的琉球群岛中，面积最大的冲绳岛及其附近的岛屿上，却有超过24万人死于战火。这24万死者包括日本驻冲绳岛11万守军的大部分，他们中许多人宁死不降；包括1.25万美国军人（美军总伤亡为7.6万人），不仅使此战成为美国在太平洋战场上遭遇的最血腥的战斗，而且也足以让此战跻身美国历史上伤亡最惨重的战斗之列；最令人痛心的是，死者还包括12.5万冲绳平民（相当于战前冲绳岛总人口的三分之一），他们不是被交战双方的炮火误伤，就是轻信了日本政府的宣传，"宁可集体自杀，也不愿被美国兵强奸、虐杀"。

想用一个书名来向读者表达上述事件是多么罕见、多么可怕，并不是件容易的事情。我之所以把书名定为《地狱的熔炉》，就是因为美国海军的一名老兵曾用该词来描述地面作战部队在冲绳岛上所经历的苦难。那个老兵指出：

冲绳岛上阴雨不断、天气酷热、瘴气弥漫、毒蛇遍地、蚊虫肆虐……排泄物臭气熏天，腐烂的尸体爬满蛆虫，在岛上战斗的陆战队员、陆军士兵无异于身处地狱的熔炉。[1]

为了搜集资料以撰写本书，我曾前往欧洲、北美洲和亚洲。我尤其要感谢下列人士提供的帮助：美国海军陆战队匡提科基地（弗吉尼亚州）档案室的约翰·莱尔斯（John Lyles）；德怀特·艾森豪威尔总统图书馆暨博物馆（堪萨斯州阿比林）的戴维·霍尔布鲁克（David Holbrook）；哈里·S.杜鲁门总统图书馆暨博物馆（密苏里州独立城）的戴维·克拉克（David Clark）；南风原村博物馆的平良次子（Tsugiko Taira）；冲绳县和平祈念资料馆、姬百合和平祈念资料馆的工作人员；英国国家档案馆（伦敦）、大英帝国战争博物馆（伦敦）的工作人员；美国国家档案馆的工作人员（马里兰州科利奇帕克市）。

以下人士也以各种方式为本书的撰写提供了帮助：安·登克尔（Ann Dencker，她是在书中多次出现的唐·登克尔的女儿）、安迪·博伊德博士（Dr Andy Boyd）、彻丽·戴维（Cherry David）、阿米纳塔·福娜（Aminatta Forna）、西蒙·福勒（Simon Fowler）、悉尼·索德伯格（Sydney Soderberg）以及冲绳岛战役博物馆（位于牧港补给区）的馆长克里斯·马耶斯基（Chris Majeski，他领着我参观了昔日的战场）。谢谢你们！

最后，我还要感谢：我的经纪人卡罗琳·米歇尔（Caroline Michel）；哈珀柯林斯出版集团（伦敦）的阿拉贝拉·派克（Arabella Pike）、凯瑟琳·帕特里克（Katherine Patrick）、伊恩·亨特（Iain Hunt）、朱利安·汉弗莱斯（Julian Humphries）；桦榭图

书集团（纽约）的戴维·兰姆（David Lamb）、迈克尔·巴尔斯
（Michael Barrs）、迈克·贾拉塔诺（Mike Giarratano）、梅利莎·马
特林（Melissa Mathlin）、阿曼达·卡因（Amanda Kain）；我的妻
子路易丝（Louise），我的女儿内尔（Nell）、塔马（Tashie）、塔西
（Tashie）——她们到现在也并不完全认为，出远门到世界各地采风
可算作"正经工作"。

# 注　释

导言

1. Gordon L. Rottman, *Okinawa 1945: The Last Battle*, Osprey Publishing, 2002, Introduction.

2. Foreign Relations of the United States (FRUS), 1945, Vol.VI, Memorandum of Conversation, by the Acting Secretary of State, p. 545.

3. Robert Leckie, *Okinawa: The Last Battle of World War II*, Penguin Group, 1995, pp. 1–3.

4.【美】戈登·L.罗特曼著，金铠译:《冲绳岛1945：最后的搏杀》，海洋出版社2015年版，第18页。

5.【日】新崎盛晖著，胡冬竹译:《冲绳现代史》，生活读书新知三联书店2010年版，第19–20页。

6. Aniya Masaaki, "Compulsory Mass Suicide, the Battle of Okinawa, and Japan's Textbook Controversy", *the Asia-Pacific Journal*, Vol. 6, Jan. 1, 2008, p.6.

7. Miyume Tanji, *Myth, Protest and Struggle in Okinawa*, London and New York: Routledge, 2006, p.38.

8.【美】戈登·L.罗特曼著，金铠译:《冲绳岛1945：最后的搏杀》，海洋出版社2015年版，第24页。

9. George Feifer, *Tennozan: The Battle of Okinawa and the Atomic Bomb* (New York: Ticknor & Fields, 1992), p. 105.

10.【澳】加文·麦考马克，【日】乘松聪子，董亮译:《冲绳之怒：美日同盟下的抗争》，社会科学文献出版社，2015年版，第20–21页。

11.【澳】加文·麦考马克，【日】乘松聪子，董亮译:《冲绳之怒：美日同盟下的抗争》，社会科学文献出版社，2015年版，第20–21页。

12.【美】戈登·L.罗特曼著，金铠译:《冲绳岛1945：最后的搏杀》，海洋出版社

2015年版，第96-97页。

　　13.陈波：《日美再度博弈冲绳》，《太平洋学报》2010年第10期。

　　14.【美】戈登·L.罗特曼著，金铠译：《冲绳岛1945：最后的搏杀》，海洋出版社2015年版，第93页。

　　15.【美】戈登·L.罗特曼著，金铠译：《冲绳岛1945：最后的搏杀》，海洋出版社2015年版，第103页。

　　16.【澳】加文·麦考马克、【日】乘松聪子，董亮译：《冲绳之怒：美日同盟下的抗争》，社会科学文献出版社，2015年版，第22页。

　　17. Joseph Wheelan, Bloody Okinawa: The Last Great Battle of World War II, Hachette Books, 2020, Prologue.

　　18. Roy Edgar Appleman, *Okinawa: the Last Battle*, Historical Division Department of the Army, Washington, D.C., 1948, pp. 473–474.

　　19. George H.Kerr, Okinawa: the History of an Island People (Boston, Tokyo: Tuttle, 2000), p. 465.

　　20. George Feife, *Battle of Okinawa: The Blood and the Bomb*, New York: Lyons Press, 1992, Introduction xi-xii.

　　21.【澳】加文·麦考马克、【日】乘松聪子，董亮译：《冲绳之怒：美日同盟下的抗争》，社会科学文献出版社，2015年版，第22页。

　　22.岩波书店编，陈言等译：《记录·冲绳"集体自杀"审判》，上海译文出版社2017年版，第181页。

　　23.岩波书店编，陈言等译：《记录·冲绳"集体自杀"审判》，上海译文出版社2017年版，第138页。

　　24.岩波书店编，陈言等译：《记录·冲绳"集体自杀"审判》，上海译文出版社2017年版，第139页。

　　25. Aniya Masaaki, "Compulsory Mass Suicide, the Battle of Okinawa, and Japan's Textbook Controversy", *the Asia-Pacific Journal*, Vol. 6, Jan. 1, 2008, p. 4.

　　26. Chalmers Johnson, ed., *Okinawa: Cold War Island*, Japan Policy Research Institute, 1999, pp. 138–139.

　　27. Aniya Masaaki, "Compulsory Mass Suicide, the Battle of Okinawa, and Japan's Textbook Controversy", *the Asia-Pacific Journal*, Vol. 6, Jan. 1, 2008, pp. 6–8.

　　28.岩波书店编，陈言等译：《记录·冲绳"集体自杀"审判》，上海译文出版社2017年版，第143页。

　　29.岩波书店编，陈言等译：《记录·冲绳"集体自杀"审判》，上海译文出版社2017年版，第144页。

30.【澳】加文·麦考马克，【日】乘松聪子，董亮译：《冲绳之怒：美日同盟下的抗争》，社会科学文献出版社，2015年版，第22页。

31.岩波书店编，陈言等译：《记录·冲绳"集体自杀"审判》，上海译文出版社2017年版，第146页。

32.【澳】加文·麦考马克，【日】乘松聪子，董亮译：《冲绳之怒：美日同盟下的抗争》，社会科学文献出版社，2015年版，第17页。冲绳国际大学名誉教授安仁屋政昭认为，冲绳岛战役中平民的死亡超过15万人。参见：Aniya Masaaki, "Compulsory Mass Suicide, the Battle of Okinawa, and Japan's Textbook Controversy", *the Asia-Pacific Journal*, Vol. 6, Jan. 1, 2008, p.6.

33. Kensei Yoshida, *Democracy Betrayed: Okinawa under U.S. Occupation*, Press: Center for East Asian Studies Western Washington, Bellingham, Washington, 2001, pp. 3–4.

34. Ota Peace Research Institute, Okinawa Kanken shiryo, p.4.

35. Aniya Masaaki, "Compulsory Mass Suicide, the Battle of Okinawa, and Japan's Textbook Controversy", *the Asia-Pacific Journal*, Vol. 6, Jan. 1, 2008, p. 7.

36.【澳】加文·麦考马克、【日】乘松聪子，董亮译：《冲绳之怒：美日同盟下的抗争》，社会科学文献出版社，2015年版，第24页。

37.徐勇，汤重南主编：《琉球史论》，中华书局2016年版，第146页。

## 序言　爱日

1. Abilene, KS, Dwight D. Eisenhower Presidential Library and Archive (DDE), Vernon E. Megee Papers, 1919–92, Box 7, A94–17, 'Memoirs', p. 166.

2. DDE, Simon Bolivar Buckner Papers, 1908–17 and 1941–5, Box 1, A92–16, Buckner Diary, 31 March 1945.

3. Ibid., 1 April 1945; Roy E. Appleman, James M. Burns, Russell A. Gugeler and John Stevens, *Okinawa: The Last Battle* (Washington, DC: Center of Military History, US Army, 1948), p. 69.

4. Megee, 'Memoirs', p. 167; Buckner Diary, 1 April 1945.

5. Ernie Pyle, *Last Chapter* (New York: Henry Holt & Co., 1946), p. 99.

6. Buckner Diary, 1 April 1945.

7. Pyle, *Last Chapter*, pp. 99, 101.

8. James R. Stockman, *The First Marine Division on Okinawa: 1 April–30 June 1945* (Quantico, VA: History Division US Marine Corps, 1946), p. 1.

9. Quantico, VA, US Marine Corps Archives (USMCA), William A. Looney Memoir, 1942–5 COLL/5276, A/5/J/6/4, 'Okinawa', pp. 1–3.

10. James W. Johnston, *The Long Road of War: A Marine's Story of Pacific Combat* (Lincoln, NB: University of Nebraska Press, 1998), pp. 120–125.

11. Ibid., p. 127.

12. Looney, 'Okinawa', p. 3.

13. Johnston, The Long Road of War, p. 128.

14. Pyle, *Last Chapter*, p. 100.

15. Megee, 'Memoirs', p. 167.

16. USMCA, Oliver P. Smith Papers, COLL/213, A/30/D/3/1, Box 54, Folder 1, 'Personal Narrative: 10th Army and Okinawa', p. 78.

17. Buckner Diary, 30 January 1945.

18. Buckner to his wife Adele, 1 April 1945, in Nicholas Evan Sarantakes (ed.), *Seven Stars: The Okinawa Battle Diaries of Simon Bolivar Buckner, Jr., and Joseph Stilwell* (College Station, TX: Texas A&M University Press, 2004), p. 29.

19. Colonel Hiromichi Yahara, *The Battle for Okinawa: A Japanese Officer's Eyewitness Account of the Last Great Campaign of World War II* (New York: John Wiley & Sons, Inc., 1995), pp. xi, 18.

20. Ibid., pp. 16–18.

21. Frank B. Gibney, 'Two Views of Battle' in Yahara, *The Battle for Okinawa*, pp. xv–xvii, 24.

22. Yahara, *The Battle for Okinawa*, pp. 5–16.

23. Ibid., pp. 20–24.

24. Th omas M. Huber, 'Japan's Battle of Okinawa, April–June 1945', *Leavenworth Papers*, Number 18 (199), p. 7; Yahara, The Battle for Okinawa, p. 35.

25. Yahara, *The Battle for Okinawa*, pp. xii–xiii.

26. Donald M. Goldstein and Katherine V. Dillon (eds), *Fading Victory: The Diary of Admiral Matome Ugaki 1941–1945*, trans. by Masataka Chihaya (Pittsburgh, PA: University of Pittsburgh Press, 1991), pp. 566–569.

27. USMCA, COLL/2925, A/30/A/2/2, Otha L. Grisham Papers, 'A Young Man from Texas Goes to War: The Making of an Alligator Marine', p. 24.

28. Samuel W. Mitcham Jr and Friedrich von Stauff enberg, *The Battle of Sicily: How the Allies Lost their Chance for Total Victory* (New York: Orion Books, 1991), p. 63; Antony Beevor, D–Day (London: Penguin, 2006), pp. 151n.

29. Looney, 'Okinawa', pp. 1–2.

30. Appleman et al., *Okinawa*, p. 36.

31. David Hobbs, *The British Pacific Fleet: The Royal Navy's Most Powerful Strike Force* (Barnsley, UK: Seaforth Publishing, 2011; repr. 2017), pp. 126–128.

## 01 道格拉斯在哪儿？

1. Jean Edward Smith, *FDR* (New York: Random House Inc., 2007; repr. 2008), p. 620.

2. Edwin P. Hoyt, *How They Won the War in the Pacific: Nimitz and his Admirals* (New York: Weybright and Talley, 1970), p. 411; Edward Smith, FDR, p. 620.

3. Edward Smith, FDR, pp. 621–2; Hoyt, *How They Won the War in the Pacific*, p. 412.

4. Hoyt, *How They Won the War in the Pacific*, p. 412.

5. Buckner Diary, 29 July 1944.

6. Edward Smith, *FDR*.

7. Andrew Roberts, *Masters and Commanders: How Roosevelt, Churchill, Marshall and Allanbrooke Won the War in the West* (London: Allen Lane, 2008), pp. 518–520.

8. Appleman et al., *Okinawa*, pp. 1–4.

9. Hoyt, *How They Won the War in the Pacific*, pp. 425–427.

10. Appleman et al., *Okinawa*, p. 4; London, UK, The National Archives (TNA), ADM/234, Piece 368, Naval Staff History, Battle Summary No. 47, 'Naval Operations Okinawa', 1950, pp. 1–2.

## 02 接到命令

1. Buckner Diary, 4 October 1944.

2. 'Buck's Battle', *Time* magazine, 16 April 1945.

3. Sarantakes (ed.), *Seven Stars*, pp. 10–11.

4. Smith, 'Personal Narrative', p. 3.

5. Ibid., p. 1.

6. Ibid., p. 2.

7. Buckner Diary, 22 August 1944.

8. Ibid., 7 October 1944.

9. Smith, 'Personal Narrative', pp. 2–8.

10. Buckner Diary, 24 February 1945.

11. Appleman et al., *Okinawa*, pp. 7–10, 14, 17.

12. Smith, 'Personal Narrative', pp. 11–13.

13. Hoyt, *How They Won the War in the Pacific*, pp. 136–137; Gordon W. Prange, Donald M. Goldstein and Katherine V. Dillon, *Pearl Harbor: The Verdict of History* (New York: McGraw–Hill, 1985), pp. 292–295.

14. Smith, 'Personal Narrative', pp. 12–13.

15. Ibid., p. 13.

16. Buckner Diary, 11 November 1944.

17. Michael D. Hull, 'Modest Victor of Midway', *World War II* magazine, 13/1 (May 1998), 36–43.

18. Buckner Diary, 31 December 1944.

19. Smith, 'Personal Narrative', p. 33.

20. Ibid., p. 32; USMCA, COLL/185, A/14/F/3/3, Lt Col. J. Frederick Haley Papers, 'The General Dies at Noon', pp. 5, 24.

## 03　大家快回家

1. Yoshiko Sakumoto Crandell, 'Surviving the Battle of Okinawa: Memories of a Schoolgirl', *Asia-Pacific Journal*, 12/14 (2014), 1–31 (pp. 1–15).

2. Carl Nolte, 'Teen survivor of WWII torpedoed ship a pacifist at 85', *San Francisco Chronicle*, 20 February 2016.

3. Crandell, 'Surviving the Battle of Okinawa', p. 15.

4. Appleman et al., *Okinawa*, p. 45.

5. Huber, 'Japan's Battle', pp. 6–9; Appleman et al., *Okinawa*, pp. 92–94.

6. Interrogation Report of POW Akira Shimada, 24 July 1945, in Yahara, *The Battle for Okinawa*, pp. 222–223.

7. Huber, 'Japan's Battle', p. 9.

8. Ibid., p. 11.

9. Ibid., pp. 12–13.

10. Interrogation Report of POW Akira Shimada, 24 July 1945, in Yahara, *The Battle for Okinawa*, p. 223.

11. *Descent into Hell: Civilian Memories of the Battle of Okinawa*, trans. by Mark Ealey & Alastair McLauchlan (Portland, ME: MerwinAsia, 2014), pp. 44–53.

## 04　长官，这项任务非我莫属

1. Captain Rikihei Inoguchi and Commander Tadashi Nakajima, *The Divine Wind: Japan's Kamikaze Force in World War II* (Annapolis, MD: United States Naval Institute, 1958; repr. 1994), pp. 3–16; Albert Axell and Hideaki Kase, *Kamikaze: Japan's Suicide Gods* (London: Pearson Education, 2002), p. 48.

2. Axell and Kase, *Kamikaze*, pp. 50–51, p. 16.

3. Ibid., pp. 4–12.

4. Ibid., p. 52.

5. Naoji Kōzu, 'Human Torpedo', in Haruko Taya Cook and Theodore F. Cook, *Japan at War: An Oral History* (New York: W. W. Norton & Co., 1992), pp. 313–316.

6. Rear Admiral Sadatoshi Tamioka, Doc. No. 5072, in General Headquarters, Far East Command, Military Intelligence Section, General Staff , *Statements of Japanese Officials on World War II (English Translations): Vol. 4*, 1949–50, pp. 316–322.

7. Commander Yoshimori Terai, *Statements of Japanese Officials*: Vol. 4, pp. 316–322.

8. Ibid.

## 05  军心涣散，甚至都不知道能否上得了战场

1. Buckner Diary, 18 January 1945; Smith, 'Personal Narrative', p. 36.

2. Smith, 'Personal Narrative', p. 37.

3. Ibid., pp. 37–38.

4. Buckner Diary, 20 January 1945; Smith, 'Personal Narrative', p. 38.

5. Smith, 'Personal Narrative', p. 39.

6. Ibid., pp. 34–35.

7. Ibid., p. 40.

8. Buckner Diary, 24 January 1945; Smith, 'Personal Narrative', p. 41.

9. Buckner Diary, 24 January 1945.

10. Ibid., 25 January 1945.

11. Smith, 'Personal Narrative', p. 47.

12. Buckner Diary, 27 and 29 January 1945.

13. Ibid., 30 January 1945.

14. Ibid., 1–2 February 1945.

15. Smith, 'Personal Narrative', p. 51; Buckner Diary, 2 February 1945.

16. Haley, 'The General Dies at Noon', pp. 3–5.

17. Buckner Diary, 3 February 1945; Smith, 'Personal Narrative', p. 52.

18. Smith, 'Personal Narrative', p. 53.

## 06  我重回战场，只是因为我别无选择——其实我很不情愿

1. Pyle, *Last Chapter*, pp. 8–11.

2. William F. Nelson, *Appointment at Ie Shima* (privately published, 2014), pp. 26–27.

3. Ernie Pyle, 'The Death of Captain Waskow', 10 January 1944, in https://sites. mediaschool.indiana.edu/erniepyle/1944/01/10/the–death–of–captainwaskow/ (accessed 1 April 2019).

4. David Nichols (ed.), *Ernie's War: The Best of Ernie Pyle's World War II Dispatches* (New York: Simon & Schuster, 1987), pp. 335–337.

5. Ernie Pyle, 'Farewell to Europe', 5 September 1945, in https://sites.mediaschool. indiana.edu/erniepyle/1944/09/05/farewell–to–europe/ (accessed 1 April 2019).

6. Arthur Miller, *Timebends: A Life* (New York: Grove Press, 1987), p. 282.

7. Ernie Pyle, 'In the Movies', 14 February 1945, in https://sites.mediaschool.indiana.edu/ erniepyle/1945/02/14/in–the–movies/ (accessed 1 April 2019).

8. Ernie Pyle, 'Back Again', 6 February 1945, in https://sites.mediaschool.indiana.edu/ erniepyle/1945/02/06/back–again/ (accessed 1 April 2019).

9. Pyle, *Last Chapter*, pp. 13–14.

10. Ibid., pp. 3–5.

11. Ibid., p. 27.

12. Ernie Pyle, 'Back Again'.

13. Pyle, *Last Chapter*, pp. 35–41.

14. Ibid., pp. 55–82.

15. Ugaki, *Fading Victory*, pp. 552–556.

16. Pyle, *Last Chapter*, pp. 83–86.

## 07　我哭着痛下杀手，她也泪流满面

1. Robert C. Dick, *Cutthroats: The Adventures of a Sherman Tank Driver in the Pacific* (New York: Presidio Press, 2006), p. 139.

2. Smith, 'Personal Narrative', pp. 72–73; Appleman et al., *Okinawa*, p. 41.

3. Dick, *Cutthroats*, pp. 1–25, 30–31, 40–41, 93–95, 125, 139.

4. Appleman et al., *Okinawa*, pp. 53–56.

5. DDE, Simon Bolivar Buckner Papers, 1908–17 and 1941–5, Box 1, A92–16, 'Lt Gen. Simon Bolivar Buckner: Private Letters relating to the Battle of Okinawa', ed. A. P. Jenkins, in *Ryudai Review of Euro-American Studies*, 42 (1997), 63–113 (p. 77).

6. Shigeaki Kinjo interviewed by Michael Bradley, in ' "Banzai!" The Compulsory Mass Suicide of Kerama Islanders in the Battle of Okinawa', *Asia-Pacific Journal*, 11/22 (2014).

7. Appleman et al., *Okinawa*, p. 58.

8. Ibid., pp. 64–65.

9. Kikuko Miyagi, 'Student Nurses of the "Lily Corps" ', in Cook and Cook, *Japan at War*, pp. 354–355.

10. *Himeyuri Peace Museum: The Guidebook* (Itoman, Okinawa: 2016), pp. 6–14; Itoman,

Okinawa, Himeyuri Peace Museum Archives (HPMA), 'Historical Chart'.

11. Miyagi, 'Student Nurses of the "Lily Corps" ', in Cook and Cook, *Japan at War*, p. 355.

12. Ibid.

13. Sakumoto Crandell, 'Surviving the Battle of Okinawa', pp. 18–25.

## 08   明天就是关键时刻了

1. Buckner Diary, 26 and 27 March 1945.

2. Smith, 'Personal Narrative', p. 71.

3. Megee, 'Memoirs', pp. 165–166.

4. Smith, 'Personal Narrative', p. 74.

5. Buckner Diary, 28 March 1945.

6. Smith, 'Personal Narrative', p. 75.

7. Ibid., p. 75.

8. Buckner Diary, 31 March 1945.

9. Smith, 'Personal Narrative', p. 76.

10. Buckner to his wife Adele, 31 March 1945, in 'Private Letters', p. 78.

11. Donald O. Dencker, *Love Company: Infantry Combat Against the Japanese World War II – Leyte and Okinawa* (Manhattan, KS: Sunfl ower University Press, 2002), pp. 2–163.

12. Donald M. Carlton, 'Do you want to live forever? A true story of an Infantryman's experiences during the battle for the island of Okinawa', pp. 1–6; Donald M. Carlton, 'Memoir'; and Interview with Don Carlton, 18 November 2010, Veterans History Project, all in https://memory.loc.gov/diglib/vhp/story/loc.natlib.afc2001001.00033/ (accessed 16 April 2019).

13. William Manchester, *Goodbye, Darkness: A Memoir of the Pacific War* (New York: Little, Brown & Co., 1980; repr. 2002), p. 352.

14. Ibid., pp. 15–29.

15. Ibid., pp. 15–29, 128–134, 350–353.

## 09   这简直就是一场精彩的表演

1. Dencker, *Love Company*, pp. 153, 163–164.

2. After Action Report of 763rd Tank Battalion, 22 April 1942–30 June 1945, in http://cgsc.cdmhost.com/cdm/ref/collection/p4013coll8/id/3462 (accessed 16 April 2019); Dick, *Cutthroats*, pp. 141–142.

3. Dick, *Cutthroats*, pp. 142–143.

4. Dencker, *Love Company*, pp. 151–155, 163–167.

5. Carlton, 'Do you want to live forever?', pp. 7–9.

6. Pyle, *Last Chapter*, pp. 100–113.

## 10　总有一些倒霉蛋，消息一点都不灵通

1. USMCA, COLL/92, A/11/J/6/3, Christopher S. Donner, 'Memoir', dated January 1946, pp. 1–55.

2. USMCA, COLL/1605, A/5/L/3/1, Jeptha J. Carrell, 'King One: Service in the United States Marine Corps in World War II', p. 20.

3. George Feifer, *Tenozan: The Battle of Okinawa and the Atomic Bomb* (New York: Houghton Miffl in, 1992), p. 145.

4. Manchester, *Goodbye, Darkness*, p. 354.

5. USMCA, COLL/5674, A/31/J/5/4, Salvatore Giammanco, 'The First Okinawa Wounded Marine', pp. 1–6; Milt Th omas, 'World War II veterans unknowingly cross paths', *Vero Beach Newsweekly*, 10 November 2011, pp. 10–11.

6. Smith, 'Personal Narrative', p. 77.

7. Appleman et al., *Okinawa*, p. 75.

8. Buckner Diary, 1 April 1945.

9. Quoted in Laura Homan Lacey, *Stay Off the Skyline: The Sixth Marine Division on Okinawa* (Dulles, VA: Potomac Books, Inc., 2005; repr. 2007), p. 45.

## 11　尸体烧焦的气味一连好几天都没能散尽

1. Feifer, *Tenozan*, pp. 148–149; Miyagi, 'Student Nurses of the "Lily Corps"', in Cook and Cook, *Japan at War*, p. 367.

2. Huber, 'Japan's Battle', pp. 27–28.

3. Quoted in Feifer, *Tenozan*, p. 141.

4. Quoted in ibid., pp. 143–144.

5. Yutaka Yokota, 'Volunteer', in Cook and Cook, *Japan at War*, pp. 306–309.

6. Feifer, *Tenozan*, pp. 3–14; Morison, Samuel Eliot, *History of the United States Naval Operations in the Pacific: Volume 14 – Victory in the Pacific, 1945* (New York: Little, Brown, 1975; repr. 2012), pp. 200–202.

7. London, Imperial War Museum Archives (IWM), 14048, Private Papers of N. B. Gray, 'Memoirs' and 'Diary', 1 April 1945.

8. Hobbs, *The British Pacific Fleet*, p. 138.

9. N. B. Gray, 'Memoirs' and 'Diary', 1 April 1945; Hobbs, *The British Pacific Fleet*, p. 138.

10. Sir Philip Vian, *Action This Day: A War Memoir* (London: Frederick Muller Ltd, 1960), pp. 178–179.

## 12 战争的确是地狱

1. Appleman et al., *Okinawa*, pp. 76–77; '10th Army Action Report: Ryukus, 26 March to 30 June 1945', Volume 1, Part 4, Ike Skelton Combined Arms Research Library (ISCARL), in http://cgsc.cdmhost.com/cdm/compoundobject/collection/p4013coll8/id/599/rec/22 (accessed 31 December 2018).

2. Manchester, *Goodbye, Darkness*, p. 356.

3. Pyle, *Last Chapter*, pp. 114–115; https://soh.alumni.clemson.edu/scroll/julian–delano–dusenbury/

4. Pyle, *Last Chapter*, pp. 115–120.

5. Ibid., pp. 120–124.

6. Megee, 'Memoirs', pp. 168–170.

7. Buckner to his wife Adele, 2 and 3 April 1945, in 'Private Letters', pp. 78–79.

8. Appleman et al., *Okinawa*, pp. 79–83.

9. *Second to None! The Story of the 305th Infantry in World War II* (Washington, DC: Infantry Journal Press, 1949), p. 159; Major Charles S. Nichols Jr and Henry I. Shaw, *Marines in World War II – Okinawa: Victory in the Pacific* (1955), p. 111; Buckner Diary, 3 April 1945.

## 13 他仰面朝天，在离船不远的地方漂过

1. Huber, 'Japan's Battle', pp. 29–31.

2. Prisoner of War Interrogation Report of Colonel Hiromichi Yahara, 6 August 1945, in Yahara, *The Battle for Okinawa*, p. 212.

3. Huber, 'Japan's Battle', p. 31.

4. Miyagi, 'Student Nurses of the "Lily Corps"', in Cook and Cook, *Japan at War*, pp. 355–356.

5. Robin L. Reilly, *Kamikaze Attacks of World War II* ( Jeff erson, NC: McParland & Co., Inc., 2010), p. 211; Robin L. Reilly, Kamikaze, *Corsairs and Picket Ships: Okinawa, 1945* (Havertown, PA: Casemate, 2008), p. 109.

6. Reilly, Kamikaze, *Corsairs and Picket Ships*, pp. 109–121.

7. Megee, 'Memoirs', p. 171.

8. Ugaki, *Fading Victory*, pp. 572–573.

## 14 什么？大和号沉了？

1. Feifer, *Tenozan*, p. 19.

2. Ugaki, *Fading Victory*, pp. 572–574.

3. Feifer, *Tenozan*, p. 21.

4. Mitsuru Yoshida, *Requiem for Battleship Yamato* (Washington: University of Washington Press, 1985; repr. ebook, 1999), trans. by Richard H. Minear, Translator's Introduction and Chapters 6 and 7.

5. Feifer, *Tenozan*, pp. 19–22; Morison, Victory in the Pacific, pp. 202–204.

6. Yoshida, *Requiem for Battleship Yamato*, Chapters 8–13.

7. Morison, *Victory in the Pacific*, p. 206.

8. Yoshida, *Requiem for Battleship Yamato*, Chapters 15–25; Morison, *Victory in the Pacific*, pp. 208–209.

9. Ugaki, *Fading Victory*, p. 575.

10. Feifer, *Tenozan*, p. 33.

## 15　他们把我们打得晕头转向

1. Appleman et al., *Okinawa*, p. 110.

2. Buckner Diary, 7 April 1945; Interview with Don Carlton, 18 November 2010, Veterans History Project.

3. Appleman et al., *Okinawa*, pp. 111–112.

4. Buckner Diary, 7 April 1945.

5. Megee, 'Memoirs', p. 171.

6. USMC, COLL/921, A/5/L/7/2, Colonel Bruce Porter Papers, Barrett Tillman, 'Hunter in the Dark', *Wings Magazine*, 7/4 (August 1977), p. 10.

7. USMCA, COLL/5480, A/13/F/7/1, Box 2, Marine Night Fighter Squadron 542 Association Collection, Donald E. Marpe, 'My Service in the United States Marine Corps, 1942–1945 and 1949–1951', pp. 37–41.

8. Appleman et al., *Okinawa*, p. 113.

9. Interview with Richard Johnson, 19 July 2004, Veterans History Project, in https://memory.loc.gov/diglib/vhp–stories/loc.natlib.afc2001001.20719/transcript?ID=sr0001 (accessed 24 May 2019).

10. Appleman et al., *Okinawa*, pp. 115–119.

11. Donner, 'Memoir', pp. 63–69.

12. Appleman et al., *Okinawa*, pp. 119–125.

13. Donner, 'Memoir', pp. 70–72.

14. Dencker, *Love Company*, pp. 179–181.

15. Appleman et al., *Okinawa*, pp. 125–126.

16. Buckner to his wife Adele, 8 April 1945, in 'Private Letters', p. 80; Buckner Diary, 8

April 1945.

    17. Buckner Diary, 8 and 9 April 1945.

    18. Ibid., 11 April 1945.

    19. Ibid., 2 April 1945.

    20. Sarantakes (ed.), *Seven Stars*, p. 30.

    21. Smith, 'Personal Narrative', pp. 82–83.

16   我们什么时候才能再见面？

    1. Huber, 'Japan's Battle', pp. 31–32.

    2. Yahara Interrogation Report, 6 August 1945, in Yahara, *The Battle for Okinawa*, p. 213.

    3. Huber, 'Japan's Battle', p. 31; Yahara Interrogation Report, 6 August 1945, in Yahara, *The Battle for Okinawa*, p. 213.

    4. Appleman et al., *Okinawa*, pp. 130–134; Huber, 'Japan's Battle', pp. 32–34; Dencker, *Love Company*, p. 181; Yahara Interrogation Report, 6 August 1945, in Yahara, *The Battle for Okinawa*, p. 213.

    5.http://www.cmohs.org/recipient–detail/2616/anderson–beauford–t.php (accessed 2 May 2019).

    6. Appleman et al., *Okinawa*, pp. 135–137.

    7. Yahara Interrogation Report, 6 August 1945, in Yahara, *The Battle for Okinawa*, pp. 212–213.

    8. Shigeko Araki, 'Bride of a Kamikaze', in Cook and Cook, *Japan at War*, pp. 319–326.

    9. Inoguchi and Nakajima, *The Divine Wind*, pp. 151–152; Morison, *Victory in the Pacific*, p. 222.

    10. Inoguchi and Nakajima, *The Divine Wind*, pp. 140–141.

    11. Ibid., pp. 153–154.

    12. Morison, *Victory in the Pacific*, p. 224.

    13. Ibid., p. 225; Reilly, *Kamikazes, Corsairs and Picket Ships*, pp. 141–142.

17   哈里，总统死了

    1. Harry S. Truman, *Year of Decisions*, 2 vols (New York: Doubleday & Co., 1955; repr. 1965), I, pp. ix–x, 11–15; A. J. Baime, *The Accidental President: Harry S. Truman, the Bomb and the Four Months That Changed the World* (New York: Houghton Miffl in Harcourt, 2017; repr. 2018), pp. 24–26.

    2. Baime, *The Accidental President*, pp. 41–89.

    3. Truman, *Year of Decisions*, I, pp. 15–21.

4. Baime, *The Accidental President*, pp. 33–34.

5. Ibid., p. x.

6. Winston Churchill, *The Second World War*, 6 vols (London: Cassell, 1948–54), VI, pp. 412–413.

7. Ugaki, *Fading Victory*, p. 584.

8. Buckner to his wife Adele, 14 April 1945, in 'Private Letters', p. 82.

9. https://www.mossletters.com/13–april–1945/ (accessed 9 May 2019).

10. USMCA, COLL/5223, A/26/J/7/2, Richard Bruce Watkins, 'Brothers in Battle: One Marine's Account of War in the Pacific', p. 39.

11. Independence, MO, Harry S. Truman Presidential Library & Museum (HST), 'Oral History Interview with George M. Elsey', 7 July 1970, www.trumanlibrary.org/oralhist/elsey7. htm (accessed 12 November 2018).

12. Yahara, *The Battle for Okinawa*, p. 45.

## 18　他慌了神，眼珠子不停地打转

1. Manchester, *Goodbye, Darkness*, p. 356.

2. Appleman et al., *Okinawa*, pp. 138–144.

3. Manchester, *Goodbye, Darkness*, p. 357.

4. Nichols and Shaw, *Marines in World War II – Okinawa*, p. 96; Appleman et al., *Okinawa*, p. 144.

5. Manchester, *Goodbye, Darkness*, pp. 257–258.

6. Nichols and Shaw, *Marines in World War II – Okinawa*, p. 98.

7. USMCA, COLL/4346, A/26/D/2/4, Joseph M. Hiott, 'My Marine Corps Experience: How I Became a Man', pp. 25–26.

8. Nichols and Shaw, *Marines in World War II – Okinawa*, p. 99.

9. USMCA, COLL/2525, A/30/A/4/2, Mel Heckt, 'Pacific Diary', 15 April 1945.

10. Manchester, *Goodbye, Darkness*, pp. 140–143.

11. Ibid., p. 357.

12. Nichols and Shaw, *Marines in World War II – Okinawa*, p. 99.

13. https://themedalofhonor.com/medal–of–honor–recipients/recipients/bushrichard–world–war–two (accessed 13 May 2019).

14. Appleman et al., *Okinawa*, p. 147; Heckt, 'Pacific Diary', 16 April 1945.

15. Citation for the award of the Navy Cross to Colonel Wiliam J. Whaling, 20 January 1948, in https://valor.militarytimes.com/hero/8236 (accessed 14 May 2019).

16. Appleman et al., *Okinawa*, p. 148.

17. Manchester, *Goodbye Darkness*, pp. 3–7.

## 19　他太阳穴上有 3 个弹孔

1. Quoted in Nelson, *Appointment at Ie Shima*, p. 135.

2. Pyle, *Last Chapter*, pp. 138–140.

3. Appleman et al., *Okinawa*, pp. 149–159.

4. Nelson, *Appointment at Ie Shima*, p. 144.

5. Ibid., pp. 146–150; 'Ernie Pyle is Killed on Ie Island', *New York Times*, 19 April 1945.

6. 'Ernie Pyle is Killed on Ie Island', *New York Times*, 19 April 1945; 'My Day' by Eleanor Roosevelt, 19 April 1945, in https://www2.gwu.edu/~erpapers/myday/displaydoc.cfm?_y=1945&_f=md000003 (accessed 15 May 2019).

7. Statement by the President on the Death of Ernie Pyle, 18 April 1945, in https://www.trumanlibrary.org/publicpapers/index.php?pid=14&st=&st1= (accessed 15 May 2019).

8. Sterling Mace, *Battleground Pacific: A Marine Rifleman's Combat* Odyssey in K/3/5 (New York: St Martin's Press, 2012), pp. 261–262.

9. Sakumoto Crandell, 'Surviving the Battle of Okinawa', pp. 27–30.

10. Appleman et al., *Okinawa*, pp. 415–417.

11. Sakumoto Crandell, 'Surviving the Battle of Okinawa', pp. 30–31.

12. Buckner to his wife Adele, 8 April 1945, in 'Private Letters', p. 80.

13. Mace, *Battleground Pacific*, pp. 247–249.

14. Mabuni, Okinawa, Okinawa Prefectural Peace Museum (OPPM), Testimony of Matsu Tamaki, 7 April 1945.

## 20　进展有限

1. Buckner Diary, 18 April 1945.

2. Appleman et al., *Okinawa*, pp. 184–185.

3. Smith, 'Personal Narrative', pp. 85–86.

4. Buckner Diary, 19 April 1945.

5. Smith, 'Personal Narrative', p. 87.

6. Dencker, *Love Company*, pp. 193–194.

7. Appleman et al., *Okinawa*, p. 207.

8. Megee, 'Memoirs', pp. 175–176.

9. Buckner Diary, 20 April 1945.

10. Appleman et al., *Okinawa*, pp. 208–211.

11. Dencker, *Love Company*, pp. 194–197.

12. Dick, *Cutthroats*, pp. 166–168.

## 21　我什么时候出击?

1. Yokota, 'Volunteer', pp. 309–311.

2. Huber, 'Japan's Battle', pp. 35–39.

3. Appleman et al., *Okinawa*, p. 248.

4. Buckner to his wife Adele, 22 April 1945, in 'Private Letters', pp. 85–86.

5. Appleman et al., *Okinawa*, pp. 258–260.

6. Buckner Diary, 22 April 1945.

7. Appleman et al., *Okinawa*, p. 262.

8. Smith, 'Personal Narrative', pp. 99–100; Buckner Diary, 29 April 1945.

9. Buckner to his wife Adele, 27 April 1945, in 'Private Letters', pp. 90–91.

## 22　只要一枚炸弹，就可以摧毁一整座城市

1. Truman, *Year of Decisions*, p. 101.

2. Ibid., pp. 21, 104.

3. HST, Eben A. Ayers Papers, 'The Atomic Bomb', c.1951, pp. 1–2, in https://www.trumanlibrary.org/whistlestop/study_collections/bomb/large/documents/index.php?documentid=26&pagenumber=1 (accessed 20 May 2019).

4. Baime, *The Accidental President*, pp. 168–169.

5. Ibid., p. 169.

6. Henry L. Stimson, *On Active Service in Peace and War* (New York: Harper & Brothers, 1947), pp. 612–613.

7. Baime, *The Accidental President*, pp. 170–171.

8. Stimson, *On Active Service*, p. 613.

9. Baime, *The Accidental President*, p. 173.

10. Stimson, *On Active Service*, pp. 615–616.

11. Truman, *Year of Decisions*, pp. 104–105; Stimson, *On Active Service*, p. 616.

## 23　突然间，那些与我称兄道弟的伙计们纷纷倒地

1. Johnston, *The Long Road of War*, p. 138.

2. Stockman, *The First Marine Division on Okinawa*, p. 3.

3. Johnston, *The Long Road of War*, pp. 131–132, 136.

4. Watkins, 'Brothers in Battle', p. 39.

5. USMCA, COLL/4840, A/5/I/6/1, Robert A. Neal, 'When I Was Young: I Served in the United States Fleet Marines', pp. 76–77.

6. Stockman, *The First Marine Division on Okinawa*, p. 4.

7. Johnston, *The Long Road of War*, pp. 138–141.

8. Mace, *Battleground Pacific*, pp. 4–5, 227–228, 269–271.

9. Buckner Diary, 2 and 3 May 1945.

10. Appleman et al., *Okinawa*, p. 274; Buckner Diary, 2 and 3 May 1945.

11. Stockman, *The First Marine Division on Okinawa*, p. 5.

12. https://themedalofhonor.com/medal–of–honor–recipients/recipients/bush–robert–world–war–two (accessed 23 May 2019).

13. Looney, 'Okinawa', p. 5.

14. Johnston, *The Long Road of War*, pp. 141–142.

15. USMCA, COLL/3092, A/10/L/4/2, Paul E. Ison, 'How the Combat Picture was Taken', pp. 1–5.

## 24　我决不能丢下他们不管，哪怕搭上我的性命

1. Appleman et al., *Okinawa*, pp. 274–280.

2. Dick, *Cutthroats*, pp. 175–81; After Action Report, 763rd Tank Battalion, 22 April 1942–30 June 1945, in ISCARL, http://cgsc.cdmhost.com/cdm/ref/collection/p4013coll8/id/3462 (accessed 24 May 2019).

3. Appleman et al., *Okinawa*, pp. 280–281.

4. Frances M. Doss, *Desmond Doss: Conscientious Objector* (Nampa, ID: Pacific Press, 2005), p. 99.

5. Personal Narrative of Desmond T. Doss, Veterans History Project, at http://memory.loc.gov/diglib/vhp/story/loc.natlib.afc2001001.32978/narrative?ID=pn0001 (accessed 24 May 2019).

6. Booton Herndon, *The Hero of Hacksaw Ridge* (Coldwater, MI: Remnant Publications, Inc., 2016), pp. 8–18.

7. 'Conscientious Objector, Medical–Aid Man, Awarded Medal of Honor', *Advent Review and Sabbath Herald, 1 November, 1945*, at http://documents. adventistarchives.org/Periodicals/RH/RH19451101–V122–44.pdf (accessed 24 May 2019).

8. Doss, *Desmond Doss*, pp. 99–100.

9. Personal Narrative of Desmond T. Doss; Appleman et al., *Okinawa*, p. 281.

10. Interview with Staff Sergeant Elwyn Gaines, B/1/307th Infantry, Veterans History

Project, at http://www.memory.loc.gov/diglib/vhp/story/loc.natlib.afc2001001.00169/ transcript?ID=sr0001 (accessed 27 May 2019).

11. Doss, *Desmond Doss*, pp. 101–103; Interview of Corporal Desmond Doss, B/1/307th Infantry, Veterans History Project, at http://memory.loc.gov/diglib/vhp/story/loc.natlib. afc2001001.32978/ (accessed 24 May 2019).

12. Appleman et al., *Okinawa*, pp. 281–282.

## 25　我们马上就意识到，我们完了

1. Appleman et al., *Okinawa*, p. 283; Huber, 'Japan's Battle', p. 41.

2. Yahara Interrogation Report, 6 August 1945, in Yahara, *The Battle for Okinawa*, p. 214.

3. Huber, 'Japan's Battle', pp. 81–83; Yahara Interrogation Report, 6 August 1945, in Yahara, *The Battle for Okinawa*, p. 214; Appleman et al., *Okinawa*, p. 283.

4. Appleman et al., *Okinawa*, pp. 286–287; Huber, 'Japan's Battle', pp. 84–86.

5. Morison, *Victory in the Pacific*, pp. 251–252.

6. Appleman et al., *Okinawa*, pp. 287–289; Stockman, *The First Marine Division on Okinawa*, p. 11; Watkins, 'Brothers in Battle', p. 39.

7. Appleman et al., *Okinawa*, pp. 287–289.

8. Ibid., p. 296; Huber, 'Japan's Battle', pp. 87–88; Morison, *Victory in the Pacific*, pp. 266–267.

9. Morison, *Victory in the Pacific*, pp. 264–265, 391–392; IWM, 15723, Box No: 08/59/1, Private Papers of D. Hulme, War Diary, 4 May 1945.

10. Huber, 'Japan's Battle', pp. 88–90.

11. Yahara, *The Battle for Okinawa*, pp. 41–44.

12. Ibid., p. 44; Appleman et al., *Okinawa*, p. 303.

13. Quoted in Appleman et al., *Okinawa*, p. 302.

14. Miyagi, 'Student Nurses of the "Lily Corps"', in Cook and Cook, *Japan at War*, p. 356.

15. HPMA, English Translation of Testimonies 1, No. 6: Yoshiko Yabiku, 'Itokazu Detachment', p. 12; Himeyuri Peace Museum, p. 20.

16. HPMA, English Translation of Testimonies 1, No. 2: Hisa Kishimoto, 'Limb amputated without anaesthetic', p. 6.

17. Masako Shinjo Summers Robbins, 'My Story: A Daughter Recalls the Battle of Okinawa', *Asia-Pacific Journal*, 13/8 (23 February 2015), pp. 1–22, at https://apjjf. org/2015/13/7/Masako–Shinjo–Summers–Robbins/4286.html (accessed 4 June 2019).

### 26　医生，这人还有救！

1. Appleman et al., *Okinawa*, p. 304; Stockman, *The First Marine Division on Okinawa*, pp. 12–14.

2. https://themedalofhonor.com/medal–of–honor–recipients/recipients/hansen–dale–world–war–two (accessed 30 May 2019).

3. Watkins, 'Brothers in Battle', pp. 12–13, 35–36, 40–43.

4. Stockman, *The First Marine Division on Okinawa*, p. 15; Donner, 'Memoir', pp. 87–88.

5. Stockman, *The First Marine Division on Okinawa*, p. 15; Watkins, 'Brothers in Battle', pp. 41–42.

6. https://valor.militarytimes.com/hero/7742 (accessed 31 May 2019).

7. Ison, 'How the Combat Picture was Taken', pp. 11–13.

8. Johnston, *The Long Road of War*, p. 146.

9. E. B. Sledge, *With the Old Breed* (New York: Presidio Press, 1981; repr. 2007), p. 251.

10. Johnston, *The Long Road of War*, p. 147.

11. Buckner Diary, 8 May 1945.

12. Moss to his parents, 9 May 1945, in https://www.mossletters.com/9–may–1945/ (accessed 31 May 2019).

13. USMCA, COLL/3286, A/24/L/5/3, Box 3, Joseph Kohn Letters, Kohn to his family, 8 May 1945.

14. Mace, *Battleground Pacific*, pp. 293–294.

### 27　美梦结束了

1. Araki, 'Bride of a Kamikaze', in Cook and Cook, *Japan at War*, pp. 322–323, 325.

2. Morison, *Victory in the Pacific*, pp. 262–263, 392.

3. Alexander Burnham, 'Okinawa, Harry Truman, and the Atomic Bomb', VQR, 71/3 (Summer 1995), in https://www.vqronline.org/essay/okinawa–harry–truman–and–atomic–bomb (accessed 2 June 2019), pp. 1–14.

4. Yahara, *The Battle for Okinawa*, pp. 49–51; Huber, 'Japan's Battle', p. 92.

5. Robbins, 'My Story', p. 11.

6. *Descent into Hell*, pp. 53–57.

### 28　被困在糖糕丘上，腿也动弹不得

1. Buckner Diary, 11 May 1945.

2. Appleman et al., *Okinawa*, pp. 311–312.

3. Manchester, *Goodbye, Darkness*, pp. 358–360.

4. Appleman et al., *Okinawa*, p. 313.

5. Ibid., p. 314.

6. USMCA, COLL/1908, A/14/C/3/1, Howard W. Arendt, 'Memoirs, 1943–1945', pp. 1–25.

7. Nichols and Shaw, *Marines in World War II – Okinawa*, pp. 159–160.

8. Dick Camp, 'Assault on Sugar Loaf Hill', *Leatherneck*, 100/9 (September 2017), p. 1.

9. Appleman et al., *Okinawa*, pp. 317–318.

10. Manchester, *Goodbye, Darkness*, p. 363.

11. Camp, 'Assault on Sugar Loaf Hill', pp. 1–4.

12. Ed Pesely, F/2/22, in Lacey, *Stay Off the Skyline*, p. 90.

13. 'Twenty Second Marines Special Action Report', 7–20 May 1945, in USMCA, COLL/3658, A/30/J/6/1, PFC John S. Kovaleski Papers.

14. Manchester, *Goodbye, Darkness*, p. 379.

15. Pesely, in Lacey, *Stay Off the Skyline*, pp. 91–94.

16. USMCA, COLL/3286, A/24/L/5/3, Box 3, Joseph Kohn, 'Memoir', p. 3.

17. Pesely, in Lacey, *Stay Off the Skyline*, pp. 91–94, 155; Bill Sloan, *The Ultimate Battle: Okinawa 1945 – The Last Epic Struggle of World War II* (New York: Simon & Schuster, 2007), pp. 187–189.

18. Kohn, 'Memoir', p. 3.

19. Pesely, in Lacey, *Stay Off the Skyline*, p. 94; 'Twenty Second Marines Special Action Report', 7–20 May 1945; Appleman et al., *Okinawa*, pp. 319–320.

## 29　我们似乎被扔到了地狱的粪坑

1. Buckner to his wife Adele, 13 May 1945, in 'Private Letters', p. 97.

2. Appleman et al., *Okinawa*, pp. 351–357.

3. Buckner Diary, 13 May 1945.

4. Buckner to his wife Adele, 13 May 1945, in 'Private Letters', pp. 97–98.

5. Sarantakes (ed.), *Seven Stars*, p. 57.

6. Appleman et al., *Okinawa*, pp. 322–323.

7. Manchester, *Goodbye, Darkness*, pp. 365–382.

8. Heckt, 'Pacific Diary', 21–29 May 1945.

9. Nils Andersen, in Lacey, *Stay Off the Skyline*, pp. 119–124.

10. https://history.army.mil/moh/wwII–a–f.html#COURTNEY (accessed 10 June 2019)

11. Manchester, *Goodbye, Darkness*, p. 379.

12. Appleman et al., *Okinawa*, p. 330; Stockman, *The First Marine Division on Okinawa*, pp. 26–27.

13. Carrell, 'King One', pp. 35–37.

14. Appleman et al., *Okinawa*, p. 330.

15. Stockman, *The First Marine Division on Okinawa*, p. 32.

16. Johnston, *The Long Road of War*, pp. 114, 149.

17. Watkins, 'Brothers in Battle', pp. 44–45.

18. Appleman et al., *Okinawa*, pp. 365–366.

19. Sledge, *With the Old Breed*, pp. 268–273.

## 30  大家似乎已经忘记什么是恐惧

1. Marpe, 'My Service in the United States Marine Corps', p. 43.

2. Ibid.; Tillman, 'Hunter in the Dark', pp. 13–16.

3. Marpe, 'My Service in the United States Marine Corps', p. 43.

4. USMCA, Marine Night Fighter Squadron 542 (VMF(N) 542) Association Collection, 1984–97 COLL/5480, A/13/F/7/1, 'War Diary of Joseph S. Sama', 25 May 1945.

5. Appleman et al., *Okinawa*, pp. 361–362.

6. Buckner Diary, 24 May 1945.

7. Yahara, *The Battle for Okinawa*, p. 62.

8. Ibid., pp. 62, 68–73, 80–82.

9. Himeyuri Peace Museum, p. 30.

10. Miyagi, 'Student Nurses of the "Lily Corps"', in Cook and Cook, *Japan at War*, p. 357.

11. HPMA, English Translation of Testimonies 1, No. 7: Shizuko Oshiro, 'A patient with no legs crawling in the mud', p. 13.

12. HPMA, English Translation of Testimonies 2, No. 15: Nobuko Kinjo, 'Water! Water!', p. 6.

## 31  敌军的整条战线似乎正在瓦解

1. Yahara, *The Battle for Okinawa*, pp. 87–92.

2. Ibid., p. 94.

3. Appleman et al., *Okinawa*, p. 428.

4. Yahara, *The Battle for Okinawa*, pp. 94–103.

5. Appleman et al., *Okinawa*, pp. 389–392.

6. Smith, 'Personal Narrative', p. 123.

7. Buckner Diary, 26–28 May 1945.

8. Buckner to his wife Adele, 28 May 1945, in 'Private Letters', pp. 102–103.

9. Appleman et al., *Okinawa*, p. 392.

10. Buckner Diary, 31 May 1945.

11. Yahara, *The Battle for Okinawa*, pp. 111–112.

## 32　光是想一想，就令人恐惧

1. Notes on the Interim Committee Meeting, 31 May 1945, at https://www.trumanlibrary.org/whistlestop/study_collections/bomb/large/documents/index.php?documentid=39&pagenumber=2 (accessed 4 June 2019).

2. Baime, *The Accidental President*, pp. 234–235.

3. Notes on the Interim Committee Meeting, 31 May 1945.

4. Ibid., 1 June 1945, at https://www.trumanlibrary.org/whistlestop/study_collections/bomb/large/documents/index.php?documentdate=1945–06–01&documentid=40&pagenumber=1 (accessed 4 June 2019).

5. Stimson, *On Active Service*, p. 617; Baime, *The Accidental President*, pp. 253–254.

6. Quoted in Baime, *The Accidental President*, p. 237.

## 33　既没有战术思维，又缺乏进取精神

1. Sarantakes (ed.), *Seven Stars*, pp. 11–13; Barbara Tuchman, *Stillwell and the American Experience in China, 1911–45* (New York: Macmillan, 1971), Chapter 20; Stanford, CA, Hoover Institution Archives (HIA), 'The World War II Diaries of General Joseph W. Stilwell', 1 September 1945, in http://media.hoover.org/sites/default/fi les/documents/1945Stilwell.pdf

2. Stilwell Diaries, 10 and 26 May, and 3 June 1945, in http://media.hoover.org/sites/default/fi les/documents/1945Stilwell.pdf ; Buckner Diary, 3 June 1945.

3. Appleman et al., *Okinawa*, p. 432.

4. Ibid., pp. 424–425; Buckner Diary, 3 June 1945.

5. Stilwell Diaries, 4–6 June 1945, in http://media.hoover.org/sites/default/files/documents/1945Stilwell.pdf

6. Appleman et al., *Okinawa*, p. 434.

7. Buckner Diary, 7 June 1945.

## 34　而在这里，人命似乎一钱不值

1. Johnston, *The Long Road of War*, pp. 154–158.

2. Manchester, *Goodbye, Darkness*, pp. 11–12, 383–384, 391.

3. Carlton, 'Do you want to live forever?', pp. 76–80, 88.

4. https://www.mossletters.com/11–june–1945/ (accessed 23 June 2019).

## 35   你必须坚持住

1. Watkins, 'Brothers in Battle', pp. 47–48.

2. USMCA, COLL/2874, A/24/G/6/5, William V. Niader Collection, Niader to his parents, 28 May 1945.

3. 'Marine's death still lives in letters', North Jersey Herald & News, 7 November, 1994.

4. Carrell, 'King One', pp. 39–40.

5. Appleman et al., *Okinawa*, p. 452.

6. Watkins, 'Brothers in Battle', pp. 49–52.

## 36   我们太天真了，那么容易就受骗了

1. Buckner Diary, 9 June 1945.

2. Appleman et al., *Okinawa*, pp. 463–465.

3. Sarantakes (ed.), *Seven Stars*, p. 77.

4. Underground Naval Headquarters Museum, Tomigusuki, Okinawa (UNHQM), Rear Admiral Ōta to the Naval Ministry in Tokyo, 2016 hours, 6 June 1945.

5. Yahara, *The Battle for Okinawa*, pp. 125–126.

6. Thomas McKinney, in Lacey, *Stay Off the Skyline*, pp. 211–212.

7. Appleman et al., *Okinawa*, pp. 433–434; Smith, 'Personal Narrative', p. 128.

8. Appleman et al., *Okinawa*, pp. 439–443; Yahara, *The Battle for Okinawa*, pp. 121–124.

9. Appleman et al., *Okinawa*, pp. 446–450.

10. Yahara, *The Battle for Okinawa*, pp. 129–132.

11. Araki, 'Bride of a Kamikaze', in Cook and Cook, *Japan at War*, pp. 321–325.

## 37   我能看到弹道轨迹径直向目标飞去

1. Buckner to his wife Adele, 14 June 1945, in 'Private Letters', p. 105.

2. Sarantakes (ed.), *Seven Stars*, p. 78.

3. Buckner to his wife Adele, 14 June 1945, in 'Private Letters', pp. 105–106.

4. Sarantakes (ed.), *Seven Stars*, pp. 80–81.

5. Appleman et al., *Okinawa*, p. 455.

6. Buckner to his son William Claiborne, 16 June 1945, in 'Private Letters', p. 107.

7. Appleman et al., *Okinawa*, p. 364; Morison, *Victory in the Pacific*, pp. 390–392.

8. Tillman, 'Hunter in the Dark', pp. 14–17; USMC, COLL/921, A/5/L/7/2, Colonel Bruce

Porter Papers, 'Interview: WWII Night Fighter Ace Bruce Porter', pp. 16, 25.

9. Dencker, *Love Company*, pp. 259–261.

10. Carrell, 'King One', pp. 40–41.

11. USMCA, COLL/1574, A/13/C/6/2, Marius L. Bressoud Jr, 'The way it really was, I think: A personal account of the Okinawan Campaign, April 1 to June 21, 1945', pp. 1–5, 164–171.

12. Carrell, 'King One', pp. 42–44.

## 38 将军，您要回家了

1. Stilwell Diaries, 18 June 1945, in http://media.hoover.org/sites/default/files/documents/1945Stilwell.pdf

2. Brigadier General E. D. Post to Adele Buckner, 19 June 1945, in 'Private Letters', p. 108.

3. Buckner Diary, 17 June 1945.

4. Post to Adele Buckner, 19 June 1945, in 'Private Letters', p. 108; Smith, 'Personal Narrative', p. 135.

5. Smith, 'Personal Narrative', p. 135.

6. Haley, 'The General Dies at Noon', pp. 18–26.

7. Post to Adele Buckner, 19 June 1945, in 'Private Letters', p. 109.

8. Haley, 'The General Dies at Noon', pp. 26–34.

9. Post to Adele Buckner, 19 June 1945, in 'Private Letters', pp. 109–110.

10. Sarantakes (ed.), *Seven Stars*, pp. 86–87; Smith, 'Personal Narrative', pp. 135–136.

## 39 战斗至最后一刻

1. Yahara, *The Battle for Okinawa*, p. 133; Appleman et al., *Okinawa*, pp. 456–458.

2. DDE, 735035, Box 801, G-2 Periodic Reports, 7th Infantry Division, 'Summary of Information', 23 June 1945; Yahara, *The Battle for Okinawa*, p. 134; Masahide Ōta, 'Straggler', in Cook and Cook, *Japan at War*, pp. 367–371.

3. *Descent into Hell*, pp. 61–62.

4. Yahara, *The Battle for Okinawa*, p. 134.

5. Miyagi, 'Student Nurses of the "Lily Corps"', in Cook and Cook, *Japan at War*, p. 359.

6. HPMA, English Translation of Testimonies 1, No. 12: Tomi Shimabukuro, 'Don't bother about the patients. Get out!', p. 22.

7. Miyagi, 'Student Nurses of the "Lily Corps"', in Cook and Cook, *Japan at War*, pp. 359–360.

8. HPMA, English Translation of Testimonies 1, No. 13: Ruri Morishita, 'I just can't die in a place like this, I said to myself ', p. 24.

9. *Himeyuri Peace Museum*, pp. 33, 35.

10. HPMA, English Translation of Testimonies 2, No. 18: Kikuko Kaneshiro (Miyagi), 'Arasaka Beach, the end of the world', pp. 10–12; Miyagi, 'Student Nurses of the "Lily Corps" ', in Cook and Cook, *Japan at War*, pp. 360–363.

11. *Himeyuri Peace Museum*, p. 57.

## 40　原子弹肯定会成功

1. HST, Miscellaneous Historical Documents Collection, No. 736, 'Minutes of Meeting held at the White House on Monday, 18 June 1945 at 1530', at https://www.trumanlibrary.org/whistlestop/study_collections/bomb/large/documents/index.php?documentdate=1945–06–18&documentid=21&pagenumber=1 (accessed 28 June 2019); Truman, Year of Decisions, pp. 458–459.

2. Baime, *The Accidental President*, pp. 248–52; Truman, *Year of Decisions*, pp. 458–459; HST, Truman Papers, President's Secretary's File, 'Notes regarding June 18, 1945 meeting', 7 June 1954.

## 41　这是多么美妙的最后时刻啊！

1. Yahara, *The Battle for Okinawa*, pp. 143–150; Appleman et al., *Okinawa*, pp. 468–470.

2. 'Interrogation of Testuo Nakamuta, General Ushijima's cook', 26 June 1945, G–2 Periodic Report, 77th Infantry Division, in http://cgsc.cdmhost.com/cdm/ref/collection/p4013coll8/id/584 (accessed 2 July 2019)

3. Yahara, *The Battle for Okinawa*, pp. 153–156; 'Interrogation of Testuo Nakamuta, General Ushijima's cook', 26 June 1945; Appleman et al., *Okinawa*, pp. 470–471.

4. Appleman et al., *Okinawa*, p. 471.

5. G–2 Periodic Reports, 7th Infantry Division, 'Summary of Information', 23 June 1945.

6. Appleman et al., *Okinawa*, p. 473.

7. Stilwell Diary, 27 June 1945, in Sarantakes (ed.), *Seven Stars*, p. 89.

8. Frank B. Gibney, 'The Battle Ended', in Yahara, *The Battle for Okinawa*, pp. 200–201.

9. Churchill to Truman, 22 June 1945, in Churchill, *The Second World War*, VI, p. 542.

10. Quoted in Feifer, *Tenozan*, p. vii.

11. Appleman et al., *Okinawa*, p. 473.

12. Smith, 'Personal Narrative', pp. 119–121.

13. Masahide Ōta, 'Introduction: The Battle of Okinawa', 7 January 2013, in *Descent into*

*Hell*, pp. xvii–xix.

14. Huber, 'Japan's Battle', pp. 117–118.

15. OPPM, Testimonies of Haru Maeda, Toyo Gima and Mitsutoshi Nakajo.

## 42　他提到妻子和未出生的孩子了吗?

1. Watkins, 'Brothers in Battle', p. 52.

2. Donner, 'Memoir', pp. 110–111.

3. Watkins, 'Brothers in Battle', p. 53.

4. Carrell, 'King One', p. 44.

5. Donner, 'Memoir', p. 112.

6. Watkins, 'Brothers in Battle', pp. 52–53.

7. Johnston, *The Long Road of War*, pp. 152–154.

8. USMCR, COLL/3838, A/13/A/3/1, Harold J. Mackin Jr Collection, Telegram from General Vandegrift to Mrs Harold J. Mackin, 5 July 1945.

9. Harold J. Mackin Jr Collection, Corporal Bob Miles to Mrs June Mackin, 25 September and 25 October 1945.

10. Watkins, 'Brothers in Battle', pp. 52–53.

11. Gibney, 'The Battle Ended', in Yahara, *The Battle for Okinawa*, pp. 201–202.

12. Office of the Historian, Department of State, Potsdam Conference, 1945, Volume I, Document 592, 'Proposed Program for Japan', Memoradum by Henry Stimson for President Truman, 2 July 1945, at https://history.state.gov/historicaldocuments/frus1945Berlinv01/d592; Baime, The Accidental President, pp. 269–270.

## 43　即将予日本以最后之打击

1. HST, 'Memorandum on Alamogordo Air Base atomic fission bomb test' by Brigadier General Leslie Groves, 18 July 1945; Baime, *The Accidental President*, p. 284.

2. Truman, *Year of Decisions*, pp. 368–378.

3. Baime, *The Accidental President*, pp. 286–287.

4. Truman, *Year of Decisions*, pp. 378–379, 458, 462–463.

5. Churchill, *The Second World War*, VI, p. 552.

6. Truman, *Year of Decisions*, p. 463.

7. HST, Papers of Harry S. Truman, Truman Diary, 25 July 1945.

8. Truman, *Year of Decisions*, p. 464.

9. HST, George M. Elsey Oral History Interview, 7 July 1970, www.trumanlibrary.org/oralhist/elsey7.htm (accessed 12 November 2018).

10. Churchill, *The Second World War*, VI, pp. 556–557.

11. HST, Papers of Harry S. Truman, Truman Diary, 25 July 1945.

12. Truman, *Year of Decisions*, p. 464.

## 44  天哪，我们都干了些什么！

1. Studs Terkel, *The Good War: An Oral History of World War Two* (New York: The New Press, 1984), p. 532.

2. Baime, *The Accidental President*, pp. 333–337; Richard Sisk, 'Enola Gay Crew Recalled First Use of Atomic Bomb', at https://www.military.com/dailynews/2015/08/06/enola–gay–crew–recalled–first–use–of–atomic–bomb.html; Lorrie Grant, 'Enola Gay Pilot Paul Tibbets, 92, Dies', NPR, 1 November 2007, at https://choice.npr.org/index.html?origin=https://www.npr.org/ templates/story/story.php?storyId=15858203; Miss Cellania, 'The Crew of the Enola Gay on Dropping the Atomic Bomb', 6 August 2015, at http://mentalfl oss.com/article/24269/crew–enola–gay–dropping–atomic–bomb; 'Tale of Two Cities: Hiroshima and Nagasaki', at http://www.atomicarchive. com/History/twocities/index.shtml.

3. John Hersey, *Hiroshima* (New York: Penguin Group (USA), Inc., 1973; repr. 1985), pp. 3, 10–13.

4. Ibid., pp. 18–21, 61.

5. Anonymous account, in Terkel, *The Good War*, p. 537.

6. Hajimi Kito, in Terkel, *The Good War*, p. 537.

7. Hersey, *Hiroshima*, pp. 7–10, 114–115.

8. 'Tale of Two Cities: Hiroshima and Nagasaki', at http://www.atomicarchive.com/History/twocities/index.shtml.

9. Lt T. C. Cartwright, *A Date with the Lonesome Lady* (Fort Worth, TX: Eakin Press, 1998), pp. 1, 24–33.

10. HST, Ayers Papers, 'Press Release by the White House, August 6, 1945'.

11. IWM, 12965, Private Papers of W. A. Franklin, Box No. 14/17/1, 'Through Adversity to Attainment', pp. 100–104.

12. Truman, *Year of Decisions*, pp. 470–483.

## 45  我们能活着回家了！

1. Baime, *The Accidental President*, p. 358.

2. Tōgō, 'Historical Facts Surrounding the End of the Pacific War', and 'Recollections of the Events on the Eve of Surrender', *Statements of Japanese Officials: Vol. 4*, pp. 253–254.

3. Ibid., pp. 17–18, 34–37.

4. HST, Papers of Harry S. Truman, Truman to Irv Kupcinet, 5 August 1963.

5. Stimson, *On Active Service*, pp. 630–632.

6. Churchill, *The Second World War*, VI, p. 553.

7. HST, George M. Elsey Oral History Interview, 7 July 1970, www.trumanlibrary.org/oralhist/elsey7.htm (accessed 12 November 2018).

8. Cellania, 'The Crew of the Enola Gay on Dropping the Atomic Bomb'.

9. Johnston, *The Long Road of War*, p. 121.

10. Watkins, 'Brothers in Battle', p. 54.

11. Sledge, *With the Old Breed*, p. 343.

12. Dencker, *Love Company*, pp. 291, 296.

13. Carrell, 'King One', p. 44.

## 后记　那些阴影一直都挥之不去

1. Ugaki, *Fading Victory*, pp. 665–666.

2. Yahara, *The Battle for Okinawa*, p. 203.

3. Araki, 'Bride of a Kamikaze', in Cook and Cook, *Japan at War*, pp. 323–326.

4. Yokota, 'Volunteer', in Cook and Cook, *Japan at War*, pp. 311–312.

5. Miyagi, 'Student Nurses of the "Lily Corps",' in Cook and Cook, *Japan at War*, pp. 362–363.

6. Watkins, 'Brothers in Battle', pp. 54–57; http://brothersinbattle.net (accessed 10 July 2019).

7. Carrell, 'King One', p. 50; http://www.chroniclet.com/obituaries/2008/01/17/Jeptha–J–Carrell.html (accessed 10 July 2019).

8. Dencker, *Love Company*, pp. xv, 314.

9. Dick, *Cutthroats*, pp. 246–247.

10. HST, Family, Business and Personal Aff airs Papers, Harry S. Truman to Bess W. Truman, 22 December 1946.

11. https://soh.alumni.clemson.edu/scroll/julian–delano–dusenbury/ (accessed 16 July 2019); http://www.singletonfamily.org/getperson.php?personID=I92482&tree=1 (accessed 16 July 2019).

12. Manchester, Goodbye, Darkness, pp. 385, 398.

13. Johnston, *The Long Road of War*, pp. 4, 167.

## 致谢

1. Leo Drake USN, quoted in Megan Tzeng, 'The Battle of Okinawa, 1945: Final Turning Point in the Pacific' in *The History Teacher*, 34/1 (2000), 95–118 (p. 98).

# 参考文献

## 未发表的原始文献

艾森豪维尔总统图书馆，阿比林，堪萨斯州

Simon Bolivar Buckner Papers

Vernon E. Megee Papers

Records of the 7th Infantry Division, 1944–1948

Records of the 27th Infantry Division, 1942–1945

Records of the 77th Infantry Division, 1942–1946

杜鲁门总统图书馆，独立城，密苏里州

Eben A. Ayers Papers

George M. Elsey Oral History Interview, 7 July 1970

Brigadier General Leslie Groves, 'Memorandum on Alamogordo Air Base atomic fission bomb best', 18 July 1945

Miscellaneous Historical Documents Collection

Notes on the Interim Committee Meetings, 1945

Papers of Harry S. Truman

President's Secretary's File, 'Notes regarding June 18, 1945 meeting', 7 June 1954

Public Papers: Statement by the President on the Death of Ernie Pyle, 18 April 1945

姬百合和平祈念资料馆，丝满，冲绳岛

English Translation of Testimonies 1: Hisa Kishimoto, Ruri Morishita, Shizuko Oshiro, Tomi Shimabukuro, Yoshiko Yabiku

English Translation of Testimonies 2: Kikuko Kaneshiro (Miyagi), Nobuko Kinjo

'Historical Chart'

大英帝国战争博物馆，伦敦

Private Papers of W. A. Franklin

Private Papers of N. B. Gray

Private Papers of D. Hulme

冲绳县和平博物馆，摩文仁，冲绳岛

Testimonies of Toyo Gima, Haru Maeda, Mitsutoshi Nakajo and Matsu Tamaki

英国国家档案馆，邱镇，伦敦

ADM 234/368: Naval Staff History, Battle Summary No. 47, 'Naval Operations Okinawa', 1950

ADM 358/4439: HMS Indefatigable – 1 April 1945, enemy action during the Allied invasion of Okinawa, Japan

CAB 106/95: Despatch on the contribution of the British Pacific Fleet to the assault on Okinawa by Admiral Sir Bruce A. Fraser, 26 May 1945

美国国家档案馆，学院公园，马里兰州

Records of Tenth Army, 1944–45

Records of Marine Units, 1914–49

海军司令部战壕纪念馆，丰见市，冲绳岛
Message from Rear Admiral Ōta to the Naval Ministry in Tokyo,
2016 hours, 6 June 1945

美国海军陆战队档案馆，匡提科，弗吉尼亚
Howard W. Arendt Papers
Marius L. Bressoud Jr Papers
Jeptha J. Carrell Papers
Christopher S. Donner Papers
Salvatore Giammanco Papers
Otha L. Grisham Papers
Lieut. Col. J. Frederick Haley Papers
Mel Heckt Papers
Joseph M. Hiott Papers
Paul E. Ison Papers
Joseph Kohn Papers
John S. Kovaleski Papers
William A. Looney Papers
Harold J. Mackin Jr Papers
Marine Night Fighter Squadron 542 Association Collection
Robert A. Neal Papers
William V. Niader Papers
Colonel Bruce Porter Papers
Oliver P. Smith Papers
Richard Bruce Watkins Papers

## 已发表的原始文献

已发表的文件、日记、信件和回忆录
Cartwright, Lt. T. C., *A Date with the Lonesome Lady: A Hiroshima*

*POW Returns* (Fort Worth, TX: Eakin Press, 2002; repr. 2004)

Churchill, Winston S., *The Second World War*, 6 vols (London: Cassell, 1948–54)

Cook, Haruko Taya, and Theodore F. Cook (eds), *Japan at War: An Oral History* (New York: W. W. Norton & Co., 1992)

Crandell, Yoshiko Sakumoto, 'Surviving the Battle of Okinawa: Memories of a Schoolgirl', *Asia-Pacific Journal*, 12/14 (2014), 1–31

Dencker, Donald O., *Love Company: Infantry Combat Against the Japanese World War II – Leyte and Okinawa* (Manhattan, KS: Sunfl ower University Press, 2002)

*Descent into Hell: Civilian Memories of the Battle of Okinawa*, trans. by Mark Ealey & Alastair McLauchlan (Portland, ME: MerwinAsia, 2014)

Dick, Robert C., *Cutthroats: The Adventures of a Sherman Tank Driver in the Pacific* (New York: Presidio Press, 2006)

Feifer, George, *Tenozan: The Battle of Okinawa and the Atomic Bomb* (New York: Houghton Miffl in, 1992)

Goldstein, Donald M., and Katherine V. Dillon (eds), *Fading Victory: The Diary of Admiral Matome Ugaki 1941–1945*, trans. by Masataka Chihaya (Pittsburgh, PA: University of Pittsburgh Press, 1991)

Green, Bob, *Okinawa Odyssey: The Battle for Okinawa* (Houston, TX: Bright Sky Press, 2004)

Halsey, William F., and J. Bryan III, *Admiral Halsey's Story* (New York: The Curtis Publishing Co., 1947)

Higa, Tomiko, *The Girl with the White Flag: An Inspiring Story of Love and Courage in War Time*, trans. by Dorothy Britton (Tokyo: Kodansha Int., 1991)

Inoguchi, Captain Rikihei, and Commander Tadashi Nakajima, *The Divine Wind: Japan's Kamikaze Force in World War II* (Annapolis, MD: United States Naval Institute, 1958; repr. 1994)

Jenkins, A. P. (ed.), 'Lt Gen. Simon Bolivar Buckner: Private Letters relating to the Battle of Okinawa', in *Ryudai Review of Euro-American Studies*, 42 (1997), 63–113

Johnston, James W., *The Long Road of War: A Marine's Story of Pacific Combat* (Lincoln, NB: University of Nebraska Press, 1998)

Levin, Dan, *From the Battlefield: Dispatches of a World War II Marine* (Annapolis, MD: Naval Institute Presss, 1995)

Mace, Sterling, *Battleground Pacific: A Marine Rifleman's Combat Odyssey in K/3/5* (New York: St Martin's Press, 2012)

Manchester, William, *Goodbye, Darkness: A Memoir of the Pacific War* (New York: Little, Brown & Co., 1980; repr. 2002)

Miller, Arthur, *Timebends: A Life* (New York: Grove Press, 1987)

Nichols, David (ed.), *Ernie's War: The Best of Ernie Pyle's World War II Dispatches* (New York: Simon & Schuster, 1987)

Pyle, Ernie, *Last Chapter* (New York: Henry Holt & Co., 1946)

Robbins, Masako Shinjo Summers, 'My Story: A Daughter Recalls the Battle of Okinawa', *Asia-Pacific Journal*, 13/8 (23 February 2015), pp. 1–22

Sarantakes, Nicholas Evan (ed.), *Seven Stars: The Okinawa Battle Diaries of Simon Bolivar Buckner, Jr., and Joseph Stilwell* (College Station, TX: Texas A&M University Press, 2004)

Simpson, William P., *Island 'X' – Okinawa* (W. Hanover, MA: The Christopher Publishing House, 1979)

Sledge, E. B., *With the Old Breed* (New York: Presidio Press, 1981; repr. 2007)

Stimson, Henry L., *On Active Service in Peace and War* (New York: Harper & Brothers, 1947)

Terkel, Studs, *The Good War: An Oral History of World War Two* (New York: The New Press, 1984)

Truman, Harry S., *Year of Decisions*, 2 vols (New York: Doubleday & Co., 1955; repr. 1965)

Vian, Sir Philip, *Action This Day: A War Memoir* (London: Frederick Muller Ltd, 1960)

Yahara, Colonel Hiromichi, *The Battle for Okinawa: A Japanese Officer's Eyewitness Account of the Last Great Campaign of World War II* (New York: John Wiley & Sons, Inc., 1995)

Yoshida, Mitsuru, *Requiem for Battleship Yamato*, trans. by Richard H. Minear (Washington: University of Washington Press, 1985; repr. ebook, 1999).

报纸与杂志
*Advent Review and Sabbath Herald*
*New York Times*
*North Jersey Herald & News*
*San Francisco Chronicle*
*Time*
*Vero Beach Newsweekly*

## 二手文献

图书与文章
Appleman, Roy E., James M. Burns, Russell A. Gugeler and John Stevens, *Okinawa: The Last Battle* (Washington, DC: Center of Military History, US Army, 1948)

Astor, Gerald, *Operation Iceberg: The Invasion and Conquest of Okinawa in World War II* (New York: Dell, 1996)

Axell, Albert, and Hideaki Kase, *Kamikaze: Japan's Suicide Gods* (London: Pearson Education, 2002)

Baime, A. J., *The Accidental President: Harry S. Truman, the Bomb and the Four Months That Changed the World* (New York: Houghton

Miffl in Harcourt, 2017; repr. 2018)

Beevor, Antony, *D-Day* (London: Penguin, 2006)

Belotte, James, and William Belotte, *Typhoon of Steel: The Battle for Okinawa* (New York: Harper & Row, 1970; repr. 1984)

Bradley, Michael, ' "Banzai!" The Compulsory Mass Suicide of Kerama Islanders in the Battle of Okinawa', *Asia-Pacific Journal*, 11/22 (2014)

Camp, Dick, 'Assault on Sugar Loaf Hill', *Leatherneck*, 100/9 (September 2017)

Doss, Frances M., *Desmond Doss: Conscientious Objector* (Nampa, ID: Pacific Press, 2005)

Edward Smith, Jean, FDR (New York: Random House Inc., 2007; repr. 2008)

Frank, Richard, *Downfall: The End of the Japanese Imperial Empire* (New York: Random House, 1999)

Hallas, James H., *Killing Ground on Okinawa: The Battle for Sugar Loaf Hill* (Lincoln, NB: Potomac Books, 2006)

Hastings, Max, *Nemesis: The Battle for Japan, 1944–45* (London: HarperCollins, 2007)

Herndon, Booton, *The Hero of Hacksaw Ridge* (Coldwater, MI: Remnant Publications, Inc., 2016)

Hersey, John, *Hiroshima* (New York: Penguin Group Inc., 1973; repr. 1985)

*Himeyuri Peace Museum: The Guidebook* (Itoman, Okinawa: 2016)

Hobbs, David, *The British Pacific Fleet: The Royal Navy's Most Powerful Strike Force* (Barnsley, UK: Seaforth Publishing, 2011; repr. 2017)

Hoyt, Edwin P. *How They Won the War in the Pacific: Nimitz and His Admirals* (New York: Weybright and Talley, 1970)

Huber, Thomas M., 'Japan's Battle of Okinawa, April–June 1945', *Leavenworth Papers*, No. 18 (199), 1–141

Hull, Michael D., 'Modest Victor of Midway', *World War II magazine*, 13/1 (May 1998), 36–43

Lacey, Laura Homan, *Stay Off the Skyline: The Sixth Marine Division on Okinawa* (Dulles, VA: Potomac Books, Inc., 2005; repr. 2007)

Leckie, Robert, *Okinawa: The Last Battle of World War II* (New York: Penguin, 1996)

Mitcham Jr, Samuel W., and Friedrich von Stauff enberg, *The Battle of Sicily: How the Allies Lost Their Chance for Total Victory* (New York: Orion Books, 1991)

Morison, Samuel E., *History of the United States Naval Operations in the Pacific: Volume 14 – Victory in the Pacific, 1945* (New York: Little, Brown, 1975; repr. 2012)

Nelson, William F., *Appointment at Ie Shima* (privately published, 2014)

Nichols Jr, Major Charles S., and Henry I. Shaw, *Marines in World War II – Okinawa: Victory in the Pacific* (Washington DC: Historical Branch, 1955)

Prange, Gordon W., Donald M. Goldstein and Katherine V. Dillon, *Pearl Harbor: The Verdict of History* (New York: McGraw–Hill, 1985)

Reilly, Robin L., *Kamikaze Attacks of World War II* ( Jefferson, NC: McParland & Co., Inc., 2010)

— *Kamikaze, Corsairs and Picket Ships: Okinawa, 1945* (Havertown, PA: Casemate, 2008)

Roberts, Andrew, *Masters and Commanders: How Roosevelt, Churchill, Marshall and Alanbrooke Won the War in the West* (London: Allen Lane, 2008)

*Second to None! The Story of the 305th Infantry in World War II* (Washington: Infantry Journal Press, 1949)

Sloan, Bill, *The Ultimate Battle: Okinawa* 1945 – The Last Epic

Struggle of World War II (New York: Simon & Schuster, 2007)

Stockman, James R., The *First Marine Division on Okinawa: 1 April–30 June 1945* (Quantico: History Division US Marine Corps, 1946)

Tuchman, Barbara, *Stilwell and the American Experience in China, 1911–45* (New York: Macmillan, 1971)

Willock, Roger, *Unaccustomed to Fear: A Biography of the Late General Roy S. Geiger* (Princeton, NJ: privately published, 1968)


网址

https://sites.mediaschool.indiana.edu/erniepyle/

http://www.cmohs.org/

https://www.mossletters.com

https://themedalofhonor.com/medal–of–honor–recipients/

https://valor.militarytimes.com

https://www2.gwu.edu/

https://www.trumanlibrary.gov/library/public–papers/

http://memory.loc.gov/diglib/vhp/

https://www.vqronline.org/

https://history.army.mil/moh/

http://media.hoover.org/sites/default/files/documents/1945Stilwell.pdf

http://cgsc.cdmhost.com/

https://history.state.gov/historicaldocuments/frus1945Berlinv01/d592

https://www.trumanlibrary.gov

https://www.military.com/daily–news/2015/08/06/enola–gay–crew–recalled–first–use–of–atomic–bomb.html

https://choice.npr.org/index.html?origin=https://www.npr.org/templates/story/story.php?storyId=15858203

http://mentalfl oss.com/article/24269/crew–enola–gay–dropping–atomic–bomb

http://www.atomicarchive.com/History/twocities/index.shtml

http://brothersinbattle.net

http://www.chroniclet.com/obituaries/2008/01/17/Jeptha-J-Carrell.html

http://www.singletonfamily.org/getperson.php?personID=
I92482&tree=1

https://soh.alumni.clemson.edu/scroll/julian-delano-dusenbury/

天喜文化